AU CŒUR DU QUERCY, LE LOT AUTHENTIQUE

Venir dans le Lot, c'est risquer d'en tomber amoureux ! Le département tire son nom de la rivière, un fleuve doux et charmeur, qu'il faut dompter parfois avec délicatesse et assurance. En accostant sur les rives, les découvertes se succèdent, des gouffres et grottes profondes aux plus hautes falaises ocres et roses, des secrets se révèlent à chaque pas sous les étoiles du triangle noir. Porte de l'Occitanie, grands sites, patrimoine, nature et battements des cœurs se confondent entre les terres boisées de la Bouriane, les Causses du Quercy, les vallées du Lot, de la Dordogne, du Célé ou de la Cère. Vous découvrirez le blanc calcaire des pierres des bâtisses, des châteaux adossés aux falaises. Vous goûterez le sucre des melons du Quercy ou les raisins de Chasselas, et partirez peut-être à la recherche de l'or noir de la truffe dans le Sud... Vous marcherez entre les sources des Causses dans l'histoire des écritures autant que sur les chemins de randonnée dans la nature préservée du Parc régional des Causses, Géoparc Mondial de l'Unesco, ou encore entre les murets de pierres sèches qui dessinent si bien les paysages quercynois !

Une fois le corps et l'esprit ressourcés, vous pourrez rencontrer des hommes et des femmes accueillants et bienveillants, qui vous feront découvrir la gastronomie locale dans la convivialité. De belles surprises vous attendent, sincères et authentiques. Alors, attention au coup de cœur : vous allez y revenir et peut-être même vous y installer !

Rocamadour.

SOMMAIRE

Saint-Cirq-Lapopie. © MARTINM303 - ISTOCKPHOTO.COM

BELGIQUE
Paris
FRANCE
LOT
DORDOGNE
LOT-ET-GARONNE
Cressensac
LE VIGNO
SOUILLAC
D 43
Pinsa
MILHAC
Payrac
D 704
GO
LE VIGAN
Gourdon
LÉOBARD
Saint-Clair
SÉNIERGUES
SALVIAC
D 17
Concorès
CAZALS
GINDOU
LAVERCANTIÈRE
CŒU
LES ARQUES
D 6
D 12
USSEL
FRAYSSINET-LE-GÉLAT
UZECH
Gigouzac
GOUJOUNAC
CATUS
MONTCABRIER
D 12
SAINT-MARTIN-LE-REDON
PUY-L'ÉVÊQUE
LABASTIDE-DU-VERT
SAINT-PIERRE-
DURAVEL
D 8
A 20
PARNAC
PRAYSSAC
MERCUÈS
SAINT GÉRY-VER
GRÉZELS
LUZECH
Le Lot
MAUROUX
BÉLAYE
ALBAS
DOUELLE
SAI
FLORESSAS
CAHORS
Sauzet
A
PORTE-DU-QUERCY
D 653
LABASTIDE-MARNHAC
A 20
BARGUELONNE-EN-QUERCY
LALBE
Pern
MONTCUQ-EN-QUERCY-BLANC
LENDOU-EN-QUERCY
D 19
SAINT-PAUL-FLAUGNAC
Maurélas
B
CASTELNAU MONTRATIER-SAINTE ALAUZIE
D 4
10 KM

CORRÈZE
D 720
VAYRAC
CARENNAC
D 14
BRETENOUX
Barrières
LOUBRESSAC
SAINT-CÉRÉ
SOUSCEYRAC-EN-QUERCY
CANTAL
MIERS
PADIRAC
AUTOIRE
ALVIGNAC
Lagineste
CAMADOUR
LATRONQUIÈRE
Gorses
Leyme
TERROU
MARTEL
GRAMAT
Issendolus
LACAPELLE-MARIVAL
FIGEAC
D 840
CARDAILLAC
ASSIER
D 802
LIVERNON
ESPÉDAILLAC
D 40
Montredon
Figeac
ESPAGNAC-SAINTE-EULALIE
GINOUILLAC
D 13
D 813
CAPDENAC
BRENGUES
MARCILHAC-SUR-CÉLÉ
D 83
Gréalou
Orniac
SAULIAC-SUR-CÉLÉ
D 41
TOUR-DE-FAURE
CAJARC
CALVIGNAC
CÉNEVIÈRES
SAINT-MARTIN-LABOUVAL
AVEYRON
LUGAGNAC
D 19
Concots
LIMOGNE-EN-QUERCY
D 911
VARAIRE
BEAUREGARD
D 22
QUERCY
TARN-ET-GARONNE

QUAND Y ALLER

JANVIER

2° / 8°

MARCHÉ AUX TRUFFES ET FÊTE DE LA TRUFFE
(LALBENQUE)
Chaque année de décembre à mars, un marché hebdomadaire le mardi matin est entièrement dédié à la truffe noire du Quercy.

$

FÉVRIER

2° / 11°

BOURSE AUX JOUETS ANCIENS
(CAHORS)
Nostalgiques et amoureux du vintage, rendez-vous pour un week-end ludique autour du jouet à Cahors lors de cette bourse unique.

GRAINES DE MOUTARDS
(FIGEAC)
Une quinzaine culturelle pour les petits et les grands : tous les arts sont représentés. Découvrir, s'amuser, s'émerveiller !

$

MARS

4° / 15°

FOIRE AUX VINS DE FIGEAC
(FIGEAC)
Un véritable tour de France gustatif : tous les vins du pays sont représentés et à déguster, et l'ambiance est chaleureuse !

FESTIVAL CINÉLATINO
(CAHORS)
Festival dédié au cinéma d'Amérique du Sud, contemporain ou classique, souvent accompagné de plateaux gourmands ou d'expositions.

$

JUILLET

15° / 28°

CAHORS BLUES FESTIVAL
(CAHORS)
Festival incontournable ! Programmations payantes le soir, concerts gratuits les après-midis et une soirée du « blues dans la ville ».

LOT OF SAVEURS
(CAHORS)
Le Grand Cahors met la gastronomie à l'honneur autour d'un produit, d'un chef et d'un grand banquet. A ne pas rater !

$ $ $

AOÛT

15° / 28°

FESTIVAL D'OPÉRA DE SAINT-CÉRÉ
Festival d'opéra à la programmation riche allant du baroque à la jeune création contemporaine, au cœur de lieux patrimoniaux.

RENCONTRES GINDOU CINÉMA
(GINDOU)
Projections de films en plein air ; longs et courts métrages sont à la fête pendant quelques jours à Gindou.

$ $ $

SEPTEMBRE

12° / 24°

LES MONTGOLFIADES DE ROCAMADOUR
(ROCAMADOUR)
Un des plus beaux spectacles de l'année dans le Lot ! Des milliers de montgolfières constellent le ciel lotois.

FESTIVAL BD DE CAJARC
(CAJARC)
Après Angoulême, Cajarc est la 2e capitale de la BD en France. Rencontre avec les auteurs sur un week-end.

$ $

Le Lot se vit au rythme des saisons. La lumière change et dévoile chaque mois des paysages différents. Un territoire pluriel, où l'hiver s'invite autour de la truffe noire, de nombreux établissements y présentent une gastronomie de talent. Aux beaux jours, les campagnes se réveillent et fleurissent pour notre plus grande inspiration. L'été, les animations nombreuses vous raviront après de belles visites et randonnées touristiques. Patrimoine, nature et convivialité.

AVRIL

6° / 17°

TRANSHUMANCE ROCAMADOUR-LUZECH
(ROCAMADOUR)

© SOPHIE AYMARD

Chaque année, des centaines de brebis de race caussenarde transitent depuis Rocamadour jusqu'à Luzech dans la vallée du Lot.

$

MAI

10° / 21°

FÊTE DES FROMAGES FERMIERS DE ROCAMADOUR
(ROCAMADOUR)

Rocamadour fête ses célèbres fromages de pays fabriqués dans la région depuis le XVe siècle.

$$

JUIN

13° / 25°

FESTIVAL CAHORS JUIN JARDINS
(CAHORS)

Festival autour de la nature, des jardins et des paysages. Venez admirer les œuvres d'artistes spécialisés dans le végétal !

$$

OCTOBRE

9° / 19°

FÊTE DU SAFRAN DU QUERCY
(CAJARC)

© PHILIPPE 1 BO - SHUTTERSTOCK.COM

Tant attendue par les amateurs, la floraison du safran - l'or rouge du Quercy - se découvre autour d'animations et de dégustations.

$

NOVEMBRE

5° / 13°

FÊTE DU LIVRE ET DE L'IMAGE
(ARCAMBAL)

Écrivains, éditeurs, dessinateurs, photographes et surtout passionnés échangent avec le public durant des conférences, des expositions, des lectures...

$

DÉCEMBRE

3° / 10°

FOIRE BIO DU LOT
(FIGEAC)

Pour Noël, cette foire propose des produits lotois et bio : de quoi faire plaisir au pied du sapin et dans les assiettes.

$

LES BONNES RAISONS D'Y ALLER

© THOMAS LAUNOIS - STOCK.ADOBE.COM

UN MONDE SOUTERRAIN D'EXCEPTION

Territoire idéal des spéléologues, + de 2000 cavités recensées, horizontales et verticales.

DES VINS DE CARACTÈRE

Le Cahors est un vignoble reconnu protégé par une AOC qui prend ses racines au Moyen Âge.

© BERDOULAT JEROME - STOCK.ADOBE.COM

© MARC - STOCK.ADOBE.COM

PARC NATUREL DES CAUSSES DU QUERCY

Depuis 1999, le Parc protège les Causses du Quercy, un paradis pour la faune et la flore.

© VALPICTURES - STOCK.ADOBE.COM

REDÉCOUVRIR LA BEAUTÉ DU CIEL

Le triangle noir du Quercy offre un ciel nocturne épargné par la pollution lumineuse.

© STÉPHANE BIDOUZE - STOCK.ADOBE.COM

LA BELLE VALLÉE DU LOT

Prenant sa source dans les monts de Lozère, le Lot est la 2e rivière la plus longue de France !

© BARMALINI - STOCK.ADOBE.COM

GOÛTER AU FROMAGE ROCAMADOUR

Un fromage de chèvre, goûteux, au lait cru entier, protégé par une AOC depuis 1995.

© KALINA GEORGIEVA - STOCK.ADOBE.COM

HUMER LA TERRE ET LE SOLEIL

Une terre de cultures haut de gamme qui offre les délices de la truffe noire ou du safran.

LES BONNES RAISONS D'Y ALLER

DES CITÉS À COUPER LE SOUFFLE

De Rocamadour, 2e site le plus visité de France, à Saint-Cirq-Lapopie, un patrimoine hors norme.

© HCTOR - STOCK.ADOBE.COM

© JLJUSSEAU - STOCK.ADOBE.COM

LA DORDOGNE, L'ESPÉRANCE

Rebaptisée rivière espérance dans la fiction, la Dordogne regorge de merveilles.

LE QUERCY BLANC ET SES MYSTÈRES

Comme un air de Toscane plane sur les plaines du Quercy Blanc, de la couleur de la pierre.

© JÉRÔME SINQUET - STOCK.ADOBE.COM

LES 12 MOTS-CLÉS

ASTRONOMIE

Le triangle noir du Quercy est reconnu depuis une publication de 2002 par le mensuel d'astronomie Ciel & Espace. Une carte fait apparaître une zone triangulaire entre Labastide-Murat, Livernon et Sauliac-sur-Célé ; zone reconnue pour la qualité de profondeur et de limpidité de ses nuits. Un lieu privilégié pour observer les astres nocturnes.

CAUSSENARDE

La Caussenarde du Lot est une race de brebis endémique rustique. Ses caractéristiques principales sont ses oreilles et ses lunettes noires. On lui doit le célèbre agneau du Quercy. Elle est élevée sur les plateaux calcaires du Lot. Avec un cheptel de plus de 110 000 bêtes, vous les découvrirez dans les fermes et les paysages de vos randonnées.

CAHORS

Comment mettre une ville dans une bouteille ? Demandez à Cahors qui a donné à son vin son nom et son appellation. Issu du cépage Malbec (que l'on nomme également Côt et Auxerrois, mais il ne faut pas le dire !), le vin de Cahors était autrefois appelé « le vin des Anglais ». Aujourd'hui, il est connu dans le monde entier pour ses qualités.

© JAUNEDOE - STOCK.ADOBE.COM

DIABLE

Comme souvent, les histoires de construction de pont sont liées à l'intervention du Diable. L'histoire du pont Valentré à Cahors n'en fait pas exception et propose plusieurs versions. Vous pourrez vous en faire votre propre opinion en visitant ce magnifique ouvrage du XIVe siècle. Ne manquez pas la petite sculpture du diable sur la 2e tour.

© DENIS VANDEWALLE

CANARD

Le Sud-Ouest est le paradis du canard ! Du classique magret ou foie gras, la gastronomie lotoise le sublime en saucisse, en confit, dans les salades et les apéros pour notre plus grand plaisir. Il se décline dans ses lettres de noblesse aux os de canard que l'on déguste avec les doigts sur des recettes mijotées dans des chaudrons en cuivre.

© ©JLPFEIFER - STOCK.ADOBE.COM

MIQUE

La mique lotoise est une recette familiale qui séduit toujours autant. À la base, une pâte à pain, un petit-salé et des légumes, le tout cuit doucement dans un bouillon. Au restaurant ou à la maison, ce plat traditionnel rassemble les générations et rime avec partage et bonne humeur. La tradition veut que la mique soit coupée avec deux fourchettes.

GABARE

Les rivières du département ont permis son essor économique grâce au transport de marchandises sur les gabares fluviales, ces navires à fond plat qui ont navigué sur le Lot et la Dordogne pendant des siècles. De nos jours, la gabare a de nouveau le vent en poupe ! Elle a été remise au goût du jour pour le tourisme afin de proposer des promenades.

LES 12 MOTS-CLÉS

GARIOTTE

Vous en apercevrez un peu partout dans les campagnes du Lot. Ce sont de petites cabanes circulaires bâties en pierre sèche. Elles servaient autrefois d'abri aux bergers qui gardaient les troupeaux de brebis caussenardes. Aujourd'hui, elles font partie de ce petit patrimoine que l'on affectionne et qui donne tout son charme à nos campagnes.

© ©THIERRY - STOCK.ADOBE.COM

NOIX

Le Lot, un département à la noix ? Vous y trouverez en tout cas la noix du Périgord, notamment à Martel, AOC depuis 2002 et AOP depuis 2004. Sa présence ne date pas d'hier puisqu'on a trouvé des traces de coques de noix remontant à 17 000 ans ! Elle devient gourmande et se révèle dans des spécialités sucrées ou encore dans la salade quercynoise.

PÈLERIN

Le GR 65 reliant le Puy-en-Velay à Saint-Jacques de Compostelle (la via Podensia) passe par le Lot et permet aux pèlerins de choisir entre deux itinéraires, l'un reliant Rocamadour, l'autre les Causses. La ville de Cahors est également traversée par le chemin qui conduit les pèlerins vers la Cathédrale Saint-Etienne, point d'orgue de la ville.

PRÉHISTOIRE

On retrouve la trace de l'homme depuis la Préhistoire comme dans la grotte du Pech Merle à Cabrerets. La grotte compte pas moins de 700 motifs peints ou gravés comme la célèbre main « au pochoir » ou encore les « chevaux ponctués ». Les grottes de Cougnac dans le gourdonnais présentent également des peintures préhistoriques (mammouths, cerfs, etc.)

TUBER MELANOSPORUM

Le nom latin de la truffe noire du Quercy est une marque reconnue par les fins gastronomes, à ne pas confondre avec d'autres truffes qui lui ressemblent mais ne l'égalent pas. L'hiver, elle est recherchée comme un trésor dans le sol calcaire du Lot. Son prix peut atteindre 1000 € le kilo. Elle se vend sur des marchés spécifiques et bien codifiés.

VOUS ÊTES D'ICI, SI...

- **Votre accent** n'est pas marseillais ni toulousain mais il respire le soleil !
- **Dans votre vocabulaire,** vous avez définitivement remplacé le mot virage par « tournée » et sac en plastique par « poche ». Vous ne connaissez pas les pains au chocolat, mais bien les chocolatines.
- **Vous intégrez des mots occitans au français** comme « pétasser » pour dire réparer, « rouméguer » pour rouspéter ou encore « poulet » pour alpaguer un super copain.
- **Pour vous, Brive fait partie des villes « du Nord »** au-dessus c'est un autre pays. Au-dessus de la Loire, un autre continent !
- **Vous avez été élevé aux os de canard,** biberonné au vin de Cahors et vous aimez le foot et le rugby.
- **Vos sorties scolaires,** invariablement, vous ont conduit à la grotte de Pech Merle de Cabrerets, au Musée de Cuzals à Sauliac-sur-Célé ou encore au Musée de l'Automate à Souillac.
- **Dans votre regard, il y a toujours un morceau de rivière,** posé aux bords des chemins qui serpentent parmi les chênes et les châtaigniers.

INTERVIEW

MON LOT

SANDRINE BINARD, AUTEURE DU GUIDE

Qu'est-ce qui vous a amenée dans le Lot ?

J'ai passé toute mon enfance dans le Sud-Ouest, dans un grand triangle entre Biarritz, Bordeaux et Toulouse. Après mes études dans l'aménagement du territoire en Touraine, je suis revenue sur Toulouse et les départements de Midi-Pyrénées : Lot, Tarn-et-Garonne, Gers et Haute-Garonne. J'y suis attachée depuis toujours, mes études et les voyages m'ont menée dans différentes régions de France et du monde. Pourtant, quand j'ai redécouvert en 2004 le Lot pour des missions d'aménagement du territoire où je devais parcourir tout le département, j'ai eu un nouveau coup de cœur. Venir s'y installer était alors une évidence.

Qu'est-ce qui vous rattache à ce département ?

Aujourd'hui, en tant que consultante et auteure, j'y trouve tout ce dont j'ai besoin, une nature riche de ses paysages différents selon les endroits et les saisons : les Causses blancs et calcaires, la Bouriane verte et secrète, la Dordogne, ses roches et ses falaises roses, des paysages solides et lointains, les méandres du Lot, cette magnifique rivière, les ambiances, la gastronomie, la gentillesse des gens et leurs caractères authentiques. Ici, c'est un peu tout moi à la fois, et c'est tendrement inspirant et attachant.

Quels sont vos endroits préférés du Lot ?

J'adore prendre un smoothie à l'ombre du Pont Valentré, selon la course du soleil, j'ai trois endroits préférés dans Cahors pour me poser et savourer le temps et la vie. J'adore aussi le Célé, cette petite rivière qui se jette dans le Lot, en kayak, je peux y rester des heures, à découvrir chaque année encore et encore les berges, les villages et les lumières des falaises jusqu'à Saint-Cirq-Lapopie, bien sûr, village incontournable à voir et à revoir absolument ! J'aime de plus en plus La Bouriane et ses petits coins secrets, les sentiers de randonnées et VTT, la nature plus sauvage, la gastronomie et les étoiles, avec des ciels nocturnes parfaits... Je fais toujours visiter Rocamadour, grand site d'Occitanie, en arrivant par les plateaux, la splendeur de la cité qui se dévoile après les routes sinueuses fait toujours son effet waouh ! J'aime aussi m'attarder dans les petits villages perdus dans les campagnes, on y trouve des architectures paysannes, mais aussi des demeures de maîtres et des châteaux imposants qui racontent notre histoire, et nous rappelle que la vie est courte mais que l'on peut construire de belles choses.

S'il ne fallait retenir qu'un seul bon conseil pour découvrir ces terres lotoises, quel serait-il ?

Il faut se laisser porter au fil de l'eau, ne pas s'imposer, mais sentir la nature, les gens, les plaisirs de la vie vous guider, ne forcez rien, vous allez découvrir des plaisirs tendres, rassurants, ressourçants, de l'humour, du partage, de la convivialité et des festivités musicales. Ici, on tombe amoureux, de quelqu'un, d'un lieu, de la vie et parfois de soi-même. Le Lot permet de respirer et de vivre en paix avec soi et les autres.

TOP 5

JEUNES TALENTS

Partout dans le Lot, la nouvelle génération fait le pari de maintenir une vie économique et sociale dans le monde rural. Ainsi naissent des initiatives et des lieux dynamiques qui font de ce territoire un terrain d'avenir. Voici une sélection de ces jeunes talents qui œuvrent pour demain.

LA BICYCLETTERIE

Figeac
Envie de louer un vélo ou VAE ? Besoin de faire réparer le vôtre ou d'en prendre soin vous-même ? Vous êtes au bon endroit !

L'ATELIER DE GÉDÉON

Cahors
1er atelier concept café-céramique de Cahors, dans un esprit convivial et ludique, un moment de détente et de bonheur créatif !

MADAM'

Baladou
Restaurant proposant une cuisine inventive et accessible avec des recettes qui suivent les saisons. Et le dimanche, c'est brasero.

ELO DESIGNS

Montcuq-en-Quercy-Blanc
Eloïse Bacou est une artiste du numérique à Montcuq, elle expose ses œuvres dans la boutique familiale transformée en galerie.

TANDEM

Cahors
Un juste équilibre entre fraîcheur et vitalité, entre Lot et voyage pour des saveurs colorées et créatives à des prix abordables.

TOP 5

VISITES AVEC LES ENFANTS

Envie de faire découvrir le Lot à vos enfants ? De nombreux lieux s'adressent au jeune public dans le département. Nous avons sélectionné pour vous nos cinq coups de cœur, incontournables parmi les incontournables pour programmer vos vacances !

© FORÊT DES SINGES

57

LA FORÊT DES SINGES

Rocamadour

Ici, les singes vous accueillent chez eux, dans leur forêt. Approchez-les comme nulle part ailleurs et partagez un moment avec eux.

© LE BOIS DES ELFES

220

LE BOIS DES ELFES

Gourdon

Parc d'aventure accrobranche, tyrolienne, orientation, vélo électrique... pour petits et grands, famille, groupe ou entreprise !

© P. CABROL © CENTRE DE PRÉHISTOIRE DU PECH MERLE

110

GROTTE DU PECH MERLE

Cabrerets

Plongez au cœur de l'histoire de l'humanité avec cette grotte qui renferme de nombreuses peintures datant de plus de 20 000 ans !

© CAP NATURE

127

CAP NATURE

Pradines

Cap Nature à Pradines, est un parc d'accrobranche offrant plus de 110 jeux sur des parcours accessibles à tout âge et tout niveau.

PARC ANIMALIER DE GRAMAT

Gramat

Situé au cœur du PNR des Causses du Quercy, le parc abrite un millier d'animaux de 150 espèces différentes !

© PARC ANIMALIER DE GRAMAT

89

TOP 5

HEBERGEMENTS INSOLITES

De la vie de château à l'aventure d'un séjour en lodge comme dans les contrées sahariennes, le Lot regorge d'hébergements atypiques et vous offre des variations ! Envie d'un chalet comme au Canada ? D'une nuit dans une bulle avec une vue sur le ciel étoilé ? Suivez-nous !

©MALIKA TURIN

EN PHOTO

LE BOIS DE FARAL 89

Le Bastit
Charmant écogîte disposant de spacieux chalets tout confort avec terrasse au Bastit.

LA BICICLETA RAVITO 75

Souillac
Un lieu génial pour les amoureux du vélo, ambiance atypique et passionnée. Plusieurs événements et supers conseils à découvrir.

VIP REFUGE 84

Le Vignon-en-Quercy
Maison bioclimatique à la structure ronde et souterraine, un hébergement insolite avec piscine et spa pour un séjour confortable.

L'ERMITAGE 199

Lalbenque
Maison d'hôtes disposant de chambres équipées tout confort à Lalbenque.

NID'EN'Ô 73

Lamothe-Fénelon
Une cabane dans les arbres joliment aménagée, très confortable abritant un spa privatif sur la terrasse. Le luxe au naturel !

IDÉES DE SÉJOUR

Il existe bien des façons de rencontrer ce département, bien des manières de l'appréhender et de faire l'expérience de son authenticité. Pour prendre goût au Quercy, un week-end ne suffira certainement pas, mais vous donnera l'eau à la bouche ! Les idées de séjour ne manquent pas dans un département si riche d'expérience. Nous avons sélectionné pour vous quelques thématiques de voyage, des axes de traverse qui ouvrent bien d'autres champs des possibles. Que ce soit pour son vin, pour son art de vivre d'autrefois ou son monde souterrain, le Lot ne cesse de prouver sa multiplicité. Nous vous proposons un séjour de trois jours à la découverte des vignobles du Lot par une traverse nord-sud. Vous avez envie d'un petit week-end en famille ? Ou de plonger dans le Quercy d'autrefois grâce à deux sites de visites à la découverte de la vie du XIXe siècle ? Ou bien encore de prendre la température du monde souterrain ? Suivez-nous !

ROUTE DES VINS DU LOT

Le temps d'un week-end de trois jours, partez à la découverte des atouts viticoles du Lot ★★★★ qui possède une AOC (**Cahors** ★★★★ (p.127)), un AOP (Coteaux du Quercy) et deux IGP (Côtes du Lot et Coteaux de Glanes).

› Jour 1 - Les Coteaux de Glanes

À la fin des années 1960, les Vignerons du Haut-Quercy, un groupe de passionnés, replantent un vignoble avec des cépages merlot, gamay, ségalin, adaptés au climat et à la terre d'ici. Ils produisent depuis les vins IGP Coteaux de Glanes. Les vignerons travaillent dans un esprit de coopérative mais attention, ils reçoivent les visiteurs dans chaque propriété et la vente se fait en direct chez eux. Un chemin de découverte, qui part du centre du village pour atteindre les hauteurs, vous donne des indications sur le vignoble, les cépages, l'histoire et le paysage.

› Jour 2 - Malbec, le vin de Cahors

Direction l'aire de production du vin de **Cahors** ★★★★ (p.127), porteur d'une AOC depuis les années 1970. Nous vous proposons de commencer par faire une dégustation à la Villa Malbec à Cahors, vitrine de l'AOC, afin de comprendre la complexité des vins de l'appellation. Ensuite, vous pouvez opter pour une visite auprès d'un des grands noms du cahors : Lagrezette, Vigouroux, Chambert ou Eugénie. Nous vous conseillons d'opter pour l'un de ces quatre grands puis de compléter votre visite par un plus petit domaine. En effet, le cahors est l'affaire autant des grands domaines que de productions plus confidentielles. Il se joue aussi derrière de petits domaines l'avenir du cahors avec la jeune génération, peut-être plus joueuse et moins conventionnelle. Nous vous proposons deux domaines : le Clos d'Audhuy avec Benoît Aymard et Lacombe-La-Serre avec Julien Ilbert.

Vignoble de malbec, dans les environs de Cahors.

› Jour 3 - Les Coteaux du Quercy

Le vignoble du Quercy se déploie entre **Cahors** ★★★★ (p.127) et Montauban, Lauzerte et Bruniquel, à cheval entre le Lot ★★★★ et son voisin le Tarn-et-Garonne. C'est un petit vignoble détendeur d'une AOP depuis 2011, partagée par 33 producteurs qui travaillent pour une cave coopérative. Le cabernet franc, cépage principal des Coteaux du Quercy, est présent à 60 % dans l'assemblage final, associé aux cépages complémentaires : le côt, le merlot et le gamay. Les viticulteurs de l'AOC Coteaux du Quercy sont mobilisés pour donner des gages sur les potentialités de leur vignoble. La première des haltes est à programmer à la frontière du Lot sur la commune de Montpezat-du-Quercy (82) à la cave des Vignerons du Quercy.

LE LOT PAYSAN D'AUTREFOIS

Partons d'un simple constat, celui d'une ruralité en mouvement. Le Lot ★★★★ illustre tout à fait l'évolution du monde paysan qui a transformé le quotidien de ces Lotois de la terre. En deux jours, nous vous proposons une immersion dans une campagne rurale fin XIXe - début XXe.

› Jour 1 - Jour 1 : musée du Patrimoine Agricole et Automobile de Salviac

Pour se faire une idée de la vie de ce monde rural, première excursion chez Benoît Jouclar, véritable passionné d'authenticité. Pour rentrer dans son univers, direction **Salviac** (p.215), dans la Bourianne, dans son Musée du Patrimoine Agricole et Automobile. Tout est dans le nom ! Sur 6 000 m², vous pourrez admirer une collection composée de plus de 250 tracteurs, 150 autos et utilitaires, 200 deux-roues et un millier de pièces et objets à découvrir dans leur environnement d'époque. C'est l'une des plus importantes collections du genre du Sud-Ouest, créé par Benoît qui accumule ces petits (et gros) trésors depuis l'âge de 14 ans ! Après la visite, rien de plus naturel que de s'arrêter dîner au restaurant Chez Mourgues à Peyrilles. On poursuit ici notre excursion dans les saveurs d'antan avec la célèbre « mique », une revisite locale de la soupe au pain. Ce restaurant est connu pour y servir la meilleure de la région.

› Jour 2 - Jour 2 : l'Ecomusée de Cuzals

À présent, direction la vallée du Célé sur la commune de Sauliac-sur-Célé pour visiter un site exceptionnel. Labellisé Musée de France, l'écomusée de Cuzals s'ouvre sur la mémoire paysanne sur 20 hectares du causse. Cuzals, c'est l'expérience de la reconstruction d'un village entier dans la campagne quercynoise du XIXe siècle et du début du XXe siècle. Ouvert de début mai à fin septembre, le site ouvre une parenthèse un peu hors du temps qui permet de découvrir les métiers d'antan comme le forgeron, le vannier, le sabotier, etc. On appréhende le quotidien dans les maisons de chaumes et une pléiade d'animations permet de concrétiser par la manipulation lors d'ateliers divers. L'idée de Cuzals est l'immersion totale dans l'univers paysan d'autrefois.

GROTTES ET GOUFFRE DU LOT

Le Lot ★★★★ est un véritable gruyère qui attire les amoureux du monde d'en-dessous ! Improvisez-vous spéléologue en descendant dans les entrailles de la Terre !

› Jour 1 - L'émotion de Pech Merle

Faites un bond dans le temps ! Direction **Cabrerets** ★★ (p.110) sur le site du Centre de Préhistoire et **Grotte du Pech Merle** (p.110). Après la visite de la grotte ornée, le centre de Préhistoire complétera ce voyage dans le temps. La grotte est un site préservé depuis des millénaires. Elle présente d'authentiques chefs-d'œuvre de l'art préhistorique. Sur les parois de la grotte, on peut admirer des chevaux, mammouths, bisons, aurochs, ours, etc. Au total, ce sont plus de 70 animaux qui sont représentés.

› Jour 2 - Le petit train des grottes de Lacave

Partez pour un voyage en train bien singulier ! Celui de **Lacave** ★ (p.68) vous plonge dans les entrailles de la Terre pour une visite inoubliable d'une heure et demie. Spectacle visuel et sonore vers la salle des merveilles, point d'orgue de la visite. Plongés dans une quasi-obscurité où les ultraviolets rendent phosphorescentes les concrétions en formation, vous assistez ici à la beauté saisissante d'une nature souterraine insoupçonnée depuis la surface.

› Jour 3 - Le vertige de Padirac

Vous ne pouvez prévoir un séjour « spéléo » dans le Lot ★★★★ sans programmer une visite au Gouffre de **Padirac** ★★★ (p.93). Le site attire chaque année de plus en plus de visiteurs. Il faut dire que ce gouffre est impressionnant ! L'orifice fait 35 mètres de diamètre et le gouffre plonge à 75 mètres de la surface du causse. Ici, à 103 mètres de profondeur coule une rivière et l'on découvre avec fascination un réseau de galeries de plus de 40 km ! Le petit plaisir en plus à Padirac ce sont les embarcations qui vous attendent pour une petite croisière sur la rivière souterraine.

Le pont Valentré à Cahors.

DÉCOUVRIR

À l'évocation de Cahors ou de Rocamadour, des souvenirs gustatifs reviennent avec le vin AOC au cépage Malbec et le petit fromage rond. Dans le Quercy Blanc, le long de la Vallée du Lot, sur les hauteurs des Causses ou dans la forêt de la Bouriane, les hommes et les femmes qui y sont nés ou s'y sont installés ont permis le développement et la transmission de leur savoir-faire. Découvrir le Lot, c'est aussi parcourir ses chemins de randonnée, profiter de sa douceur de vivre, et s'enrichir de l'Histoire à travers ses monuments impressionnants et les traces laissées par ses habitants, dont certains mesuraient plusieurs mètres de hauteur à l'ère du Jurassique.

Tout en préservant son patrimoine, le Lot sait vivre avec son temps. Les évènements culturels qui s'installent tout au long de l'année dans les théâtres, les châteaux, les salles de concert ou les rues offrent des moments inoubliables. Vous voulez en savoir plus ? C'est par ici...

L'ŒNOTOURISME, L'ENJEU TOURISTIQUE DES VINS DE CAHORS

Le vin de Cahors est l'un des plus anciens d'Europe. Ce sont les Romains qui plantèrent de la vigne dans le Quercy en 50 av. J.-C. Retour sur une saga millénaire autour d'un breuvage qui a offert à Cahors une renommée mondiale. Il a été le vin des empereurs Romains, des rois de France et d'Angleterre. Puissant, tannique, élevé en barrique, le Cahors a longtemps été un vin de bonhomme. Puis il s'est adoucit. Il a été travaillé depuis des décennies pour se faire de nos jours une place dans les meilleures caves du monde. Les voies romaines ont été un précepte aux routes des vins d'aujourd'hui qui font de la culture de la vigne un véritable axe de tourisme. A Cahors, les professionnels du secteur ont très tôt compris l'enjeu d'une communication axiale sur le cépage emblématique de leur terroir : le malbec. Cependant, le Lot ne se réduit pas au Cahors ; il possède 2 IGP et 2 AOC qui sont autant d'atouts pour développer l'œnotourisme.

Cahors vs Bordeaux

En France, on l'appelle le vin noir, en Angleterre le Black Wine. Il devient le nectar des rois et des reines, et même des papes à partir du Cadurcien Jean XXII. Le poète Marot le qualifie de « liqueur de feu ». A l'époque, on l'érige même au-dessus du Bordeaux. François Ier confie le développement des vignes royales aux exploitants du Quercy. Vin de l'élite, il est importé par Pierre le Grand en Russie qui en fait un vin de cour et de messe pour l'Eglise orthodoxe. Exporté partout, il entre en concurrence avec ses grands rivaux bordelais. Les ports d'Aquitaine sont contraints de les transporter et une lutte s'engage entre les deux régions. Des gabarres de vins sont même coulées par les Bordelais. Louis XVI met provisoirement fin à la crise en partageant le marché entre les deux terroirs.

Le XXe siècle le couronne de label et de sigle, ce qui donne aux vignerons un cahier des charges, des grands axes de développement. En travaillant pour une certaine cohérence, les professionnels de la viticulture ont été visionnaires et les ouvriers d'une grande histoire viticole. Le 5 avril 1951, le vignoble peu à peu ressuscité obtient un classement en VDQS « Vin Délimité de Qualité Supérieure ». C'était le premier pas.

En 1964, c'est la naissance de la confrérie du vin de Cahors. Insigne privilège de cette confrérie, Sa Majesté la reine du Danemark a bien voulu accepter d'en être la protectrice. La rénovation du vignoble porte ses fruits : le 15 avril 1971, le vin de Cahors obtient l'Appellation d'Origine Contrôlée (AOC), grâce notamment au président Georges Pompidou, lotois d'adoption depuis qu'il a fait l'acquisition d'une résidence sur Cajarc.

Depuis son classement en AOC, le vignoble retrouve ses lettres de noblesse et entame une progression spectaculaire. On assiste dans les années soixante-dix à un développement important du vignoble avec la création de nombreux domaines. Le syndicat prône alors la généralisation de la mise en bouteilles à la propriété.

En 1977, l'Union Interprofessionnelle du Vin de Cahors est créée. Elle regroupe les représentants des syndicats des négociants-éleveurs et du syndicat de défense de l'appellation Cahors.

En 1982, création de la maison du vin à Cahors, qui comprend une salle de dégustation et un laboratoire œnologique. C'est aujourd'hui une vitrine particulièrement importante pour le Vin de Cahors. La maison a été rebaptisée Cahors Malbec Lounge, on la trouve côté à côté avec l'Office de Tourisme de Cahors Vallée du Lot place François Mitterrand à Cahors.

En 2007-2008, le vignoble de Cahors a mis en œuvre une stratégie de positionnement dénommée Cahors Malbec pour communiquer à la fois sur l'appellation et son cépage historique. Le choix de ma mise en avant du cépage sous un nom unique rend interdit l'utilisation de ses autres noms : le Côt et l'Auxerrois. Il faut aussi savoir que deux autres cépages complémentaires sont utilisés de façon extrêmement contrôlée par le cahier des charges de l'appellation : le merlot et le tannat.

© BERDOULAT JEROME - STOCK.ADOBE.COM
Vignobles de Cahors.

DÉCOUVRIR

La typicité d'une belle appellation

Le terroir du Cahors est typé et distant d'une centaine de kilomètres de ses plus proches voisins. Située au sud-ouest du département, l'aire d'appellation court de part et d'autre du cours du Lot et intéresse quelque 45 communes réparties sur six cantons : Cahors, Luzech, Puy-l'Evêque, dans la vallée, sur le plateau et Lalbenque et Montcuq sur le plateau sud et Catus au nord. Les terrasses et les coteaux de la vallée se situent entre 100 et 150 mètres d'altitude. Le Cahors bénéficie d'un microclimat favorable, d'un cépage spécifique, le côt, et dispose aussi d'acquis humains incontestables dans les domaines agronomiques, œnologique et commercial. La géologie du vignoble de Cahors résulte du mariage entre un socle calcaire et des masses alluviales, le plus souvent très anciennes.

Pour résumer, on peut dire que les premières terrasses argilo-limoneuses, limono-sableuses et graveleuses, sont aptes à produire des vins légers et friands, à boire plutôt jeunes. Les deuxièmes terrasses et les coteaux du piémont, argilo-silicieux, argilo-calcaires, mêlés d'éboulis du causse, donnent des vins pleins, corpulents et de bonne garde. Enfin, les coteaux du rebord du causse et le plateau lui-même, calcaires et argilo-calcaires, sont susceptibles de produire des vins moins gras mais plus structurés, un peu durs dans leur jeunesse mais de grande garde.

Qu'est-ce qui fait la typicité d'un vin ? C'est l'adaptation réciproque du terroir au cépage et du cépage au terroir. Or, le malbec a trouvé dans le terroir de Cahors les conditions géologiques et climatiques qui lui permettent d'atteindre son expression optimale et donc de marquer fortement le vin qu'il génère de sa personnalité. Il n'existe pas de vin de Cahors à moins de 70 % de malbec. La feuille du malbec est ronde avec des cloques ; sa grappe est aérée avec des grains ronds bien séparés. La peau est très colorée et riche en tanins. Sa maturité arrive généralement début octobre. Après fermentation, il donne un jus très foncé, aux tanins abondants et aux arômes soutenus de baies sauvages comme la mûre, la prunelle, d'herbes aromatiques, d'épices et, après vieillissement, de truffe. Dans sa jeunesse, le vrai Cahors peut s'avérer austère, d'où parfois l'adjonction de deux cépages complémentaires : le merlot et le tannat. Le merlot apporte sa rondeur, affine le bouquet et assouplit le vin dans sa jeunesse. Le tannat, issu de la famille des cots, confirme par ses tanins l'aptitude au vieillissement du cahors et apporte également un bon niveau alcoolique. Le merlot est présent, généralement dans des proportions de 10 % à 15 % et le tannat de 5 % à 10 %. La densité de plantation ne doit pas être inférieure à 4 000 pieds à l'hectare.

La vinification traditionnelle crée des vins charpentés, corsés, tanniques, aromatiques la première année, car près du fruit, du raisin. En bons vins de garde, ils restent robustes et puissants. Vieux, le Cahors possède des arômes de sous-bois et d'épices. Sa rondeur, son ampleur en bouche se mêlent alors aux arômes de truffes et de gibiers.

Répartie sur 4 500 ha, la production du Cahors se situe en moyenne autour de 20 millions de bouteilles chaque année, 80% étant issus de vignerons en caves particulières et 20% d'une seule cave coopérative. Si les vins de Cahors sont toujours principalement commercialisés en France (70%), leurs ventes à l'étranger ont fortement progressé ces dernières années. En 2017, les 3 premiers marchés de l'appellation à l'export ont été, en volume, la Grande-Bretagne, le Canada et les États-Unis. D'ici 15 ans, le vignoble vise les 40% minimum à l'export.

L'ŒNOTOURISME, L'ENJEU TOURISTIQUE DES VINS DE CAHORS

© PHB.ME - STOCK.ADOBE.COM

Coteaux du Quercy.

Dans les vins il n'y a pas que le cahors !

Le Cahors a fait la renommée du Lot, cependant, d'autres vignobles méritent également le devant de la scène viticole lotoise : les Coteaux de Glanes au nord du département ainsi que les Coteaux du Quercy à l'ouest mais également les Côtes du Lot.

Les Côtes du Lot sont issus des meilleurs terroirs : les terrasses, les coteaux et les plateaux. Les vignerons ont élaboré ces vins à partir de divers cépages : le malbec, le cabernet franc, le cabernet-sauvignon, le ségalin, le gamay et le merlot pour les rouges et les rosés, le chardonnay, le sauvignon, le viognier, le sémillon et le chenin pour les blancs. Créé en 1997, le Syndicat des Vins de Pays du Lot a obtenu en 2009 l'Indication géographique protégée (IGP), avant la création en 2013 d'une nouvelle identification et d'un nouveau logo, les vins IGP des Côtes du Lot. Ils réunissent aujourd'hui 150 producteurs qui exploitent une surface de 1 000 ha. La production est passée de 3 000 hectolitres en 1997 à 65 500 en 2016, soit le tiers de la production d'appellation Cahors.

A Glanes, les Vignerons du Haut-Quercy, regroupés en coopérative, ont obtenu une IGP bien méritée. Les écrits les plus anciens concernant Glanes remontent au IXe siècle, mais l'origine du vin de Glanes serait encore plus ancienne et daterait de l'époque gallo-romaine. Menacé par l'exode rural, le phylloxéra, la diversification des productions, le vin de Glanes est sauvé par quelques vignerons, aidés par la chambre d'agriculture. Ils ont replanté le vignoble, à la fin des années soixante, avec des cépages merlot, gamay, ségalin, mieux adaptés. Le vignoble des coteaux de Glanes s'étend aujourd'hui sur 45 hectares répartis sur sept communes, sur un territoire homogène avec des sols argilo-calcaires caillouteux, sur un bassin versant de la vallée de la Dordogne. Bien exposé sud-sud-ouest, le sol a toujours été reconnu comme favorable à la vigne. L'IGP Coteaux de Glanes est une affaire qui se mène à plusieurs familles. Chacun cultive ses vignes, la récolte et la vinification se font de manière collective au sein de la coopérative. On comprend que la devise des trois mousquetaires ne soit pas usurpée lorsque la qualité de son vin est l'affaire de la responsabilité de chacun.

La surface de production de l'appellation Coteaux du Quercy s'étend sur près de 400 hectares sur les départements du Lot et du Tarn-et-Garonne (production moyenne : 8 000 hl/an). Bénéficiant d'un double climat, atlantique et méditerranéen, le terroir argilo-calcaire du Quercy, également composé de boulbènes chaudes, possède une exposition avantageuse et un bon réchauffement. Deux paysages se côtoient : les causses argilo-calcaires, aux terrasses et plateaux de pierres blanches, et les coteaux verdoyants et vallonnés. Le cabernet franc, cépage principal des coteaux-du-quercy, est présent à 60% dans l'assemblage final, associé aux cépages complémentaires : le côt, le merlot et le gamay. Un tiers des producteurs passe leur vin en fût de chêne, afin d'élargir la gamme de leurs produits et ainsi contribuer à l'image qualitative. Ce sont des vins structurés, souvent portés par des arômes de cassis lorsqu'ils sont jeunes, sur le rouge, de cerise et de framboise pour le rosé. Sa bonne structure tannique et son gras offrent plus de souplesse que pour d'autres vins du Sud-Ouest. Les viticulteurs de l'AOC Coteaux du Quercy sont mobilisés pour donner des gages sur les potentialités de leur vignoble.

GÉOGRAPHIE

Au cœur même du Lot, chacun se sent appartenir à un territoire contrasté où la terre défend ses spécificités. N'est pas lotois de la même façon un habitant du Quercy Blanc, des vallées, du Ségala ou de la Bouriane. Le Lot se définit d'abord par une géographie plurielle. Il vibre autour d'un centre : les Causses du Quercy, eux-mêmes fractionnés entre les causses de Martel, de Gramat et de Limogne. Ce sont des étendues très calcaires, érodées et sèches. A l'ouest du département, nous retrouvons la Bouriane, poumon sablonneux, vallonné et fortement boisé. La Vallée du Lot forme une frontière naturelle entre cette Bouriane au Nord et le Quercy Blanc au sud. Formé de grands plateaux de calcaire blanc, c'est une région où l'on retrouve beaucoup de vignobles. Une autre vallée, celle de la Dordogne marque l'extrême nord du Lot. Enfin, à l'est du département on retrouve le Ségala lotois, la frange occidentale du Massif central, et le Limargue.

Les Causses du Quercy

Le calcaire constitue la caractéristique commune aux Causses du Quercy. Un calcaire qui façonne un paysage de plateaux chauds et secs doucement parsemés de combes et dolines. Des vallées nommées Ouysse, Alzou et Célé percent le sol en surface comme des veines saillantes. En dessous, les Causses du Quercy, terre karstique, sont le terrain rêvé de tout spéléologue. Les paysages sont creusés par de nombreux gouffres, igues, grottes et galeries, leur permettant de descendre toujours plus loin vers le centre de la terre.

Les Causses, comme le pluriel du nom le suggère, sont multiples. Les Causses de Martel tout au nord précèdent ceux de Gramat et à l'extrême sud ceux de Limogne. On observe quelques variations dans les paysages mais aussi des caractéristiques communes qui confèrent à cet ensemble une unité. Ainsi, on retrouve entre autres sur l'ensemble des Causses une forte présence de chêne pubescent, de nombreuses espèces rares d'orchidées, des pruneliers et des genévriers.

Le causse est également caractérisé par la présence de brebis à lunettes noires, une race caussenarde d'ovins adaptée aux sols pauvres du causse. Si les paysages ont été peu impactés par l'activité humaine, la présence agraire a dessiné au fil des siècles des lignes par les mains des paysans. Ils ont construit des murets en pierre sèche qui délimitent de petites parcelles. Ces murets font aujourd'hui partie du patrimoine local caractéristique des paysages des causses.

Le Quercy blanc

Le lien entre les Causses et le Quercy Blanc se fait par l'ADN de cette terre : le calcaire. Cette roche à couleur claire donne son nom à cette partie du Quercy. Un blanc lumineux, un blanc qui « tâche » à la fois les paysages et les Hommes. Ce Quercy déborde sur les départements du Tarn-et-Garonne et du Lot-et-Garonne. On le délimite par Moissac, Villeneuve-sur-Lot, Agen et Cahors. C'est une terre essentiellement creusée de vallées comme la Bargelonne, la plus importante.

Le Quercy Blanc, ce sont de doux reliefs, des plateaux entaillés de vallées, un air de Toscane, une lumière et une douceur très particulières. Il offre des sols prisés pour la culture de la vigne, du blé, du maïs mais aussi des cultures maraîchères et les vergers. Le melon y est un trésor de soleil, il y fait le bonheur des amateurs chaque été.

La Bouriane

Voilà une région du Lot qui ne ressemble qu'à elle-même ! Entre le Quercy et le Périgord, la Bouriane est une région attachante, vallonnée et boisée – le cèpe y est le roi – qui propose divers circuits et itinéraires jalonnés de monuments qui sont autant de signes d'une riche histoire. On retrouve autour de Gourdon, ville capitale de la Bouriane, un chapelet de petits bourgs : Les Junies, Moncléra, Milhac... Savoureuse et authentique, cette région aime multiplier les plaisirs : celui de la gastronomie, celui des traditions et des loisirs. De nombreux lacs et cours d'eau en font le paradis des pêcheurs et des amoureux de la baignade.

La Vallée de la Dordogne

Entre Souillac, son abbatiale et son musée des automates, et Saint-Céré, dont l'atelier-musée des tours de Saint-Laurent rappelle le grand tapissier Jean Lurçat, la vallée et les causses environnants alignent des petits bourgs bien préservés. Les pieds dans l'eau, Floirac, Carennac, Gintrac se rappellent les temps glorieux des bateliers. Montvalent et Loubressac aux ruelles fleuries dominent en observant les collines de la Corrèze. Reculée, Autoire aux

© SEMMICK PHOTO - SHUTTERSTOCK.COM

Le Lot vers Saint-Cirq-Lapopie.

manoirs précieux cultive ses jardinets arrosés par le ruisseau qui dévale en une cascade de 30 mètres.

La bastide de Bretenoux est dominée par le château de Castelnau et ses pierres rouges où se déroule chaque été un festival d'art lyrique. Martel est surnommée « la ville aux sept tours » et regroupe autour de sa halle et de son palais des signes extérieurs de richesse.

Jardin du Ségala

Pays de confins, le Ségala-Limargue allie la montagne à la plaine. Touchant le Cantal, le premier est parcouru de reliefs abrupts au pied du Massif Central. À l'approche des villages où la pierre se colore des veines sombres des grès, où les toitures pèsent sous le schiste, des haies bocagères séparent les parcelles où pâturent des vaches. Le sol s'y tapisse de bruyères et de fougères. La forêt de Leyme rassemble sur 80 hectares des hêtres parfois centenaires, des châtaigniers et bouleaux qui tissent un écran végétal à l'ardeur du soleil. Entre Sénaillac et Latronquière, les deux petites capitales du Ségala, le plan d'eau du Tolerme, véritable petite mer à la montagne, accueille les vacanciers et les pêcheurs. Plus au sud, le château de Lacapelle-Marival et le fort de Cardaillac imposent leur présence.

Pays de Cahors

En aval de Cahors, le Lot inscrit son cours entre les collines tandis qu'en amont, elle tranche vivement dans la chair des falaises. En tout, 65 kilomètres et 14 écluses, entre Luzech et Saint-Cirq-Lapopie, certainement le plus beau domaine navigable de France. La rivière flâne en majesté au pied des châteaux liés au culte du vin et des plaisirs raffinés, effleure les nobles parties de Puy-l'Evêque entre Luzech et son donjon. À Cahors, tout au long de la boucle qui prend la ville en écharpe, le chemin fluvial passe en revue les monuments qui retracent son histoire : le guerrier pont Valentré et son diable minéral, les coupoles arrondies de la cathédrale, les tours et clochers qui hérissent la cité haute en surplomb des quais. Peu après l'emprise citadine, les coteaux de Laroque et d'Arcambal sur leur flanc de verdure. Cap au sud, à Montcuq où il fait bon s'attarder dans le quartier ancien drôlement appelé « Montmartre » et lézarder aux terrasses des cafés. « On dirait le Sud » résonne à nos oreilles... À Castelnau-Montratier, la place centrale bordée de ses galeries couvertes a beaucoup d'allure avec ses bâtisses bourgeoises, dont la maison Jacob.

Vallée du Lot et du Célé

Ces deux vallées pleines de fraîcheur abritent de nombreux villages au charme indéniable dont Saint-Cirq-Lapopie, site médiéval classé par les Monuments historiques, où André Breton avait « cessé de se désirer ailleurs ». Figeac, patrie de Champollion, dispose également d'un riche patrimoine dont le musée Champollion, musée des Écritures du monde.

NATURE

La nature dans le Lot est un atout indéniable, une qualité de vie. Ici, on ne voit pas forcément la vie en vert toute l'année, on la voit en une myriade de couleurs issues de la variété de la flore. La lumière est particulière, très brute en été, poétique aux intersaisons. Limpide surtout, elle crée des atmosphères de sérénité où l'on s'accorde à cette nature qui nous ouvre les bras. Une nature toujours plus surprenante, sans cesse changeante. Une nature qui défile au gré des pérégrinations dans un département toujours plus multiple, toujours plus caractériel. On apprécie dans le Lot une faune sauvage des bois, comptant nombre de sangliers, cervidés, lièvres mais également rapaces, petits oiseaux et autres habitants de la forêt. La faune, c'est aussi une myriade d'insectes en tout genre, fortement appréciés de nos amies les chauves-souris. La flore quant à elle est disparate selon les territoires lotois.

Du sanglier au papillon

Si un petit noyau de population de cerfs et de biches est principalement localisé dans la Bouriane, le chevreuil est, quant à lui, présent sur tout le territoire du département, de même que le sanglier, le blaireau et le lièvre. Enfin on trouve le ragondin, un mammifère aquatique dont la population a explosé ces dernières années. Sa surpopulation cause des dégâts importants sur l'environnement : écroulement et fragilisation des barges des rivières, érosion et envasement progressif des cours d'eau, destruction de jeunes pousses de culture...

Chez les rapaces, outre la buse assez commune, le faucon pèlerin qui semblait menacé voici une quarantaine d'années se compte aujourd'hui en nombre suffisant pour assurer la pérennité de l'espèce. On le trouve sur les falaises des vallées de la Dordogne et du Lot. Le circaète Jean-le-Blanc, un rapace migrateur qui se nourrit de reptiles – serpents et lézards – s'installe l'été sur les causses et au sud du département où il trouve la sécheresse qui lui convient. Contrairement à d'autres départements limitrophes, le Lot abrite encore un nombre important de perdrix rouges, toujours proches des cultures céréalières, sur tout son territoire, hormis dans le Ségala. L'œdicnème criard, que les Lotois appellent « le courlis des champs », est un oiseau typique des causses, migrateur lui aussi, qui se nourrit d'insectes. On note également la présence du bruyant ortolan, un passereau migrateur : il ressemble comme un frère à un vulgaire moineau, et fait beaucoup saliver dans d'autres départements du Sud-Ouest de la France : sa chair délicate est, paraît-il, très recherchée. Plus inattendu et magnifique à observer en hiver dans son vol en

On peut observer le faucon pèlerin dans le département.

piqué silencieux, le grand cormoran. Il remonte la Garonne et prend ses quartiers sur les bords du Lot où le gîte (les falaises) et le couvert (la rivière riche en poissons gros et petits) semblent lui convenir, suscitant l'inquiétude des associations de pêche ou d'écologie : il faut savoir qu'un seul cormoran peut avaler 500 g de poisson par jour, de quoi sinistrer la rivière si une colonie s'installe. Et, bien évidemment, mésanges (nonnettes, charbonnières, bleues), pinsons, rouges-gorges et autres rossignols – si, si, avec un peu de chance, en été – offrent un festival permanent de chants variés.

La rivière Lot, l'une des plus poissonneuses de France, est plutôt le domaine des poissons carnassiers où les brochets peuvent atteindre plus de 10 kg et les sandres de 7 à 8 kg. On déplore également la présence des silures, ces énormes bêtes non comestibles qui font des ravages dans la faune aquatique. La pêche sportive de la carpe se pratique également et les plus gros spécimens peuvent atteindre de 20 à 25 kg. Les ruisseaux sont plus ou moins riches en truites et en écrevisses à pattes blanches. Il y en aura davantage dans les affluents du Célé, de la Dordogne, de la Cère. Les ruisseaux du Ségala, à l'est du département, ont les mêmes qualités que leurs voisins du Massif Central et l'on y pêche la truite « au toc », c'est-à-dire au ver. Le bassin versant du Céou, de même que le Vers et le Vert sont également riches en truites.

Les Causses du Quercy sont le refuge d'une faune spécifique, adaptée à ce milieu, comme le Nacré de la filipendule (un papillon rare du sud de la France).

Orchidées dans un pays de bruyères

Les paysages des Causses varient au fil des kilomètres, ce qui donne une végétation disparate selon les territoires lotois. Sur les terres calcaires, les chênes dominent le paysage alors qu'en vallée, l'aulne et le frêne sont les seigneurs des terrains inondables. En passant par la Bouriane, vous pourrez admirer les châtaigniers, plantés en forêt. En été, les bruyères y fleurissent en abondance. Le Quercy subit l'influence très forte de la Méditerranée, ainsi on y trouve nombre d'espèces typiques comme le thym, la lavande ainsi que des petits arbustes verts (alaterne, filaria, corroyère). Enfin, le Ségala, très commun avec l'Auvergne, est un terrain de choix pour le hêtre et le bouleau.

D'un point de vue floristique, le Lot possède plusieurs stations d'orchidées remarquables qui durant les mois de mars à juin, permettent de découvrir des espèces comme l'ophrys lutea (orchidée jaune), l'ophrys scolopax (bécasse) ou l'ophrys militaris (militaire), le limodorum (limodore) ou l'ophrys insectifera (insecte). Autant d'espèces que l'on peut découvrir à l'occasion de sorties pédestres organisées ou seul si l'on est futé. Dans les jardins grandeur nature

La surprenante ophrys insectifera.

de la campagne lotoise, ce sont genévriers, buis, cyprès et chênes nains qui peuplent la terre aride des causses où affleure la pierre. On recense quelque 30 000 orchidées, si délicates, mais qui s'accommodent parfaitement de ces difficiles conditions. Attention, il vaut mieux observer que cueillir certaines de ces fleurs rares. L'été passé, noyers et pruniers sauvages fourniront au promeneur solitaire ou aux randonneurs assoiffés de quoi se sustenter délicieusement.

La nature, un trésor du département

Faune, flore, paysage et patrimoine. Voici un résumé des atouts du département et le Lot, bien conscient de la fragilité de ses écosystèmes, œuvre depuis des années dans le sens de protection et de la valorisation de son territoire et de ses espaces naturels. Grâce à l'effort de tous, des sites remarquables ont pu être labellisés Espaces naturels sensibles (ENS). Ils bénéficient d'un programme de gestion et de mise en valeur mené par le Département afin d'en assurer la pérennité. 35 sites sont aujourd'hui labellisés ENS par le Département (ce qui représente 8 300 ha). En voici les 10 sites naturels majeurs : la vallée de la Masse, les landes du Frau-Dégagnazès, les vallées de l'Ouysse et de l'Alzou, la couasne de Floirac, le massif de la Brauhnie, le cirque d'Autoire, le marais de Cléjoux-Lamothe, le marais de Saint-Cirq-Madelon, le mont Saint-Cyr, les caselles de Marcilhac-sur-Célé. Huit circuits ont été établis pour permettre au visiteur de circuler dans les Espaces naturels sensibles et les visiter en toute liberté. Pour aider à la compréhension des milieux et éduquer à la préservation, des circuits d'interprétation ont été mis au point. Ce sont de petites randonnées accessibles à tous et téléchargeables sur le site du département ou de Lot Tourisme.

HISTOIRE

Si le Lot puise son histoire dans les origines mêmes de la vie sur Terre, il faudra attendre 1808 pour voir ses contours actuels prendre forme. Sa création remonte à la Révolution Française, mais il était alors plus étendu et englobait Montauban et sa région. L'histoire de ce département est tatouée dans ses paysages, ses rues, son patrimoine. On trouve des traces de l'Homme qui remontent à la pré-histoire, dans des grottes. Bien avant eux, ce sont de petits « dino » - les ptérosaures - qui ont foulé cette terre, laissant leurs empreintes. Façonnée par des siècles, l'histoire lotoise remonte à l'Antiquité. On retrouve les vestiges de ce passé dans les sous-sols de Cahors par exemple. Pour comprendre cette âme lotoise, il faut alors se plonger dans cette Histoire qui par bien des aspects s'entremêle à une Histoire de France et bien au-delà, à un mouvement universel qui forge l'Homme, enraciné mais épris de sa liberté.

150 MILLIONS D'ANNÉES AV. J.-C

Nous sommes alors à l'ère du Jurassique sur la commune actuelle de Crayssac. Une lagune inondée de soleil accueille crustacés, crocodiliens, tortues, dinosaures et ptérosaures qui ont laissé leurs empreintes sur ce lieu de vie.

29 000 ANS AV. J.-C

Des Hommes choisissent des grottes de la région du Quercy et du Périgord pour s'abriter. Ainsi on retrouve sur les parois des grottes de Cougnac près de Gourdon ou encore dans la grotte du Pech Merle à Cabrerets des dessins tracés par ces habitants pour l'éternité.

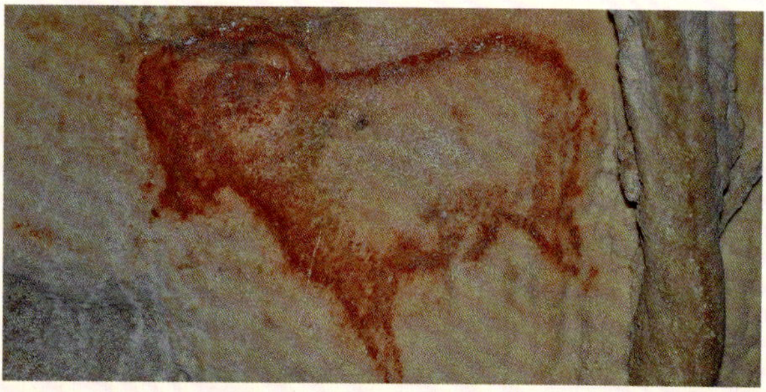

© FRANCIS JACH

Grottes de Cougnac.

3500 AV. J.-C

On recense dans le Quercy 600 monuments funéraires celtiques de type dolmens et mégalithes. On en trouve particulièrement dans les Causses entre Cajarc et Gréalou, à Padirac, à Prayssac, Livernon et Limogne-en-Quercy.

VIIᴱ - VIᴱ SIÈCLE AV. J.-C

Ce sont des peuples celtes probablement issus du sud de l'Allemagne qui viennent peupler cette région par l'Aquitaine, créant le peuple des Cadurques (en latin Cadurci). Le nom « Quercy » viendrait du nom latin Cadurci, peuple gaulois, fusion des Celtes et des Aquitains.

51 AV. J.-C

L'oppidum gaulois d'Uxellodunum au Puy d'Issolud sur la commune de Vayrac est désormais reconnu par la communauté scientifique comme le lieu de la dernière bataille de la guerre des Gaules.

Ier AV. J.-C. - Ier SIÈCLE Les Romains fondent la ville de Divona (Cahors) proche d'une résurgence vénérée par les Gaulois en l'honneur de la déesse Divona, au centre du territoire des Cadourques, à l'intérieur d'un méandre du Lot. La ville devient rapidement opulente, forte d'une importante activité commerçante et artisanale. Les archéologues ont retrouvé les restes de villas somptueuses, de temple, un théâtre, des thermes, un amphithéâtre, etc.

Ve - VIe SIÈCLE Le Quercy est successivement ravagé par les Vandales, les Alains, les Suèves, les Wisigoths, les Francs puis les Arabes et les Normands.

VIIIe SIÈCLE A l'avènement de Charles Martel en 714, le Quercy fait partie du duché d'Aquitaine ou de Gascogne, puis du royaume de Carloman lors du partage effectué entre ses fils par Pépin le Bref en 768.

830 Fondation de l'abbaye Saint-Sauveur par Pépin Ier d'Aquitaine à l'origine de la ville de Figeac.

909 Première mention de la ville de Souillac dans un texte, le testament de St Géraud, Comte et Abbé d'Aurillac.

1209 Cahors subit la croisade des Albigeois contre les Cathares.

XII - XVe SIÈCLES Cahors est l'une des villes les plus importantes de France. Elle possède trois ponts fortifiés dont le fameux pont Valentré construit à partir de 1308.

© JACKF - ISTOCKPHOTO.COM

1316 Le cadurcien Jacques Duèze devient le 196e pape sous le nom de Jean XXII, un des premiers de la série des papes d'Avignon. Il fonde les universités de Cahors et de Cambridge.

XVIe SIÈCLE Le Quercy est ravagé par les guerres de religion qui opposent le Haut-Quercy – Cahors – catholique et le Bas-Quercy – Montauban – qui prend le parti de la Réforme.

1598 Au moment de l'édit de Nantes qui met fin à la guerre civile, le Quercy est intégré à la Guyenne et Gascogne.

1790 et 1808 Le Quercy devient le département du Lot avec Cahors pour chef-lieu. Il faudra attendre cependant 1808 pour voir le contour actuel du Lot prendre forme grâce à Napoléon Bonaparte qui distingue le Lot (Haut-Quercy) et le Tarn-et-Garonne (Bas-Quercy).

À partir de 1821 Jean-François Champollion, né à Figeac, déchiffre les premiers hiéroglyphes de la pierre de Rosette (fragment de stèle gravée de l'Égypte antique). Il est considéré comme le père de l'égyptologie.

François Champollion.
(1791–1832.)

1870 Léon Gambetta, enfant de Cahors, devient député puis ministre de l'Intérieur et enfin chef du Gouvernement en 1879. Le 4 septembre 1870, il proclame la IIIe République.

1917 Implantation à Figeac de l'usine Ratier (fabrication d'hélices en bois dans l'aviation) qui verra son essor dans les années 1930. Aujourd'hui elle est un fleuron de l'aéronautique en France.

1939-1945 Durant la seconde Guerre Mondiale, le Lot connaît une activité résistante, à l'image de Jacques Chapou, professeur-adjoint de lettre au lycée des garçons de Cahors (actuel collège Gambetta).

30 juillet 1949 Cahors est la première à se déclarer ville citoyenne du monde : Cahors Mundi.

Années 1960 Le Lot est intégré à la région Midi-Pyrénées au moment de sa création.

1999 Création du parc naturel régional des Causses du Quercy (175 717 hectares, 26 000 habitants) dans une démarche de préservation du patrimoine local.

1er janvier 2016 Réforme territoriale des régions qui voit la naissance de l'Occitanie en lieu et place des Midi-Pyrénées et Languedoc-Roussillon.

ARCHITECTURE

L'Homme depuis la Préhistoire façonne son habitat, marque les paysages, modèle ses villes et ses villages. Le Lot ne fait pas exception et son identité est autant forgée de la main de l'Homme que de celle de dame Nature. Dans les grottes au Paléolithique, l'Homme dessine, seules traces de sa présence. Dès l'Antiquité, il bâtit des cités comme celle de Cahors dont il reste encore beaucoup de vestiges. Au Moyen Âge, il investit toujours la roche pour se protéger, il construit alors des abris à flanc de falaise que l'on nommera plus tard « Châteaux des Anglais ». Marquée par les guerres de religion, l'architecture du Lot suit le cours de l'histoire, entre construction et destruction. Si les villes sont marchandes, et donc parsemées de villas bourgeoises de marchands, la campagne est elle tournée vers l'élevage ovin et l'agriculture. Le Lot est aussi une terre paysanne et se caractérise par une forte présence de petit patrimoine rural.

Un patrimoine pastoral disséminé

On l'a dit, le Lot est pour l'essentiel une terre paysanne. Pour délimiter de petites parcelles, les paysans ont construit des murets en pierre sèche pendant des siècles. En déclin dès la fin du XIXe siècle dû à une forme d'exode vers les villes industrialisées, les murets ont été remplacés par des clôtures électriques dès les années 1950. Aujourd'hui, ils forment les vestiges d'un passé presque éteint. Quelques passionnés, seuls ou en associations, prennent le temps de remonter quelques mètres de ces murets écroulés.

Riche de son passé rural et de par la pauvreté de ses sols en terre végétale, le Lot possède un nombre important de petites cabanes en pierre sèche que l'on nomme ici cazelle ou gariotte. La première fait directement référence à la maison, la deuxième provient du français « guérite ». Deux noms pour une même fonction : abri de vigne, remise à matériel, cellier, bergerie poulailler, étable ou encore habitation temporaire pour domestique ou ouvrier agricole. Ces constructions, provenant de l'épierrage d'une parcelle afin de la rendre cultivable, font partie intégrante du paysage lotois. La construction de ces abris est remarquable car ne faisait intervenir aucun mortier, un simple calage de pierres permet d'édifier le mur et le toit. Ce patrimoine de pierres est présent essentiellement sur les causses de Gramat et de Limogne-en-Quercy.

Châteaux des Anglais

Le Lot a la particularité de conserver une richesse médiévale très singulière. Depuis l'époque carolingienne, l'Homme s'est servi de la topologie des lieux pour bâtir des bâtiments défensifs fortifiés à flanc de falaise, le long des vallées encaissées du Lot et du Célé. Depuis leurs châteaux forts en hauteur, on pouvait contrôler le trafic sur les rivières à l'abri. Plus tard, on baptisera des constructions « Châteaux des Anglais ». C'est une dénomination un peu romanesque, aujourd'hui les historiens s'accordent pour dire que ces fortifications étaient trop exiguës pour accueillir les troupes à cheval qui combattirent pendant la guerre de Cent Ans contre les Anglais.

Alors où admirer ces châteaux perchés à flanc de roche ? Sur la vallée du Lot, de Cahors à Saint-Cirq-Lapopie, vous pourrez apercevoir quatre châteaux des Anglais. Le premier à Laroque-des-Arcs puis à Vers situé dans la partie ouest des falaises, à Saint-Géry, suivi du plus célèbre à Bouziès aux abords du pont suspendu. Direction Cabrerets pour découvrir ceux de la Vallée du Célé. Trois châteaux sont visibles : celui du Diable à Cabrerets, un à Sauliac-sur-Célé et le dernier à Brengues qui lui date du XIIe siècle. Aucun de ces sites n'est ouvert au public, trop difficile d'accès. Néanmoins, vous pourrez les observer depuis de bas des vallées.

© THIERRY - STOCK.ADOBE.COM

Cazelle, Causses du Quercy.

© CHRIS ROSE - STOCK.ADOBE.COM

Château de Sauliac-sur-Célé.

Dans le même esprit, vous trouverez aussi quelques traces de maisons semi-troglodytes. Nous pouvons citer le hameau de Saint-Martin-Labouval, la Toulzanie, dont les maisons sont partiellement troglodytes le long de la roche. A quelques encablures de Cabrerets, on retrouve aussi un moulin semi-troglodytique. De la même façon, Rocamadour présente aussi des exemples du genre avec des maisons semi-troglodytes qui s'échelonnent dans la ruelle de sa cité.

Le pont Valentré

Il est le symbole de Cahors et fleuron du patrimoine médiéval lotois. Son histoire comme beaucoup d'édifice du genre au Moyen-Âge se mêle à la légende. Avant de vous raconter l'intervention du diable, commençons par les faits. Nous sommes en 1306, les consuls de la ville de Cahors, voulant montrer à l'Eglise leur poids dans la ville, décident la construction d'un pont au lieu-dit « Valandre » sur la partie Ouest du méandre de Cahors, dans le prolongement de l'axe de la cathédrale. Deux autres ponts fortifiés existent déjà : un au sud et un à l'est. En 1308, le chantier est lancé et il va durer près de 70 ans. C'est en 1345 que l'on peut mettre en service le pont. Il mesure 172 mètres de long, possède 8 arches et trois tours.

En 1880, le pont se fait faire une beauté par l'architecte Paul Gout qui fera sculpter par l'artiste local Cyprien-Antoine Calmon un petit diable au sommet de la tour centrale. Le diable, le voici donc ! La durée du chantier fait naître en effet une légende dont plusieurs versions coexistent aujourd'hui. On raconte que le maître d'œuvre ne pouvant venir à bout de son chantier eu recours à Satan avec qui il fit un pacte. Satan s'engageait à l'aider par tous les moyens en contrepartie de l'âme de l'architecte à la fin de l'ouvrage. Bien sûr, l'architecte voyant son pont sur le point d'être enfin achevé, il donna au diable un crible (une sorte de seau percé) lui ordonnant de puiser de l'eau aux maçons pour délayer la chaux. Le diable échoua vingt fois et avoua sa défaite en promettant vengeance. Quelque temps plus tard, les maçons eurent presque achevé de construire la tour du milieu mais chaque matin ils trouvaient l'angle supérieur nord ouest abattu, rendant impossible l'achèvement de cette tour.

Les bastides

Entre 1236 et 1316, une douzaine de bastides a été fondée dans l'ancienne province du Quercy. Ce sont les petites villes nouvelles du Moyen-Âge, fortifiées, avec une place forte structurée. Parmi celles-ci notons Castelfranc, bastide des évêques de Cahors fondée en 1280. Aux portes de la bastide se trouve l'oratoire Saint-Roch, petite chapelle réédifiée en 1840 qui protégea les habitants lors de la peste de 1508.

A l'ouest du département, la bastide de Montcabrier a été fondée en 1298 et s'organise autour d'une place carrée bordée de belles façades médiévales avec arcades et cornières en encorbellement. L'église Saint-Louis du XIVe siècle domine la place de toute la hauteur de son clocher. Vous pourrez admirer la maison de la cour de justice du XVIe siècle, l'ancienne maison de la jugerie avec sa fenêtre Renaissance, de même que des vestiges de l'enceinte, d'anciens remparts, une porte fortifiée et une tour d'angle.

Sur un promontoire rocheux, Castelnau-Montratier était déjà habitée depuis l'époque gallo-romaine. Au milieu du XIe siècle, on édifie un château du nom de Castelnau-de-Vaux qui sera rasé pendant la guerre des Albigeois. En 1250, le Seigneur de Ratier reconstruit la ville sur le schéma des bastides et lui donne son nom.

BEAUX-ARTS

Le Lot est toujours une terre d'artistes : peintres, sculpteurs, céramistes... Ils sont nombreux à profiter de la nature quercynoise comme source d'inspiration. L'Histoire de l'art a retenu quelques noms parmi lesquels Henri Martin, Jean Lurçat, Zadkine, et bien d'autres. Qu'ils soient lotois de naissance ou amoureux du Lot, ces artistes font partie aujourd'hui du patrimoine local et nous offrent des œuvres qui ouvrent sur le monde. On peut citer quelques lieux clefs culturels lotois comme la Maison des Arts Claude et Georges Pompidou à Cajarc et les Maisons Daura à Saint-Cirq-Lapopie, le Musée Henri Martin à Cahors, le musée Jean Lurçat à Saint-Céré ou encore Zadkine aux Arques. Soucieux de faire le lien entre ses racines artistiques et une création plus contemporaine, le Lot bénéficie de plusieurs résidences d'artistes mais également de lieux d'expositions afin de faire vivre la création sous toutes ses formes.

Premières traces artistiques

L'Homme et l'artiste, une grande histoire d'amour dans le Lot ! Le bipède est peintre depuis que l'humanité est présente sur terre, c'est ce dont témoignent les grottes de Pech Merle à Cabrerets et de Cougnac près de Gourdon. Sur les parois de ces grottes, des œuvres picturales représentants des animaux, mais également des mains en négatif ont été tracées de la main d'hommes il y a plus de 20 000 ans. A Cabrerets, ce sont plus de 70 animaux qui sont représentés. Le musée de Préhistoire régionale Amédée Lemozi à côté de la grotte permet d'approfondir le sujet de l'art pariétal.

Le Lot pour atelier

Ossip Zadkine est considéré comme le maître de la sculpture cubiste. Pendant un demi-siècle – traversé par l'horreur de la Seconde Guerre mondiale – Zadkine produit plus de 400 sculptures, des milliers de dessins, aquarelles et gouaches, des gravures, etc. Il est né au tournant de deux siècles, en 1890 dans l'actuelle Biélorussie et il est mort en 1967 à Paris. Etabli en France depuis 1910, il achète avec sa femme Valentine Prax en 1934, une maison aux Arques, un petit village du Quercy, qui deviendra le lieu de créations de nombreuses sculptures. Son œuvre est aujourd'hui mondialement connue, elle est présentée dans deux musées en France, l'un à Paris, rue d'Assas dans la maison qu'il occupait ; l'autre aux Arques, dans son atelier.
Dans la lignée de Zadkine, d'autres artistes contemporains lotois produisent des œuvres majeures sur la scène artistique actuelle. Marc Petit est de ceux-là. Né en 1961 à Saint-Céré, il passe son enfance à Cahors où il réalise ses premières sculptures. Vous pouvez admirer son travail face au tympan nord de la Cathédrale de Cahors où est présenté L'Ange du Lazaret ou encore à la Maison Lagrive, lieu d'exposition de l'œuvre de Marc Petit, 400 quai Lagrive à Cahors.
Le sculpteur Michel Zachariou, lui est Parisien. Il choisit le Lot dans les années 70 et ce sera finalement le Lot qui l'adoptera. Depuis 1981 et son premier « mur habité » qu'il réalise pour la Bibliothèque départementale de Prêt, l'artiste a régulièrement été sollicité pour réaliser des œuvres publiques comme son « Personnage au repos » en 1984, commandé pour le Lycée technique et industriel de Souillac ou encore « l'Horloge monumentale à billes » en 1997 par la ville de Cahors, visible place Saint-Urcisse. D'autres se souviendront avec émotion de sa « Fontaine musicale » qui amusa tant d'enfants de 1989 à 2004, place Fouilhac à Cahors.

A- musées-vous !

Henri Jean Guillaume Martin, dit Henri Martin, peintre post-impressionniste, est né à Toulouse en 1860 et mort à Labastide-du-Vert dans le Lot en 1943. Ses œuvres constituent aujourd'hui le fond artistique du musée qui porte son nom à Cahors. Installé en 1920 dans un ancien évêché du XVe siècle, l'établissement connaît d'importants travaux de rénovation depuis 2016. Rouvert en 2022, il offre un espace plus vaste et plus contemporain, intégré au parc Tassart, adjacent au bâtiment. La scénographie, complétement revue, présente la collection d'une quarantaine de toiles du peintre mais également d'autres pièces comme des objets archéologiques ou insolites. En tout, ce sont 900 m^2 qui accueillent les collections : environ 700 pour les expositions permanentes et 100 pour les temporaires.
Le Lot promet bien des musées singuliers comme celui de l'Insolite à Cabrerets ou encore des automates à Souillac ! Vous y découvrirez une magnifique collection de jouets mécaniques et d'automates anciens – fin XIXe début XXe siècle – qui atteste de l'histoire de la Maison Roullet-Decamps. Un voyage dans le monde de l'enfance et de la féerie de ces petits objets d'art moderne à la patine charmante et aux mécanismes certes désuets mais empreints de poésie.

© P. CABROL / CENTRE DE PRÉHISTOIRE DU PECH MERLE

Peintures dans la grotte du Pech Merle.

Une ouverture à l'art contemporain

Didier Pierre Chamizo, dit Chamizo, est un peintre contemporain né le 15 octobre 1951 à Cahors, il est considéré comme l'un des précurseurs du street art et il a créé l'Abstraction-Figuration lettrique consistant à imbriquer des mots dans ses toiles ou sur des carcasses de téléviseurs. Artiste de la révolte, il s'engage lors des évènements de mai 68 dans la révolution prolétarienne. Une lutte qui le mènera en prison jusqu'en 1991 où il sera gracié par Mitterrand.

A Saint-Céré encore, vous trouverez l'atelier-musée Jean Lurçat. Peintre, céramiste et créateur de tapisserie, Jean Lurçat est né dans les Vosges en 1892 et mort à Saint-Paul-de-Vence en 1966. En 1945, il achète le château des Tours-Saint-Laurent, vestige d'une forteresse du XIe siècle qui domine de ses remparts la ville de Saint-Céré. Avec son épouse Simone, ils restaurent le site pour le rendre habitable et y établir des ateliers. En 1986, Simone fera don du château au Conseil Général du département du Lot, souhaitant que ce lieu soit dédié à l'exposition du travail de Jean. On y découvre l'univers de l'artiste, son activité artistique et plus particulièrement ses travaux en tapisserie dont il rénova en profondeur le langage au XXe siècle.

On ne peut parler d'art contemporain sans évoquer Georges Pompidou. Conseiller de la ville de Cajarc entre 1965 et 1969 – date de son élection à la présidence de la République – il conservera toujours son amour pour le Lot. Claude Pompidou son épouse, dans la lignée de la volonté de son mari, participera grandement à la naissance de la « La Maison des Arts Claude et Georges Pompidou » inaugurée le 26 août 1989 avec une exposition à la mémoire du Président.

La MAGCP est aujourd'hui un lieu majeur pour l'art contemporain en Occitanie. Cette maison a réussi le pari de décentraliser l'art des grandes villes pour implanter des germes dans un milieu rural. Deux grandes expositions temporaires rythment le calendrier de ce centre d'art contemporain. Les collections bénéficient d'une scénographie particulièrement choyée et donnent lieu à un travail de médiation notamment auprès des scolaires. L'ouverture au grand public est également l'une des vocations des lieux avec un accès libre aux expositions et la mise en place chaque été d'un parcours d'art contemporain de plein air dans la vallée du Lot. Clairement, l'art est ici considéré comme un médium populaire qui a sa place dans le quotidien des habitants et visiteurs.

TOP 10

ŒUVRES D'ART

Un petit tour artistique du département avec une sélection des œuvres d'art incontournables, visibles aux quatre coins du Lot. Toutes ces œuvres représentent différentes facettes du Lot. Elles ont pour points communs d'être populaires et accessibles à tout un chacun, visibles librement et gratuitement.

LE TRUFFAÏRE À LALBENQUE

Statue en bronze réalisée par la sculptrice Élisabeth Cibot installée sur les marches de la mairie, elle représente un trufficulteur accompagné de son chien.

L'ANGE DU LAZARET

Bronze monumental du sculpteur Marc Petit exposé en face de la cathédrale de Cahors depuis 2016.

LA PIETA DE ZADKINE

Exposée dans l'église romane des Arques, elle est l'œuvre d'un des plus grands sculpteurs du XXe siècle.

OEUVRE D'ART FLUVIAL

Visible sur un tronçon du chemin de halage entre Bouziès et Saint-Cirq-Lapopic, une œuvre taillée dans la roche calcaire de Daniel Monnier, artiste-sculpteur, datant de 1989.

DOLMEN D'AUJOURD'HUI

Le dolmen contemporain de Rigounenque est situé à Limogne-en-Quercy, il fait partie d'un circuit découverte autour des dolmens.

LA PLUS BELLE DES ROUTINES

Sismikazot a créé une fresque sur la Bibliothèque départementale pour célébrer la « meilleure des routines », la lecture.

LES MURS HABITÉS DE ZACHARIOU

La Bibliothèque départementale du Lot et la salle de réception Mitterrand à l'Hôtel du Département à Cahors abritent les œuvres monumentales du sculpteur Michel Zachariou.

PARCOURS D'ÉTÉ

Chaque année, l'art contemporain est mis à l'honneur dans la vallée du Lot avec une exposition temporaire libre entre Cajarc et Saint-Cirq-Lapopie.

LE PETIT MONTCUQUOIS

Sis dans la rue du Petit Rapporteur à Montcuq. L'artiste Hugo a offert à la ville cette statue bien rigolote qui montre ses fesses aux passants !

FRESQUE DE CHAMIZO

A Douelle, dans la Vallée du Lot, Didier Chamizo a offert une fresque géante de 140 m à sa terre natale en 1992.

MUSIQUES ET SCÈNES

Le Lot est acteur, chanteur et il sait aussi faire son cinéma ! Sont nées dans ce coin du sud-ouest quelques figures emblématiques comme Charles Dumont, cadurcien, créateur d'une quarantaine de chansons interprétées par Edith Piaf. Le Lot a aussi attiré dans son giron des artistes de la scène musicale des années 70 comme Léo Ferré et Nino Ferrer. Comme le Lotois est aussi bon rieur, il ne s'offusqua point d'être pris pour cible par deux mastodontes de l'humour français : Monsieur Coluche et Monsieur Prévost qui feront de Cajarc et Montcuq deux sketches d'anthologie ! La scène c'est aussi celle du 7e art qui est aujourd'hui célébrée à Gindou lors des Rencontres du Cinéma de Gindou fin août. Nombreux sont les films qui ont été tournés dans le Lot, nous en ferons un simple tour d'horizon. Citons tout de même Monsieur Malle qui, tombé fou d'amour des causses de Limogne-en-Quercy, s'installa dans une belle maison à Lugagnac.

Charles Dumont, « Non je ne regrette rien »

Quel est le lien entre le Lot et Edith Piaf ? Ce lien, c'est le cadurcien Charles Dumont, compositeur de génie né en mars 1929. Passionné de musique, il a été profondément marqué par le jazz et Louis Armstrong. Dans les années d'après-guerre, il crée son premier orchestre de jazz mais après une ablation des amygdales qui se passe mal, il ne pourra plus jamais pratiquer la trompette ; il doit abandonner le jazz. Il apprend à jouer de l'orgue dans une église et découvre sa voie : il sera compositeur de chansons. Après des années d'errance, c'est une rencontre avec Piaf en 1960 qui fait décoller sa carrière. Il lui propose la chanson « Non je ne regrette rien », suivront une quarantaine de chansons parmi lesquelles « Mon Dieu » ou « Les Amants » qu'il interprète sur scène avec Piaf.

D'autres grands noms chanteront les chansons de Dumont : Bourvil (Notre amour est en grève), Luis Mariano (El Guerillero), Annie Cordy (Pantaléon), Dalida (Gitane), Michel Legrand (Lorsque Sophie Dansait), Juliette Gréco (La Propriétaire), Jacques Brel (Je m'en remets à toi), Mireille Mathieu (Les Gens qui s'aiment, Mon Dieu), Barbra Streisand (Le Mur) …

Nino Ferrer / Léo Ferré

L'un a vécu 5 ans près de Gourdon dans les années 60, l'autre s'installe dans le Quercy Blanc en 1976. Léo Ferré s'éprend de la Bouriane, il achète un château à Perdrigal (Pech Rigal) sur la commune de Saint-Clair près de Gourdon. Il s'y installe pendant 5 ans avec sa femme Madeleine et Pépé la chimpanzé. C'est dans son bastion lotois qu'il met notamment en musique les poètes Verlaine, Rimbaud, Baudelaire. Le château de Saint-Clair est alors en ruine. Il aménage une aile en partie réhabilitée, et il y fonde une société d'édition et une imprimerie, où il avait édité, avec Madeleine, « Les Mémoires d'un magnétophone ». Il quitte le Lot à la mort « criminelle » de Pépé, le 7 avril 1968, le drame de sa vie.

La décennie suivante voit arriver Nino Ferrer et son épouse Kinou. Ils découvrent en 1976 le Quercy Blanc et y acquièrent leur maison, une bâtisse du XVe siècle, perchée sur une colline près de Montcuq.

Amoureux de la nature et des paysages quercynois, toujours en compagnie de ses chiens et de chevaux qu'il élève sur la propriété, l'artiste restaure avec passion sa demeure, monte des murs en pierres sèches, aménage le jardin pour créer son univers. Petit à petit, il va se lier d'amitié avec de nombreuses personnes de la région. Bercé par les paysages du Quercy, Nino s'adonne ici à la peinture et au dessin.

En 1972, Georges Brassens fait un clin d'œil à la ville de Montcuq dans le Lot dans sa chanson « Ballade des gens qui sont nés quelque part » parue sur l'album Fernande.

« (…) Qu'ils sortent de Paris ou de Rome ou de Sète
Ou du diable Vauvert ou de Zanzibar
Ou même de Montcuq il s'en flattent mazette
Les imbéciles heureux qui sont nés quelque part (…) »

En 1981 sort la chanson « Rock Amadour » écrite, composée et interprétée par Gérard Blanchard. Elle est extraite en 45 tours et se classe en tête des hit-parades au début de l'année 1982, se vendant à 1,7 million d'exemplaires. Le titre est un jeu de mots sur la ville de Rocamadour.

L'humour des seventies

La scène artistique populaire a été marquée dans les années 70 par de grands noms du paysage humoristique français. Deux au moins ont permis au Lot d'obtenir une belle renommée

© CHRIS ROSE - STOCK ADOBE.COM

Cabrerets a servi de décor au film Les Derniers jours du monde.

grâce à des sketches d'anthologie : Le Schmilblick de Coluche et Le Petit Rapporteur à Montcuq de Daniel Prévost diffusés tous les deux en 1976.

C'est en passant par Cajarc pendant ses vacances dans l'Aveyron voisin que Coluche trouve l'inspiration du Schmilblick et son fameux Monsieur Moulinot, marchand d'articles de pêche à Cajarc qui dans le sketch en profite pour faire sa publicité : « un article de pêche de qualité s'achète chez Moulinot ». Coluche prend aussi les traits de « Papy Mougeot », un vieux retraité vivant à Cajarc, et qui n'arrive pas à prononcer le mot schmilblick. Ce sketch participe à la renommée de la ville qui lui doit d'avoir été cité de nombreuses fois dans les médias depuis cette époque.

« Pour la première fois, je suis heureux de montrer Montcuq à la télévision. » Et voilà comment Daniel Prévost, dans sa célèbre émission humoristique « le Petit Rapporteur » a inscrit la ville de Montcuq dans l'histoire du petit écran.

Le Lot fait son cinéma

Comme un terreau fructueux, le Lot est choisi depuis des décennies comme décor pour le cinéma. Louis Malle – qui fera du village de Lugagnac sa maison – tourne son *Lacombe Lucien* (1974) à Figeac et Arcambal. Il tournera également en 1975 son film fantastique mal compris *Black Moon*. Le décor de Black Moon est celui de sa propre maison lotoise et quelques chemins des Causses de Limogne-en-Quercy. Des chemins bordés de murets en pierres sèches et entourés d'une nature propre aux causses : des chênes, des pruniers, de la roche qui affleure les sols nus.

D'autres films prendront pour décors le département du Lot. Dans un *Un Amour de sorcière* avec Vanessa Paradis dans le rôle principal (1997) on y voit un plan parfait du pont Valentré. Luc Besson tourne une partie de son film *Jeanne d'Arc (1999)* à Cahors. *Effroyables jardins* (2003) à Martel. *Saint Jacques... La Mecque* (2004) de Coline Serreau a fait irruption à Bouziès. Les frères Larrieu tournent fin 2008 leur film *Les Derniers jours du monde* à Cabrerets. On y retrouve des figurants quercynois qui apportent fraîcheur et authenticité. Ce film apocalyptique a d'ailleurs transformé l'hôtel en un éphémère champ de bataille.

Plus récemment, en 2010, Guillaume Nicloux a utilisé comme décor le château de Mercuès pour *Holiday* avec Jean-Pierre Darroussin et Josiane Balasko. Michaël Youn a tourné plusieurs scènes de *Vive la France* avec José Garcia en juillet 2012 à Saint-Cirq-Lapopie. *Sauliac*, réalisé par Edouard Giraudo et avec Jean-Claude Dreyfus, s'est tourné en mai 2013 dans différents lieux du département, notamment autour du château de Vaillac, dans le cloître de Cahors ainsi qu'à Espédaillac, Saint-Martin-de-Vers et Labastide-Murat et Goudou. En 2013, *Meurtre à Rocamadour*, mettant en scène le célèbre village, la vallée de la Dordogne, Padirac, Autoire et le tribunal de Cahors, autour d'un mystérieux crime ; à l'affiche Clémentine Célarié. L'été 2014, le tournage d'un épisode de la série *Le Sang dans la vigne* avec Pierre Arditi a eu lieu au Château Lagrezette, au collège Gambetta de Cahors (ainsi que divers plans dans le département).

LITTÉRATURE

Terreau des mots, des vers et des rimes, le Lot est fait de littératures, de grandes plumes, d'écrivains du terroir, d'artistes de génie. Parmi les grands noms figurent au panthéon lotois de la littérature Olivier-de-Magny, Clément Marot, Françoise Sagan ou encore André Breton. Des auteurs contemporains continuent de faire rayonner le Lot à l'instar de Christian Signol, Jean-Pierre Alaux, Joël Polomski ou encore Serge Joncour qui a fait du Lot la scène de ses romans. Romanciers et poètes, lotois de naissance ou d'adoption, ils ont tous pour point commun une histoire qui les lie d'une façon ou d'une autre à cette terre. Un peu partout dans le département, des plumes plus confidentielles émergent et la production locale est abondante. Publiés à compte d'auteur ou dans de petites maisons d'édition, ces livres trouvent un public dans un département qui s'est aussi fait de ses artistes.

Au panthéon lotois de la littérature

▶ **Clément Marot** est né à Cahors vers 1496. Marqué par un héritage médiéval, il appartient aux poètes modernes, précurseurs de la Pléiade. Le siècle d'après voit la naissance à Cahors du poète de la Renaissance, Olivier de Magny (1529-1561), considéré comme un disciple de Ronsard. Un troisième nom s'inscrit dans la poétique lotoise, celui d'André Breton (1896-1966). Le père du surréalisme tombe éperdument amoureux de Saint-Cirq-Lapopie au milieu du XXe siècle et déclarera « j'ai cessé de me désirer ailleurs ». Il acquiert une maison dans le cœur du village.

▶ **Françoise Sagan,** figure emblématique de la nouvelle littérature d'après-guerre, est née à Cajarc le 21 juin 1935. La romancière n'oubliera jamais son village natal et donnera le goût du Lot à son ami Georges Pompidou. Elle repose à Seuzac (près de Cajarc) aux côtés de sa première compagne Peggy Roche (dont le nom ne figure pas sur la pierre tombale) et de son mari Robert Westhoff.

Des auteurs contemporains

▶ **D'autres écrivains** font rayonner le Lot, comme Christian Signol, l'auteur du terroir, né aux Quatre-Routes-du-Lot en 1947. C'est sa trilogie *La Rivière Espérance* qui le propulsa en tête des ventes et en fit l'un des auteurs français contemporains les plus lus.

▶ **Plus récemment,** c'est dans le Lot que Serge Joncour a choisi de planter le décor de ses romans. Pour l'écrivain parisien, le Lot est une sorte de terre idéale pour faire évoluer ses personnages. Il découvre ce département par sa belle famille lotoise et depuis *Vu,* son premier roman, il utilise le Lot comme un terreau pour ses histoires. Son dernier opus *Nature humaine* paru chez Flammarion en 2020 a obtenu le Prix Femina. On y lit encore une fois le Lot.

▶ **Au niveau local**, l'écrivain Jean-Pierre Alaux est connu pour ses romans policiers autour du monde viticole. Journaliste de radio, de télé et aujourd'hui maire de sa ville Albac, l'homme a plus d'une corde à son arc. Il est l'auteur avec Noël Balen de la série oeno-policière *Le Sang de la vigne* qui compte 25 opus adaptée à la télévision. L'action d'un opus de la série, *On achève bien les tonneaux* (2012), se déroule dans les vignes lotoises.

Le petit Angoulême lotois !

Au rayon bande dessinée, un lotois d'adoption, Joël Polomski, est aujourd'hui l'une des figures incontestées du paysage littéraire local. Depuis la parution de son album *Le Diable du Pont Valentré,* Joël a rencontré son public et publié d'autres ouvrages sur le Lot *La Fondation de Figeac*, *Le Diable du gouffre de Padirac* et *Le Saut de la Mounine*.

Cajarc devient chaque année en septembre le petit Angoulême, attirant le temps d'un week-end les amoureux de la bande dessinée. Le Festival « La bd prend l'air » accueille des artistes internationaux et de renom depuis sa première édition en 1997. Lors de ce rendez-vous, une dizaine d'auteurs est invité à animer le salon. Des bouquinistes spécialisés dans la bande dessinée viennent également vendre leurs trésors.

QUE RAPPORTER ?

Le « made in Lot » même s'il n'est pas nouveau retrouve un second souffle grâce à des hommes et des femmes passionnés qui ravivent des savoir-faire ancestraux remis au goût du jour. Lors de votre séjour, vous trouverez au gré de vos pérégrinations nombre d'artisans locaux sur des petites productions variées et singulières. Il y a bien sûr tout le volet gourmand (truffe, safran, pâtisseries...) mais aussi de l'artisanat d'art ou de la cosmétique et de l'utilitaire. La particularité commune est certainement le bon sens qui pousse bien souvent nos artisans à opter pour du bio et les circuits-courts. L'industrie est très peu présente à l'échelle du département ; le passé agricole et son ancrage rural donnent les clefs aujourd'hui pour comprendre cette tendance générale. Le Lotois est certes débrouillard et imaginatif, mais il a surtout toujours dû s'adapter à son environnement et produire en conséquence.

Faïence, un savoir-faire d'excellence

Créée en 1924 à Puy-l'Evêque dans la vallée du Lot, la Maison Virebent est l'une des trois dernières manufactures de porcelaine de France. En 2007, Virebent est consacrée Entreprise du Patrimoine Vivant, label qui récompense les savoir-faire d'excellence. Fait rarissime, la maison travaille en effet les trois terres, faïence, grès et porcelaine. Aujourd'hui, Virebent, forte de ses deux boutiques dans le Lot et à Paris, crée des services de table, des bouteilles, des luminaires, des vases mais aussi du petit mobilier. La manufacture a également sa boutique en ligne avec l'ensemble des collections et même des tote-bags, ces sacs en toile souple

Cette tradition du travail de la terre est encore bien présente dans ce département où nombre de potiers et de céramistes ont établi leurs ateliers. Le point d'orgue de ce savoir-faire, c'est le petit village d'Uzech-les-Oules, où la tradition potière remonte au XVe siècle. Pendant 40 ans, le savoir-faire s'est perdu, le dernier potier d'Uzech ayant cessé son activité en 1956. Heureusement, une poignée de passionnés bénévoles ont remis la poterie au jour à Uzech il y a quelques années. Trois artisans font vivre l'Oulerie à l'année et accueillent au mois d'août la Foire à la Poterie qui rassemble plus de 30 potiers.

Dessine-moi un mouton !

La laine de mouton est exploitée dans le Lot depuis des siècles... puis fut un matériau quelque peu oublié pendant des décennies. Elle aurait pu connaître l'oubli, mais c'était sans compter sur deux Lotoises complètement givrées : Cinthia et Elodie. Ces deux sacrées nanas ont créé en 2018 un sac isotherme 100% écologique en laine de mouton et en chanvre. La marque du Mouton Givré était née. Aujourd'hui, elle propose deux modèles de sac, Marguerite, la lunch box qu'on emmène partout avec soi et Berthe, le modèle pour les pique-niques en famille. Fabrication française garantie.

© SOPHIE AYMARD

Troupeau de brebis caussenardes.

© CURIOS - STOCK.ADOBE.COM

Le Croustilot, un pain typique du Lot.

A Loubressac, la Ferme de Siran élève de son côté des chèvres angora. Gaëlle et Julien bichonnent leurs animaux et récupèrent la laine lors de la tonte annuelle. Leurs belles toisons blanches produisent une excellente qualité de laine mohair. Au catalogue de la ferme, vous trouverez : fils à tricoter pur mohair ou mélangé, soie, pulls et accessoires, couvertures, plaids, écharpes ou étoles, gants, chaussettes... tout pour se sentir au chaud !

Tout pour être beau et bio !

Dans le Lot, on n'a pas attendu que le bio ait le vent en poupe pour produire des gammes de cosmétique raisonnées. Les laboratoires Phyt's à Caillac élaborent des produits de cosmétique 100% naturelle certifiée bio et d'origine naturelle, sans parabène. Vous pouvez vous rendre directement sur place à la boutique des laboratoires pour acheter des produits et vous faire conseiller.

A Capdenac, la Savonnerie Buissonnière a opté pour une production de savons bio. Elle utilise dans la confection de ses savons uniquement des ingrédients bio et locaux comme le safran, l'huile de prune, du miel ou encore du lait d'ânesse. Côté technique de fabrication, elle s'inspire des méthodes artisanales traditionnelles : la saponification à froid.

A Rocamadour, le savon est fabriqué avec le lait de chèvre dans la boutique atelier d'Exquises Caprines. Installée dans une maison quercynoise typique, les deux artisans expliquent volontiers aux visiteurs les procédés de fabrication et les vertus de leur savon.

Le Lot, une marque !

Non loin de son cousin aveyronnais, le Lot a lui aussi sa coutellerie, le « Lotois XLVI ». Derrière ce beau couteau local se cache une figure de la petite commune d'Espédaillac : Stéphane Rossignol. Ce drôle d'oiseau tient une auberge depuis 25 ans, l'Auberge Beauville, et il a lancé son activité de coutelier depuis quelques années. Son premier couteau est sobrement appelé le Lotois, il pèse 46 grammes et il est vendu 46 euros.

En 2020 est née la toute dernière entreprise ambassadrice du Lot : Sacré Lotois. Derrière la marque, un homme, Mathieu Raynaud, qui affectionne particulièrement sa terre natale. Il crée une marque de papeterie décorative et de prêt-à-porter, 100% lotoise avec une boutique en ligne. Vous y dénicherez de jolies affiches, des cartes postales, du textile... le tout à l'effigie du Lot et de ses villages bien sûr !

Du Lot qui croustille !

Du côté culinaire, vous trouverez une pléiade de souvenirs à partager à votre retour de vacances. Pour remplir vos placards d'un doux parfum lotois, nous vous conseillons quelques denrées qui poursuivront votre séjour en cuisine !

Dans votre panier gourmand, veillez à choisir quelques bouteilles de vin (AOC Cahors, AOP Coteaux de Glanes, AOP Coteaux du Quercy et IGP Coteaux de Glanes) ou de ratafia, mais également du safran du Quercy (vous avez une boutique de producteurs à Saint-Cirq-Lapopie), un peu de truffe de la maison Pebeyre à Cahors, un foie gras des Fins Gourmets (associations de plusieurs éleveurs de canards, boutiques à Limogne-en-Quercy et Cajarc) ou de chez Thocaven à Gourdon, des gésiers de canard confits de la maison Marlas à Cahors, une eau-de-vie à la prune de Louis Roques à Souillac, quelques bières lotoises (Ratz est l'incontournable de l'étape mais une quinzaine de producteurs proposent également des bières locales très intéressantes), une bouteille d'huile de noix du Moulin Castagné à Martel.

Pour ceux qui n'ont pas trop de trajet à faire, et si vous n'avez pas peur des parfums de chèvre, il est un trésor : le fromage AOC Rocamadour. Attention, si ces petits fromages sont succulents, ils supportent mal le voyage dans le coffre de la voiture ! Gare au coup de chaud qui fera galoper le petit chèvre !

Croustilot : prononcer le « t » final ! Fabriqué à partir de blé de deux meuniers du Lot, naturel et garanti sans additifs, ce délicieux pain renoue avec les saveurs d'autrefois, tout en associant céréaliers, meuniers et artisans-boulangers d'aujourd'hui. Mie moelleuse, croûte... croustillante, conservation exceptionnelle, ce pain se marie admirablement avec fromage, foie gras, fritons et autres régals du cru, mais peut aussi se déguster tout seul, comme un grand. Le Croustilot ainsi que son équivalent en baguette, la Croustinoise, sont disponibles chez de nombreux boulangers lotois et dans plusieurs points de vente tels que des épiceries de village et des magasins de production locale.

petit futé

SPORTS ET LOISIRS

Pour un département comme le Lot, l'atout principal, ce sont ses éléments naturels. Les sportifs apprécieront les sports de plein air ! Grâce au balisage de nombreux sentiers qui serpentent sur tout le territoire dont le célèbre GR de Saint-Jacques-de-Compostelle, il est possible de s'adonner au plaisir de la randonnée à pied, à vélo, à cheval très facilement. La grande spécificité lotoise en matière de sport et loisirs est certainement la spéléologie. En effet, le monde souterrain du Lot, sculpté dans une roche calcaire par un vaste réseau phréatique, attire chaque année des milliers de visiteurs en sous-sol. A l'opposé, parapentes, parachutes et deltaplanes font partie du jeu et sont accessibles sur de nombreux sites de vols. La terre, l'air et l'eau ! Le Lot, c'est aussi des activités fluviales avec des points de baignades en eaux naturelles mais aussi la pratique du canoë-kayak et plus généralement du tourisme fluvial.

Sur les chemins du Quercy

Marcher est tout un art qui prend son sens sur les chemins du Quercy. Ici, on avance au rythme des pas depuis des siècles. Traversé par la Via Podensis, rebaptisée GR65 dans le langage moderne, le département voit passer chaque année des milliers de pèlerins en provenance du Puy-en-Velay. Le chemin de Saint-Jacques-de-Compostelle attire toujours plus de marcheurs, en « service » depuis l'an 851 après J.-C. C'est une voie d'anthologie, jalonnée de cathédrales, d'abbayes, d'anciens hôpitaux et de haltes de pèlerins. Le chemin des étoiles est aujourd'hui plus prosaïquement devenu un sentier de randonnée. Aujourd'hui, ce chemin est l'affaire de tous et porte au département une économie particulièrement importante pour les petits villages qui ont la chance d'être traversés par le GR. Il existe bien des variantes au chemin et le département du Lot à lui seul peut se targuer d'en voir passer deux ! L'une le traverse de Montredon jusqu'à Lauzerte via Figeac, Cahors et Montcuq, en provenance de Conques, dans l'Aveyron, et à destination de Moissac, dans le Tarn-et-Garonne. L'autre bifurque à Figeac pour emmener le pèlerin via la vallée du Célé à Rocamadour.

A vélo sur le Pont Valentré à Cahors.

Bien d'autres itinéraires de promenades et de randonnées existent dans le Lot. Le département est traversé par 700 km de sentiers GR® (itinéraires de randonnées pédestres balisés en blanc et rouge, marque déposée par la FFRP), régulièrement entretenus.

Les amoureux du cheval ne seront pas en reste puisque le Lot est aussi une terre de cavaliers ! On voit par ailleurs de plus en plus d'éleveurs s'installer sur les causses. 1 500 kilomètres de sentiers balisés font le bonheur des aficionados de cavalerie. Plusieurs établissements qualifiés « accueil cheval » avec des aménagements spéciaux permettent de faire des haltes en toute sécurité. A Cabrerets, Montcléra, Creysse, Bagnac-sur-Célé ou encore Calvignac, des associations et manifestations équestres vous feront découvrir des promenades originales, dont certaines en attelage. L'âne peut également vous accompagner lors de vos randonnées et peut porter jusqu'à 40 kg de matériel. Un coéquipier qui peut s'avérer utile pour encourager vos enfants à la marche. Son rythme de 3 ou 4 km/h vous permettra de découvrir le Lot en toute tranquillité !

Le Lot et ses vallées constituent le terrain de jeu idéal pour une pratique douce du vélo. Peu de dénivelé, des parcours fléchés, des longueurs variées... De quoi satisfaire autant les familles avec enfants que les randonneurs avertis avec, au choix, 3 véloroutes, 2 voies vertes et près de 80 circuits. On aime beaucoup l'incontournable Véloroute Vallée du Lot et ses 160 km d'itinéraire entre Cahors et Aiguillon. Le parcours est fléché, le dénivelé faible et la circulation loin d'être dense – mais tout de même partagée avec

© DEBORDE - SHUTTERSTOCK.COM

Gabare sur le Lot.

les voitures. L'itinéraire permet de rejoindre le canal des 2 mers à 10 km. Optez sinon pour la Véloroute Promenade en Bouriane, de Gourdon à Groléjac, ou encore pour celle de la Vallée du Céou, entre l'Abbaye Nouvelle dans le Lot et Castelnaud-la-Chapelle en Dordogne. N'oubliez pas de tester en famille les voies vertes de Douelle à Mercuès et de Cazoulès à Sarlat. Alors tous à vos guidons et ouvrez grand vos yeux !

Le vélo électrique a fait son entrée dans le paysage local. Vous trouverez deux loueurs de matériels, les Vélos Verts du Lot près de Gourdon et Lot & Bike à Cajarc. Les deux prestataires proposent du matériel de qualité et peuvent vous aider à construire vos itinéraires. La location des vélos peut se faire à la demi-journée, la journée ou sur plusieurs jours pour de plus grandes excursions.

De la Terre aux étoiles

Le monde souterrain du Lot est un vaste territoire de conquêtes pour les adeptes de la spéléologie. Gouffres, igues, grottes sèches et rivières souterraines forment un ensemble dont les cartes offrent des trésors pour les spécialistes. Pour les spéléologues néophytes, le Lot représente le terrain de jeu idéal à l'apprentissage et à l'exploration. De la sortie familiale à l'initiation technique, les prestations sont adaptées à votre niveau. L'activité nécessite toutefois une bonne connaissance du terrain, un savoir-faire et du matériel homologué. Si vous souhaitez pratiquer la spéléologie, contactez le Centre départemental de spéléologie du Lot (CDS46), qui regroupe une dizaine de clubs et plus de 200 adhérents, et ne partez pas seul.

Jules Vernes aurait sans aucun doute adoré le Lot ! Après un voyage « au centre de la Terre », vous pourrez opter pour un aller-retour dans les nuages ! Parapente, parachutisme, montgolfières, ULM... le Lot est un terrain de jeux idéal pour prendre son envol !

L'aérodrome de Cahors-Lalbenque est certainement le point central avec des activités de parachutisme et d'ULM, des baptêmes de l'air, aviation légère et vol de planeur. La montgolfière qui trouve chaque année son festival à Rocamadour (les Montgolfiades) est pratiquée à Castelnau-Montratier où l'association Quercy Montgolfière propose des vols pour adultes et enfants à partir de 12 ans.

La pratique du parapente est une évidence dans un département où les vallées creusent de magnifiques falaises. Au-dessus de la Vallée du Lot ou de la Dordogne, plusieurs zones de décollage permettent de varier les plaisirs ! Il existe plusieurs clubs, à Martel, Montvalent ou encore à Douelle.

Tous à l'eau !

Avec de si belles rivières, aux eaux irrésistiblement attirantes l'été, lorsque le soleil chauffe le calcaire des causses, le Lot ne pouvait pas nous refuser les baignades. Elles sont nombreuses, 23 officielles, dont 14 aménagées et surveillées, avec partout une qualité de l'eau irréprochable. Pionnier en contrôle des eaux, le département a mis en place le dispositif « Inf'Eau Loisirs ». Chaque jour du 15 juin au 15 septembre, un bilan sur la qualité des eaux de baignade est émis et mis à disposition de tous. Liste des points de baignade et qualité de l'eau sur www.syded-lot.fr.

Dès le Moyen Âge, les gabares, ces bateaux à fond plat, descendaient le Lot pour transporter le charbon, le vin, les fruits vers les grandes villes de la plaine du Sud-Ouest. Aujourd'hui les gabares sont des bateaux habitables qui d'avril à octobre sillonnent la rivière de Luzech à Larnagol en passant par Cahors, soit 80 km de navigation.

© CATALINA ANDREITA - SHUTTERSTOCK.COM

Coucher de soleil à Limogne-en-Quercy, un des endroits idéaux pour observer les étoiles.

Le permis n'est pas nécessaire pour devenir capitaine de ces embarcations et se laisser bercer tout en profitant des paysages qui défilent lentement… Enfin, il faut prévoir quelques manœuvres pour franchir les 17 écluses, manuelles pour la plupart, mais cela fait partie de l'aventure… Quel bonheur par exemple de s'arrêter au pied du village médiéval de Saint-Cirq-Lapopie ! Une semaine pour 160 km A/R à la base nautique de votre choix, c'est idéal pour découvrir le vignoble, le marché de Cahors et les jolis villages qui bordent la rivière.

Le Lot, la Dordogne et le Célé offrent également une multitude de possibilités pour pratiquer le canoë-kayak : location à l'heure, randonnées de plusieurs jours… Mais ces rivières offrent surtout un cadre exceptionnel : on aime le Célé pour son caractère intimiste et ses falaises de calcaire, le Lot pour partir à la recherche de curiosités patrimoniales, et la Dordogne pour suivre ses magnifiques méandres entre villages pittoresques et spots de pique-nique.

Chasse, pêche, nature

Entre causses et vallées, la faune lotoise est d'une grande richesse. Chevreuils, cerfs, sangliers, lièvres, mais aussi ortolans, ils peuplent les forêts et embellissent leurs sonorités. Le département compte quelque 9 500 chasseurs et 497 structures de chasse, dont 28 associations communales de chasse agréées (ACCA). Pour rappel, la détention d'un permis de chasse valide est obligatoire pour prétendre à cette activité. Un centre de formation y est dédié à Gramat.

Le département du Lot, riche d'un réseau hydrographique très diversifié, offre tous les ingrédients d'une parfaite harmonie du paysage et de l'émotion dans la pratique de la pêche. Le patrimoine naturel piscicole et halieutique lotois se compose de 1 500 kilomètres de cours d'eau de première catégorie qui combleront les traqueurs de truites fario – 12 parcours « no kill » pour les plus sportifs existent sur les rivières Lot, Célé, Ouysse, Veyre et Bave – 35 lacs et étangs, 400 kilomètres de rivières de deuxième catégorie qui offrent de nombreuses possibilités de captures de poissons blancs, « carpes record » ou carnassiers avec une population de black-bass intéressante sur le Lot entre Cahors et Puy-l'Evêque. Le Lot est d'ailleurs la rivière à carnassiers par excellence et attire de plus en plus de spécialistes. L'aménagement de nombreux postes accessibles aux handicapés permet à tous d'exercer leur passion : 8 plans d'eau, 4 lacs et 12 postes le long du Lot et du Célé bénéficient de pontons et de chemin d'accès praticable pour l'handipêche.

Astronomie

Le Lot jouit de la zone de plus faible pollution lumineuse de France métropolitaine. Baptisé « le triangle noir du Quercy », cet espace situé entre Rocamadour et la vallée du Célé se distingue par la qualité d'observation de son ciel nocturne, grâce à une lumière quasiment entièrement naturelle. Le Parc naturel régional des Causses du Quercy soutient l'aménagement de sites d'observation des astres. Lors des belles nuits étoilées, vous pouvez pleinement en profiter sur trois sites différents : Limogne-en-Quercy, Carlucet et Reilhac.

Créé en 1986, le Club d'astronomie de Gigouzac regroupe une trentaine de membres. Situé dans le fameux «triangle noir», prisé des observateurs d'astres, le club offre la possibilité de se rendre dans l'observatoire de Gigouzac, situé à 20 km au nord de Cahors, et qui porte le nom de son fondateur Daniel Chottin. Cet observatoire dispose d'une coupole de 3 m de diamètre qui abrite un télescope Newton de 310 mm. Le reste de l'année, des rendez-vous bimensuels permettent à ces passionnés de partager leurs observations. Le club participe également à la Nuit des étoiles et à la Fête de la science et organise plusieurs conférences.

GASTRONOMIE

Le Lot est gourmand mais surtout gourmet ! Depuis des siècles, on y cultive safran, truffe et noix, aujourd'hui considérés comme des valeurs sûres du raffinement culinaire. La carte du département vous convie à une promenade gustative pleine de découvertes. Les bonnes choses dans le Lot ne manquent pas : fromage de chèvre AOP Rocamadour, melon et agneau du Quercy, truffes, châtaignes, noix, safran, foie gras, charcuterie, vin de Cahors AOC, bière artisanale, etc. La liste des petits plaisirs gustatifs ne fait pas défaut à un département où l'on aime l'art du bien manger. Pour ne pas omettre de déguster un produit, pensez à vous renseigner avant chaque visite dans une ville ou un village. Fort de sa ruralité, le Lot possède ses plats typiques, campagnards, goûteux et complets. La mique ou le mourtariol, la poule au pot farcie, le pastis (le gâteau, pas la boisson !), les recettes de nos grand-mères sentent bon le terroir.

Un Quercy épicé !

On ne présente plus la truffe noire, *tuber melanosporum*, celle qui fait saliver tous les gourmets. La truffe naît en mai et juin à une vingtaine de centimètres de profondeur, se développe à la faveur des pluies des orages estivaux et commence à mûrir à partir des premiers froids. L'hiver, de fin novembre jusqu'en mars, la récolte de la truffe s'organise dans les sols calcaires des causses du Lot, plus particulièrement dans les causses de Martel et de Lalbenque.

Qu'est-ce qui est plus cher que le caviar et est le fruit d'une fleur mauve rapportée chez nous par les Croisés ? Le safran ! Dans le Lot, sa terre d'élection depuis le XIe siècle, on l'appelle l'or rouge. Il vaut d'ailleurs presque aussi cher que le précieux métal : autour de 30 000 € le kilo. Mais pas besoin d'en utiliser autant : 0,1 g suffit à parfumer un plat pour 4 personnes. Il faut récolter à la main 200 000 fleurs pour obtenir 1 kilo de safran sec ! Bien adaptée au sol des causses, la plante se récolte aux environs du 15 octobre, surtout dans les cantons de Limogne et Cajarc.

Canard, brebis, chèvre, etc.

Le canard

La gastronomie a un nom : le canard. On le déguste en magret, confit, aiguillettes, fritons... et bien sûr en foie gras. Mi-cuit, en conserve ou cru, il y en a pour toutes les papilles ! Spécialité culinaire millénaire devenue emblématique d'un certain savoir-faire français, le foie gras est le produit terroir par excellence. L'élevage et le gavage des canards sont pratiqués dans tout le département du Lot.

La brebis

Le cercle de couleur foncée autour des yeux leur donne l'air de porter des lunettes : il s'agit d'une race de brebis endémiques appelée Caussenarde, implantée sur les causses quercynois. On recense quelque 230 exploitations pour presque 200 000 brebis allaitantes, pour une commercialisation annuelle d'environ 40 000 labellisées en Agneau Fermier du Quercy. A l'origine, les élevages produisaient de la laine. Au XXe siècle, la production de la viande prend le dessus, secondée par celle du lait. Ce dernier, mélangé à celui de la chèvre, était destiné à la production du fromage roquefort. Le tendre Agneau du Quercy détient le Label Rouge depuis 1990 et est reconnu sous l'Indication Géographique Protégée (IGP) depuis 1996.

Le fromage Rocamadour

Il est petit, tout rond, tout doux et les bergers du Causse le fabriquaient déjà au XVe siècle. De vieux grimoires attestent qu'il servait à payer la dîme des seigneurs de l'époque. Les pèlerins en route vers Saint-Jacques l'emportaient dans leur besace. On l'appelait alors « cabécou » (de cabec, la « chèvre » en patois). Le fromage Rocamadour a son Appellation d'Origine Protégée (AOP) depuis 1996.

© PUNTOSTUDIOFOTO LDA - STOCK.ADOBE.COM

Foie gras.

© JD-PHOTODESIGN - STOCK.ADOBE.COM

La mique

Préparation très ancienne indispensable aux paysans lorsque la vie aux champs était difficile, elle réchauffait, nourrissait et apaisait les estomacs affamés pour l'hiver. La recette est complexe et il faut avoir eu l'enseignement d'une grand-mère d'ici pour en comprendre toutes les subtilités. La mique en elle-même est une sorte de pain de campagne élaboré avec du lait, de la graisse d'oie, des œufs et du beurre. Une fois la pâte de la mique levée, elle cuira dans le faitout avec une soupe au petit-salé. Pour les hivers rudes, une autre recette vous réchauffera : le mourtariol. Célèbre soupe aromatisée au safran, elle était autrefois synonyme de fête dans les campagnes. Aujourd'hui, plus personne ou presque ne sait cuisiner cette recette de grand-mère quercynoise.

Quelques douceurs

Le pastis

Tout séjour dans le Lot s'accompagne de la dégustation de cette sorte de tourtière garnie de pommes marinées à la vieille prune. Une pâte aussi fine qui rappelle... la pastilla. Ce sont les Maures qui ont laissé la recette dans le Sud-Ouest. Traditionnellement, le pastis est un gâteau des campagnes, réalisé par les femmes d'agriculteurs, les mamies, pour les fêtes religieuses ou familiales. La préparation est fastidieuse, la difficulté étant d'obtenir une pâte très fine qu'il faut laisser sécher pendant 4 à 5 heures tout en gardant encore de la souplesse. Le gâteau donne toutes ses saveurs lorsqu'il est servi tiède.

Les merveilles

Les beignets des grands-mères quercynoises ont leur propre petit nom tant ils ont comblé les enfants pendant des générations. On les appelle ici des merveilles ! Saupoudrés de sucre, ces beignets étaient toujours très attendus les jours de fêtes. La Pescajoun est une grosse crêpe épaisse cuite en une seule fois, servie tiède ou froide avec du sucre ou de la confiture.

La châtaigne

Base alimentaire dans la région bien avant que n'apparaisse la pomme de terre, la châtaigne a, depuis cent ans, conquis ses lettres de noblesse culinaire. Le Lot produit environ 400 tonnes de châtaignes par an, principalement dans le Ségala et la Bouriane.

Le melon du Quercy

Gorgé de sucre et de soleil, ce fruit offre sa tendre chair fraîche et parfumée. L'exposition plein sud des coteaux du Quercy blanc, ses sols riches en argile et en calcaire conviennent parfaitement à sa production. Voici quelques critères pour bien le choisir : couleur légèrement dorée, côtes encore visibles, forme régulière, fruit lourd et bien rempli avec pédoncule présent. Les melons ornés d'une sorte de broderie irrégulière sont souvent excellents. Les producteurs de melons du Quercy ont obtenu en 2004 l'Indication géographique protégée (IGP).

La noix

Appellation d'origine protégée (AOP), la noix dite du Périgord se cultive dans le Lot (ainsi que la Corrèze, la Dordogne et la Charente) – 4 640 hectares de production pour une récolte de 6 200 tonnes en moyenne sur l'aire géographique. On dénombre environ 300 nuciculteurs faisant de la commercialisation. Riche en magnésium, en phosphore, en potassium, pur cocktail de vitamines, la noix contribue à lutter contre le cholestérol, le stress, le vieillissement... Elle apparaît sur les marchés dès la mi-septembre, fraîche pour quelques semaines seulement.

Des alcools locaux

Dans le sillage du beau parcours de Christopher Ratz, premier aventurier brassicole du département (depuis 2001), de nombreuses micro-brasseries ont vu le jour dans le Lot. On compte aujourd'hui une quinzaine de producteurs de bières artisanales sur le territoire. Il est difficile d'en dresser la liste complète tellement l'engouement est important. Il se crée de nouvelles micro-brasseries régulièrement. Toutes ont leurs caractéristiques et chacun se forgera son idée sur celle qui remportera sa prédilection. Notre parcours gourmand se termine dans l'une des plus belles maisons du Lot : la distillerie Louis Roques. Il faut entrer et humer les parfums de la prune distillée pour saisir ce qui se cache derrière ce nom. Ici, on fabrique la Vieille Prune de Souillac, un des fleurons de la gastronomie locale. Basée à Souillac dans la Vallée de la Dordogne, cette entreprise centenaire produit une somptueuse eau-de-vie depuis 1835 !

Marre de passer des heures sur internet pour trouver des bons plans ?
my petit fute
M'A FAIT GAGNER UN TEMPS FOU AVEC SES RECOMMANDATIONS D'ITINÉRAIRES ET SES BONS PLANS TESTÉS PAR DES RÉDACTEURS LOCAUX.
VOTRE GUIDE NUMÉRIQUE SUR MESURE EN MOINS DE 5 MINUTES POUR 2,99 €
mypetitfute.fr

AGENDA

Le Lot est un département qui ne manque pas de vie culturelle ! Le calendrier annuel est rempli d'une pléiade de rendez-vous festifs, culturels et sportifs. Si la plupart des festivals se concentre entre juin et septembre, le territoire bénéficie d'un dynamisme tout au long de l'année. De nombreuses manifestations animent le territoire jusque dans les plus petites communes. Festivals, concerts, expositions, conférences, courses... l'actualité lotoise est foisonnante. Elle est soutenue par les collectivités mais également par nombre d'associations vivantes et imaginatives qui proposent sans cesse de nouvelles offres. Nous vous avons sélectionné une dizaine d'évènements incontournables, des rendez-vous à ne manquer sous aucun prétexte. Pour autant l'agenda local est riche de bien d'autres propositions, n'hésitez pas à garder un œil ouvert sur l'actualité notamment grâce aux journaux lotois et aux offices de tourisme.

LOT OF SAVEURS

CAHORS
✆ 05 65 53 20 65
www.lotofsaveurs.fr

Juillet et août. Animations, tables géantes, marchés de producteurs, dates et lieux à réserver.

Le Grand-Cahors met la gastronomie à l'honneur : des chefs, des écoles, des dégustations, des animations, des marchés de producteurs, des repas en fêtes dans tous les villages, et un grand banquet au cœur de la ville de Cahors. L'art culinaire ! Lot of Saveurs se place dans la tradition d'une cuisine qui rassemble et qui donne envie de partager. Créé pour faire honneur à ses chefs, le festival est celui du « bien manger ». Lot of Saveurs est inscrit au patrimoine mondial de l'Unesco pour son célèbre banquet organisé comme point d'orgue du festival.

FESTIVAL CAHORS JUIN JARDINS

52, avenue André Breton - **CAHORS**
www.cahorsjuinjardins.fr

Événements tout le mois de juin. Informations à l'office de tourisme de Cahors et sur le site Internet.

Festival nature, où les jardins sont mis en avant. Animations et ateliers autour d'une thématique artistique propre à chaque édition. Créations éphémères, artistes plasticiens, paysagistes, designers du végétal, ainsi que les habitants vous ouvrent les portes des Jardins Secrets en visites privées ou publiques dans Cahors, en circuit libre dans la ville ou en sortant des murs de Cahors pour des balades dans des jardins-paysages disséminés dans une vingtaine de communes.

CAHORS BLUES FESTIVAL

Allée des soupirs - **CAHORS**
✆ 05 65 35 87 83
www.cahorsbluesfestival.com

Du 10 au 12 juillet 2025. Nombreux concerts gratuits et payants. Billetterie en ligne et sur place.

Ce sera la 40e édition du Cahors Blues Festival, une scène unique pour des artistes nationaux et internationaux du Blues avec des stars américaines et européennes. Une programmation hors normes, des concerts gratuits et payants depuis la salle de spectacle de 800 places, Espace Valentré et du village du Blues qui s'installe cette année aux abords et sur les rives du Lot. La soirée «Le blues dans la ville» anime les terrasses des restaurants d'une ambiance des villes du Delta du Mississippi. Une ambiance familiale et festive pour une grande qualité musicale.

FESTIVAL BD DE CAJARC

CAJARC
✆ 05 65 40 72 89
https://www.labdprendlair.fr/

Fin septembre sur 2 jours. Plusieurs sites dans la ville. Entrée : 4 €. Enfant : 3 €.

Après Angoulême, Cajarc est la deuxième capitale de la bande dessinée en France. Rencontrez pendant un week-end des auteurs et dessinateurs en vogue. Chaque année, ce sont près de 30 auteurs présents en dédicace. Certains animent des ateliers pour les enfants et les adultes. Lors de ce week-end entièrement dédié à la bande dessinée, plusieurs animations, conférences, expositions et ateliers ont lieu dans la ville, qui devient un paradis pour petits et grands aficionados du genre. Des mondes créatifs à découvrir avec un invité d'honneur à chaque édition.

LES MONTGOLFIADES DE ROCAMADOUR

ROCAMADOUR

www.rocamadouraerostat.fr

En septembre, généralement le dernier week-end en fonction de la météo. 30 équipages. Animations diverses.

C'est le rendez-vous incontestable de septembre à Rocamadour ! Tous les passionnés, les enfants, les grands enfants, les amoureux de poésie... tous se donnent rendez-vous pour deux jours magiques. Deux jours de festival en Vallée de la Dordogne qui sont rythmés par l'envol d'une trentaine de montgolfières depuis le canyon de l'Alzou. Dans un véritable ballet aérien, elles s'élancent et jouent leur plus belle parade dans le ciel. Départ tous les matins et soirs.

LA RUE DES ENFANTS

MONTCUQ-EN-QUERCY-BLANC

www.laruedesenfants.org

Deux jours mi septembre. Tarif à la journée ou à la demi-journée. Libre le soir.

Deux jours de fête dans les ruelles et les cours de Montcuq. Marionnettes, cirque nouveau, clowns poétiques, théâtre d'objets ou théâtre plus « classique », lectures, contes, concerts, la programmation se veut la plus riche possible. Un village des enfants prend place de 10h à 19h avec une buvette, une restauration variée et de qualité, des ateliers ludiques et créatifs, ainsi que des animations. Les spectacles, eux, sont disséminés dans la ville. Le programme est étalé sur toute la journée pour de vrais moments de partage en famille.

FESTIVAL ECAUSSYSTEME

GIGNAC

✆ 05 65 32 69 05

www.ecaussysteme.com

Du 25 au 27 juillet 2025. Gratuit -10 ans, billet à télécharger sur le site. Restauration.

Le festival Ecaussysteme est un événement de musiques actuelles, citoyen et solidaire articulé autour des thèmes du développement durable, de l'économie solidaire et de la solidarité Nord-Sud. Au programme : marché bio équitable, artisans et acteurs sensibilisés à l'écologie, etc. Et bien sûr de la musique comme élément de ralliement autour d'un projet festif et convivial. De grands noms sont programmés pour 2025 : Sex Pistols, Bigflo & Oli, Fonky Family, Burning Spear, Deluxe, Queen Omega... Gratuit pour les moins de 10 ans !

RENCONTRES GINDOU CINÉMA

Le Bourg - **GINDOU**

✆ 05 65 22 89 99

www.gindoucinema.org

Du 16 au 23 août 2025. Entrée : 7 € (tarif selon nombre de films, passe festival). Apéros-concerts gratuits.

Festival sans compétition, qui est chaque année le point de rendez-vous de plus de 20 000 spectateurs. Une centaine de films est projetée avec, pour plus de la moitié, la présence des membres de l'équipe du film qui anime une « tchatche » le lendemain de la projection. Au programme : des courts et longs métrages, des documentaires, des fictions, etc. Le festival se termine par une grande nuit de projections jusqu'à l'aube. Les films sont projetés dans un amphithéâtre de verdure en plein air le soir, au cinéma l'Arsenic en journée ou dans les villages environnants.

FESTIVAL DE THÉÂTRE DE FIGEAC ET SAINT-CERE

FIGEAC ✆ 05 65 38 28 08

www.festivaltheatre-figeac.com

En juillet. Tarifs : de 6 à 28 €. Billetterie en ligne, au théâtre de Saint-Céré et à l'office de tourisme de Figeac.

Populaire et culturel, le festival de Figeac transforme le cœur de ville en scène vivante. Des textes anciens, modernes ou contemporains, il y en a pour tous les goûts et toutes les interprétations. Une façon de donner l'impulsion à des spectacles de qualité et souvent méconnus. L'autre versant de ce rendez-vous culturel se trouve à Saint-Céré au Théâtre de l'Usine où des pièces d'opéra sont programmées. L'occasion de promouvoir la grande musique auprès de tous les publics.

VALLÉE DE LA DORDOGNE

Renommée rivière espérance par Christian Signol, la rivière Dordogne creuse sa vallée dans trois départements. Dans sa version lotoise, elle déploie son lit dans un décor somptueux, d'une nature brûlante d'émotions. Plusieurs villages du territoire de la vallée de la Dordogne dans le Lot ont été élus plus beaux villages de France : à Rocamadour s'ajoutent Martel et ses sept tours, Autoire et sa cascade, Carennac et son château des Doyens devenus Centre d'interprétation de l'architecture des pays d'art et d'histoire, et Loubressac et sa vue imprenable sur les châteaux alentour. En plus de ces cités remarquables, la vallée a bien d'autres atouts dans son jeu : un tourisme fluvial complet, une proposition culturelle riche et diversifiée, une offre de logements variée, des itinéraires thématiques, des parcs de loisirs et lieux de visites patrimoniaux… Tout pour passer un superbe séjour dans cette vallée incontournable.

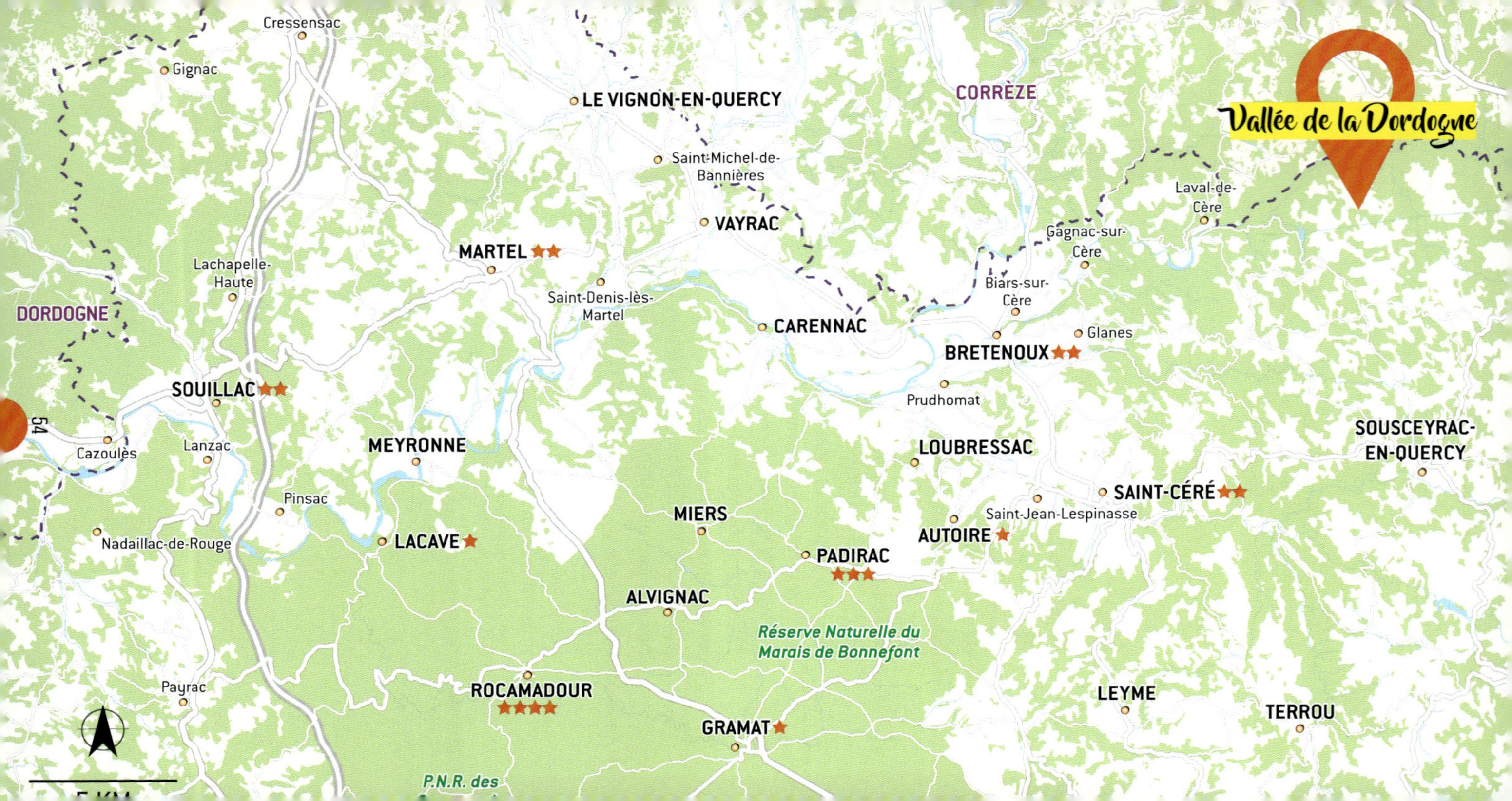
Vallée de la Dordogne
CORRÈZE
DORDOGNE
Cressensac
Gignac
LE VIGNON-EN-QUERCY
Saint-Michel-de-Bannières
VAYRAC
MARTEL
Lachapelle-Haute
Saint-Denis-lès-Martel
CARENNAC
Laval-de-Cère
Gagnac-sur-Cère
Biars-sur-Cère
Glanes
BRETENOUX
Prudhomat
SOUILLAC
Cazoulès
Lanzac
MEYRONNE
LOUBRESSAC
SOUSCEYRAC-EN-QUERCY
SAINT-CÉRÉ
Saint-Jean-Lespinasse
AUTOIRE
Pinsac
MIERS
Nadaillac-de-Rouge
LACAVE
PADIRAC
ALVIGNAC
Réserve Naturelle du Marais de Bonnefont
ROCAMADOUR
Payrac
LEYME
TERROU
GRAMAT
P.N.R. des

PAGES

ROCAMADOUR ★★★★

Rocamadour est le deuxième site touristique le plus visité de France après Le Mont-Saint-Michel. En arrivant de la route de Couzou, vous serez saisi par l'audace des bâtisseurs qui ont construit la cité à travers les siècles. Edifiée au sommet d'un roc de 150 à 350 mètres de hauteur, Rocamadour domine la vallée de l'Alzou. Dans son écrin de roche, la cité aux pierres blanches trouve son origine aux confins de l'histoire et des légendes. Les historiens ont du mal à retrouver la date de naissance de cette cité. Au Paléolithique, elle abritait déjà les premiers hommes, comme peuvent l'attester les dessins qui ornent les parois de la grotte des Merveilles. Mais c'est au Moyen Âge que se dessine véritablement Rocamadour. Le XIIe siècle marque un tournant dans la vie de la cité. On découvre en 1166 les restes intacts de saint Amadour qui lui donnera son nom. Des premiers miracles sont attestés et le rocher se dédie alors à la Vierge. Ici, elle sera noire ! C'est l'un des trésors de Rocamadour : la petite statue de sa Vierge noire dont l'origine reste un sujet de polémique. La cité mariale devient un lieu de pèlerinage réputé qui voit passer des anonymes mais aussi de bien célèbres pèlerins (Henri II d'Angleterre, Simon de Montfort, Blanche de Castille et Louis IX de France, saint Dominique et saint Bernard, entre autres figures illustres) qui viennent y vénérer la Vierge noire et le tombeau de saint Amadour. Aujourd'hui encore, Rocamadour est la deuxième cité mariale de France après Lourdes. Elle attire chaque année 1,5 million de visiteurs.

ASCENSEUR INCLINÉ SOLVEROC

Route du Château
✆ 05 65 33 67 79

Ouvert toute l'année. Eté jusqu'à 21h. Gratuit -8 ans. Adulte 6,30 € A/R pour 2 ascenseurs jumelés, aller simple 2,80 €.

La cité de Rocamadour est particulièrement escarpée, heureusement des services d'ascenseurs vous sont proposés toute l'année, très facile d'accès depuis le parking P2, près du château. Prenez l'ascenseur incliné en aller simple ou aller-retour jusqu'au sanctuaire. Un départ toutes les trois minutes en haute saison. Idéal pour les retours tardifs depuis le sanctuaire lors des processions en été. Bon à savoir : billets jumelés proposés avec l'ascenseur vertical jusqu'à la cité si besoin.

ASCENSEUR VERTICAL DE ROCAMADOUR

rue Roland Le preux
✆ 05 65 10 00 19

Ascenseur Cité-sanctuaires uniquement. Ouvert mars à oct. Accès 10h-17h, horaires différents de l'ascenseur vertical.

Deux moyens vous permettent d'accéder à la cité : à pied ou en ascenseur, bien pratique pour éviter les centaines de marches et offrir aux visiteurs à mobilité réduite un patrimoine magnifique d'une cité à flanc de falaise. Cet ascenseur vous promène uniquement de la cité, depuis la rue principale, au sanctuaire, pour monter au château il vous faudra prendre un second ascenseur, dont les billets peuvent être jumelés. Pensez à dire jusqu'où vous souhaitez aller.

© WJAREK - SHUTTERSTOCK.COM

Basilique Saint- Sauveur.

BASILIQUE SAINT-SAUVEUR ✝ ★

D 673 ✆ 05 65 14 10 59
www.sanctuairerocamadour.com
Visites guidées du sanctuaire.

Classée au Patrimoine Mondial de l'Unesco, cette basilique datant des XIe-XIIIe siècles, période charnière entre l'art roman et gothique, est unique. Ses deux nefs sont directement adossées aux parois de la falaise, et la mezzanine en bois, ajoutée au XIXe siècle, surplombe l'ensemble. Dans le chœur, on découvre un bas-relief doré représentant l'Assomption, ainsi qu'une statue polychrome du Christ datant du XVIe siècle. L'une des absides renferme les reliques de saint Amadour. La majestueuse voûte quadripartite est un véritable chef-d'œuvre architectural.

GROTTE PRÉHISTORIQUE DES MERVEILLES ★

L'Hospitalet ✆ 05 65 33 67 92
www.grottedesmerveilles.com
Réservation obligatoire par téléphone. Ouvert de Pâques au 30 septembre. Adulte : 8,50 €. Enfant de 5 à 11 ans : 5,50 €.

À seulement 100 mètres du panorama de Rocamadour, l'accès aux grottes est facile, avec une descente d'une quinzaine de marches. La visite débute par la découverte de magnifiques concrétions et de gours où se reflètent les stalactites. L'émotion se fait sentir en observant les œuvres des artistes du Paléolithique supérieur, qui, il y a plus de 20 000 ans, ont transformé ce lieu en un sanctuaire orné de peintures rupestres (chevaux, cerfs, félins et six mains négatives).

LA MAISON DES ABEILLES

Route de Gramat
✆ 05 65 33 66 98
Ouvert d'avril à novembre. Tous les jours 10h à 12h30 et 14h à 19h, horaires restreints fin de saison. Gratuit.

Entrez dans un rucher vivant ! 300 m² climatisés en accès libre vous permettent d'observer au travers d'une baie vitrée la vie intense des abeilles domestiques, vaquant à leurs occupations. Un véritable document vivant sur cet univers fascinant de l'apiculture qui permet d'appréhender la vie des abeilles et la fabrication du miel, et de s'amuser avec des quiz. Après la visite du musée, profitez d'une dégustation gratuite des produits de la ruche et de la noix. À côté du musée, une boutique propose du pain d'épices du Quercy et des produits issus de l'apiculture.

LA FORÊT DES SINGES ★★★

L'Hospitalet
✆ 05 65 33 62 72
www.la-foret-des-singes.com
Mars à novembre. Haute saison ouvert 7j/7 9h30-18h30. Adulte 11 €. Enfant 5-14 ans 7 €. Tarifs réduits : 9,50 € et 6 €.

Dans un écrin naturel de 20 hectares, la forêt abrite plus de 150 macaques de Barbarie, une espèce protégée provenant des montagnes du Maroc et de l'Algérie. La visite se déroule à travers un parcours de 1,3 km, offrant l'opportunité de découvrir ces singes évoluant librement. Vous pourrez observer leur vie sociale, leurs jeux et leurs habitudes, créant ainsi une expérience émotionnelle unique. Des soigneurs assurent une animation de nourrissage toutes les 45 minutes. En 2024, un parcours éducatif enrichit l'expérience, ajoutant une nouvelle dimension.

© FORÊT DES SINGES

© FORÊT DES SINGES

VALLÉE DE LA DORDOGNE

Vue sur Rocamadour.

MOULIN FORTIFIÉ DE COUGNAGUET

Route de Calès-Gorges-de-l'Ouysse - **CALÈS**
✆ 05 65 32 63 09
www.cougnaguet.com
Ouvert 1er avril-30 sept. Tous les jours 10h-12h, 14h-18h et jusqu'à 17h en oct. Adulte : 7 €. Enfant : 4 €. Pas de CB.

À 2 kilomètres de Rocamadour, découvrez ce moulin à eau fortifié intact, édifié au XIVe siècle par des moines sur le cours d'eau de l'Ouysse. La fortification du moulin avait pour but de protéger celui-ci contre d'éventuels pillages. Il est équipé de quatre meules d'environ 1,5 tonne. Le guide, passionné et passionnant, réside sur place et entretient son patrimoine. À découvrir comme un joyau, en flânant le long des berges de l'Ouysse et de ses reflets émeraude enchanteurs.

REMPARTS DE ROCAMADOUR ★★★

www.vallee-dordogne.com
Ouvert toute l'année. Tous les jours de 8h à 20h. Tarif : 2 €.

Rocamadour, cette cité médiévale mondialement reconnue, se distingue par sa beauté et sa situation exceptionnelle, accrochée à la falaise. Ses maisons, chapelles et autres bâtiments semblent être empilés les uns sur les autres, créant un paysage unique. L'histoire de Rocamadour est aussi remarquable que son architecture. Le château et les remparts de la ville ont joué un rôle crucial dans sa protection, et les vestiges du fort du XIVe siècle en témoignent encore aujourd'hui, nous permettant d'imaginer sa grandeur d'antan. Rocamadour est un haut lieu de pèlerinage spirituel depuis plus de mille ans. Des miracles s'y seraient accomplis, attirant ainsi des milliers de croyants au fil des siècles. Ce statut sacré justifiait la nécessité de défendre et de protéger le sanctuaire. Les remparts, qui surplombent le château, empêchaient l'accès à la cité par le sommet de la falaise. Aujourd'hui encore, la vue offerte depuis le chemin de ronde, qui borde les remparts, reste imprenable. Elle permet d'admirer la vallée de l'Alzou et le canyon, offrant un panorama spectaculaire qui a traversé les âges. Ce chemin, véritable témoin du passé, nous transporte à travers l'Histoire, et l'on peut presque sentir l'atmosphère des batailles et des moments marquants qui se sont déroulés ici. En juillet et août, des visites nocturnes guidées des sanctuaires sont proposées, permettant une immersion encore plus forte. À la tombée de la nuit, l'expérience se veut mystique et il n'est pas rare d'imaginer un chevalier en armure traversant le site.

ÉCOPARC DU ROCHER DES AIGLES ★★

Marcayou
✆ 05 65 33 65 45
www.rocherdesaigles.com
Du 1er avril au 30 sept 7j/7 10h-18h30, horaires variables. Adulte 12 €. Enfant 4-13 ans : 8 €. Premier spectacle à 11h.

Magnifique parc ornithologique au cœur du PNR des Causses du Quercy. Face à la menace d'extinction de certaines espèces, l'Écoparc du Rocher des aigles s'est engagé dans la protection des oiseaux et la sensibilisation pédagogique du public. Plus de 300 oiseaux de 60 espèces différentes avec un spectacle unique respectueux et éthique du bien-être animal. Rapaces et perroquets sont les maîtres de ce territoire naturel exceptionnel, où chaque visiteur observe et respecte les oiseaux.

© ROCHER DES AIGLES

© ROCHER DES AIGLES

SANCTUAIRE NOTRE-DAME DE ROCAMADOUR

impasse de la Mercerie
✆ 05 65 14 10 59
www.sanctuairerocamadour.com
Ouvert tous les jours, horaires variables selon la saison. Visites guidées (jours et horaires à consulter sur le site).

Depuis près de mille ans, le sanctuaire Notre-Dame de Rocamadour attire des pèlerins venus du monde entier. Au centre de cette dévotion, une petite statue de la Vierge Noire, vers laquelle convergent tous les fidèles. Accrochée à la paroi rocheuse du canyon de l'Alzou, la cité de Rocamadour semble surgir du paysage. Elle se dévoile comme un livre ouvert, racontant une page de l'histoire humaine et spirituelle, sur fond de coteaux verdoyants. Un premier sanctuaire dédié à Notre-Dame existait déjà bien avant le Xe siècle, bordant ce canyon majestueux. En 1616, la découverte du corps d'un ermite, identifié comme saint Amadour, contribua à faire du site un lieu de pèlerinage majeur, fréquenté par toute la chrétienté, et une étape essentielle sur le chemin de Saint-Jacques-de-Compostelle. D'illustres personnages tels que saint Bernard, saint Dominique, saint Louis, sa mère Blanche de Castille, et Henri II Plantagenêt vinrent s'y recueillir. Au XIIIe siècle, des chapelles furent construites pour agrandir le sanctuaire, et le château fut fortifié. Le pèlerinage atteignit son apogée au XIVe siècle, avant d'être dévasté par les guerres de Religion. Sa renaissance ne survint qu'au XIXe siècle, grâce à l'abbé Caillau et au père Pierre Bonhomme, fondateur des Sœurs de Notre-Dame du Calvaire de Gramat, dans le Lot. En 1853, la Vierge de Rocamadour fut l'une des premières à être couronnée en France. En 1936, le musicien Francis Poulenc y trouva la foi et se convertit au catholicisme.

LE PETIT TRAIN DE ROCAMADOUR

Vallée de l'Alzou - parking P5 ✆ 06 08 26 25 56
www.lepetittrainderocamadour.com
Tous les jours de 10h30 à 19h30. Aller-retour 40 min : adulte 4 €, enfant 2,50 €. Arrêt du train entre 13h15 et 14h.

Le célèbre petit train de Rocamadour vous attend au pied de la cité médiévale, Porte du Figuier, à côté du parking. Il vous amènera à l'intérieur des remparts de la majestueuse cité mariale, un moment inoubliable et magique pour les enfants. Découvrez la cité dans 7 langues (français, anglais, espagnol, allemand, néerlandais, italien et japonais) et à la tombée de la nuit, les excursions nocturnes sont un régal pour découvrir la cité médiévale toute illuminée. Groupe sur réservation.

L'AMADOUR HÔTEL** €

Place de l'Europe
✆ 05 65 33 73 50
www.amadour-hotel.com
Ouvert de février à la Toussaint. A partir de 57 €. Petit déjeuner buffet 8,70 €. Chambre PMR. Animaux acceptés.

Situé à 50 m du magnifique point de vue sur le village médiéval, sur les hauteurs de la cité, l'Amadour Hôtel est certainement l'une des meilleures adresses pour profiter du spectacle permanent façonné par la nature et la main de l'homme. L'établissement allie confort, modernité et quiétude pour vous offrir des prestations à la hauteur du Rocher. Certaines chambres bénéficient d'ailleurs d'une terrasse. L'heureux propriétaire des lieux ne manquera pas de vous prodiguer tous les conseils nécessaires pour ne rien louper de l'aventure médiévale.

HÔTEL-RESTAURANT DU LION D'OR** €

Cité médiévale ✆ 05 65 33 62 04
www.liondor-rocamadour.com
Fermé en janvier-février. Chambre double à partir de 75 €. Petit déjeuner : 10 €. 2 chambres PMR. Animaux 9 €.

L'hôtel du Lion d'Or est une belle et authentique maison hôtelière, composée de deux établissements situés à 50 m l'un de l'autre. La réception et le restaurant se trouvent dans le bâtiment principal, où l'ensemble de l'équipe vous accueillera agréablement. Les chambres sont confortables, certaines étant desservies par un ascenseur, d'autres vous offrant une vue privilégiée sur la vallée ou sur la cité. Le restaurant de l'hôtel délivre une vue panoramique dominant le canyon de l'Alzou.

LE PETIT RELAIS** €

Le Bourg - **CALÈS**
✆ 05 81 73 00 57
www.hotel-petitrelais.fr
Ouvert mi-mars à mi-novembre. Chambre 60/85 €, famille 118/138 €. Accès PMR. Animaux acceptés. Restaurant menu 39 €.

Le Petit Relais est une adresse à retenir pour sa situation idéale et ses prestations de qualité. Possibilité de prendre la demi-pension à partir de 3 nuits. Le restaurant est réputé et membre de l'association des Bonnes Tables du Lot, où qualité et gentillesse sont les maîtres mots. Karine et Olivier, les patrons, vous invitent à venir découvrir la diversité de la carte, renouvelée chaque saison. Tout est fait maison : venez découvrir leur parmentier d'agneau ou leur foie gras. Une belle étape à quelques encablures de Rocamadour, loin du tumulte estival.

LE RELAIS AMADOURIEN** €

Route du Château

✆ 05 65 34 39 19

www.relais-amadourien.com

Ouvert de Pâques à Toussaint. Chambre double 65-90 €/nuit. 2 chambres PMR. Animaux (petits) 5 €. Charge voiture élec.

Dans une ambiance cosy et contemporaine, le Relais Amadourien accueille pèlerins et visiteurs dans le calme tout en étant à proximité immédiate de la cité. L'hôtel se situe au niveau du chemin de croix et des ascenseurs qui mènent directement aux sanctuaires et à la cité médiévale. Sur les hauteurs de Rocamadour, vous profiterez tout à votre aise de votre séjour sur le rocher. Un hôtel familial avec des prestations simples, alliant calme et confort. La salle du petit-déjeuner est ouverte sur le jardin, avec une vue panoramique sur la vallée.

LE BELLAROC** €€

route de la corniche

✆ 05 65 33 63 06

www.hotel-bellaroc.com

Ouvert de Pâques à Toussaint, chambres 68-100€/nuit. Parking inclus. Animaux acceptés 10€/nuit. Pizza ou plat 11/20€.

Situé sur les hauteurs de la cité médiévale, le Bellaroc jouit d'une des meilleures vues sur le château et les alentours, à 10 minutes à pied de la cité. Aux beaux jours, il fait bon déjeuner sur la terrasse en dégustant les saveurs italiennes travaillées dans un esprit inventif, avec des antipasti, pizzas et salades, mais également des pâtes ou de l'escalope de veau à la milanaise. Le Bellaroc dispose d'une piscine extérieure et d'un parking privé. Il a tous les atouts pour vous faire passer un excellent moment au cœur d'un des plus beaux villages de France.

CAMPING LES CIGALES*** €€

L'Hospitalet ✆ 04 66 60 07 00

www.camping-les-cigales.com/fr

Ouvert du 4 avril au 3 novembre. Emplacement autour de 22 € à 34 €/nuit. Locatifs à partir de 64 €/nuit environ.

Le camping Les Cigales-Koawa propose des mobil-homes, chalets et roulottes sur près de 3 hectares semi-ombragés. Rien ne manque dans ce camping grand confort : piscine et pataugeoire chauffées ainsi qu'une piscine couverte avec bains à remous, terrains de pétanque et de volley, aire de jeux pour les enfants, ping-pong, baby-foot, flipper, billard, snack, pizzeria, bar, épicerie, boulangerie, sans oublier de nombreuses animations les soirées en saison. Le domaine, très propre, est très bien entretenu. Accès à la cité médiévale à pieds à partir du camping.

CAMPING PADIMADOUR**** €€

La Châtaigneraie-Varagne

✆ 05 65 33 72 11

www.padimadour.fr/fr/

Ouvert d'avril à début octobre. Emplacement dès 20 €/nuit. Chambre 4/5 personnes à partir de 50 €/nuit. Espace balnéo.

Le camping Padimadour donne de l'espace à chacun afin de privilégier des vacances confortables en pleine nature. L'accueil est chaleureux, la propreté irréprochable, tout est mis à votre disposition pour que vous vous sentiez vraiment en vacances : ce camping mérite bien ses quatre étoiles ! Piscine chauffée couverte avec une eau à 28 °C toute la saison et espace balnéo, boulangerie du matin en saison, épicerie de dépannage, pizzas sur place ou à emporter, restaurant, 43 cottages grand confort : tout est pensé dans ce camping pour votre bien-être.

CHÂTEAU DE LACOMTÉ COUNTRY CLUB**** €€

Lieu-dit Lacomté - **CARLUCET** ✆ 05 65 38 75 46

www.chateaulacomte.com

Ouvert du 1er juin au 15 septembre. Camping country club réservé aux adultes. Emplacement et locatifs dès 280 €/semaine.

Voici l'endroit idéal pour vous ressourcer. Le camping, parmi les plus beaux du département, accueille caravanes, tentes et camping-cars sur des emplacements spacieux. Il propose aussi à la location un gîte, des chalets et des mobil-homes. Les vacanciers qui optent pour un emplacement *freedom* se voient remettre les clés d'une voiture : un choix idéal pour se déplacer sans son camping-car ! Le camping dispose par ailleurs d'un restaurant qui sert une cuisine gastronomique locale.

DOMAINE DE LAGARDELLE*** €€

Lieu-dit Lagardelle

✆ 06 07 87 91 45

www.domainelagardelle.com

Chambres 2 à 5 pers. 80/138 € petit déjeuner compris. Gîte toute l'année 350 € à 550 €/semaine. Table d'hôtes. Massages.

À seulement six km du site de Rocamadour, le Domaine de Lagardelle propose 3 chambres d'hôtes et un gîte de 4 couchages dans un cadre calme et verdoyant. Chaque chambre dispose d'une terrasse, qui permet de profiter de la vue magnifique dès le réveil. Le petit déjeuner est copieux et délicieux, et les hôtes Isabelle et Jean-Pierre sont charmants. Dans une ancienne ferme, en pleine campagne, vous trouverez ici le confort et la quiétude d'un lieu empreint de poésie. Des séances de réflexologie et naturopathie vous sont proposées.

HOSTELLERIE BELLEVUE** €€

Lieu-dit le Garoustié
© 05 65 33 62 10
www.hotel-bellevue-rocamadour.com

Ouvert de Pâques à la Toussaint. Chambre double à partir de 77 €. Chambre PMR. Menu 28 €. Vue sur la cité de Rocamadour.

Perché sur les hauteurs, la vue sur Rocamadour est de toute beauté. Le charme de l'endroit, c'est aussi l'esprit encore traditionnel de l'hôtellerie. On y est accueilli avec grande attention et la tenue des chambres est irréprochable. Avec sourire et courtoisie, on vous rendra le séjour des plus agréable. Outre le confort des chambres, on apprécie aussi un petit déjeuner buffet : charcuteries, pâtisseries, crêpes, viennoiseries, clafoutis et fromage blanc. Au goût on ne s'y trompe pas, le fait maison et le frais sont de rigueur.

HÔTEL DES VOYAGEURS €€

204, rue de la Gare
© 05 65 33 63 19
www.hoteldesvoyageurs.eu

Ouvert du 1er avril au 15 novembre. Chambre double 58-86 €/nuit. Petit déjeuner 9 €. Chambre PMR. Chèque Vacances.

L'Hôtel des Voyageurs, créé au XIXe siècle, constitue une adresse simple et authentique idéale pour une halte d'une nuit. Un accueil convivial et sympathique vous sera réservé à votre arrivée. Un petit déjeuner vous est servi sur réservation. Après une journée de découverte dans la cité et aux alentours, le retour dans votre chambre ne sera pas pour vous déplaire ! Une très bonne situation de départ de balade pour ce petit hôtel familial simple et chaleureux et d'un excellent rapport qualité-prix, surtout dans les environs de Rocamadour.

HÔTEL LE TROUBADOUR*** €€

Lieu-dit Belveyre
© 05 65 33 70 27
www.hotel-troubadour.com

Ouvert de février à novembre. Chambre double de 79 à 245 €. Petit déj 15 €. Menus 34/38 €, panier 13 €. Accueil PMR.

Le Troubadour vous accueille dans une ancienne ferme du XVIIe siècle avec son parc de 2 ha, sa piscine chauffée, son pigeonnier et sa terrasse. Avec leurs murs à la chaux, leurs portes en châtaignier, leur plancher en chêne massif chevillé à l'ancienne et leurs meubles réalisés par un ébéniste local, les chambres sont à la hauteur du standing de l'établissement. Dans la grande salle de restaurant et ses couleurs chaudes, on déguste une cuisine aux accents du terroir et aux produits frais. A noter en plus le gîte en pierre de 100 m² d'une capacité de 5 personnes.

HÔTEL-RESTAURANT LE BELVÉDÈRE €€

Voie Sainte © 05 65 33 63 25
www.hotel-le-belvedere.fr

Ouvert toute l'année sauf janvier. Chambre double de 63 € à 95 €. Petit déjeuner buffet : 11 €. Menus à partir de 23 €.

Le Belvédère est un hôtel avec de belles chambres claires et spacieuses. Côté restaurant, on retrouve une cuisine de tradition avec du paleron de veau fondant, du filet de bœuf grillé, du curry vert de légumes. Ce sera d'autant plus apprécié si vous vous installez sur la magnifique terrasse avec une vue imprenable sur le canyon de l'Alzou. De belles prestations pour cet hôtel en harmonie avec la qualité des menus gastronomiques et l'accueil sans faille. Excellent rapport qualité-prix.

LA MAISON DES 4 CHEMINS €€

Cloup Grand © 06 67 81 58 02
maisondes4chemins.fr

Ouvert toute l'année. Pour 10 pers. Tarif marcheurs de 23 à 63 €/nuit. Dîner 18 €. Possibilité de location à la semaine.

A la croisée de 4 chemins de grandes randonnées, cette jolie maison devient à l'intérieur un chalet spacieux et très cocooning. C'est dans cet écrin de verdure et de quiétude que vous accueillent Cathy et Cyril, souriants et accueillants. Tout est pensé pour les marcheurs à commencer par une petite cabane où l'on peut se déchausser et pendre son sac à dos avant de rentrer dans le chalet. Les repas sont faits maison par Cathy. Jardin avec hamacs et accueil campeurs. A deux pas de la cité mariale, cette maison est également propice aux vacances à plusieurs !

LES PIERRES LOTOISES €€€

lieu dit Laval - **REILHAGUET** © 06 88 69 97 29
https://www.lespierreslotoises.com/

Gites dès 135 €/nuit, chambres dès 110 €/nuit, selon saison 2, 3 ou 7 nuits minimum. Piscine, terrasse, soin et massage.

Gîtes et demeure de charme aux chambres accueillantes et confortables avec douches italiennes ou bain romantique, dans un environnement bâti magnifique, typiquement lotois. Le cadre nous fait rêver et on profite pleinement d'un temps pour soi. Un ressourcement garanti au cœur de ce paysage avec une superbe vue sur le jardin et l'horizon en somme. Si vous montez les étages de la demeure, vous pourrez admirer l'étendue de la vallée qui s'ouvre devant vous. Les Pierres Lotoises proposent également des massages et séances bien-être pour un séjour tout confort.

LE ROC*** €€

Pech-Alis - D673 ✆ 05 65 33 68 50
www.camping-leroc.com
Du 1er avril au 1er novembre. Emplacement de 20 à 29 €. Tente, mobil-home, chalet de 50 à 150 €/nuit. Piscine.

Le camping est situé à 3 km du centre de la cité médiévale de Rocamadour et 10 minutes du Gouffre de Padirac. Répartis sur 2 hectares sous un bois de chênes et d'érables, spacieux et ombragés, les 49 emplacements de 90 à 200 m², mais aussi ses chalets et ses mobil-homes, offrent une ambiance propice à la détente. L'accueil chaleureux et familial du camping de Pascale et Philippe vous promet des vacances réussies. A faire sur place : pétanque, ping-pong, volley, billard et baby-foot, sans oublier les animations parmi lesquelles les soirées dansantes...

LE RYOKAN €€

635, route de Magès
✆ 05 65 11 63 67
www.leryokan.com
Ouvert de début avril à début novembre. Gîtes de 70 à 99 €/nuit, de 420 à 820 €/semaine. Piscine à débordement. Jardin.

Les 3 gîtes (Kyoto, Cocon, Saïgon) du Ryokan sont le fruit d'un patrimoine lotois associé à une inspiration zen asiatique ! La vieille pierre, de style quercynoise, qui fait tout le charme des vieilles bâtisses, est ici sublimée par une décoration intérieure d'inspiration asiatique. La quiétude et l'harmonie de la nature sont très présentes et prêtent à la paix intérieure. Venez ici pour vous ressourcer, vous détendre et profitez au mieux de vos vacances lotoises. Des hôtes sympathiques, simples, agréables, souriants, généreux...

LE TERMINUS DES PÈLERINS** €€

85, rue de la Couronnerie
✆ 05 65 33 62 14
www.terminus-des-pelerins.fr
D'avril à octobre. Chambre double 80-99 €/nuit. Petit déjeuner 10,50 €. Animaux acceptés. Restauration.

Au pied des marches menant au sanctuaire de Rocamadour, l'hôtel jouit d'une vue sur la vallée de l'Alzou. Les chambres sont modernes et authentiques à la fois, donnant un caractère unique à ce lieu. L'accueil est chaleureux, les produits locaux de qualité et le service impeccable et attentionné. Au final, cette adresse unique - une histoire de famille depuis 1947 - est le fruit d'une alchimie entre la chaleur d'autrefois et le confort d'aujourd'hui.

LES TILLEULS*** €€

Lieu-dit Le Roux
✆ 05 65 33 64 66
www.lestilleuls-roca.com
Ouvert d'avril à octobre. 35 emplacements. Mobil-home, chalets, roulottes. Piscine, pétanque, basket, jeux. Bar.

Petit camping familial. Piscine chauffée avec petit bassin (ouverte du 1er mai au 15 septembre), snack-bar (avec produits régionaux), ping-pong, mini-golf, bibliothèque, boulodrome... et de nombreuses possibilités de départ de balades. La situation géographique du camping facilitera la découverte de la région tout en profitant du calme de la nature et de ses distractions saisonnières. Les différentes formules de location vous permettront d'envisager votre séjour sans inquiétude. Une perle de tranquillité dans un écrin de verdure.

LE BOIS D'IMBERT*** €€€

Route de lacave Lieu dit le Bois d'Imbert
✆ 05 81 31 40 40
leboisdimbert.com
Ouvert d'avril à novembre. 60 chambres 80-160 €/nuit. Petit déjeuner 15 € environ. Animaux 10 €/nuit. Restaurant.

Notre coup de cœur de l'année ! Non loin de l'agitation de la cité, Le Bois d'Imbert offre la possibilité d'un séjour entre nature et confort. Les prestations, à la hauteur des 4 étoiles qu'il arbore, sont soignées, raffinées et professionnelles. Le tout jeune établissement peut déjà s'appuyer sur les valeurs d'accueil qui en font sa signature. Les atmosphères recréées ici ont été magnifiquement imaginées avec une décoration élégante. Le volet restauration est tout aussi intéressant et la salle de restaurant offre une vue panoramique sur la vallée de l'Ouysse.

LES ESCLARGIES*** €€€

85, Impasse des Esclargies ✆ 05 65 38 73 23
www.esclargies.com
Ouvert de mars à novembre. Chambre double 96-190 €. Chambres communicantes et PMR. Petit déj 15,60 €. Piscine chauffée.

Situé près du château, cet hôtel 3 étoiles, enlacé par les chênes et la pierre, propose des chambres joliment décorées dans un style contemporain, chaleureux, sobre et raffiné où domine l'esprit nature. Les chambres ont toutes vue sur la chênaie, les massifs de buis ou des petits murs de pierres typiquement quercynois. La visite de Rocamadour se fait sans prendre la voiture, accessible par l'ascenseur situé à 300 mètres de l'hôtel. Une oasis de repos à deux pas de la cité mariale et des grands sites d'Occitanie. Un excellent choix et une référence dans la région.

HÔTEL LES VIEILLES TOURS ROCAMADOUR*** €€€

Lieu-dit Lafage
✆ 05 65 33 68 01
www.vtrocamadour.com

Ouvert du 09/05 au 30/09. Nuitée à partir de 122 €. Animaux acceptés 7 €. Piscine. Jardin. Terrasse. Bar 16h-20h.

Sur un plateau sauvage dominant les vallées de l'Ouysse et de l'Alzou apparaît cette magnifique gentilhommière du XVIIe siècle, qui fut un pavillon de chasse. L'hôtel offre 14 chambres toutes personnalisées réparties sur 3 bâtiments, la gentilhommière, la grange et le bâtiment du parc, la plupart en rez-de-jardin avec un accès direct au grand parc qui entoure la propriété et offre un calme absolu et une vue panoramique imprenable sur la vallée de l'Alzou !

HÔTEL-RESTAURANT DU CHÂTEAU*** €€€

134, rue de Lamagale
✆ 05 65 33 62 22
www.hotelchateaurocamadour.com

Ouvert d'avril à novembre. Chambre double 94-127 €. Demi-pension. 3 chambres PMR. Piscine. Restaurant, formules 25/49 €.

L'hôtel est situé sur les hauteurs de Rocamadour, à proximité du château tout en étant à l'écart de l'afflux touristique en saison. Les chambres s'ouvrent sur l'environnement naturel, celles possèdent un balcon offrent le privilège d'apprécier le calme et la vue sur le château ainsi que la piscine. Les chambres présentent un style épuré et raffiné avec des couleurs claires. En cuisine, Gilles Labourel travaille des produits du terroir avec élégance et générosité.

SUNÊLIA LE SÉQUOÏA**** €€€

1620, Route de Toulouse - **PAYRAC**
✆ 05 65 37 96 32
https://www.campinglesequoia.fr/fr

Ouvert du 3/05 au 15/09. Emplacement dès 22 €. Locatifs dès 280 €/semaine. Piscines, spa, jeux, restaurant, lagon.

Le Séquoïa, récemment repris par Sunêlia, est un cadre verdoyant et arboré situé à 350 mètres d'altitude, offrant une vue panoramique exceptionnelle sur le Causse et la vallée de la Dordogne. Le site dispose de 151 emplacements et d'hébergements confortables, accompagnés de nombreuses installations et activités : piscines, toboggans, terrain multisports, jeux gonflables, ping-pong, baby-foot, billard, grimpe dans les arbres, ainsi qu'un minigolf et un lagon d'eau naturelle avec une plage de sable fin. Le restaurant sert des pizzas et des spécialités du terroir.

LA GUINGUETTE DU VIEUX CHÊNE €

Mas du Vieux Chêne, - **MONTVALENT** ✆ 06 43 81 72 32

Ouverture saisonnière. Menus de 19 à 34 €. Soirées musicales ou matchs. Terrasse extérieure et jardin.

Une guinguette à la campagne, dans un esprit nostalgique et moderne à la fois, où convivialité et bons vins rythment les soirées sur la terrasse, avec vue sur le jardin. Ici, c'est concert, soirée cocktail, grillades, tapas ou menu fort sympathique. Vous trouverez les vins des vignerons du Quercy à déguster entre amis pour accompagner les grillades et les soirées match de rugby sur écran géant. Le dimanche, l'équipe accueille des animations variées comme le vide-grenier annuel.

LA MAISON DE FAMILLE CRÊPERIE €

Rue Roland-le-Preux
✆ 05 65 50 20 61

Février à mi novembre. Basse saison 7j/7 midi. Haute saison 7j/7 midi/soir. Menu 18,50 €. Galettes 8/14 €. Terrasse.

Une bonne petite crêperie toute simple dans un cadre idéal, avec une ambiance très sympathique. Vous êtes à la bien nommée Maison de Famille, une très agréable terrasse ombragée ou en salle climatisée pour apprécier les galettes toutes plus savoureuses les unes que les autres. Un peu d'affluence et parfois d'attente en saison estivale, rien de plus normal pour Rocamadour. Cet établissement, reconnu pour la qualité de ses assiettes, accueil chaleureux et décontracté. Comme en famille !

LE BISTROT D'IMBERT €€

Route de Lacave - Lieu dit Le Bois d'Imbert
✆ 05 81 31 40 40

Avril à novembre, mardi au samedi de 19h à 21h30. Groupe sur réservation. Du lundi au dimanche, bar de 7h à 23h.

Avec vue panoramique sur la vallée de L'Ouysse et sur le bois d'Imbert, le restaurant est immergé en plein cœur de la nature. A une encablure de Rocamadour, il offre de belles prestations dans un cadre idyllique. En cuisine, le chef élabore une carte qui épouse les saisons avec des produits frais : il travaille avec des partenaires locaux pour une cuisine en circuit court et propose des assiettes du terroir, traditionnelles et raffinées : gravlax de truite du Blagour, croque-monsieur à l'huile de truffe, tartare de bœuf au couteau... Une belle adresse à tester !

LES JARDINS DE LA LOUVE €€

Le Coustalou ✆ 05 65 33 62 93

Ouvert de mi-mars à fin octobre. Ouvert tous les jours midi et soir sauf mercredi. Menu 30 €. Menu enfant 14 €.

Une belle terrasse de Rocamadour pour une cuisine régionale déclinée autour des produits traditionnels du Lot : canard, magret, confit, foie gras, ou des viandes comme l'agneau du Quercy, et des produits traditionnels comme la noix et les fromages. On mise sur le terroir, et sur des pizzas, des omelettes, tout est fait maison. Lorsque le temps est au beau fixe, la terrasse offre un joli point de vue sur la vallée. Situé tout au fond de la rue principale vous y serez installés comme dans un cocon, loin de l'agitation du centre de la cité.

L'ESTANQUET €€

Place de l'Europe

✆ 05 65 10 98 08

www.restobistrolestanquet.fr

Ouvert d'avril à mi-novembre 7j/7 midi et soir sauf mercredi en basse saison. Menu 23,50 €/34 €. Glacier l'après-midi.

A l'écart de l'agitation de la ville, Amandine est en salle et Joshua aux fourneaux de l'Estanquet. Du déjeuner au dîner en passant par les glaces l'après-midi, le duo fonctionne à merveille et ça se sent dans les assiettes où le fait maison prédomine : bagel de truite fumée maison, épaule d'agneau façon provençale et panisse, cuisse de canard confite et émulsion aux cèpes. Le foie gras est fait maison. Côté douceur, craquez pour le tiramisu spéculoos banane, une véritable institution de l'Estanquet ! La terrasse, plein sud, est aussi agréable l'été que l'hiver.

LE ROC DU BERGER €€

Bois de Belveyre

✆ 05 65 33 19 99

www.rocduberger.fr

Fin mars à fin octobre. En été 7j/7 midi et soir. Menus de 23 à 26 €. Menu enfant 8,80 €. Jardin. Terrasse. Boutique.

Situé à l'écart de Rocamadour, ce restaurant se distingue par son originalité, mettant en avant une cuisine au feu de bois où se côtoient les viandes locales : canard, agneau du Quercy et truite de l'Ouysse. Les produits sont soigneusement sélectionnés, frais et de qualité. C'est l'occasion de savourer un magret de canard grillé, des brochettes d'agneau ou encore un confit de canard doré à la braise. Accessible à tous les budgets, ce lieu convivial vous invite à découvrir les saveurs du terroir, dans un cadre boisé, loin des clichés gastronomiques traditionnels.

LA TABLE DU CURÉ €€

Rue de la Courronnerie ✆ 05 65 33 65 81

www.latableducure-rocamadour.com

Ouvert de début avril à début novembre. Haute saison : 7j/7 midi et soir. Menu : 39 €. Formules : 22,50 à 27,50 €.

Dans une ambiance bistrot, que ce soit à l'intérieur ou sur la terrasse avec une vue imprenable sur la vallée, le restaurant vous invite à un voyage culinaire à travers le Quercy. Au menu : cassoulet maison aux cuisses de canard, tortellinis au foie gras de canard, saucissot quercynois au foie gras accompagné d'un aligot de l'Aubrac, salade du curé garnie de noix, magret de canard fumé, gésiers confits, bloc de foie gras et pommes de terre. Il y en a pour tous les goûts. La jolie terrasse et l'atmosphère décalée font de cet endroit une adresse gourmande et unique.

LE TERMINUS DES PÈLERINS €€

85, rue de la Couronnerie ✆ 05 65 33 62 14

www.terminus-des-pelerins.fr

Ouvert de Pâques à la Toussaint. En été 7j/7 midi et soir. Menu du soir 28 €. Terrasse.

La salle du restaurant de l'hôtel Le Terminus des Pèlerins offre un cadre chaleureux (grande cheminée, murs en pierre et poutres apparentes). L'accueil est assuré par Geneviève ; la maison est dans la famille depuis 1947. La cuisine, préparée par Gilles, y est traditionnelle et régionale. Les plats, que l'on peut savourer sur la terrasse panoramique, sont élaborés à partir de produits frais, essentiellement du Quercy et du Périgord. Pour les gourmands, nous suggérons la brochette de cœur d'oie et l'incontournable fromage de chèvre Rocamadour.

LA TERRASSE SAINTE-MARIE €€

Place des Senhals ✆ 05 65 33 63 07

Ouvert le soir du 10 juillet au 27 août, 19h à 20h30. Été 7j/7 midi/soir. Plat 16,50-26 €. Menu enfant 12 €. Sans résa.

A deux pas de l'entrée du sanctuaire, la terrasse panoramique donne sur la vallée de l'Alzou. La cuisine traditionnelle met à l'honneur les produits locaux. Le fait maison prédomine, avec des spécialités du Sud-Ouest, comme le foie gras mi-cuit au Jurançon et son chutney, le confit et le magret de canard avec frites ou pommes grenailles, l'omelette aux cèpes, mais aussi des burgers. Le repas se termine sur une touche sucrée en se laissant tenter par une tarte Tatin. La carte propose également des plats végétariens, notamment un burger.

BISCUITERIE ROCAMADOUR

Zone artisanale de la gare
✆ 05 65 33 70 54
www.biscuiterie-lot.com

Biscuiterie ventre directe ou en ligne. Ouvert lundi au samedi toute l'année. Livraison possible.

L'entreprise familiale Delbeau perpétue la production de biscuits et pâtisseries élaborés à Rocamadour. La qualité est au rendez-vous avec des produits sans colorants ni conservateurs, fabriqués de manière artisanale. La base des pâtisseries est locale avec la noix mais aussi la châtaigne, la noisette et les amandes. Autant d'ingrédients qui se déclinent en gâteaux, croquants, bonbons enrobés, grillés, palets... Sur Rocamadour, vous les trouverez dans les magasins spécialisés ainsi dans que les magasins d'alimentation du Lot. Qualité, saveur et savoir-faire.

LES GOÛTS ET LES COULEURS

Pech de Bardy
✆ 06 46 84 74 81
www.goutsetcouleurs.fr

Ouvert d'avril à octobre. 7j/7 en été 11h-20h, samedi 22h30. Fermé mardi et jeudi hors saison. Glaces fermières.

Olivier et Liesbeth, d'origine belge, sont les rois de la glace artisanale au lait de vache et de chèvre bio. Le choix est vertigineux avec une quarantaine de parfums et le panel de couleurs se prête à toutes les gourmandises. Utilisant une technique de fabrication ancienne, sans colorant, avec des fruits frais pour les sorbets, ces glaciers sympathiques traient leurs chèvres sur place et permettent de visiter leur ferme ! Glaces à emporter ou à déguster sur place.

AU PARADIS DES GLACES

Place des Senhals
✆ 06 72 42 73 44

Ouvert 7j/7 d'avril à fin septembre de 11h à 19h.

Glaces artisanales, macarons, smoothies, milkshakes, granités, cafés à emporter, crêpes, gaufres... Pas moins d'une quarantaine de parfums tous plus originaux les uns que les autres comme chèvre cabécou, foie gras, noix, vin de Cahors, safran, vieille prune, châtaigne, etc. « La coupe du paradis », composition vedette de l'établissement, avec 1 boule de chèvre cabécou arrosée d'un filet de miel, 1 boule de noix et 1 boule de vin de Cahors, « la coupe amadourienne », autre spécialité de l'établissement, avec 1 boule de foie gras, figue et safran...

BAZAR CÉLESTE

Rue de la Couronnerie
✆ 06 64 36 86 95
bazarceleste.com

Ouvert mi-mars à mi-novembre 7j/7, de 10h à 13h et de 14h à 19h. Vente en ligne et livraison possible.

Le Bazar Céleste c'est de l'artisanat, du vintage et beaucoup de magie. De la déco, mais toujours poétique. Sur ses étagères, on trouve de tout, des jouets anciens, des créations artisanales, tout à la fois artisanat régional, de France, et commerce équitable, du prêt-à-porter avec notamment la Fiancée du Mékong... La boutique est dépositaire entre autres de Exquises Caprines, autrement dit de savons au lait de chèvres de Rocamadour, une petite pépite sur le rocher. On l'aura compris, le Bazar Céleste est un peu comme une caverne aux merveilles.

LA BORIE D'IMBERT ★★

D247
✆ 05 65 33 20 37
www.laboriedimbert.com

Ouvert toute l'année. Vente à la ferme. Visite gratuite. Atelier découverte en été. Label Tourisme et Handicap.

La Borie d'Imbert vous immerge dans le patrimoine rural du Lot. Rien ne manque dans ce lieu restauré avec soin pour comprendre le monde agricole : animations, démonstration d'élevage de cochons et de chèvres, participation à la traite des chèvres (de 17h à 19h), vente de fromages issus de l'exploitation et de produits de terroir. Durant la saison, vous pouvez vous constituer votre panier pique-nique avec les produits vendus à la boutique. La visite de la ferme est gratuite et vous permet d'avoir accès à toutes les étapes de production.

FERME DES ALIX

Lieu-dit les Alix
✆ 06 47 07 69 94
https://fermedesalix.fr/

Ferme et visite de la distillerie, boutique produits cosmétiques et officinales. Chasse aux trésors et escapes games.

L'histoire de la Ferme des Alix remonte à 1930, année d'installation de la famille Soulayres. Cultivée dès les années 50, la lavande connaît son âge d'or avant de s'essouffler comme dans tout le Quercy à la fin des années 80. En 2013, Rachel et Jean-Marc décident de faire repartir l'aventure de l'or bleu... Aujourd'hui, leur plantation représente 18 ha de lavande. Aux Alix, vous pourrez comprendre les modes de culture, visiter la distillerie artisanale destinée à la fabrication d'huiles essentielles et déguster les différents produits réalisés à base de lavande.

LA FERME DES CAMPAGNES

Lieu-dit Les Campagnes
✆ 05 65 33 62 54
www.ferme-des-campagnes.com
Visite et dégustation à 17h tous les jours sauf dimanche d'avril à septembre. L'été à 9h30. 8 €/pers. Résa avant 12h.

La ferme des campagnes offre son savoir-faire depuis 1972. Explication de l'élevage du canard, parcours des locaux de la conserverie, présentation de préparation des produits (foie gras, confits...) et possibilité d'achat de toutes les fabrications sur place après les avoir dégustées. Une production familiale et artisanale, pour cette ferme qui vend toute sa production en frais ou conserves sans intermédiaire. Vous y trouverez également de l'huile de noix faite avec les noix de la ferme et le vin Amadour que la famille Salgues élabore avec d'autres vignerons.

LA GOURMANDE - FOIE GRAS JACQUIN

Le Bourg - **PAYRAC**
✆ 05 65 37 65 67
www.foiegras-jacquin.com
Ouvert 7j/7 9h-19h en juillet/août et du lundi au vendredi 9h-18h le reste de l'année. Visite de la ferme en été à 18h.

La boutique de Payrac offre des produits frais directement issus de la ferme voisine, située à seulement 10 mètres. En été, elle est ouverte chaque soir pour des visites et des dégustations, garantissant fraîcheur et qualité. Le rayon frais est particulièrement mis en avant, et pour un barbecue estival, les saucisses de canard locales sont un incontournable. Un restaurant, Le Séchoir, a ouvert ses portes en mai 2022 et se trouve à proximité de la boutique.

LA MAISON DE LA NOIX

Porte Hugon
✆ 06 43 69 32 16
Du 1er avril à la Toussaint, tous les jours de 10h à 18h30. Ouverture aussi entre Noël et le Jour de l'An.

Isabelle accueille tous les gourmands dans ce magasin extraordinaire qui offre plus de 300 références de produits du terroir, dont une belle gamme de friandises, confitures, gâteaux, biscuits, huiles fines, vinaigres, moutardes, mais également de la truffe ou du foie gras. Isabelle travaille avec la Biscuiterie de Rocamadour et, pour une huile de noix 100 % bio, avec la Ferme de Merle tenue par son mari et son fils. La noix est ici déclinée sous toutes ses formes, comme une pépite indémodable dont les arômes font le bonheur des amateurs de produits authentiques.

POP'DÉLICES

Zone artisanale de la gare
✆ 06 51 14 88 64
popdelices.com
Visite à l'atelier sur rdv. Boutique en ligne. Médaille d'argent des championnats de France de confiture 2022.

Tombé dans la marmite de confiture, Denis est devenu un as de cet art ancestral en décrochant la médaille d'argent aux premiers championnats de France de la confiture à l'été 2022. Dans son atelier à Rocamadour, Denis a développé une pléiade de recettes qu'il réalise au fil des saisons avec des fruits locaux et bien mûrs ! Il choisit ses fournisseurs avec une grande attention et travaille aussi des spécialités locales comme la noix du Périgord ou une variété de prune de Carennac. En plus des confitures, Denis cuisine des pâtes à tartiner et des condiments.

LA QUERCYNOISE

5296B, rue Roland le Preux
✆ 05 65 40 42 50
www.maison-occitane.com
Ouvert d'avril à octobre tous les jours de 10h à 18h. 2e boutique à Gramat. Commande en ligne.

Récompensée à maintes reprises au Concours général agricole, la Quercynoise, coopérative agricole qui regroupe quelque 200 producteurs de la région, démontre année après année son savoir-faire. Le canard dans tous ses états est disponible en boutique à Rocamadour ou en ligne, dans des coffrets pour offrir ou en simples boîtes. Côté douceurs, l'établissement propose des produits locaux travaillés avec gourmandise : miel, noix, confiture et chocolat. Le safran n'est pas en reste et façonne une gamme complète de produits séduisants.

LES MONTGOLFIADES À ROCAMADOUR

✆ 05 65 33 22 00
www.rocamadouraerostat.fr
Selon météo, de Pâques à la Toussaint, 2 vols en Montgolfière à 8h et à 17h. Réservation sur formulaire en ligne.

Chaque année, fin septembre, le ciel de Rocamadour est envahi de grosses sphères multicolores. Cet impressionnant rassemblement européen de montgolfières attire une trentaine d'engins. Au programme, le survol des Causses et de la vallée de la Dordogne admiré par des milliers de touristes et riverains, émerveillés à chaque édition. En attendant le jour de la manifestation, vous pouvez réserver un vol directement sur le site d'Aerostat, de Pâques à la Toussaint.

PARC DURANDAL

Le Marcayou
✆ 06 19 39 18 00
www.parcdurandal.com

L'été du dimanche au jeudi spectacle équestre 11h30/16h/19h. Adulte 14 €, 7-15 ans 11 €. Billet en ligne ou sur place.

Revêtez vos cottes de mailles et soyez les bienvenus au Parc Durandal ! Vous y admirerez des personnages pittoresques et des chevaux de spectacle, frissonnerez devant les combats et cascades équestres, et savourerez l'humour qui font de ce site un incontournable du Lot. Les actions et les dialogues sont un vrai régal ! Ces « fous à cheval » vous proposent des spectacles époustouflants : en 2025, découvrez le nouveau spectacle « L'héritier du trône » ! Des moments délicieux et inoubliables dans un cadre agréable et ombragé. À ne surtout pas manquer !

ROCAMADOUR AVENTURE

1534, route de Brive
✆ 07 89 61 22 02
rocamadour-aventure.com

Ouvert en juillet et août 7j/7 10h-19h. Entrée : 12-20 €. 6 parcours accrobranches, 0.5 à 20 m de hauteur, tyrolienne.

Parc d'accrobranche jouissant d'un cadre naturel magnifique. C'est un lieu familial où chacun, à partir de 3 ans, pourra trouver parcours à son pied. La forêt ne saurait vous décevoir et quoi de mieux qu'un petit séjour en hauteur pour prendre son envol ? 6 parcours aventures en forêt, adaptés à la motivation et aux aptitudes de chacun. A noter le passage par une petite grotte et sur une rive rocheuse. Pour les sensations fortes, comptez sur plus de 1 000 mètres de tyroliennes dont une de 250 mètres allant jusqu'à 20 mètres de hauteur !

CAFÉ-THÉÂTRE CÔTÉ ROCHER

Rue Roland-le-Preux ✆ 05 65 10 93 39
www.cote-rocher.fr

Ouvert toute l'année. Entrée 19 € (tarif réduit 17 €). CB non acceptée. Chèque Vacances. Bar : boissons et grignotage.

Corinne Delpech, ancienne comédienne de la compagnie Bouvard à Paris, parrainée par Patrick Sébastien, est revenue chez elle à Rocamadour en 2006 pour ouvrir ce café-théâtre. Dans un endroit atypique et intimiste, vous pourrez assister à des spectacles variés, destinés à toute la famille : spectacles comiques, one-man shows, soirées musicales... Côté rocher, une terrasse extérieure avec vue sur la grotte et le château permet aux beaux jours un agréable moment de détente. Le café-théâtre est ouvert toute l'année, c'est un lieu incontournable à Rocamadour !

LACAVE ★

Habité depuis le Paléolithique, Lacave jouit de sa position dans la Vallée de la Dordogne, en bord de rivière, avec de magnifiques plages de galets. Toutes les activités aquatiques sont praticables : baignade, pêche, canoë ou le simple plaisir du farniente. Si Lacave est un petit village, il rayonne pour ses attraits patrimoniaux, gastronomiques et historiques. Petit concentré de la beauté de cette vallée, Lacave possède un magnifique patrimoine souterrain avec ses grottes remarquables. Lacave c'est aussi deux châteaux : celui de Belcastel qui est privé et celui de La Treyne qui ouvre les portes de ses jardins et abrite un hôtel-restaurant.

Dans les rues de Rocamadour.

GROTTE DES CARBONNIÈRES

✆ 05 65 32 28 28
grottedescarbonnieres.com/

Ouvert du 10/02 au 11/11 + Noël. Horaires sur le site. Adulte 9,50 €. Enfant 5,50 €. Gratuit -5 ans. Étudiant 8,50 €.

La grotte des Carbonnières à Lacave est un véritable trésor préhistorique. Découverte dans les années 2000, elle a ouvert ses portes au public en 2018. Cette merveille naturelle s'étend sur 350 mètres de galeries, abritant des colonnes majestueuses, des stalactites et des stalagmites impressionnantes, certaines atteignant jusqu'à 15 mètres de hauteur. La visite se fait librement à l'aide d'un livret détaillant avec passion la vie des hommes préhistoriques dans cet espace unique. Le spectacle final offre une expérience magique et inoubliable.

PRÉHISTO-DINO PARC ★★

Route de Rocamadour ✆ 05 65 32 28 28
www.prehistodino.com
Ouvert du 8/02 au 11/11 + Noël, 10h-18h, 19h l'été. Adulte 9,50 €, étudiant 8,90 €, 5-13 ans 5,50 €. Gratuit -5 ans.

Dans ce parc préhistorique sur l'évolution des espèces, partez à la découverte des stégosaures, brachiosaures, dimétrodons, archéoptéryx ! Tremblez devant le T-Rex de 9 mètres de long ! Dans une forêt préservée sont présentées près de 50 scènes avec des animaux et des personnages grandeur réelle. Des reconstitutions saisissantes retracent l'apparition de la vie dans les océans, les premiers oiseaux, les dinosaures, les mammifères préhistoriques jusqu'à l'évolution de l'homme. Le parcours, d'environ une heure, est accessible aux plus jeunes (possible en poussette).

CAMPING LA RIVIÈRE*** €€

Le Bougayrou
✆ 05 65 37 02 04
www.campinglariviere.com
Ouvert du 13 avril au 15 septembre. Emplacement 2 pers à partir de 22,50 €/nuit et locations à partir de 315 €/semaine.

Situé entre le Lot et la Dordogne, le Camping La Rivière vous invite à séjourner dans un cadre naturel exceptionnel, au bord d'une plage de galets de la Dordogne, les pieds dans l'eau. Profitez d'une piscine chauffée et de nombreuses animations pour tous : enfants, ados et adultes. En haute saison, la restauration à emporter est disponible, ainsi que du pain et des viennoiseries, tandis qu'un bar est ouvert hors saison. Le Camping La Rivière, labellisé Camping Qualité et Hébergement Pêche, est un lieu idéal pour les familles et les passionnés de rivière.

GROTTES DE LACAVE ★★★

Le Bourg ✆ 05 65 37 87 03
www.vert-marine.info/grottesde-lacave/
Février à novembre. Entrée 13,50 €/adulte. 9 €/enfant 4-13 ans. 11 €/enfant 14-20 ans, gratuit -4 ans.

Les grottes de Lacave fêtent leurs 120 années d'ouverture au public ! Le célèbre biospéléologue Armand Viré, reconnu pour ses travaux sur les traces de dinosaures et son musée à Luzech, a été le pionnier de la découverte des grottes de Lacave en 1902. Situées dans les falaises surplombant la Dordogne, ces grottes, d'une beauté exceptionnelle, ont été aménagées et ouvertes au public sous sa direction. Depuis 1961, l'accès aux grottes se fait par un petit train électrique qui grimpe 400 mètres dans la roche jusqu'au cœur de la colline, où il s'arrête dans une gare insolite. À votre arrivée, vous serez accueilli dans la Grande Salle du Chaos, dont l'acoustique unique permet d'y organiser des concerts estivaux.

La visite se poursuit à travers 12 salles, chacune offrant des paysages fascinants. Vous découvrirez des lacs mystérieux et des concrétions aux formes étonnantes. Parmi les points d'intérêt, ne manquez pas la Cascade laiteuse, les Excentriques, la Tarasque, les Trois Parques, le Couloir des Neiges et la Salle des Lumières Noires. Au fil de la visite guidée, des histoires extraordinaires vous seront racontées, mettant en scène un dragon légendaire, une araignée géante ou un ange. Prenez le temps d'admirer le Grand Dôme, 60 mètres de haut, ainsi que la Salle des Mirages, où les reflets de son plafond créent l'illusion d'une ville engloutie. Vous atteindrez la Salle des Merveilles, un espace de 2 000 m² qui offre un spectacle envoûtant de lucioles. 1h30 de magie et d'émerveillement dans les profondeurs de la terre.

GROTTES DE LACAVE
Hervé Leclair / Asphéries. Salle n°9 : Les lacs

CHÂTEAU DE LA TREYNE**** €€€

la Treyne

✆ 05 65 27 60 60

www.chateaudelatreyne.com

Ouvert de fin mars à mi-novembre. Relais&Château. A partir de 320 €/nuit. Menus déjeuner 75 €, dîner 130 €, enfant 30 €.

Perché sur un rocher baignant dans la Dordogne, le château de la Treyne offre un spectacle remarquable. L'industriel Auguste-Gabriel Savard y a fait réaliser d'importantes transformations et confie le dessin du parc à la française à l'un des plus grands paysagistes de l'époque, Edouard André. Les chambres seront un nid douillet et luxueux dans un cadre majestueux. Les « séminaristes » travailleront dans la chapelle romane et se verront déguster ensuite un repas du chef étoilé qui officie, Stéphane Andrieux. L'adresse fait partie des Bonnes Tables du Lot. Royal !

LE PONT DE L'OUYSSE**** €€€

✆ 05 65 37 87 04

https://lepontdelouysse.com

Ouvert de Pâques à la Toussaint. Chambre double de 120 à 250 €. Menus 80 à 120 €. Piscine. Restaurant 1 étoile Michelin.

L'établissement de la famille Chambon se distingue par son raffinement. La cuisine du maître des lieux, Stéphane, est sublimée par le caractère unique de cet endroit, situé entre le vertigineux château de Belcastel et un pont en ruine au bord de l'Ouysse, où vous pourrez profiter de la piscine. Véritable référence de la gastronomie lotoise, l'établissement a été récompensé d'une étoile au Michelin. Les chambres, avec leurs parquets cirés et patinés à l'ancienne, s'harmonisent parfaitement avec l'environnement naturel, offrant une ambiance lumineuse et verdoyante.

SOUILLAC ★★

A Souillac, la présence humaine est ancienne et a été révélée par des fouilles mettant au jour des crânes humains et des squelettes de chevaux datant de 250 000 ans. Entre les rivières Dordogne et Borrèze, la ville fut fondée au Xe siècle par les moines bénédictins qui asséchèrent les marécages « souilh ». Petite ville commerçante, elle grandit au XIIe autour de l'abbaye. Aujourd'hui, les atouts de Souillac sont d'abord touristiques avec sa situation géographique, ses restaurants et hébergements de vacances, son patrimoine architectural dont l'abbatiale Sainte-Marie, et économiques grâce à la distillerie Louis Roque qui produit une eau-de-vie réputée.

ABBAYE SAINTE-MARIE ★

5, rue de Louqsor

✆ 05 65 33 22 00

Ouvert toute l'année. Visites en dehors des offices religieux. Visites libres de 9h à 20h ou guidées de 10h à 11h.

La légende attribue la fondation de l'abbaye à saint Eloi, ministre de Dagobert au VIIe siècle. Néanmoins, son existence n'est avérée qu'au Xe. L'église actuelle a été construite entre 1075 et 1150. Après une phase de prospérité, un premier déclin intervient durant la guerre de Cent Ans. Les bâtiments monastiques sont détruits en 1573. En 1790, les moines sont chassés, l'abbaye est vendue et abandonnée. En 1803, l'abbatiale devient église paroissiale et est classée Monument Historique en 1840. Aujourd'hui, elle fait l'objet d'un grand projet de restauration.

COPEYRE QUERCYLAND

rue des Ondines

✆ 05 65 32 72 61

Ouvert 7j/7 Pâques à mi-septembre 11h-20h. Parc Aquatique, accrobranche. Gratuit -3 ans. Enfant -1m20 10 €. Adulte 15 €.

Parc d'attractions aquatiques dans le Lot avec 40 000 m² pour une journée inoubliable : 5 bassins, 6 toboggans, structures gonflables, 3 parcours accrobranche et tyrolienne, espaces bébés, karting, trampolines, jeux de sable, bateaux à aubes, manège, bulles sur l'eau, baby-foot humain et bien d'autres ! Depuis 2023, 2 toboggans à couper le souffle ! Profitez aussi du restaurant en terrasse au bord de la Dordogne, et dégustez pizzas cuites au feu de bois, hamburgers maisons et cuisine locale et traditionnelle, midi et soir. Parc de loisirs incontournable !

MAISON LOUIS-ROQUE

41, avenue Jean-Jaurès

✆ 05 65 32 78 16

www.lavieilleprune.com

Ouvert toute l'année. Visite gratuite et dégustation offerte. Du lundi au vendredi de 8h30 à 12h et de 14h à 18h.

La Maison Louis Roque est un des fleurons du savoir-faire local. Jouxtant le chai et la boutique, découvrez un espace muséographique où le cuivre des alambics côtoie pressoirs, conges, filtres et chaudrons. Un parcours retrace la vie du lieu au travers de photos, matériel et commentaires. Vous humerez le parfum des eaux-de-vie s'affinant lentement dans les vieux fûts de chêne et observerez le personnel en train de remplir, cirer et étiqueter manuellement les bouteilles de façon traditionnelles. Après votre visite, n'oubliez pas de passer par la boutique !

CAMPING LES BORGNES** €

Lieu-dit Les Borgnes - **SAINT-SOZY**
✆ 05 65 32 21 48
www.campinglesborgnes.fr

Ouvert du 10 mai au 13 sept. Emplacement de 16,50 € à 21 €/nuit. Mobil-home 4 pers : 345 € à 815 €/semaine. Piscine.

Le camping Les Borgnes vous offre une adresse clef pour découvrir la région. Il est situé en bord de Dordogne, avec une base de canoë-kayak tout à côté. Pourvu de nombreux services appréciés et il est situé à proximité des commerces, cet établissement vous permettra sans nul doute de profiter au maximum de votre séjour. Tente, caravane, camping-car : vous êtes tous les bienvenus ! Vous pouvez aussi séjourner en mobil-homes, en pagan (tentes en dur avec kitchenette pour 4 personnes) ou en coco sweet. Animations en soirées et ambiance conviviale.

HÔTEL LE QUERCY*** €

1, rue de la Recège
✆ 05 65 37 83 56
www.le-quercy.fr

Fermé en décembre, janvier et février. Nuitée à partir de 65 €/nuit. Piscine. Animaux acceptés. Location de vélos.

En plein centre-ville, au bord de la rivière Espérance, le Quercy séduit par son calme, sa luminosité et sa simplicité. On apprécie la convivialité sans façon, le service et les équipements dignes d'une bonne adresse. Toutes les chambres, récemment redécorées et personnalisées, présentent de charmantes couleurs pastel. Si des chambres sont libres, vous pourrez choisir vous-même la vôtre en fonction de vos goûts. La piscine à l'arrière de l'hôtel permet détente et farniente. Une adresse agréable avec une jolie vue au cœur de Souillac.

AUBERGE DE L'ÎLE €€

Le bourg - **CREYSSE**
✆ 05 65 32 22 01
www.auberge-de-lile.com

Ouvert mars à novembre, fermé dimanche soir et lundi. 16 chambres, séjour découverte 112/176 € nuit, petit déj buffet.

Auberge traditionnelle où Pascal et Antoinette ont su préserver le charme de cette très belle demeure. Les superbes chambres offrent un bon niveau de confort. Dans une atmosphère bucolique, vous pourrez profiter du restaurant - dans une salle restée rustique - où l'on sert une cuisine traditionnelle du Quercy. Aux beaux jours, la très belle terrasse ombragée est parfaite pour savourer la gastronomie locale. Les environs, notamment le pont de pierre à l'ombre du platane, sont tout aussi agréables. Une adresse qui a beaucoup de charme.

LA VIEILLE AUBERGE*** €€

1, rue de la Recège
✆ 05 65 32 79 43
www.la-vieille-auberge.com

Ouvert toute l'année sauf janvier. Chambre double 82-100 €/nuit. Menus 21-42 €. Le restaurant est accessible aux PMR.

Près de la rivière Borrèze, La Vieille auberge a été reprise avec brio par Heidi Ramuz et Karl Roy. Le couple travaille avec la même équipe que précédemment, et toujours une grande qualité d'accueil. Côté déco, ils ont su garder le charme de l'authentique d'un ancien relais des postes, en ajoutant une touche de modernité. Les chambres spacieuses sont équipées de douche ou baignoire, lit king size, chambre familiale... Le confort est optimal. Le petit déjeuner est varié, tandis que la salle à manger, dans la rotonde, est lumineuse. 1 Toque au Gault et Millau.

© LA VIELLE AUBERGE

© LA VIELLE AUBERGE

VALLÉE DE LA DORDOGNE

LA BONNE FAMILLE** €€

Le Bourg - **CRESSENSAC-SARRAZAC**
✆ 05 65 37 70 38
www.labonnefamille.fr

Logis de France. Ouvert toute l'année. Chambre double à partir de 85 €. Formule midi 26 €. Piscine. Sauna. Tennis.

Maison familiale, tenue depuis trois générations, c'est l'endroit idéal pour venir séjourner en famille ou en groupe, au calme, loin de la cohue des villes, en bordure de rivière. Vous serez accueilli dans une ancienne maison de forgeron. C'est aussi une adresse gourmande où vous pourrez savourer une cuisine de terroir très inventive. Le « maître » des cuisines sait avec adresse et expérience faire varier les foies gras, les confits. Une véritable auberge à l'ancienne. Les chambres sont confortables et lumineuses, elles ont été redécorées récemment.

CAMPING LA VERTE RIVE**** €€

Pinsac ✆ 05 65 37 85 96
www.camping-laverterive.com

Ouvert du 1er avril au 1er octobre. Emplacement à partir de 21 €/nuit. Locatifs (4 à 6 pers.) à partir de 230 €/semaine.

Au cœur des plus beaux sites touristiques du Périgord, en plus de ses équipements de services, piscine chauffée, bain de bulles et animations, le camping la Verte Rive offre une plage privée et un accès direct en bord de Dordogne pour pratiquer la pêche. Camping familial et convivial de soixante-cinq places, avec des jolies parcelles ombragées ou ensoleillées, au choix, qui vous offriront un moment propice à la détente bucolique en emplacement ou en location. Idéal avec des enfants.

DOMAINE DE LA PAILLE BASSE***** €€

La Paille-Basse ✆ 05 65 37 85 48
www.lapaillebasse.com

Ouvert du 17 mai au 14 septembre. Emplacement 20-70 €/nuit. Locatifs à partir de 305 €/semaine. Piscine, sport, bar.

À la confluence du Lot, de la Dordogne et de la Corrèze, autour d'un hameau restauré avec soin, le domaine de 80 hectares de bois et de collines, à 250 mètres d'altitude, est l'endroit idéal pour poser sa caravane ou planter sa tente. Une équipe dynamique et disponible, de nombreuses activités et des spectacles pour les enfants tous les soirs sans oublier la ferme avec des animaux. Un cadre superbe, une grande adresse de charme au cœur du Quercy pour des vacances nature en famille.

FLOWER CAMPING LES ONDINES**** €€

Rue des Ondines
✆ 05 65 37 86 44
www.camping-lesondines.com

Ouvert du 01/05 au 28/09. 135 emplacements et 82 locations. Cabane à partir de 259 €/semaine. Piscine, snack, mini-golf.

Pour un séjour alliant nature, quiétude et repos, vous trouverez au camping Flower Camping Les Ondines un endroit où il fait bon vivre. Des emplacements confortables, une piscine chauffée, la possibilité d'emprunter des boules de pétanque, ping-pong, location de barbecue... Vous trouverez à proximité du camping : lieux touristiques, centre aquatique, tous commerces et de très nombreuses activités. Pour les enfants, des animations sont prévues sur place.

HÔTEL DU PUY D'ALON €€

1, rue de Pressignac
✆ 05 65 37 89 79
www.hotel-puy-dalon.com

Début mars à fin décembre. Chambre double 70 € à 85 €. Petit déjeuner 9,50 €. Garage fermé 9 €. 1 chambre PMR. Piscine.

Sur les hauteurs de Souillac, à quelques pas de la gare, cette grosse maison bourgeoise transformée en charmant hôtel familial tenu par Fabienne vous accueille tout au long de l'année. Les chambres confortables à la déco vintage se répartissent sur trois niveaux, celles du 2e étage étant mansardées. L'accueil est on ne peut plus convivial. Le petit-déjeuner est servi dans la véranda côté jardin où la vue sur la très agréable piscine et sa terrasse fleurie est un appel à la détente avant de descendre découvrir la vieille ville de Souillac.

HÔTEL LES AMBASSADEURS €€

21, avenue du Géneral de Gaulle
✆ 05 65 32 78 36
www.ambassadeurs-hotel.com

Ouvert toute l'année. Chambre double dès 75 €/nuit. 2 chambres PMR. Restaurant le soir 25/28 €. Piscine. Animaux 5 €.

Au cœur de Souillac, établissement au charme délicieusement désuet, accueil chaleureux. La propriétaire se met en quatre pour vous rendre service. Une adresse bien connue et fréquentée par les gens du pays, à retenir pour une découverte de la vallée de la Dordogne en toute simplicité. Côté table, une cuisine du terroir privilégiant l'authenticité des produits. Côté chambre, le confort est appréciable et fait de petits détails. Les services, piscine en tête, sont nombreux : remise fermée pour les vélos, terrain de boules, jardin, etc.

HÔTEL-RESTAURANT GRANGIER*** €€

20, avenue de l Occitanie - **SAINT-SOZY**
✆ 05 65 32 20 14
www.hotel-grangier.com

Ouvert 18 mars à fin oct. 18 chambres double de 123 à 137 €. Menu 22-40 €. Formule midi 14 €. Accès, chambre PMR.

À quelques minutes de Martel et Souillac, Jean-Marc et Françoise vous accueillent dans leur bel établissement aux chambres spacieuses et confortables et sont prêts à vous faire partager de bons moments autour d'une cuisine raffinée qui ne déplaira pas aux fins gourmets du terroir. La qualité est constante. Très bon rapport qualité-prix, un accueil agréable et un excellent point de départ pour visiter la région. Magnifique piscine et jardin à l'ombre des platanes mûriers.

LE PAVILLON SAINT-MARTIN*** €€

5, place Saint-Martin ✆ 05 65 32 63 45
www.hotel-saint-martin-souillac.com

Ouvert toute l'année. Nuitée de 75 € à 155 €. Petit déjeuner 12 €. Parking inclus. Wifi gratuit. Animaux 5 €.

Face à l'abbatiale ou au beffroi de Souillac, vous tomberez sous le charme de cette bâtisse datant du XVIe siècle. La séduction se prolonge dès l'entrée, entre les vieillies pierres et sous les poutres apparentes, et dans le hall d'accueil où trône un piano à queue. Les 11 chambres sont soignées et élégantes. Tout y est lumineux et harmonieux. Autre point fort de l'hôtel, son petit-déjeuner avec des produits frais issus de fournisseurs locaux et servi dans la salle voûtée et empierrée.

NID'EN'Ô €€€

LAMOTHE-FÉNELON
✆ 06 70 57 33 46
nideno46.com/

Cabanes dans les arbres + spa privé. Accès PMR. Cabane de 255 à 315 €/nuit (petit déjeuner compris). Repas panier 35 €.

Retrouvez une âme d'enfant en passant la nuit dans une cabane dans les arbres ! Mais pas n'importe quelle cabane : elle est parfaitement aménagée, très confortable. Elle abrite même un spa privatif sur la terrasse : rien de tel pour se détendre, au milieu de la nature. Installées loin de toute habitation, les trois cabanes sont de vrais nids douillets. Un nid d'en bas est aussi proposé : un gîte spacieux pouvant accueillir jusqu'à 8 personnes, et un double dôme. Panier repas aux produits frais et locaux livré à la cabane. Le luxe au naturel.

SOUILLAC GOLF & COUNTRY CLUB €€

Le Mas del Teil - **LACHAPELLE-AUZAC**
✆ 05 65 27 56 00
www.souillaccountryclub.com

Toute l'année. Nuit + golf illimité 18 trous + demi-pension 90 €. Formule B&B + golf 68 €. Restaurant formules 28/33 €.

A quelques kilomètres au nord de Souillac, une nature préservée pour un parcours de golf 18 trous, idéal pour des packages composés avec accès illimité au golf sur 3 parcours différents, hébergement et restauration sur place, des formules variées adaptées à tous. 70 maisons individuelles de 4 à 8 personnes, 69 à 112 m^2 pour profiter pleinement des équipements du golf à 100 % et d'une échappée dans la région pour des visites inoubliables. Accueil d'événements jusqu'à 100 personnes.

RESTAURANT DU GOLF €€

Le Mas del Teil - **LACHAPELLE-AUZAC**
✆ 05 65 27 56 02
souillaccountryclub.com/restaurant/

Ouvert de 10h à 22h 7j/7 du 5 avril au 26 octobre. Formule midi 19 €. Menus 26-31 €. Menu enfant 10,50 €. Ouvert à tous.

Au Restaurant du Golf, vous pourrez savourer une cuisine élaborée et de qualité avec des recettes aux produits locaux et de saison (bricks de Rocamadour, croustillant de canard aux figues, ballotine à la truite du Blagour) ou de bons classiques (salade César, burger, faux filet). Situé au cœur du complexe, le Restaurant du Golf vous accueille dans un joli cadre naturel, sur sa vaste terrasse ombragée donnant sur la piscine, ou dans sa belle salle à la décoration campagne chic. Le restaurant est ouvert à tout le monde, profitez-en !

LA TABLE DU PAYSAN €€

route de Sarlat
✆ 06 73 53 18 53

De mai à octobre 7/7 11h30-23h30. Plat 16-22 €. Menu 22 €. Menu enfant 12 €. Accessible PMR. Sous la halle fermière.

La table du paysan est un restaurant de producteurs pour une cuisine ouverte sous une magnifique halle fermière de mai à octobre dans un cadre champêtre : en plus d'un accueil chaleureux et convivial, les assiettes sont généreuses et cuisinées avec les produits de la ferme. On peut donc y déguster du rôti de veau aux girolles, du confit de canard, une omelette aux cèpes ou une salade périgourdine. Les desserts aussi sont faits maison : gaufres de la ferme, gâteau aux noix, glaces fraises et noix. Très bon rapport qualité-prix. Une belle adresse !

AUBERGE DE CARTASSAC €€

D720 - **CRESSENSAC-SARRAZAC**
✆ 05 65 32 64 10
www.aubergecartassac.com
Ouvert du 27/04 au 31/10 tous les soirs (midi réservé aux groupes). Menus 29-34 €. Jardin. Terrasse. Piscine. Accès PMR

Aux beaux jours, la cuisine inventive de l'Auberge de Cartassac se déguste sur la terrasse ensoleillée. Lorsque le ciel est chagrin, la salle de restaurant vous convie à tous les délices près de sa cheminée qui réchauffe les cœurs. Dans l'assiette, été comme hiver, les plats traditionnels du terroir sont sublimés pour le plus grand plaisir de nos papilles. Les produits transformés dans les cuisines du restaurant sont issus de productions locales. L'hôtel est tout aussi agréable avec de belles chambres confortables. Une halte très sympathique !

LA TABLE DU PAYSAN €€

route de Sarlat
✆ 06 73 53 18 53
De mai à octobre 7/7 11h30-23h30. Plat 16-22 €. Menu 22 €. Menu enfant 12 €. Accessible PMR. Sous la halle fermière.

La table du paysan est un restaurant de producteurs pour une cuisine ouverte sous une magnifique halle fermière de mai à octobre dans un cadre champêtre : en plus d'un accueil chaleureux et convivial, les assiettes sont généreuses et cuisinées avec les produits de la ferme. On peut donc y déguster du rôti de veau aux girolles, du confit de canard, une omelette aux cèpes ou une salade périgourdine. Les desserts aussi sont faits maison : gaufres de la ferme, gâteau aux noix, glaces fraises et noix. Très bon rapport qualité-prix. Une belle adresse !

LE BEFFROI €€

6, place Saint-Martin
✆ 05 65 37 80 33
Ouvert du lundi au samedi midi et soir. Fermé les soirs de semaine de novembre à mars. Menus 20-30 € env. Terrasse.

Marie et Christopher vous accueillent au pied du beffroi de Souillac, en terrasse sous la glycine centenaire, ou en salle dans leur charmant petit restaurant. Le cadre est accueillant, le service efficace et les assiettes savoureuses. Le couple privilégie les produits frais et locaux pour proposer des recettes traditionnelles dans les règles de l'art : truite entière rôtie aux herbes, confit de canard, bavette d'Aloyau, saucissot quercynois à la truffe d'été... Il est aussi parfois possible que quelques saveurs d'ailleurs se glissent dans le menu du jour.

LES TILLEULS €€

143, route de Sarlat
✆ 05 65 27 28 53
Toute l'année, fermé mercredi soir et dimanche soir. Menu du jour midi 14,40 €, formule 15,40/19,40 € et à la carte.

Il faut franchir la porte de la façade en pierre et aux volets rouges pour découvrir l'atmosphère conviviale et même familiale de ce restaurant à la cuisine traditionnelle, simple et copieuse. Tous les produits sont frais, de saison et dénichés auprès de producteurs locaux. On travaille ici à l'ardoise. Vous ne trouverez pas de carte des vins, les clients choisissent eux-mêmes leur bouteille dans des casiers. L'établissement dispose d'une vaste et calme terrasse ombragée, où il fait bon déguster une cuisine généreuse de terroir.

AU BISTROT DE LA HALLE €€

6, Place Doussot ✆ 06 82 18 24 41
Ouvert toute l'année. Du jeudi au lundi soir et le dimanche midi. Plat à la carte, planche terroir 24 €. Sous la halle.

Le fait maison et le local sont revendiqués au Bistrot de la Halle, tenu par Hugo et Emma. L'équipe est renouvelée et la carte présente une belle sélection de plats traditionnels préparés à base de produits locaux : non seulement les papilles sont satisfaites, mais les yeux aussi avec un beau dressage des assiettes. Vous y retrouvez les truites du Blagour élevées à Souillac, mais également la Vieille Prune de Souillac, du bœuf de l'Aubrac... Les tables sont dressées sous la halle du XVIIe siècle, lorsque le bistrot étend sa terrasse.

LA VIEILLE AUBERGE €€

1, rue de la Recège
✆ 05 65 32 79 43
www.la-vieille-auberge.com
Fermeture en janvier. Ouvert tous les soirs du lundi au samedi et du jeudi au samedi midi. Menus 21-42 €.

Reprise par Karl Roy et Heidi Ramuz, La Vieille Auberge propose un menu gastronomique et un menu L'Ephémère changé tous les jeudis, selon la saison, du pavé de rumsteack mariné au miel et piment, au filet de lieu noir crème de chèvre frais et wok de courgettes, viande et poisson sont toujours proposés. Le chef fait son foie gras, confit un agneau de 5 heures, ou prépare la truite du Blagour. En dessert : pourquoi pas un parfait aux noix ? Les produits sont frais, de saison et locaux. Le restaurant est situé près de la rivière Borrèze. 1 Toque Gault et Millau.

LA BICICLETA RAVITO

25, Avenue de Sarlat
✆ 06 83 73 12 96
labicicletaravito.com
Café cycliste, maison d'hôtes, boutique vélo ouvert mai à fin septembre et en ligne. Restauration, animations vélos.

« Bicicleta » signifie « vélo » en occitan – la signature des lieux pensés pour les cyclistes, qu'ils soient voyageurs à vélo, passionnés, pratiquants occasionnels, touristes de passage et population locale. Poussez la porte de la Bicicleta pour y découvrir un lieu inédit, à la croisée des routes et des chemins. Café cycliste, boutique et atelier, lieu de départ et d'arrivée de sorties vélo, location de vélos, mais aussi hébergement (chambres, dortoir, camp…) ! Découvrez dès à présent le café, les planches de tapas et l'ambiance vélo ! On adore !

FERME DE GREZELADE

181, Chemin du Pigeonnier - **LANZAC**
✆ 05 65 32 66 37
www.ferme-grezelade.fr
Visite gratuite de la ferme juillet/août et toute l'année sur réservation. Aire de camping-car. Livraison possible.

La Ferme de Grezelade vous invite à la visite gratuite du fonctionnement et de la production des conserves de foie gras de canard (plats cuisinés et confits) sur rendez-vous. Au programme : démonstration de chiens de troupeau, démonstration de gavage à l'ancienne, découpe et explication culinaire du canard gras et, pour finir, vous pourrez déguster gratuitement cette production locale. Le foie gras de canard et les plats cuisinés (cassoulet, rillettes, saucisson au magret…) vous permettront de vous régaler. Une production artisanale et gourmande à souhait.

ATRIUM

56, Avenue du Général de Gaulle ✆ 05 65 37 20 80
https://g-vigouroux.fr/fr/
Ouvert du mardi au samedi 10h-12h30/14h30-19h. Juillet et août ouvert du lundi au samedi 10h-19h. Accessible aux PMR.

Producteur vigneron, Bertrand Gabriel Vigouroux propose dans ses caves Atrium les vins de sa production où ses 2 Châteaux incontournables de l'appellation Cahors sont mis à l'honneur : Château de Haute-Serre et Château de Mercuès. Vous retrouverez dans ses caves Atrium, concept unique de magasin caviste qui compte plus d'une centaine de références une large sélection de vins et spiritueux, des apéritifs et produits régionaux, un espace de dégustation et des conseils de professionnels. L'Atrium est l'ambassadeur des vins de la Maison Georges Vigouroux.

MAISON LOUIS-ROQUE

41, avenue Jean-Jaurès
✆ 05 65 32 78 16
www.lavieilleprune.com
Ouvert du lundi au vendredi de 8h30/12h et de 13h30/17h. Visite du chai et du musée eaux-de-vie de prune. Gratuit.

La Maison Louis Roque est le fruit d'une tradition familiale, une passion qui se transmet depuis cinq générations. Elle a été installée en 1905 à Souillac par Louis Roque. On y élabore de nombreux produits dont la Vieille Prune aujourd'hui considérée comme un des ambassadeurs du Lot. D'autres liqueurs, apéritifs régionaux, crèmes et eaux-de-vie, fruits en bocaux, condiments… y sont confectionnés. En vente également dans la boutique des gammes de carafes et des coffrets cadeaux. On ne peut venir à Souillac sans passer chez Louis Roque !

CASS'DALE

755, route du Pigeon La Rochelle - **MAYRAC**
✆ 05 65 27 29 25
https://www.produitsdelafermedale.fr/
Du mardi au samedi de 9h30 à 12h30 et de 15h à 19h. Présent sur les marchés de Souillac et Martel.

Le Cass'Dale est une épicerie de producteurs locaux : la viande de porc et les volailles sont préparées sur place, tout comme l'huile de noix et les jus de fruits qui bénéficient du label AB. Les producteurs voisins y proposent du canard, de l'agneau du Quercy, des laitages (chèvre, vache)… Une grande place est faite aux produits bio : tisanes et aromates, vins, pâtes à tartiner, soupes, sauces, légumes de chez Elogie et Julien à Bétaille ou du GAEC du stade à Souillac. Le rayon bière est aussi bien représenté avec la Brasserie Paysanne ou les Bières de Julien.

POTERIE DE CRESSENSAC

D 820 - **CRESSENSAC-SARRAZAC**
✆ 05 65 37 72 50
www.poteriecressensac.fr
Ouvert 7j/7 de Pâques à la Toussaint 9h30-13h et 14h-19h. Horaires variables le reste de l'année. Livraison possible.

Près d'une centaine d'artisans de la région et au-delà exposent leurs œuvres. Il est impossible de ne pas repartir avec un petit souvenir tant ces poteries attirent l'œil et le cœur : terre cuite vernissée décorée, grès au sel ou émaillé, cuviers, cruches, pots à graisse, vases, cache-pots, services de table ou faitouts. Ici la poterie se décline entre utilitaire et artistique, c'est l'adresse incontournable pour des cadeaux de caractère toujours appréciés ou pour se faire plaisir. Entre tradition et modernité, vous voici au paradis de la poterie !

COPEYRE CANOË

Les Ondines ✆ 05 65 32 72 61
www.copeyre.com
Ouvert de début avril à fin octobre. Ouvert tous les jours de 9h à 18h. À partir de 22 €. Chèque Vacances. Restauration.

Copeyre canoë, c'est 120 km de descente sur la Dordogne pour découvrir ses richesses. D'Argentat à Beynac, vous naviguerez à travers 3 départements aux paysages variés : Corrèze, Lot et Dordogne. Descente en journée, ou randonnées sur plusieurs jours, créez votre propre parcours. Paddles ou Paddles géants (8 personnes max) disponibles à Copeyre et Gluges. Remontée en bus gratuite. Seule condition : savoir nager seul 25 m. Également location de vélos VTT, VTC et vélos électriques. Pour toute location, l'accès au parc aquatique de Quercyland est offert le même jour.

LA CASCADE D'AUTOIRE

Accès libre. Bien respecter le circuit balisé.

Autoire et ses environs, avec leur célèbre et spectaculaire cascade, font partie de ces lieux magiques au cœur du Lot, véritables symboles de l'âme du Quercy. Cette cascade, la plus emblématique du département, se trouve dans la vallée de la Dordogne, à seulement 2 km du village d'Autoire. Un sentier de Grande Randonnée (GR) permet de s'aventurer au cœur d'une nature sauvage, où l'on découvre une chute d'eau impressionnante de 30 mètres. Ce même parcours mène à une crête, en passant par le « château des Anglais » datant du XIIIe siècle.

GOUFFRE DU BLAGOUR

Pisciculture le Gouffre de Blagour
LACHAPELLE-AUZAC ✆ 05 65 37 83 93
www.gouffredublagour.com
Restaurant et pêche : mars/sept 7j/7 8h-12h/14h-18h. Juillet-août : formule midi 25 €, bar. Boutique toute l'année.

Sur les berges du Blagour, les propriétaires de ce coin des délices vous font déguster les produits de leur jardin mais sont surtout très fiers de cuisiner la reine des lieux : la truite. Déclinée sous toutes ses formes, c'est leur spécialité, leur savoir-faire, et les amateurs de truites vont se régaler. Tous leurs poissons sont issus de leur élevage et transformés sur place ! Pour les amateurs de pêche, il est possible d'apprécier les poissons que vous avez pêchés vous-même ! Un concept unique, ludique et original. À découvrir en famille ou entre amis.

AUBERGE DE LA FONTAINE €€

Le Bourg
✆ 05 65 10 85 40
www.auberge-de-la-fontaine.com
Ouvert de mars à novembre. En été, mardi au dimanche midi et soir. Menu terroir 33,50 €. Chambre double 75,50 € à 100 €.

Delphine et Stéphane vous proposent une cuisine régionale savoureuse, avec des spécialités telles que le tourin, la truite, le foie gras en terrines, les confits et les magrets. Vous apprécierez cette cuisine du terroir, à la fois authentique et inventive, dans la grande salle en pierres apparentes, agrémentée d'une cheminée. L'auberge dispose également de neuf chambres où vous pourrez passer la nuit et prolonger votre découverte de l'authenticité du village d'Autoire. L'établissement est dirigé par la même famille depuis cinq générations !

AUTOIRE ★

Surnommé le Petit Versailles, Autoire est encerclé par un impressionnant cirque de falaises. Village patrimonial aux façades ouvragées et élégantes, lieu de détente des notables de Saint-Céré, le village dévoile ses maisons à encorbellement, dominé par l'ancien château de Limargue, manoir du XVe remanié aux XVIe et XVIIIe siècles. Autoire est classé parmi les Plus beaux villages de France et accueille sur un circuit touristique une très belle promenade jusqu'à la cascade, avec ses 30 mètres de chute d'eau. Vous apprécierez l'ambiance sous-bois l'été et pour les plus sportifs, poussez la randonnée jusqu'au château des Anglais, petit trésor du patrimoine.

LES JARDINS D'EINI

Le bourg
✆ 05 65 10 77 08
www.lesjardinsdeini.com
Boutique spécialisée dans les champignons. Ouvert tous les jours 11h-13h/15h-19h. Accessible aux PMR. Fermeture janvier.

Arnold Marcillac utilise 4 méthodes ancestrales pour conserver les champignons : le séchage à l'air ou au soleil avec 15 variétés à découvrir en poudre et brisures ; le confisage avec notamment du cèpe confit à l'armagnac ; le champignon cuisiné à l'huile d'olive à déguster froid ou chaud, de l'apéritif jusqu'au fromage ; et enfin torréfié au sel. Côté champignon frais, on n'est pas déçu avec notamment les truffes que l'on peut déguster gratuitement tous les jours quand la saison du diamant noir débute. Originalité et saveur garanties.

LE PÈLERIN GOURMAND

Place de la Fontaine
✆ 05 81 71 67 76
De mars à octobre 7j/7, puis pendant les vacances scolaires de 10h à 19h. Terrasse (glaces et boissons).

S'il est un lieu de délices, c'est bien Le Pèlerin Gourmand d'Autoire, véritable caverne d'Ali Baba. Chez Ghislaine, ambassadrice de la gastronomie lotoise, on trouve de tout mais que du bon et même du très très bon ! Dans sa petite boutique aux allures de brocante chic, cette amoureuse du travail bien fait est une véritable connaisseuse des produits qu'elle vend et elle connaît chaque artisan, chaque petite entreprise détentrice de savoir-faire d'exception. La liste des produits est infinie et d'une très belle qualité, que ce soit en version salée ou sucrée.

CARENNAC ★

Fleuron du pays de la vallée de la Dordogne lotoise, classé parmi les Plus Beaux Villages de France, Carennac est construit autour d'un ancien monastère fondé au Xe siècle. Il abrita comme doyen, de 1681 à 1695, le grand Fénelon qui y aurait écrit ses *Aventures de Télémaque*. Ce qui fait tout le charme de Carennac est caché dans la poésie de ses vieilles pierres et on ne saurait décrire son émotion en découvrant, dans son cœur, son magnifique tympan roman. Carennac est également le berceau de la prune reine-claude dorée. Originaire du Moyen-Orient, elle fut importée sous François 1er par les moines de Cluny en cadeau aux frères du prieuré de Carennac.

Le village de Carennac.

CHÂTEAU DES DOYENS ★

✆ 05 65 33 81 36
Ouvert du 5 avril au 1er novembre du mardi au samedi. Basse saison pas de visite le matin en semaine. Visite sonore 3 €.

L'Espace Patrimoine est installé dans le château des Doyens qui date de la Renaissance et qui abrite un superbe plafond peint du XVIIe siècle. Siège du Pays d'art et d'histoire de la vallée de la Dordogne lotoise, il accueille sur 4 niveaux une collection permanente et des expositions temporaires. Il propose des animations gratuites toute l'année et organise en saison estivale des visites guidées avec des guides-conférenciers agréés par le ministère de la Culture, des ateliers pour adultes et enfants, et des stages, sur tout le territoire de Cauvaldor.

ÉGLISE SAINT-PIERRE ★

✆ 05 65 33 22 00
www.vallee-dordogne.com
Visite guidée église + cloître de Pâques à Toussaint. Adulte 3 €. Enfant gratuit. Infos office de tourisme. Parking 3 €.

Au pied des falaises du causse de Gramat, baigné par les eaux de la Dordogne, le bourg monastique de Carennac s'est développé autour d'un prieuré clunisien fondé au milieu du XIe siècle. Célèbre pour son tympan roman et sa mise au tombeau gothique, l'église Saint-Pierre, édifiée à la fin du XIe siècle, se trouve au centre de l'ensemble monastique. Le porche, élevé devant cette façade, offre un tympan sculpté représentant le Christ en majesté dans une mandorle, entouré par le Tétramorphe et par les apôtres. Classés Monuments historiques.

LES RUINES DE TAILLEFER

Parking P3 Sortie de Carennac
Accès libre 3h30, 15 km. Départ parking P3 sortie de Carennac.

L'origine de l'édifice du XIIIe siècle reste énigmatique. On peut encore y distinguer une chapelle dédiée à Notre-Dame. Construites en aplomb de falaise (le roc Saint-Lazare) avec une vue magnifique sur la Dordogne, elles se découpent sur la hauteur. Pour y accéder, il est recommandé de se garer au hameau Les Bourruts, à côté du grand chêne. Prenez le chemin qui descend, goudronné au début, passant le long des maisons, puis poursuivez sur 400 mètres et à la patte d'oie, prend tout droit le chemin creux entre les hauts murets pour rejoindre les ruines.

HOSTELLERIE FÉNELON** €

Le Bourg
✆ 05 65 10 96 46
www.hotel-fenelon.com
Ouvert d'avril à octobre midi et soir, 7j/7 juillet/août. Chambres 85/140 €. Menus midi et soir 26/34 €. Groupe 60 max.

Le Fénelon a été repris par Elodie à l'accueil et à la gestion, et Christophe, chef du restaurant. Ils ont apporté de la modernité tout en gardant l'âme du lieu, son charme et son élégance. Les chambres lumineuses donnent sur la Dordogne et l'île Calypso ou sur la terrasse et le village médiéval de Carennac. Côté restaurant, Christophe aime cuisiner les produits du terroir et se fournir essentiellement chez des producteurs locaux pour proposer une cuisine qui revisite les classiques aux saveurs originales. Des paniers pique-nique font le bonheur des randonneurs.

CHÂTEAU LAKMÉ €€

Cour du Prieuré
✆ 06 85 12 86 71
Ouvert de mi-mars à fin octobre. Chambre de 80 € à 130 €. Wifi.

Imaginez-vous plonger dans l'histoire médiévale, logé dans une tour du XIVe siècle ! Le Château Lakmé - situé face au tympan de Carennac, cour du Prieuré - propose 2 chambres et 1 studio avec une cuisine tout équipée. Ici, le charme des vieilles pierres sublime une décoration vintage très bien choisie par Anaïs et Jean-François. Accueil chaleureux et bonne humeur vous attendent pour vous garantir un séjour inoubliable. La chambre du premier offre une vue unique sur le tympan. Une adresse qui vous convie à la rêverie. Bon plan futé pour découvrir Carennac.

L'EAU VIVE**** €€

✆ 05 65 10 97 39
https://www.camping-lot-eauvive.com/
Du 01/05 au 31/10. Récep. 8h30-20h. Emplacement 22-30 €/nuit. Locatifs 225-1190 €/sem. Mobil-home PMR. Piscine, plage.

Ce camping familial est à 500 m du village. Vous pourrez profiter de la piscine récemment rénovée ou de la rivière et la plage de galets. City stade et animations (ateliers pour enfants, soirées à thèmes) sont également au programme. Côté hébergement, les emplacements pour planter votre tente ou poser votre caravane sont agréables, les mobil-homes sont bien équipés et bénéficient d'une terrasse avec salon de jardin, et 2 roulottes sont également à louer. La rivière étant à vos pieds, vous pourrez même louer un canoë pour une balade au fil de l'eau… vive !

LE COMPTOIR DE LA NOIX

rue Mercière - **MARTEL**
✆ 06 79 36 88 24
https://comptoirdelanoix.fr/
Ouvert d'avril à novembre 7j/7 de 10h à 13h et de 14h à 18h (19h en juillet et août). Boutique en ligne également.

Reconnue pour ses qualités gustatives et produites dans la région depuis des siècles, la noix de Martel est ici élevée au rang de reine ! Fous d'elle, Anaïs et Jean-François ne la récoltent pas mais la transforment ! Dans cette jolie petite épicerie fine vous la trouverez torréfiée et caramélisée selon une recette secrète des maîtres confiseurs, au chaudron de cuivre. En vous promenant, vous serez saisi par ce parfum unique d'un bonbon local. Elle est ensuite déclinée sous toutes ses formes : huile, tartinade, etc. Vente également de produits régionaux.

LOUBRESSAC ★

Le village de Loubressac est un coup de cœur du Petit Futé. Encore loin des assauts touristiques, il reste l'un des villages les plus authentiques de la vallée de la Dordogne. Un joyau à l'état brut. Depuis son éperon rocheux, ce village médiéval fortifié offre un magnifique panorama sur les vallées de la Dordogne, de la Bave, de la Cère et leurs nombreux châteaux : Castelnau-Bretenoux, Montal, la Treyne et les tours de Saint-Laurent. Déjà en 1640, Savinien d'Alquié écrivait : « Loubressac possède l'une des plus belles vues du royaume ». C'est l'un des plus beaux villages fleuris du Quercy, classé parmi les Plus Beaux Villages de France. À son sommet, Loubressac dévoile son château du XVe siècle et sa chapelle du XIVe siècle dont le portail au tympan sculpté, le retable et le bénitier sont particulièrement remarquables. Quant aux maisons quercynoises de pierre ocre, elles sont coiffées de tuiles brunes qui les rendent fort charmantes. Le 14 juillet 1944 eut lieu à Loubressac l'un des plus importants parachutages de la Seconde Guerre mondiale avec 600 Américains. Le photographe Robert Doisneau aimait y séjourner, et saisir les occasions de fixer sur la pellicule les balcons et les escaliers chargés de fleurs, la porte fortifiée donnant sur les ruelles, le château manoir et le superbe panorama sur la vallée de la Dordogne du haut du promontoire. Autre anecdote locale : trouvez le point commun entre Michel Galabru, Miou-Miou et Loubressac ! Réponse : ils ont joué tous les trois en 1973 dans le film *Quelques messieurs trop tranquilles* de Jean-Marie Poiré.

LA GARRIGUE*** €€

327, route de Sarrouil
✆ 05 65 38 34 88
www.camping-lagarrigue.com
Du 5 avril au 27 septembre. Emplacement à partir de 20,50 €/nuit. Locatifs (2/6 pers.) à partir de 204 €/semaine.

Amateurs de tranquillité, soyez les bienvenus ! Ici on écoute les grillons au soleil du Midi. Très bien situé à 200 mètres du magnifique village de Loubressac, avec une vue imprenable sur la vallée, ce camping «familial» est un véritable havre de paix encore adouci par le sourire sympathique des gérants. Aux petits soins afin de rendre votre séjour le plus agréable possible, Jean-Philippe fait en outre d'excellentes pizzas. L'entretien est irréprochable, le cadre bucolique à souhait. Le genre d'endroits où l'on revient avec bonheur année après année.

HÔTEL-RESTAURANT LE CANTOU 354** €€

5, place du Foirail
✆ 05 36 08 08 00
www.hotel-lecantou354.com/fr/
Ouvert d'avril à novembre. 12 chambres double 69-148 €. Accès PMR. Vue panoramique. Restaurant le 354 et Le Salon 1799.

Le Cantou 354 est tenu par Christophe au service et Romain en cuisine. L'accueil est convivial, même pour nos amis à quatre pattes. Cet hôtel et restaurant apporte un vent de fraîcheur avec une déco rétro pop colorée, des chambres confortables, une terrasse à la vue spectaculaire. Dans les assiettes, les produits sont frais, les saveurs équilibrées, la qualité gourmande. Christophe se fera un plaisir de vous indiquer les balades, et les soirées qu'ils organisent l'été.

RELAIS DE CASTELNAU*** €€

Route de Padirac ✆ 05 65 10 80 90
www.relaisdecastelnau.com
De mi-avril à mi-octobre. Nuitée 89-230 €. Petit déj 13 €. Restauration le soir uniquement. Menus 32-37 €. Enfant 16 €.

Sur un site surplombant la vallée de la Dordogne et le château de Castelnau, des couleurs gaies s'inscrivent dans les chambres, vastes, lumineuses et confortables, et ouvrant sur un panorama exceptionnel. Thierry vous accueille et Laurent est en cuisine. Pour le poisson, en bon Breton, il est champion. Mais il se défend aussi très bien quand il s'agit de plats quercynois et il a la sagesse de faire appel à de bons producteurs locaux. C'est un établissement de standing pour amateurs de tranquillité, avec une piscine chauffée à débordement pour se détendre.

A PY LOUBRESSAC €€

Lieu-dit de Py
✆ 05 65 38 52 09
www.levieuxpigeonnier.fr
Mai à septembre. Midi et soir 7j/7 l'été. Hors saison week-end uniquement. A la carte. Chambre dès 60 €/nuit. Piscine.

Logé dans un ancien corps de ferme, l'établissement est à la fois un grill, une crêperie et un glacier. Côté restaurant, la carte affiche donc un large choix de crêpes et de galettes, de nombreuses pièces de grill d'origine française et des salades de toutes sortes : simple et bon avec une carte composée de produits locaux. L'accueil est chaleureux et attentif. Vue imprenable sur le château de Castelnau depuis la piscine avec transats. Vous êtes conquis ? Prolongez le séjour en louant une chambre claire et confortable. Concept intéressant et agréable.

RESTAURANT LE 354 €€€

5, place du Foirail
✆ 05 36 08 08 00
www.hotel-lecantou354.com/
Du vendredi au mardi midi/soir. Fermeture annuelle de janvier à mars. Menu 46 €. Planche 24 €. Menu enfant 14 €.

« Bon voyage ! » L'invitation de Christophe, en salle, convie à toutes les découvertes ! Laissez vos sens en éveil pour vous délecter du menu merveilleux du restaurant gastronomique du Restaurant le 354. Romain, le chef, explore une cuisine très personnelle née de l'influence de ses origines, de sa famille, de ses livres et de sa curiosité ! Résultat : des assiettes audacieuses qui invitent à laisser tomber nos préjugés. L'écrin de la salle de restaurant est sublime avec une vue toute vitrée sur la vallée de la Dordogne. Une parenthèse inoubliable.

BRETENOUX ★★

Le baron Guérin de Castelnau décide en 1277 la création d'une ville nouvelle, fortifiée en l'honneur de l'imposant château de Castelnau construit aux environs de l'an mil. La bastide de Bretenoux venait ainsi de naître. Le village ne manque pas d'intérêt avec ses habitations médiévales à colombages, la place des Consuls, la porte en ogive de la Guierle, les remparts, le manoir de Cère, celui du fort et de l'île de la Bourgnatelle. On peut admirer la maison de vacances de l'écrivain français Pierre Loti lorsqu'il était enfant, à l'angle de la rue d'Orlinde et de la rue Pierre-Loti. A noter, la place s'anime les jours de marché, les mardis et samedis matin.

CHÂTEAU DE CASTELNAU-BRETENOUX ★★

Château - **PRUDHOMAT** ✆ 05 65 10 98 00
www.castelnau-bretenoux.fr

Ouvert toute l'année, horaires variables. Été : 7j/7. Adulte 9 €. Gratuit -26 ans. Animations. Visite adaptée handicap.

C'est en 1050 que les barons de Castelnau construisent ce château. Ses tours, son donjon carré du XIIIe siècle, son rempart, sa chapelle et ses profonds fossés en font l'une des plus belles forteresses de l'architecture militaire du Moyen Age. Il est racheté en 1896 par le ténor lotois de l'Opéra comique, Jean Mouliérat, qui y entreprend d'importants travaux. La mémoire de Mouliérat est honorée chaque été lorsque le château accueille le festival d'art lyrique de Saint-Céré.

LA BOURGNATELLE*** €€

56, Al Port
✆ 05 81 48 02 94
https://www.camping-lot-bretenoux.com/

De mai à sept. 40 emplacements bords de rivières en centre-ville. 2 nuits min. Locatifs 220-945 €/sem. Piscine, jeux.

Situé en centre-ville, le camping La Bourgnatelle est à proximité de toutes les commodités. Il reste tout proche de la nature et de la rivière, et de nombreux sites touristiques. Les mobil-homes sont tout équipés pour des vacances confortables. Les emplacements sont agréables et spacieux. La piscine est le point stratégique pour s'amuser et se détendre dans les transats. À moins que vous ne préfériez une partie de ping-pong ou de pétanque. Ici, pas d'animations ni de soirées à thème : les campeurs profitent du calme ou sortent en ville pour s'amuser.

AUBERGE DU VIEUX PORT** €€

Port de Gagnac - **GAGNAC-SUR-CÈRE**
✆ 05 65 38 50 05
www.auberge-vieuxport-lot.com

Ouvert toute l'année. Chambre demi-pension 150 €, étape 99 €. Menu du jour 19,50 €. Menu gourmand du terroir 35 €.

La vue sur les bords de la Cère n'est qu'un des nombreux atouts de l'Auberge du Vieux Port, mais non des moindres, et y déguster un plat quercynois aux beaux jours est en soi un bonheur. Les 8 chambres sont chaleureuses et calmes. Tout est réuni pour un agréable séjour au calme et profiter des merveilles de la vallée de la Dordogne, des gorges de la Cère, ou du patrimoine lotois à proximité. L'accueil est très chaleureux, on s'y sent tout de suite à l'aise et détendu, la cuisine est pleine de saveurs, subtile, goûteuse et copieuse.

CAMPING DE LA SOLE**** €€

Lieu-dit La Sole - **PUYBRUN**
✆ 05 65 38 52 37
www.la-sole.com

Ouvert du 19/04 au 13/09. Emplacement à partir de 30 €/nuit. Locatifs : 329 à 1320 €/semaine. Piscine. Jeux.

Situé à seulement 600 mètres de la Dordogne, le camping de la Sole vous accueille dans un cadre calme et familial aux nombreux équipements et activités. Nouveau et unique dans un camping du Lot : un espace Aqualudique de 400m² pour les enfants de 4 à 12 ans, avec geysers, toboggans, fleur et canons à eau... Et plein de jeux et d'animations ! Il est aussi possible de tranquillement vous baigner, pêcher ou faire du canoë sur les rives de la Dordogne, ou vous relaxer dans le spa mis à votre disposition. Un endroit jeune et animé qui fera le bonheur des enfants.

Bretenoux.

HÔTEL-RESTAURANT DES ARTS** €€

50, Place Grande - **PUYBRUN** ✆ 05 65 38 67 65
www.hoteldesarts-puybrun.com

Ouvert toute l'année. Ouvert du lundi au vendredi midi. Nuitée 55/79 €, restaurant demi-pension dîner et petit déj 26 €.

Hôtel situé face à la place du village. L'été, une sympathique extension de la terrasse y est installée. L'accès aux chambres situées au-dessus du restaurant peut se faire de façon indépendante par une rue perpendiculaire à la rue Nationale. Les chambres sont claires et spacieuses, celles du dernier étage sont mansardées. La dernière côté rue bénéficie de la vue sur le château de Castelnau. Une vue à prix modique en somme. Côté restaurant, la cuisine est excellente.

LE CANARD QUI RIT €

Bonneviole
PRUDHOMAT
✆ 05 65 33 87 76

Ouvert tous les midis sauf dimanche ; vendredi et samedi soir. Formule du midi en semaine 15 €. Menu 25 €. Terrasse.

Salle à l'atmosphère assez rustique, service sans chichis, Le Canard Qui Rit comblera les amateurs d'une cuisine simple et goûteuse, élaborée avec des produits frais, le tout à un excellent rapport qualité-prix. Les plats sont traditionnels : civet de sanglier, cassoulet, poule au pot, mique et petit salé... Après l'assiette de fromage à discrétion, vous aurez le choix entre plusieurs desserts, faits maison bien sûr ! Le service est rapide, la terrasse agréable et le service toujours effectué avec le sourire. Une adresse à retenir !

HOSTELLERIE BELLE RIVE €€

Port de Gagnac - **GAGNAC-SUR-CÈRE**
✆ 05 65 38 50 04

Ouvert toute l'année. Chambre double à partir de 80 €/nuit. Familiale 4 pers. 150 €/nuit. Restaurant pour les clients.

Les pieds dans l'eau, entourée d'un panorama exceptionnel, la maison à colombages Belle-Rive est dans la famille Dumont depuis quatre générations. Les chambres, meublées avec soin, ont chacune une particularité. En cuisine, la cheffe Valérie Dumont suit son inspiration pour réinventer la tradition quercynoise, et sa carte accompagne les saisons. Aux beaux jours, profitez d'une terrasse ombragée. Une adresse de qualité référencée aux Bonnes Tables du Lot, soulignée par l'accueil chaleureux et le service irréprochable. Une hostellerie traditionnelle de charme.

LE CHAI DE BRETENOUX

247, avenue de la Libération
✆ 05 65 14 10 04

Caviste producteur, boutique ouverte du mardi au dimanche matin. Bar à vin le soir.

Véritable ambassadeur des vins, bières et spiritueux du monde, Quentin – un globe-trotter passionné d'œnologie et des cépages autochtones – a déjà visité et travaillé dans de nombreux pays comme la Russie, la Géorgie, l'Argentine, etc. Avec sa compagne Lucille, ils ont ramené de leurs nombreux voyages des bouteilles de toutes provenances mais vous trouverez aussi des vins locaux (dont des Cahors), avec comme seul dénominateur commun la qualité ! Vous trouverez dans cette cave un accueil chaleureux, des conseils avisés et des bouteilles introuvables ailleurs.

COOPÉRATIVE VITICOLE LES VIGNERONS DU HAUT-QUERCY

84, route de Pontouillac
GLANES
✆ 05 65 39 73 42
www.coteauxdeglanes.fr

Ouvert tous les jours chez les 8 producteurs, sauf dimanche et jours fériés. Adresses et visites sur le site internet.

© LES VIGNERONS DU HAUT-QUERCY

Depuis 1976, le vignoble IGP Coteaux de Glanes privilégie le cadre coopératif, l'esprit traditionnel des générations pour une implication plus naturelle dans la qualité des vins. Huit exploitations sur la commune de Glanes proposent des vins de coteaux – le rouge Tradition, le rosé Gourmandise (Gamay, Merlot et Malbec), la cuvée Fondateurs, la cuvée Quatre Saisons en fût de chêne (100% Merlot), les blancs Chenin Chardonnay et Les Passereaux (100% Chardonnay). Agriculture raisonnée.

VALLÉE DE LA DORDOGNE

COPEYRE CANOË

Les Ondines - **SOUILLAC** ✆ 05 65 32 72 61
www.copeyre.com

Ouvert de début avril à fin octobre. Ouvert tous les jours de 9h à 18h. À partir de 22 €. Chèque Vacances. Restauration.

Copeyre canoë, c'est 120 km de descente sur la Dordogne pour découvrir ses richesses. D'Argentat à Beynac, vous naviguerez à travers 3 départements aux paysages variés : Corrèze, Lot et Dordogne. Descente en journée, ou randonnées sur plusieurs jours, créez votre propre parcours. Paddles ou Paddles géants (8 personnes max) disponibles à Copeyre et Gluges. Remontée en bus gratuite. Seule condition : savoir nager seul 25 m. Également location de vélos VTT, VTC et vélos électriques. Pour toute location, l'accès au parc aquatique de Quercyland est offert le même jour.

MEYRONNE

Riche de paysages contrastés et passionnément nature, Meyronne surplombe la rive gauche de la rivière Dordogne. Le village est séculaire et on retrouve mention de ses terres dans un acte de 932. Le dessin actuel de la commune se mêle à l'histoire. Ainsi l'église et les maisons entourant la place sont située dans l'ancien château épiscopal partiellement détruit à la Révolution Française. On remarquera particulièrement l'église classée Monument historique. Le château qui se dresse encore dans le centre-bourg servait de résidence d'été aux Evêques de Tulle. Aujourd'hui c'est un hôtel-restaurant 3 étoiles qui bénéficie d'une vue imprenable sur la vallée.

CAMPING LA PLAGE*** €€

50, Impasse de la rivière ✆ 05 65 32 23 26
www.camping-laplage.com

Du 1er mai au 30 septembre. Locatifs 250-700 €/semaine. Emplacement 15-23 €/nuit. Accès direct à la plage. Piscine.

Un coin de paradis au bord de la Dordogne. Ambiance conviviale et familiale au cœur d'un parc de 2 ha naturellement ombragé. Pour vous baigner, vous aurez le choix entre la piscine chauffée tout récemment refaite pour être plus grande, et l'eau vive de la rivière grâce à un accès direct à la plage de galets et location de canoë. Le camping dispose de 2 tiny houses, d'une aire de jeux pour enfants, boulodrome, volley, basket, appareils de fitness extérieur. De nombreux chemins de randonnée partent du camping. Des animations variées sont proposées en juillet/août.

LA TERRASSE*** €€

✆ 05 65 32 21 60
www.hotel-la-terrasse.com

Hôtel/restaurant fermé de novembre à avril. Nuitée 100-230 €. Menus 38-60 €. Piscine. Terrasse panoramique.

Ancienne villégiature médiévale d'évêques, château du XIe siècle, tout ici est confort, sérénité et bien-être. Les chambres allient raffinement et noblesse, associent le luxe d'un grand établissement et le charme rustique du Lot avec voûte en pierres, cheminée, vue sur la Dordogne et meurtrières, mais aussi piscine pour se détendre. Côté restaurant, le chef Clément Liébus nous invite à savourer une cuisine généreuse référencée aux Bonnes Tables du Lot, sur la base d'un terroir que l'on choisit ici pour sa fraîcheur et son naturel, agrémentée d'une vue panoramique.

LES MIJOTEURS

58, rue de l'Occitanie - **SAINT-SOZY**
✆ 06 11 70 65 38
www.lesmijoteurs.com/

Basse saison : du lundi au vendredi de 10h à 12h et de 15h à 17h. Haute saison : tous les jours de 10h à 19h.

« Une production française, locale et familiale », telle est la devise des Mijoteurs, Sacha et Basile. En 2020, ils montent ce nouveau projet avec pour idée de «rendre accessibles à tous des mets normalement longs à préparer à la maison». Résultat : de bons plats mijotés - gigolette de lapin à la moutarde, sauté de porc, coq au vin, sauté de bœuf de l'Aubrac et bien d'autres recettes mises dans de jolis bocaux. Ils privilégient les circuits courts et l'authentique. À cette gamme de plats cuisinés s'ajoutent des pâtés, foie-gras, rillettes...

COPEYRE CANOË

Les Ondines - **SOUILLAC** ✆ 05 65 32 72 61
www.copeyre.com

Ouvert de début avril à fin octobre. Ouvert tous les jours de 9h à 18h. À partir de 22 €. Chèque Vacances. Restauration.

Copeyre canoë, c'est 120 km de descente sur la Dordogne pour découvrir ses richesses. D'Argentat à Beynac, vous naviguerez à travers 3 départements aux paysages variés : Corrèze, Lot et Dordogne. Descente en journée, ou randonnées sur plusieurs jours, créez votre propre parcours. Paddles ou Paddles géants (8 personnes max) disponibles à Copeyre et Gluges. Remontée en bus gratuite. Seule condition : savoir nager seul 25 m. Également location de vélos VTT, VTC et vélos électriques. Pour toute location, l'accès au parc aquatique de Quercyland est offert le même jour.

VAYRAC

Vayrac est mémorable depuis 51 avant Jésus-Christ ! Pendant des siècles, les historiens ont recherché activement le site d'Uxellodunum, nom d'un oppidum gaulois, connu pour avoir été le lieu de la dernière bataille de la guerres des Gaules. Longtemps sujet à débat, il a finalement été admis qu'il se trouvait au Puy d'Issolud sur la commune de Vayrac. Pendant la Seconde Guerre mondiale, la Maison Bournazel abrita un certain nombre d'œuvres du musée du Louvre, participant à la sauvegarde de trésors artistiques. Aujourd'hui, Vayrac est aussi un joli spot pour séjourner en camping ou en gîte, se régaler, se baigner, pique-niquer ou faire du canoë.

SAFARAID DORDOGNE

Les Granges ✆ 05 65 37 44 87
www.canoe-kayak-dordogne.com
7j/7 9h30-19h du 6 juin au 15 septembre 2024. Départs 9h30-15h30. Location de canoë 18/41 €. Remontée en bus gratuite.

La Dordogne, paisible et authentique, vous attend pour une descente en canoë ou en kayak ! Balade incontournable de la région. Sur plus de 120 km de descente, elle s'offre à vous comme un cadeau de la nature. Forte de son expérience, Safaraid Dordogne, l'une des toutes premières sociétés de location de canoës, offre une gamme complète de réservations, à la journée ou pour plusieurs jours. Les parcours en canoë-kayak peuvent se faire aux départs de Vayrac ou Saint-Sozy. Que vous soyez débutant ou confirmé, vous trouverez sans difficulté votre parcours.

CAMPING LES GRANGES*** €€

Lieu-dit Les Granges
✆ 05 65 32 46 58
www.les-granges.com
Du 4 mai au 28 septembre 2024. Forfait emplacement 22,50-25,50 €/nuit. Mobil-home à partir de 260 €/sem. Piscine. Jeux.

Implanté au cœur d'un parc arboré de 5 hectares, ce camping offre 150 emplacements ombragés, parfaits pour profiter de la fraîcheur des grands arbres lors des chaudes journées estivales. Situé en bordure de rivière, il constitue un point de départ idéal pour une multitude d'activités : baignade, canoë, VTT ou encore randonnée équestre. Ce cadre verdoyant séduit particulièrement les amateurs de tourisme familial et nature. Avec son accès direct à la rivière, vous pourrez profiter de ses charmantes plages de galets, parfaites pour se détendre.

LE VIGNON-EN-QUERCY

Le Vignon-en-Quercy est une commune nouvelle résultant de la fusion au 1er janvier 2019 des communes de Cazillac et Les Quatre-Routes-du-Lot. Cazillac était le chef-lieu d'une vicairie carolingienne, et Les Quatre-Routes a été créée en 1912 autour de la gare de chemin de fer. Rôle essentiel dans la construction de la commune, la gare sert au commerce de biens agricoles : bestiaux, noix, etc. Au début du XXe siècle, la commune connaît un essor avec des bars, restaurants et toute une économie de services, qui ralentit à partir des années 70. Aujourd'hui, le village est une halte agréable et invite à la balade avec ses sentiers de randonnée.

CHALETS MIRANDOL DORDOGNE €€

Vormes ✆ 05 65 32 57 12
www.mirandol-dordogne.com
Ouvert de début avril à fin septembre. De 180 € à 770 € la semaine selon saison. Piscine, canoë, pêche.

Les Chalets Mirandol Dordogne vous accueillent dans un havre de paix, entouré de verdure, entre la rivière et un lac de 13 hectares avec son restaurant. Ici, le vélo est le seul véhicule autorisé. Profitez des jeux pour enfants, du parcours santé, du circuit VTT et des nombreux sentiers de promenade. Un lieu idéal pour les passionnés de pêche et de canoë. Les chalets en bois, offrant des terrasses privées, peuvent accueillir de 2 à 6 personnes et sont confortables et bien équipés.

LA BONNE FAMILLE** €€

Le Bourg - **CRESSENSAC-SARRAZAC**
✆ 05 65 37 70 38
www.labonnefamille.fr
Logis de France. Ouvert toute l'année. Chambre double à partir de 85 €. Formule midi 26 €. Piscine. Sauna. Tennis.

Maison familiale, tenue depuis trois générations, c'est l'endroit idéal pour venir séjourner en famille ou en groupe, au calme, loin de la cohue des villes, en bordure de rivière. Vous serez accueilli dans une ancienne maison de forgeron. C'est aussi une adresse gourmande où vous pourrez savourer une cuisine de terroir très inventive. Le « maître » des cuisines sait avec adresse et expérience faire varier les foies gras, les confits. Une véritable auberge à l'ancienne. Les chambres sont confortables et lumineuses, elles ont été redécorées récemment.

VIP REFUGE €€€

Lieu dit Paunac ✆ 07 56 82 77 10
www.viprefuge.com

Hébergement insolite. Maison bioclimatique. Spa extérieur. 285 €/nuit/2 pers. 405 €/nuit/4 pers. Petit déjeuner compris.

© VIP REFUGE G. SOARDI

Vous rêvez de déconnecter du quotidien dans un lieu magique ? Le VIP Refuge est l'endroit idéal : entre luxe et nature, cet hébergement insolite est une maison bioclimatique à la structure ronde et souterraine et au confort intérieur optimal pour se sentir comme dans un cocon. Gauthier se fera un plaisir de vous présenter les activités aux alentours : les sites touristiques et villages classés sont tout proches. À moins que vous ne préfériez vous prélasser dans la piscine ou le spa et profiter de la vue à 180° sur la nature environnante. Un paradis !

AU VIEUX FOUR €€

Avenue Augustin Garcia
✆ 05 65 32 01 98

Ouvert toute l'année, du mardi au dimanche midi, et le vendredi et samedi soir. Menus 30-42 €. Terrasse.

Aux Quatre Routes du Lot, un établissement aux notes gourmandes régionales. Sur la partition des gourmets, vous retrouverez une tonalité de fraîcheur, une note copieuse alliée à celle du goût. Pas d'erreur dans le rythme entrée - plat - dessert, harmonieux et gourmand. On redécouvre des saveurs oubliées et des plats authentiques comme le foie gras au torchon fait maison, la crépinette d'agneau ou les ris de veau. Le travail à l'assiette est remarquable. Pas de fausse note. Dernier accord, le vin choisi avec connaissance. Une terrasse coquette et intimiste.

SAINT-CÉRÉ ★★

En 1611, un ingénieur hollandais divisa le lit du cours d'eau qui traversait la ville en plusieurs canaux pour réduire les dégâts causés par les inondations. La cité fut appelée la Petite Venise lotoise jusqu'à la fin du siècle dernier quand tous les canaux furent recouverts. Ce qui frappe en entrant dans cette ville, c'est le dynamisme actuel de ses commerces et son niveau d'équipement. Totalement enclavé, Saint-Céré a dû apprendre à compter sur elle-même en développant ses propres infrastructures. Aujourd'hui, la ville compte aussi sur sa belle activité culturelle avec l'implantation réussie du Théâtre de l'Usine, lieu de créations et de spectacles.

L'OPTIMISTE €€

Le bourg - **CRESSENSAC-SARRAZAC**
✆ 05 65 37 78 92
https://www.loptimiste-restaurant.com/

Ouvert toute l'année le midi, vendredi et samedi soir. Entrée 8 €, plat 16 €, fromage 6 €, dessert 8 €.

Julien et Wendy sont aux commandes de L'Optimiste, Sylvie en cuisine, Tyffanie en salle, un état d'esprit doux et accueillant. Une cuisine inventive s'offre à vous dans le bourg de Cressensac, ainsi que dans le second restaurant à Souillac, l'Aromate. Les produits frais et locaux pour des assiettes colorées et originales où les menus changent à chaque saison. On aime la nouvelle déco de la salle en blanc et vert, esprit zen pour des assiettes gourmandes. Aurez-vous la place pour un dessert ? A déguster sans modération ! Bon plan : -10 % pour les anniversaires.

ATELIER MUSÉE JEAN LURÇAT ★

Château de Saint-Laurent-les-Tours
✆ 05 65 38 28 21

Ouvert d'avril à novembre, horaires variables. Expos, visites, petit déj au musée avec atelier enfant, enquêtes. Groupe.

Sur un site extraordinaire, dans le château de Saint-Laurent-les-Tours, l'atelier-musée rend hommage à Jean Lurçat, considéré comme le grand rénovateur de la tapisserie moderne. Il achète le château en 1945 où l'artiste marque chaque pièce de son empreinte. C'est un artiste complet puisque fresque, gravure, peinture, céramique, lithographie et dessin n'ont pas de secret pour lui. Un lieu rare, lieu de travail et lieu de vie, qui nous invite dans l'intimité de l'artiste. Incontournable.

CHÂTEAU DE MONTAL ★★

✆ 05 65 38 13 72
www.chateau-montal.fr/
Ouvert toute l'année sauf les mardis : 7j/7 10h-12h30/14h-18h30. Horaires selon saison. Adulte : 9 €. Gratuit -18 ans.

C'est ici que la Joconde et de nombreux autres tableaux du musée du Louvre furent entreposés de 1942 à 1945. Juché sur un mamelon boisé, il ressemble à un manoir médiéval. A l'intérieur, la cour dévoile la véritable nature de l'édifice et l'empreinte de celle qui fit construire ce château en 1523, Jeanne de Balzac. A voir : les jardins à la française, les cheminées immenses, et l'escalier monumental sans équivalent en France. Le château, vendu en pièces détachées aux musées du monde entier, a retrouvé ses biens grâce à la volonté d'un mécène, M. Fenaille.

GROTTES DE PRESQUE ★★

215, Route de Gramat
SAINT-MÉDARD-DE-PRESQUE ✆ 05 65 40 32 01
www.grottes-de-presque.com
Ouvert toute l'année, horaires variables. Fermeture courte période. Tarif adulte 9 €, 5-11 ans 5 €, -5 ans gratuit.

Dans la vallée de la Dordogne, les Grottes de Presque, découvertes en 1825, émerveillent depuis près de deux siècles. Véritable joyau géologique, elles offrent une succession de concrétions spectaculaires, dont des colonnes de 8 à 10 mètres, des draperies fascinantes et la célèbre cascade figée. Ici, pas de jeux de lumière artificiels : la nature suffit à sublimer ce décor millénaire. En 2025, pour les 200 ans de leur découverte, de nombreuses surprises attendent les visiteurs. Amateurs d'histoire et de géologie, ne manquez surtout pas ce site !

OFFICE DE TOURISME VALLÉE DE LA DORDOGNE

13, avenue François de Maynard
✆ 05 65 33 22 00
www.tourisme-vallee-dordogne.com
Ouvert d'avril à octobre du lundi au samedi de 10h à 12h30 et de 14h à 18h. Renseignement par téléphone toute l'année.

Le bureau d'accueil de Saint-Céré fait partie de l'office de tourisme de la Vallée de la Dordogne lotoise. Une dizaine de communes dépendent de cette référence en matière de tourisme. Le bureau de Saint-Céré est ouvert de début avril à début novembre et accueille les touristes qui souhaitent se renseigner sur la commune, surnommée la Petite Venise - elle était jadis sillonnée par plusieurs bras de la Bave - et les alentours (villages, châteaux, randonnées, canoë...).

GRAND HÔTEL MAURY** €

9, place de la République
✆ 05 65 38 29 99
www.grand-hotel-maury.fr
Fermé en octobre. Nuitée à partir de 65 €. Petit déjeuner continental 8 €. Parking fermé. Wifi gratuit.

Hôtel de famille, joliment fleuri avec des géraniums, situé au cœur de la ville de Saint-Céré. Les onze chambres, très spacieuses, sont entièrement équipées – téléphone, salle de bains et wc séparés – et accessibles par un magnifique escalier d'époque. Certaines chambres possèdent télévision et cheminée. Celles du dernier étage possèdent le charme de la mansarde, avec vue sur la ville. L'accueil est toujours très chaleureux, le petit déjeuner copieux. On saura vous donner les bonnes adresses de la région, et même en anglais s'il le faut !

LE VICTOR HUGO** €

7, avenue des Maquis
✆ 05 65 38 16 15
www.hotelsaintcere.com
Logis. Ouvert toute l'année. Chambre double 82-102 €/nuit. Menus 26-39 €. Menu enfant 12 €. Demi-pension.

Bâtisse à colombages du XVIe siècle, établie dans la partie calme du village, située entre le centre-ville. L'hôtel allie charme et savoir-faire afin d'accueillir les clients de différents horizons. Deux types de chambres sont à votre disposition : standard et privilège. Elles offrent un point de vue exceptionnel sur les tours de Saint-Laurent et l'écoulement du cours d'eau « la Bave » bercera vos nuits d'été. Au rez-de-chaussée se trouve le restaurant. Le titre de Maître Restaurateur garantit un repas à la hauteur de la réputation de l'établissement.

VILLA RIC €€

Route de Leyme
✆ 05 65 38 04 08
www.villaric.com
De fin avril à novembre. Uniquement demi pension. 2 personnes 210 € (nuit + dîner + petit déjeuner). 2 nuits minimum.

Sur les hauteurs de Saint-Céré, la Villa Ric est un petit hôtel comme on les aime : intimiste et avec du caractère. Ici, tout est raffiné, que ce soit le décor, la terrasse joliment fleurie, mais également la cuisine de terroir. Les plats y sont savoureux, les légumes frais cueillis du jardin selon l'inspiration du jour et des saisons. Chaque chambre a été décorée avec soin avec pour thématique la fleur, qui se décline à l'envie dans chacune d'elles. L'accueil chaleureux est conçu pour que votre séjour soit reposant et ressourçant.

HÔTEL-RESTAURANT LES TROIS SOLEILS DE MONTAL*** €€€

Les Prés de Montal ✆ 05 65 10 16 16
www.3soleils.fr

Ouvert de mai à novembre. Chambre 110-295 €. Petit déjeuner 17,50 €. Menus de 45 à 110 €. Accès PMR. Animaux acceptés.

Le hall est décoré de tapisseries de Jean Lurçat et la salle à manger a été redécorée dans un style contemporain avec de nouvelles tapisseries de l'artiste. Les chambres, climatisées, sont élégantes, confortables et possèdent de petites terrasses donnant sur le parc. Les suites possèdent leur terrasse privée et des salles de bain immenses. Cuisine gastronomique réputée : goûtez la côte de veau de lait de Saint-Céré et ses légumes de bords de Dordogne. Halte de charme.

LE BISTROT DE BACCHUS €€

2, rue des Roubinets
✆ 05 81 71 60 45

Ouvert toute l'année. Mardi-samedi midi, vendredi-samedi soir. Dimanche midi juillet/août. Entrée 9/10 €, plat 19/24 €.

A la fois bistrot, bar à vin et restaurant, cet établissement à la terrasse située face à la Maison des Consuls s'est rapidement fait une place à Saint-Céré. Il faut dire que le chef Stéphane D'Hoest ne manque ni de talent ni d'imagination. Venu du Nord, il décline une cuisine inventive et d'influence flamande, aidé par sa femme. Sur son ardoise toujours en évolution, il propose des plats élaborés à base de poisson frais comme du merlu rôti. La décoration intérieure, où le bois domine, et la présence de tonneaux rappellent que nous sommes aussi dans un bar à vin.

L'INFORMEL €€

Les Prés de Montal
✆ 05 65 10 16 16

Ouvert de Pâques à la Toussaint. Fermé lundi midi, samedi midi et vendredi midi et soir. Menus 23 €-36 €. Terrasse.

L'Informel, c'est le deuxième restaurant ouvert par l'équipe de l'hôtel-restaurant Les Trois Soleils de Montal, dont le chef n'est autre que l'étoilé Frédéric Bizat. La souriante épouse de Frédéric Bizat, Florence, est à l'accueil et au service dans un environnement bucolique. Dotée d'une cuisine ouverte, la grande salle climatisée se prolonge par une terrasse végétale au pied de la piscine de l'hôtel. Vous pourrez y déguster une grillade de bœuf de l'Aubrac ou une côtelette d'agneau du Quercy, cuisinées avec un grand savoir-faire.

LE MAMA CAFÉ

2, Rue des Roubinets ✆ 09 72 57 65 75
www.mamacafe.fr

Ouvert toute l'année, du mardi au samedi de 9h30 à 12h30 et de 14h30 à 18h30. Terrasse. Vente de café en ligne.

Cette micro-brûlerie coffee-shop est tenue par deux passionnés : Johanna, qui est franco-colombienne, et Jean-Philippe. Ce dernier torréfie lui-même le café qui ouvre nos palais vers l'Ouganda, l'Éthiopie, le Pérou, le Guatemala, la Colombie ou le Mexique. Le couple explique volontiers son métier et peut vous en faire la démonstration. Des pâtisseries sont également vendues dans le coffee-shop. Tout est fait maison, même des boissons originales aux épices ou l'aguapanela, une spécialité d'Amérique latine. Une très belle adresse qui fait du bien à Saint-Céré.

CHEMIN ART NATURE

88, route de la vallée - **LATOUILLE-LENTILLAC**
www.appel.asso.fr

Accessible toute l'année 7j/7, programme en ligne, animations locales, adhésion possible. Chemin d'art à visiter.

Sept circuits de randonnée ont été aménagés, dont le sentier Art Nature. Au centre de Latouille-Lentillac, à gauche de l'église, un petit chemin grimpe jusqu'au lieu-dit de Larraufie où démarre la balade. Le chemin Art Nature est un véritable musée dans les bois, combiné avec un chemin botanique. Tout au long d'une balade de plus d'un kilomètre, vous découvrirez une soixantaine d'œuvres surprenantes, tendres, magiques... Une promenade poétique et enchanteresse. À voir et à revoir, seul, à deux ou en famille, c'est toujours un grand plaisir et c'est... gratuit.

TERROU

Terrou est habité au moins depuis le Moyen Âge, comme en attestent les fouilles réalisées par M. Mounier de 1984 à 1986. Elles ont permis de mettre au jour les restes d'une nécropole du haut Moyen Âge au bord de la route, près de la rivière. L'Histoire marquera une nouvelle fois ce petit bourg en 1944 qui sera témoin de la brutalité de la Seconde Guerre mondiale : en mai avec l'incendie de la forêt par des soldats nazis puis en juin avec l'incendie de l'école et la destruction systématique de toutes les maisons. Par ailleurs, le village est remarquable pour le Château Saint-Thamar construit au XVIIe siècle par la famille Colomb, des maîtres verriers.

SOUSCEYRAC-EN-QUERCY

Sousceyrac-en-Quercy est une commune nouvelle française regroupant cinq communes : Sousceyrac, Calviac, Comiac, Lacam-d'Ourcet et Lamativie. Au cœur du Ségala, carrefour aux confins du Quercy et du Cantal, il faut découvrir Sousceyrac qui garde de fiers vestiges de son passé. Parmi les curiosités que l'on peut y découvrir, il faut noter le Carrayrat, antique rue principale bordée de vieilles demeures, les portes Notre-Dame et Saint-Antoine permettant l'accès à la vieille ville et un relais de poste du XIVe siècle, l'Ostal del Patje. Le village est aussi connu pour avoir servi de cadre au roman de Pierre Benoît, Le Déjeuner de Sousceyrac.

VILLAGE CLUB TERROU**** €€

Le bourg
✆ 05 64 13 64 44
capfrance-terrou.com

Mars-oct. Séjours à thèmes en pension complète de 5/8 jours. Club enfants de mi-juillet à mi-août. Gîtes, restaurant.

Un village club vacances offrant des séjours à thèmes passionnants, voilà une idée atypique et unique en son genre ! Equipé d'une cinquantaine d'hébergements avec terrasse privée, le village vacances a tout d'un vrai village : boulangerie, école, presbytère… il occupe tout le centre-bourg. Jean-Christophe, Nathalie et toute l'équipe de ce Village de Vacances Relais Cap France vous accueillent chaleureusement. Comme dans un village, vous y trouverez de nombreuses activités sur place pour un séjour inoubliable. Idéal pour des activités en groupe.

AUBERGE LA FORGE €

Le Bourg
✆ 05 65 38 45 14

Ouvert toute l'année. Horaires selon saisons. Menu 24 €. Formule du midi 15 €. Plat enfant 8 €. Terrasse. Abri vélo.

Dans ce petit restaurant de village, les recettes nous offrent des légumes du potager et du traditionnel familial bien sympathique. Parmi quelques spécialités qui changent au fil des saisons, on citera la délicieuse soupe de poisson, le jarret de porc confit au fondant inimitable et, côté douceurs, la crème renversée au caramel. Une belle terrasse ombragée surplombe la route. L'Auberge La Forge est une adresse familiale où l'on se sent presque comme à la maison promettant un vrai moment de détente, une bonne cuisine et un service bien fait en plus !

NATURE, ÉVEIL ET SENS

La tournairie ✆ 06 78 10 70 13
https://www.natureeveiletsens.com

Séjours bien-être ou jeûne et randonnée. Accompagnement individuel, massage bien-être. Ateliers collectifs.

Pour un massage, vous pouvez choisir la durée, le type de soin, les huiles : profitez d'un pur moment de détente aussi bon pour le corps que pour l'esprit. Les séjours bien-être proposent du yoga et d'autres activités de soin et de tourisme ; les séjours jeûne et randonnée sont conçus avec un programme de jeûne de type Buchinger (jus de fruits et légumes, bouillons, tisanes) et des parcours de 2 à 3 heures selon votre condition physique, et en totale connexion avec la nature. Il est impératif de vérifier vos conditions médicales avant d'entamer ce type de séjour.

DOMAINE LES TEUILLÈRES*** €€

Lieu-dit Les Teuillères ✆ 05 65 11 90 55
www.lesteuilleres.com

Du 13 mai au 16 septembre 2024. Emplacement 30-46 €/nuit. Gîtes 6 pers. dès 600 €/sem. Chambre dès 75 €/nuit. Accès PMR.

A 1 kilomètre du lac de Tolerme, vous êtes dans le Ségala, point haut du département du Lot qui devrait ravir les amoureux de la nature et des pratiques outdoor. Vous pourrez rejoindre le lac, à 12 minutes à pied du camping, pour y nager, pêcher ou pratiquer le canoë. Fort de ses emplacements, de ses trois gîtes et de ses trois chambres d'hôtes, le camping s'ouvre sur les champs environnants. Table d'hôtes sur place. Ambiance ombragée, fleurie, calme et convivialité assurée.

AU DÉJEUNER DE SOUSCEYRAC €€€

2, allée Gaston Monnerville
✆ 05 65 33 00 56

Ouvert d'avril à octobre, du mardi au samedi midi/soir + dimanche midi. Chambre double 65-100 €. Menus 30-100 €.

L'établissement tire son nom du livre écrit en 1931 par Pierre Benoit lors d'un de ses séjours dans l'hôtel. Vous y retrouverez la chaleureuse atmosphère d'un restaurant à l'ancienne si bien décrite par le romancier. Le chef Patrick Lagnès met un point d'honneur à servir une cuisine traditionnelle de haute qualité. Un excellent rapport qualité-prix pour un des fleurons de la cuisine du terroir. Traditionnel, mais aussi inventif et subtil. Service chaleureux en prime. Un sans-faute !

GRAMAT ★★

Gramat, ville carrefour de plusieurs voies romaines, a su se relever après les douleurs de la peste et des guerres de Religion. Lors d'une autre page de l'Histoire, André Malraux y fut arrêté par les allemands en 1944. Le grand couvent Notre-Dame-du-Calvaire a été fondé en faveur des déshérités : désormais, il accueille pèlerins et touristes, et organise des expositions. Depuis le XIXe siècle avec l'arrivée du chemin de fer, Gramat voit plusieurs foires très importantes animer son centre pittoresque. En 1880, Gramat abritait un grand nombre d'hôtels, auberges, cabarets et cafés. Il y perdure encore aujourd'hui une vraie tradition d'accueil.

Au cœur de Gramat.

LES MARAIS DE BONNEFONT

MAYRINHAC-LENTOUR
✆ 05 65 32 27 38
www.rnr-maraisdebonnefont.fr

Ouvert toute l'année. Tous les jours. Gratuit. Réserve naturelle. 2 circuits, dont 1 accès PMR.

Magnifique réserve naturelle régionale du département du Lot. Des zones humides à découvrir pour leur redonner toute leur valeur et comprendre leur histoire passée. Plus de 50 % des zones humides ont disparu au cours du siècle dernier en France et pourtant ces zones sont essentielles à l'équilibre du biotope pour les animaux, les végétaux, les oiseaux et les sources naturelles d'eau. Le Marais de Bonnefont présente deux circuits ouverts au public et en accès libre dont un pour les personnes à mobilité réduite. Des visites guidées sont régulièrement organisées.

MUSÉE INSOLITE DU COIFFEUR BARBIER

160, Rue Alexandre Dumas ✆ 06 79 79 34 69
museeinsoliteducoiffeurbarbier.fr/

Ouvert toute l'année du mardi au samedi, sur rdv le dimanche. Adulte : 6 €. -12 ans : 2 €. Boutique. Accès PMR.

Plus grand musée de la coiffure d'Europe ! Pendant plus de 30 ans, son créateur n'a compté ni ses heures ni ses efforts pour dénicher des trésors et constituer cette collection unique et de qualité. Passionné par le métier de coiffeur qu'il exerce depuis 40 ans, il vous emmène dans son univers avec plus de 4 500 objets de 1850 à 1950 et la reconstitution d'un salon de coiffure parisien haut de gamme des années 20. Laissez-vous surprendre par la magie d'un instant hors du temps !

GT LOC. VÉLO ÉLECTRIQUE

Rue Saint-Roch
✆ 06 74 71 96 89

20 €/demi-journée, 35 €/journée, 180 €/sem. Livraison dans un rayon de 15 min autour de Gramat.

Quoi de mieux que le vélo électrique pour arpenter une région vallonnée ? Dès votre arrivée, laissez tomber votre voiture pour la mobilité douce et enfourchez un vélo qui vous sera livré directement sur votre lieu de séjour. La location se fait à la carte de la demi-journée à la semaine. Une assistance dépannage est prévue dans le contrat en cas de problème technique. Un kit de réparation, un panier, un casque, un cadenas et les bons conseils des loueurs vous seront fournis avec le vélo. Laissez-vous porter par ce nouveau mode de transport adapté à tous !

GITE LES PETITS CAILLOUX €

1, avenue Louis Mazet ✆ 05 65 40 79 36
www.gitelespetitscailloux.fr

2 avril au 31 octobre. Nuit en dortoir 18 €, chambre double 24 €. Demi-pension 39-90 €. Panier repas, accès cuisine.

Ce gîte d'étape, sur la voie de Rocamadour au centre de Gramat, est tenu par Stéphanie qui aime cuisiner de bons petits plats aux voyageurs : hachis de canard, tajine de poulet et desserts maison. Elle aime mélanger les saveurs d'ici et d'ailleurs. Les lieux offrent quatorze places donnant sur le GR6 et l'Alzou. Les chambres doubles ou une simple, et 2 dortoirs de quatre et cinq lits ont tous des sanitaires dédiés (seule la chambre simple a sa salle d'eau, mais partage les WC d'un dortoir). Séjour avec cheminée, salon de lecture et terrasse. Une belle étape !

LE GRAND COUVENT** €

33, rue Louis Mazet
✆ 05 65 38 73 29
www.grandcouventgramat.fr
Chambre à partir de 39 €. Dortoir (pèlerins et groupes) : 16 € à 56 € selon formule de restauration choisie.

Le Grand Couvent de Gramat est la maison mère des sœurs de Notre-Dame du Calvaire. Le lieu propose deux types d'accueil. Les 5 dortoirs à L'Oustal pour une capacité de 64 personnes : ils sont plus particulièrement destinés aux groupes et aux pèlerins. Sinon à l'hôtel, trente-neuf chambres simples, doubles, twin et familiales rénovées, sont proposées aux visiteurs de passage. Un grand parc arboré de 10 ha permet des balades en toute quiétude dans cet écrin de sérénité. Possibilité de participer aux offices et de partager les repas.

LE BOIS DE FARAL €€

1255, route de Cahors - **LE BASTIT**
✆ 05 65 40 13 38
www.bois-de-faral.com
Ouvert toute l'année. Ecologîtes à partir de 94 €/nuit. Gîte PMR. Chien tenu en laisse accepté. Nombreuses activités.

Sur un site de 18 ha, dans une forêt de chêne du Parc naturel régional des Causses du Quercy, vous séjournez dans de charmants écogîtes, de spacieux chalets tout confort avec terrasse, capteurs solaires pour l'eau chaude, assainissement par plantes aquatiques, toilettes sèches. Outre nature environnante, une grande piscine au sel est à disposition ainsi qu'une aire de jeux pour les enfants, une ludothèque, une immense bibliothèque, des terrains de jeux, de boules... On aime les petits déjeuners bio et la boutique de produits du terroir en été.

CAMPING LE VENTOULOU**** €€

208, route de Mayrinhac - **THÉGRA**
✆ 05 65 33 67 01
www.camping-leventoulou.com
Ouvert d'avril à fin septembre. Emplacement à partir de 25 €. Mobil-home PMR. Label Qualidog et séjour canin. Piscine.

À l'ombre des noyers, le Ventoulou est un camping de qualité à l'ambiance familiale. Il propose des options de confort (frigo, sanitaire privé, terrasse couverte ou non) et adhère à la chaîne Sites et Paysages. Il possède un label qualité pour accueillir nos amis les chiens, et propose des services réellement adaptés à l'animal et à son maître. L'offre locative est diverse et propose de grands mobil-homes pour 10 à 14 personnes. La piscine est chauffée, couverte, avec une aire de jeu aquatique. Sports, détente et animations sont au programme de vos vacances.

PARC ANIMALIER DE GRAMAT ★★

RD 14
✆ 05 65 38 81 22
www.gramat-parc-animalier.com
Ouvert toute l'année sauf 25/12. 7j/7, horaires variables pendant les vacances. Entrée : 16 €. 4-11 ans : 10,50 €.

Dans ce vaste parc ombragé de 42 ha vivent 150 espèces différentes de la faune européenne. Un circuit de 3h vous emmène à la découverte de toute la richesse de cette faune sauvage et domestique. Des panneaux explicatifs permettent de mieux connaître chaque espèce observable. Après la création de l'enclos des loups, c'est au tour des cervidés et bovidés : daims, bouquetins et chamois en 2022 d'être mis en avant avec l'arrivée d'un enclos d'immersion. C'est un parc où l'on prend le temps de rencontrer les animaux, de les comprendre et de les respecter.

© PARC ANIMALIER DE GRAMAT

© PARC ANIMALIER DE GRAMAT

VALLÉE DE LA DORDOGNE

LE DOMAINE DU GRAVIER €€

lieu-dit Le Gravier
✆ 06 70 05 00 74
www.ledomainedugravier.com/
Février à fin octobre. 5 chambres. Chambre double 80/105 €. Petit déjeuner inclus. Table d'hôtes 27 €. Gîte 4 pers.

© LE DOMAINE DU GRAVIER

Depuis un petit chemin arboré, un écrin de nature toute-puissante et ces belles pierres caractéristiques des causses de Gramat, Le Domaine du Gravier propose 5 chambres d'hôte dans l'annexe de la maison principale. Dans le jardin commun de 1 ha, une belle piscine est partagée entre les hôtes et des espaces de détente sont aménagés. Tout est pensé pour favoriser la rencontre tout en respectant l'intimité et le calme recherché. Possibilité de dîner en table d'hôte avec des formules faisant la part belle aux produits locaux et de saison.

LES CHALETS DE THEGRA €€

Camp de Vayssie - **THÉGRA**
✆ 06 82 46 57 37
www.les-chalets-de-thegra.com
Du mars à novembre. Locatif à partir de 189 €/semaine. Service de ménage. Chalet PMR pour 6 pers. Animaux 3 €/nuit.

Un véritable îlot de tranquillité au cœur de l'effervescence estivale ! Parc en pente douce de 2,5 ha. Ambiance zen et environnement rêvé autour de la piscine. 14 coquettes maisons en bois aux allures de gîtes avec terrasse couverte équipée d'un salon de jardin et d'un barbecue, donnent sur des espaces jardinés où ont été conservés végétation locale et murets en pierres sèches. D'une capacité de 6 à 8 places, les chalets comptent 1 chambre avec 1 lit double, une autre avec 2 lits superposés, 1 salon-cuisine doté d'un canapé convertible et 2 salles de bains !

AU COIN DES GRANGES €€

Lieu-dit Le Theil - **BIO** ✆ 05 65 11 74 28
www.aucoindesgrangesbio.com
Gîte 4 pers. 470-1030 €/semaine. 2 Roulottes 4 pers. 450-700 €/semaine. 3 nuits minimum. Piscine.

Sophie et Franck ont repris ce gîte aménagé dans une ancienne grange typique du Quercy. Sur le causse de Gramat, entre verdure et pierre, deux roulottes dans la campagne sont aussi une belle option pour séjourner à la belle saison. C'est un vrai paradis de sérénité et de nature. Chaque hébergement possède son propre espace extérieur, avec un point de ralliement l'été : la piscine. Profitez également du prêt du télescope géant dans le Parc des Causses du Quercy pour observer les étoiles comme nulle part ailleurs en Europe, connu comme «le triangle noir».

HOSTELLERIE DU CAUSSE*** €€

Route de Cahors
✆ 05 65 10 60 60
www.hostellerieducausse.com
Hôtel ouvert toute l'année. Chambre double 97/147 €, demi-pension 44 €. Chambre PMR. Animaux acceptés. Grand parc.

Les chambres modernes et lumineuses s'ouvrent sur le parc et la piscine et jouissent d'une vue paisible. Le parc arboré de 2 ha se prête à la contemplation et à la promenade. Une terrasse ombragée sous des chênes séculaires est particulièrement agréable en plein été lorsque le soleil lotois réchauffe la terre. Laissez-vous tenter par le forfait week-end adaptable sur deux ou trois jours incluant l'hôtel, le restaurant et les visites des grands sites aux alentours. Et si c'est la saison, régalez-vous du chou farci au foie gras sauce petites trompettes !

HÔTEL DU CENTRE*** €€

Place de la République
✆ 05 65 38 73 37
www.lecentre.fr
Ouvert toute l'année sauf décembre. Chambre double 104 €/nuit. Petit déjeuner 13,50 €. Chambre PMR. Menu 36,90 €.

A quelques kilomètres seulement de Rocamadour et des grands sites de la vallée de la Dordogne, situé au cœur de Gramat, l'Hôtel du Centre propose des chambres claires et spacieuses avec tout confort : climatisation, lit queen size, double vitrage, coffre-fort, etc. Il a été récemment rénové avec une déco pop décalée surprenante, à la fois cool et élégante ! L'hôtel est équipé d'un ascenseur et d'un grand parking. Son restaurant propose une cuisine traditionnelle où les produits du terroir sont sublimés. Une belle adresse avec un accueil convivial.

HÔTEL-RESTAURANT LE LION D'OR** €€

8, place de la République ✆ 05 65 10 46 10
www.hotel-leliondor-gramat.fr

Ouvert toute l'année. Chambre double à partir de 60 €. Animaux 10 €. Brasserie : 22 € à 32 €. Menu du jour 16 €.

Avec sa façade traditionnelle, cet hôtel est un havre de tranquillité. La bâtisse avec une cheminée du XVe siècle bénéficie d'une terrasse agrémentée d'une vigne centenaire. Parmi les 15 chambres sur trois étages avec ascenseur, vous pourrez choisir entre la supérieure, la standard, la single, la twin ou la triple. La belle brasserie de l'hôtel propose plusieurs formules, avec des recettes locales comme la choucroute gramatoise avec magret de canard, saucisse de canard et bière ambrée.

RÉSIDENCE LES SÉGALIÈRES €€

1762, avenue André Malraux
✆ 05 65 14 72 38

Ouvert à l'année. Maisonnette 4 pers. à partir de 195 €/semaine. Chalet 4/6 pers. à partir de 225 €/semaine. Piscine.

Les Ségalières est une résidence Lagrange. Au cœur d'une chênaie de 7 ha, vous pourrez séjourner dans un cottage en bois ou une petite maison avec tout le confort pour d'agréables vacances. Au sein de la résidence, vous profiterez de la piscine et d'activités de loisirs : une séance de spa incluse dans la location à la semaine, salle de cardio-training, beach volley, ping-pong, pétanque, aire de jeux pour les enfants, location de vélo ou de sauna, sont parmi les installations disponibles. Il est fort à parier que vous repartirez en ayant fait le plein d'énergie.

LES 2 PATTES €

Lieu-dit Le Bastit
LE BASTIT
✆ 05 65 34 32 82

Ouvert toute l'année, tous les midis du lundi au dimanche, le soir du mercredi au samedi 19h-22h. Menu Quercynois 26 €.

Cuisine du terroir à tomber à la renverse, un comble pour les 2 pattes de Sylvie. Tout est fait maison, du foie gras au confit en passant par les soupes et les desserts, et cerise sur le gâteau en collaboration avec les producteurs locaux notamment bio, le miel par exemple est produit au Bastit. Le soir et le week-end, le client fait son choix à la carte ou à l'ardoise avec une formule avantageuse car si on prend entrée et plat, on peut également se faire plaisir avec fromage et dessert sans supplément. Belle sélection de vins au pichet.

LA CUISINE D'ALAIN €€

2, rue de la Liberté
✆ 05 65 38 87 87

Toute l'année du lundi au samedi midi + le soir en juillet/août. Menus 14-30 €. Accès PMR. Terrasse. A emporter.

Un petit coin d'Amérique à Gramat et du bonheur dans les assiettes. La déco des trois salles de la Cuisine d'Alain est un hymne aux États-Unis et à sa culture. Alain officie en cuisine et on n'est pas déçu par le voyage. Une formule du midi où tout est fait maison bien sûr avec uniquement des produits frais : cassoulet, six burgers dont le *Duck* avec filet de canard. Vous pouvez aussi déguster des assiettes complètes, des salades, des plats garnis. Et pour compléter le tableau, une bonne carte de vins. La Cuisine d'Alain, c'est le café des sports typiques des USA !

HOSTELLERIE DU CAUSSE €€

Route de Cahors ✆ 05 65 10 60 60
www.hostellerieducausse.com

Du lundi au vendredi midi et soir et 7j/7 en été. Menus 19-40 €. Chambre double 95-110 €. Accès PMR. Animaux acceptés.

Dans les cuisines de l'hôtel-restaurant Hostellerie du Causse, l'esprit de la maison mise sur le travail de produits traditionnels mais en apportant une touche innovante. Afin d'agrémenter les plats, le chef propose une quarantaine de références de vins de Cahors. Les plats sonnent comme un hymne au terroir et à une gastronomie raffinée. Les chambres sont élégantes et confortables et offrent de nombreux services : plateau de courtoisie, clim, coffre-fort... La terrasse ombragée par la tonnelle et le parc aux senteurs méridionales sauront à coup sûr vous séduire.

LE RELAIS DES GOURMANDS €€

2, Avenue de la Gare
✆ 05 65 38 83 92
https://www.relais-des-gourmands.com/

Hôtel-restaurant ouvert mardi-samedi midi/soir, dim. midi. Menu 27-42 €. Nuitée 100 € env. Demi-pension 54 €. Piscine.

Le cadre moderne de ce relais est idéal pour profiter des beaux jours, avec une terrasse ombragée et une piscine qui invitent à la détente. Les chambres de belle taille ont une déco design. Après 30 ans de bons et loyaux services des fondateurs du lieu, Suzy et Gérard Curtet, leurs enfants Marine et Julien ont pris la relève, et peuvent compter sur le chef Carle Jenner pour proposer une cuisine créative et raffinée, référencée aux Bonnes Tables du Lot : il aime distiller des épices, mais a repris le fameux panaché de tête et langue de veau façon Gérard Curtet.

ATRIUM

9, place de la République
✆ 05 65 38 70 30
Sept à juin mardi-samedi 9h30-12h30/14h30-18h30. Juillet/août lundi-samedi 9h-19h + certains dimanches et jours fériés.

Producteur vigneron, Bertrand Gabriel Vigouroux propose dans ses caves Atrium les vins de sa production où ses deux Châteaux incontournables de l'appellation Cahors sont mis à l'honneur : Château de Haute-Serre et Château de Mercuès. Vous retrouverez dans ses caves Atrium, concept unique de magasin caviste qui compte plus d'une centaine de références, une large sélection de vins et spiritueux, des apéritifs et produits régionaux, un espace de dégustation et des conseils de professionnels. L'Atrium est l'ambassadeur des vins de la Maison Georges Vigouroux.

LA SAVONNERIE DU CAUSSE

LE BASTIT
✆ 06 07 19 46 69
Ouverture sur rendez-vous et livraison. Produits entièrement artisanaux et écoresponsables.

Cette savonnerie artisanale est située au cœur du parc naturel régional des Causses du Quercy, dans le village du Bastit. Juliette a opté pour une fabrication traditionnelle avec une saponification à froid qui permet de préserver tous les bienfaits des produits utilisés. Ces savons naturels, biologiques, éthiques et écoresponsables contiennent des produits locaux de haute qualité : lavande de Rocamadour, noix de Martel, miel du Bastit ou encore lait de brebis d'Alvignac. Leurs immenses vertus protégeront et nourriront votre peau, quelle que soit sa nature !

ALVIGNAC

On ne peut évoquer Alvignac sans sa source Salmière ! C'est elle qui a donné à la commune un dynamisme économique au début du XXe siècle, faisant d'Alvignac une ville thermale. On construit alors des infrastructures pour accueillir des curistes, un hôtel, mais également un casino. De 1962 à 1981 l'eau de la source est même mise en bouteilles, vendues en pharmacies et magasins diététiques. Le site a connu des aléas, mais semble retrouver un nouveau souffle : le Syndicat Intercommunal à Vocation Unique Miers-Alvignac travaille à redonner au site sa beauté et son activité. En 2016, le pavillon des eaux a été rénové. Le Casino est toujours en activité.

LE BOUT DU ROC €

Le Roc
✆ 06 77 60 14 10
www.leboutduroc.com
Ouvert toute l'année. 4 chambres de 72 à 110 €, petit déjeuner inclus. Table d'hôtes 30 €/pers. (18 € pour -13 ans).

Eleveurs d'agneau fermier du Quercy, Marie et Yves vous ouvrent chaleureusement les portes de leur maison. Entre Rocamadour et Padirac, vous viendrez au contact de l'authentique vie campagnarde à la lotoise au milieu d'une nature préservée. Les chambres sont mansardées, présentées dans un style épuré, finement décorées. Labellisé gîte panda. Les repas du soir viendront vous ravir le palais de ses saveurs de terroir et fumés typiques. Excellent accueil et prestations, dans un endroit magnifiquement calme, à deux pas de Rocamadour.

HÔTEL DU CHÂTEAU** €

20, Place de la mairie
✆ 05 65 33 60 14
www.hotelduchateaualvignac.fr
Ouvert de mars à décembre. Nuitée à partir de 82 €. Petit déjeuner buffet 13 €. Pas de restaurant à l'hôtel.

L'hôtel du Château nous offre différents visages suivant les saisons avec sa magnifique vigne vierge : de vert en période estivale à bordeaux en période automnale. Accolé à l'église, l'hôtel semble veiller sur cette dernière. Accueil impeccable, chambres à la décoration contemporaine tout en conservant l'authenticité de la bâtisse. Un parc bien entretenu, avec piscine, fait face à l'hôtel. Un lieu pour se détendre en plein cœur d'Alvignac avant de monter, pourquoi pas, tenter sa chance au seul casino du département. Une belle adresse pour se ressourcer.

LE VOYAGE D'ERNESTINE €€

La Grande Rue
✆ 05 65 11 76 20
www.le-voyage-ernestine.fr
Haute saison tous les jours midi et soir sauf samedi midi. Basse saison tous les soirs et dimanche midi. Plat 18-22 €.

Célia, Robin et Adrien se sont fait un nom derrière cette énigmatique Ernestine en proposant une cuisine authentique explosive, grâce à leurs expériences chez Ducasse, en Australie ou encore au Japon. Au final, le trio s'harmonise parfaitement avec Célia en salle et les garçons en cuisine qui aiment travailler des produits de saison : paleron de bœuf grillé sauce gochujang, merlu et son oignon farci à la compotée de fenouil en hiver, et agneau façon orientale en été. Le restaurant bénéficie d'une belle décoration à l'image des assiettes envoyées !

CASINO D'ALVIGNAC

Route de Padirac ✆ 05 65 33 77 70
www.casino-alvignac.com
Toute l'année 7j/7 de 11h à 2h (3h le w-e). Brasserie jeudi au lundi 12h-14h et 19h-22h. Burger, pizza, grillade 8/15 €.

Le casino d'Alvignac, c'est 75 machines à sous, des jeux de table (roulette anglaise, black-jack, stud-poker) mais également un espace ludique, lumineux et convivial. De nombreuses animations sont organisées selon le moment de l'année. Tous les dimanches après-midi de 15h à 20h, le casino devient un thé dansant. Pour compléter la gamme de services, un restaurant, Le Bois des Jonquilles, ouvre deux salles de 55 à 120 couverts modulables selon les occasions : banquets, repas de groupe, cocktails, spectacles, etc. Côté cuisine, la tradition se mêle à la modernité.

PADIRAC ★★★

Padirac sonne comme le nom d'une marque de tourisme, mais c'est avant tout celui d'un village des Causses du Quercy. Il est marqué par l'histoire dont les traces sont visibles sur les murs : ceux de son château, de l'église Saint-Julien et de la chapelle romane du XIe siècle. En parcourant la voie romaine, nous pouvons encore remonter le temps jusqu'aux dolmens, nombreux dans les environs. Padirac, c'est aussi son fameux gouffre, rendu célèbre en 1889 par Edouard-Alfred Martel, père fondateur de la spéléologie. C'est l'une des plus grandes curiosités géologiques françaises, avec son entrée monumentale de 35 m de diamètre et de 103 m de profondeur.

GOUFFRE DE PADIRAC ★★★★

Le Gouffre
✆ 05 65 33 64 56
www.gouffre-de-padirac.com
7j/7 de fin mars à début novembre. Réservation obligatoire. Adulte à partir de 19 €, enfant à partir de 14 €.

Le Gouffre de Padirac, une cavité naturelle de 33 mètres de diamètre et 75 mètres de profondeur, est le premier site de patrimoine naturel souterrain en France et une curiosité géologique incontournable. L'aventure commence par la descente d'un escalier de 207 marches, inspiré de l'architecture d'Eiffel, sur les 543 que vous parcourrez. Après avoir exploré les galeries accessibles à pied, vous embarquez à bord d'une barque, guidée par un batelier, pour une balade instructive au fil de l'eau. Le spectacle est tout simplement spectaculaire !

PARC ZOOLOGIQUE PADIPARC

Pech du Puits
✆ 05 65 34 68 49
www.padiparc.com
Ouvert toute l'année. Été 7j/7 10h-19h. Adulte 9 €. Enfant 4-11 ans 6 €. Expérience soigneur 65/95 €. Animations.

Bienvenue au paradis des reptiles et autres petites bêtes sympathiques ! Ne cherchez pas du sensationnel, Padiparc c'est surtout du bon sens et le respect du bien être animal. Pour Raphaël, le créateur du site, rien n'est plus important que ses animaux : serpents, tortues, caméléons, etc. Vous pourrez les observer en toute quiétude, et poser toutes vos questions aux soigneurs présents sur le site. Bel espace de contact avec les tortues géantes africaines que l'on découvre bien plus véloces que dans nos idées reçues ! Un site familial et très instructif.

VALLÉE DE LA DORDOGNE

© JORDI BOU

Gouffre de Padirac.

LA CHARMILLE*** €€

✆ 05 65 33 64 47
www.lacharmille.info/fr
Ouvert du 30/03 au 15/10. Chambre double 90 € à 110 €/nuit. Demi-pension 48 €. Petit déjeuner 15 €. Piscine. Sauna.

Isabelle et Jeffrey, originaires de Belgique, vous accueillent dans cette charmante bâtisse quercynoise, idéalement située dans une région touristique prisée, offrant à la fois calme et authenticité. Vous apprécierez ses pierres apparentes à chaque étage et son jardin paisible, avec une piscine chauffée en retrait de la route. Le restaurant, réservé aux clients de l'hôtel, propose une cuisine maison typique du terroir : foie gras, confit et magret de canard, mais aussi des poissons frais. Vous pourrez profiter de la salle de bridge, du boulodrome ou du sauna.

L'AUBERGE DU GOUFFRE €€

Gouffre de Padirac
✆ 05 65 33 64 56
www.gouffre-de-padirac.com
Ouverture liée à celle du gouffre, mêmes horaires que la billetterie. Menus 23-29 €. Menu enfant 12,50 €.

Avant ou après votre visite, l'Auberge du Gouffre vous invite à savourer une cuisine familiale et conviviale, avec deux formules : l'Auberge et la Buvette. La première vous propose une véritable expérience gastronomique, tandis que la seconde offre une formule snack. Vous y découvrirez des spécialités régionales telles que le canard, les saucisses fraîches, la salade lotoise ou amadourienne, la truite, le rocamadour et les noix du Périgord. Côté snack, une carte traditionnelle est également disponible. N'hésitez pas à vous y arrêter !

ROULOTTE PETIT GOUFFRE €€

Penot ✆ 06 86 03 53 77
Ouvert d'avril à novembre. Roulotte avec spa : 198 €/nuit. Petit déjeuner 9,50 €. Chambre 110/125 €. Adultes seulement.

Plusieurs roulottes de bois aux couleurs personnalisées, reconverties en gîtes ruraux avec spa privé, vous attendent dans ce lieu de verdure paisible, 100 % nature, à deux pas du Gouffre de Padirac. Vous pouvez loger à quatre (un couple et deux enfants) par roulotte. Un lieu parfait pour vous ressourcer au milieu d'une vallée entourée de pâturages et de forêts, sur un domaine de 5 ha. Allez à la rencontre des ânes et des chevaux, et profitez de la piscine sur place à partager avec les chambres d'hôtes. Un séjour insolite et agréable pour adultes seulement.

LA GRANGE AUX TRUFFES

Lieu-dit Le Ratier ✆ 05 65 34 57 28
www.lagrangeauxtruffes.com
Ouvert du mardi au samedi. Salon de thé de mai à septembre. Visite de l'atelier de chocolaterie sur rendez-vous.

La Grange aux Truffes abrite des mets chocolatés d'exception. Jan Vanderborght, pâtissier, boulanger et chocolatier, s'est formé en Belgique. Désormais installé en pays lotois, il propose ses créations et réalise les vôtres sur demande. Des 35 chocolats différents en ballotins aux tablettes en passant par des figurines gourmandes – et parfois coquines –, notre chocolatier répond à chaque événement. Nouveauté : en été, vous pouvez profiter du salon de thé, avec gâteaux et glaces, tout faits maison, en terrasse ou dans le jardin. Gourmands, votre paradis est ici.

CAMPING ROCA D'AMOUR**** €€€

Lieu-dit Mathieu ✆ 05 65 33 65 54
www.camping-roca-damour.fr
Ouvert de début avril à début septembre. Emplacement à partir de 19 €. Locatifs à partir de 189 €/sem. Mobil-homes PMR.

Le camping Roca d'Amour, 4 étoiles, propose des emplacements spacieux et délimités, en pleine nature préservée. Il se compose de deux zones distinctes : Roca d'Amour 1 (les Chênes) et Roca d'Amour 2 (le Parc). Vous y découvrirez deux espaces aquatiques : le premier, chauffé, avec piscines et toboggans (ouvert d'avril à septembre), et le second, ouvert de fin juin à début septembre, comprenant une piscine chauffée de 190 m², une pataugeoire et trois toboggans aquatiques. Vous pourrez choisir entre un emplacement nu, un mobil-home ou un chalet pour votre séjour.

MIERS

Miers est un témoin précieux de l'histoire de l'humanité. Les premières traces humaines retrouvées ici remontent au Paléolithique moyen (300 000 ans BP) comme l'a révélé le site préhistorique des Fieux. Si la commune regorge de grottes, gouffres, igues (puits naturel) et autres territoires d'exception pour les spéléologues férus d'aventure, c'est bien la grotte préhistorique des Fieux, découverte le 2 novembre 1964, qui constitue à ce jour la plus grande promesse pour les visiteurs. L'histoire de la commune est très riche, elle offre également toute une vision du Moyen Âge : monastère, prieuré, hôpital, château... Les pierres sont des archives à ciel ouvert.

ARCHÉOSITE DES FIEUX - SITE PRÉHISTORIQUE

Route de Carennac
✆ 06 16 26 74 35
www.archeositedesfieux.com
Avril à octobre : 10h-18h/19h. 7j/7 l'été et vacances scolaires. Hors vacances : samedi/ dimanche. Animations, circuits.

Classé aux Monuments historiques, l'archéosite des Fieux présente un gisement dont les plus anciens vestiges remontent à presque cent mille ans. Visites, animations, ateliers, de nombreuses activités pour enfants et adultes : démonstrations de taille de silex, allumage d'un feu, initiation à la chasse aux propulseurs, art pariétal, fabrication d'une lampe à graisse et de colliers, modelages en argile... Un véritable cabinet de la préhistoire à découvrir en famille.

CAMPING LE PIGEONNIER*** €€

Estayrie ✆ 05 65 33 71 95
www.campinglepigeonnier.com
Ouvert du 5 avril au 28 septembre. 45 espaces privatifs pour 15 locatifs à partir de 280 €/sem. Piscine, jeux, bar.

Camping agréable et fleuri niché sur les hauteurs de la vallée de la Dordogne. Il est composé de 45 emplacements sur un hectare ombragé. Sur place, son pigeonnier restauré et le camping sont lovés dans un écrin de verdure entre Carennac et Rocamadour. Convivial et familial, vous y trouverez tout ce qu'il faut pour vous évader le temps des vacances et découvrir les alentours. Les emplacements sont bien délimités et assurent un minimum d'intimité. Piscine extérieure chauffée, château gonflable, jeux sur ressort, randonnées pédestres, sorties canoë-kayak, etc.

AU FIL DE L'EAU €€

Source Salmière ✆ 05 65 11 68 30
https://www.aufildeleau-miers.fr/
Ouvert le soir du mercredi au samedi + le midi samedi et dimanche. Menu : 38/54 €. Menu enfant (jusqu'à 12 ans) : 12 €.

Clément et Léana vous accueillent dans ce superbe restaurant pour une expérience culinaire semi-gastronomique dans un cadre enchanteur. Dans une salle lumineuse et colorée, vous aurez une vue sur l'étang de Miers et le pavillon de la source Salmière. Le chef travaille des produits frais et locaux avec une grande élégance et de la créativité puisée dans la cuisine du monde : ravioles de canard, bouillon thaï, poulet korma, carpaccio de Saint-Jacques, bœuf du Limousin basse température, feuilleté de rougets... Des brunchs sont aussi parfois proposés le dimanche.

MARTEL ★★

Cité médiévale, la ville aux 7 tours se dresse sur un plateau calcaire, le causse qui porte son nom. La halle du XVIIIe siècle, bâtie sur l'emplacement du premier hôtel de ville où les consuls et le sénéchal de la ville se réunissaient, est remarquable, avec sa lourde charpente en châtaignier sur des piliers massifs et ses quatre mesures à grain. Un marché s'y tient mercredi et samedi matin pour perpétuer la tradition. La tour de Tournemire a servi de défense et de prison. On peut d'ailleurs y lire d'étranges graffitis sur les murs. Allez voir aussi la Maison Grise (XVIe siècle) qui fut la demeure d'Antoine Judicis, président du tribunal révolutionnaire de Paris, celui qui envoya Fouquier-Tinville, dit l'archange de la terreur, à l'échafaud en mai 1795. Enfin, terminez la visite par l'église Saint-Maur, pour bien avoir Martel en tête ! Outre ce patrimoine architectural exceptionnel, Martel est aussi connue pour ses trésors gastronomiques : la truffe noire dite *tubermelanosporum* et la noix. Il ne faut pas venir à Martel sans programmer un petit tour de train à vapeur appelé le Truffadou. Outre le plaisir de voir une locomotive à vapeur en action, le voyage est également l'occasion d'admirer la vallée de la Dordogne d'un point de vue unique. Vous emprunterez une partie de l'ancienne ligne ferroviaire de Bordeaux à Aurillac qui fut construite entre 1880 et 1884, et mise en service en 1889. Cette ligne est taillée dans la falaise de Mirandol, surplombant la Dordogne de 80 mètres ! Une vraie expérience !

ÉGLISE SAINT-MAUR ★

Visite libre.

L'église romane, fondée par le doyen du monastère de Souillac, n'a laissé comme vestige que son portail orné d'un tympan sculpté, datant du milieu du XIIe siècle. Elle fut remplacée par une église gothique au cours de la première moitié du XIVe siècle. Cette dernière subit d'importantes modifications à la fin de la guerre de Cent Ans, avant d'être agrémentée, au début du XVIe siècle, d'une tour-clocher, conçue comme une structure défensive. Intégrée à l'est au mur d'enceinte de la ville, l'église est dotée de chambres aménagées au sommet de ses contreforts.

Martel.

EMBARQUEZ POUR UN VOYAGE DANS LE TEMPS !

Construite en 1880 et 1882, l'ancienne ligne de chemin de fer Bordeaux-Aurillac a été « déferrée » en 1914 afin de participer à l'effort de guerre. Elle a été refaite en 1918 avec du rail américain. Dans ces années-là, le train servait à l'expédition des truffes du marché de Martel, l'un des plus importants de France. Des années plus tard, une poignée de passionnés ont remis en état 6,5 km de rails, des locomotives, des voitures de train et tout un patrimoine ferroviaire et ont créé le Chemin de Fer Touristique du Haut Quercy. A bord du Truffadou, un authentique train à vapeur, vous empruntez une partie pittoresque de la ligne au départ de Martel pour une belle aventure !

LA FERME DE LA TRUFFE

Pouzols - **CUZANCE**
✆ 06 89 97 84 39
www.lafermedelatruffe.fr

Ouvert toute l'année. Basse saison : week-end. Pâques à Toussaint : mardi au dimanche. Visite, restaurant, hébergement.

Plongez au cœur de l'univers de la truffe avec des visites de truffières, des démonstrations de cavage et une dégustation gourmande. Repartez avec des produits d'exception : truffes en verrines ou bocaux, huiles, vinaigres, moutardes, livres, et, nouveauté de l'année, terrines de campagne de cochon noir. Spécialisée dans la noix, le cochon noir et l'agneau du Quercy Label Rouge, la ferme vous invite à une expérience authentique. Delphine vous accueille chaleureusement dans ses chambres d'hôtes ou au restaurant, et propose des randonnées en 4x4.

PALAIS DE LA RAYMONDIE ★

Le musée d'Uxellodunum est ouvert de fin juin à mi septembre du mercredi au vendredi de 15h30 à 18h30. Entrée 2,50 €.

Construit entre 1280 et 1330, le palais de la Raymondie est un palais urbain formé de quatre ailes entourant une vaste cour centrale. Au fil des siècles, il a endossé divers rôles, devenant hôtel de ville lors de la Révolution. Aujourd'hui, il abrite le musée d'Uxellodunum, qui présente une collection permanente provenant des fouilles réalisées dans la Dordogne lotoise. Ce musée retrace l'histoire, du paléolithique supérieur à l'époque gallo-romaine, et conserve notamment les vestiges de la dernière bataille menée par César en 51 av. J.-C. à Uxellodunum.

CHEMIN DE FER TOURISTIQUE DU HAUT-QUERCY ★★

Près de la gare
✆ 05 65 37 35 81
www.trainduhautquercy.info

Ouvert de Pâques à la Toussaint. Train vapeur ou diesel : 8-13 €. Musée 1 €.

Montez à bord d'un authentique train à vapeur pour un voyage de 13 km aller-retour, à plus de 80 mètres de hauteur, à la découverte des paysages de la vallée de la Dordogne et de l'histoire de cette ligne de chemin de fer. Dans le hall de gare, laissez-vous séduire par le somptueux bar en cuivre du Trans-Europ-Express. À l'étage, le musée des objets ferroviaires anciens vous invite à un voyage dans le temps. Un coup de sifflet, un nuage de vapeur... en route, s'il vous plaît !

© TRAIN À VAPEUR DE MARTEL - CFTHQ

© © TRAIN À VAPEUR DE MARTEL-CFTHQ

VALLÉE DE LA DORDOGNE

PLACE DES CONSULS OU DE LA HALLE ★

Accès libre. Parkings à disposition autour du centre ville, plusieurs accès piéton vers la place et le centre ancien.

Située dans le centre historique, cette place se remarque par sa halle du XVIIIe siècle construite sur l'ancien emplacement de la maison des Consuls et les magnifiques demeures qui l'entourent, anciens hôtels particuliers. Sa magnifique charpente en bois de châtaignier repose sur des piliers de pierre imposants, elle témoigne de la vocation marchande de Martel et perpétue la tradition en accueillant le marché tous les mercredis et samedis matin et les mercredis soir d'été bal gratuit.

CAMPING LE PIC*** €€

Le Pic - **MAYRAC** ✆ 05 65 32 25 04

www.campinglepic-rocamadour.com/

Emplacements à partir de 15,90 €/nuit. Locatifs à partir de 270 €/semaine. Piscine. Sauna. Spa. Animaux acceptés.

Étendu sur 3,5 hectares entre champs et bois, ce camping paisible et ombragé offre 50 emplacements en terrasses, avec une vue imprenable sur le mont Mercou. Parfait pour un séjour en pleine nature, il propose de nombreux services sur place : snack-bar, épicerie, boulangerie, laverie, salle de jeux, animations, piscine équipée de nouveaux toboggans et d'une pataugeoire, boulodrome, ainsi que la location de canoës. Côté hébergements, le choix est varié : gîtes quercynois tout confort, chalets, mobil-homes, emplacements traditionnels, ou encore les Coco Sweet.

REPTILAND ★

Puy Lombry

✆ 05 65 37 41 00

www.reptiland-le-renouveau.fr

Haute saison ouvert tous les jours de 10h à 18h30. Adulte : 11 €. Enfant de 4 à 12 ans : 7,50 €. Accès PMR. Snack bar.

Reptiland abrite la plus grande collection de reptiles d'Europe, exposée à la lumière du jour, avec plus de 100 espèces et plus de 200 spécimens, incluant serpents, crocodiles, lézards, varans, iguanes, tortues, ainsi que des mygales et scorpions. C'est également la plus grande collection de France d'espèces venimeuses. Chaque année, de nouvelles espèces viennent enrichir l'exposition. Vous pouvez choisir une visite libre du parcours ou opter pour une visite guidée, où vous aurez l'occasion d'approcher, toucher et nourrir les animaux.

DOMAINE LES FALAISES**** €€

Lieu-dit Gluges ✆ 05 65 27 18 44

www.les-falaises.com

Ouvert de fin mars à mi-novembre. Chambre double 85-149 €/nuit. Restaurant à la carte. Piscine, bain bouillonnant.

Cet hôtel est niché au pied des falaises de Gluges, dans un cadre verdoyant. Les spacieuses chambres décorées sobrement et agrémentées de touches de couleur, apportent calme et confort. La grande terrasse d'été permet de profiter de la nature dès le petit déjeuner, et du bar extérieur en soirée. Au restaurant semi-gastronomique, le chef Arnaud Sournac propose une cuisine de produits frais et locaux, comme l'épaule d'agneau confite. La piscine et le bain bouillonnant finissent par nous combler. Le Domaine des Falaises est une belle adresse à retenir.

AUBERGE DES SEPT TOURS €€

Avenue de Turenne

✆ 05 65 37 30 16

www.auberge7tours.com

Ouvert toute l'année. Nuitée 80-90 €. Petit déjeuner 9 €. Menus 26-36 €. Formule midi 17 €. Menu enfant 13,50 €.

Nichée dans une charmante bâtisse en pierre, cette auberge de caractère propose un petit hôtel intime de 7 chambres confortables et un restaurant qui célèbre les saveurs du terroir. Grâce à ses grandes baies vitrées et à sa terrasse panoramique, vous profiterez d'une vue imprenable tout en savourant une cuisine authentique et généreuse. Au menu, des spécialités qui raviront tous les palais : foie gras, millefeuille de saumon fumé maison, côte de bœuf, ou plat végétarien. Les douceurs maison, comme le brownie aux noix, viennent parfaire l'expérience.

LES FALAISES** €€

Gluges

✆ 05 65 37 37 78

www.camping-lesfalaises.com

Ouvert mai à fin septembre. Camping sans mobil-home, 47 emplacements. Accès rivières, canoë, spéléo, escalade. Buvette.

Au bord de la Dordogne, dans un site absolument superbe et sauvage, le camping Les Falaises vous accueille pendant toute la saison estivale pour des vacances en pleine nature et dédiées aux activités sportives. De nombreux emplacements ombragés. Le camping possède un accès direct aux berges de la Dordogne, où la baignade est surveillée. Accolée à la réception, une petite épicerie avec les produits de base et quelques spécialités locales est à disposition. Vous y trouverez également une buvette où vous pourrez prendre vos petits-déjeuners.

LES HAUTS DES MAGRIÈRES €€

Au bout d'un chemin de berger, en sortant de Martel, troisième route à droite sur la route de Gramat. ✆ 06 76 74 25 03 - www.lesmagrieres.fr

Ouvert toute l'année. Nuit + petit déjeuner : 150 € pour 2 personnes. Piscine. 3 nuits minimum en juillet et août.

Réalisée par un architecte, la construction actuelle associe une ancienne bergerie édifiée en 1726 à une extension contemporaine dominant la vallée de la Dordogne et le village de Montvalent. La situation est particulièrement calme sans aucune nuisance. Les deux chambres sont aménagées dans le bâtiment ancien et bénéficient d'un accès indépendant. Elles sont grandes, avec des salles de bains et toilettes privatives, et des terrasses particulières. Une belle piscine est accessible aux hôtes. Le petit déjeuner est frais, copieux et fait maison. Un bonheur !

DOMAINE DE LA VAYSSE €€€

Route de Creysse ✆ 06 75 69 44 48
www.quercycottage.com

Domaine à louer dans son entièreté de 24/27 pers, 10 chambres tarif : 5110 à 5490 €/semaine. Piscine et jardin, privé.

Le Domaine de Vaysse est une ferme du XIXe siècle et s'ouvre à la location dans son entièreté pour 25/27 personnes, avec 3 gîtes : La Vigne pour 16 personnes, Les Glycines jusqu'à 5 personnes et Le Cantou pour 6 personnes maximum. La Vigne est une longère où se mélangent poutres et pierres apparentes et possède une vue sur le jardin et la piscine. Vous prendrez plaisir à flâner dans la propriété de 20 ha et vous détendrez dans le spa, à la piscine, ou en jouant à la pétanque. Les gîtes, tout confort, disposent d'une plancha pour profiter des belles soirées d'été.

LE SANS-LYS €

Place Gambetta
✆ 05 65 37 31 17

Ouvert toute l'année le midi, vendredi/samedi soir et tous les soir en haute saison. Formule 16 €. Accès PMR. Terrasse.

Cuisine traditionnelle. L'été, le service glacier de l'établissement est parfait pour faire une pause en terrasse et profiter du soleil. L'hiver, la cheminée et la terrasse fermée font le bonheur des clients, ravis de pouvoir profiter d'un cadre chaleureux et rustique. La carte se compose de plats du terroir et de plats traditionnels dans un choix intéressant pour un excellent rapport qualité-prix. Le midi, le plat du jour permet de se restaurer à moindre coût tout en se régalant. À conseiller à toutes les petites ou grandes faims.

MADAM' €€

99, route de Martel
BALADOU
✆ 07 50 64 14 60
https://www.madambaladou.fr/

Ouvert tous les jours sauf lundi. Mardi-vendredi menu du jour 18 €. Jeudi-samedi 18h-23h à la carte. Terrasse.

En arrivant, une jolie terrasse vous ouvre la porte du restaurant sur une ambiance chic et rétro. Un accueil chaleureux et bienveillant est réservé à chaque table. La Cheffe Mathilde nous emporte dans de jolies dégustations à base de produits locaux et frais, copieux et séduisants. Nous avons aimé le tartare de thon, le foie gras poêlé en tatin, le camembert rôti, tout en regardant avec envie les autres plats en salle. De belles saveurs sublimées ! « Braséro » le dimanche en été dans un esprit dominical. Une jolie expérience gustative « rétro-nomique » à tester.

© MADAM'

© MADAM'

LES BOURIETTES - AU HASARD BALTHAZAR €€

rue Tournemine ✆ 05 65 37 42 01
https://lesbouriettes.fr/

Maître Restaurateur. Avril à septembre, mardi soir à dimanche midi. Plat entre 15/31 €. Menu enfant 13,80 €.

Au hasard Balthazar est le restaurant de la conserverie artisanale Le Comptoir des Bouriettes. La distinction « Maître Restaurateur » assure une cuisine régionale haut de gamme : tout est frais et fait maison avec de nombreux produits locaux, comme le porc noir, l'agneau du Quercy, et bien évidemment le canard et l'oie. Installez-vous dans la jolie salle ou en terrasse dans la cour sous la treille pour vous régaler d'un magret de canard ou un ris de veau sauce morilles.

LE PETIT MOULIN €€

rue Droite
✆ 06 59 59 27 66

Du 14 février à fin décembre 7j/7 midi et soir. Menu 35 €. Formule midi 23 €. Menu enfant 11,50 €. Accès PMR. Terrasse.

Trois bonnes raisons de découvrir un lieu unique : un restaurant, un bar à vin et une épicerie fine. Elixir subtil entre une cuisine raffinée et le produit du terroir modernisé. Au moment de l'apéritif, la dégustation peut s'accompagner d'assiettes à partager, finement confectionnées dans l'alliance mets vins. Au menu, on craque sur le carré de veau fumé à la coquille de noix. Et parce qu'ici on aime le produit dans son acception la plus large, le Petit Moulin c'est aussi une épicerie de produits régionaux, foie gras, huile de noix... Un endroit à ne pas oublier.

PAIN D'ÉPICES DU QUERCY

Route de Carennac - **BÉTAILLE**
✆ 05 65 32 03 20
www.le-pain-d-epice-du-quercy.com

Ouvert toute l'année du mardi au samedi de 9h30 à 12h30 et de 14h30 à 18h30. En été, aussi le lundi et jusqu'à 19h.

S'appuyant sur d'anciennes recettes traditionnelles transmises de génération en génération depuis 1964, Didier Darnis propose des produits de ses ruches et de ses noyers. Depuis plus de 40 ans, la Maison Darnis produit une authentique et succulente recette familiale au goût unique et savoureux qui lui a valu une reconnaissance qui s'accroît chaque année. Le secret de fabrication de cette recette s'est transmis jusqu'à ce jour et en assure la pérennité. On y trouve aussi des miels, des produits à base de propolis, produits de beauté, des noix, etc.

LES BIÈRES DE JULIEN

route de Cressensac - Layrac
✆ 09 51 46 04 61
www.lesbieresdejulien.fr

Visite + dégustation + vente le vendredi de 14h à 19h. Label Nature & Progrès.

Installée en 2010 sur la commune de Saint-Céré, la Brasserie de la Cère a finalement emménagé à Martel en 2014. Avec ses bières, Julien a su conquérir le marché brassicole de la région : une large gamme est proposée, avec en vedette La Dorée, une blonde triple fermentation. Julien brasse ses bières de manière artisanale et la matière première est labellisée en Bio. L'éthique est un engagement profond de la brasserie qui privilégie la vente en local et s'engage à récupérer les bouteilles. Et surtout, la bière est délicieuse !

LE COMPTOIR DE LA NOIX

rue Mercière
✆ 06 79 36 88 24
https://comptoirdelanoix.fr/

Ouvert d'avril à novembre 7j/7 de 10h à 13h et de 14h à 18h (19h en juillet et août). Boutique en ligne également.

Reconnue pour ses qualités gustatives et produites dans la région depuis des siècles, la noix de Martel est ici élevée au rang de reine ! Fous d'elle, Anaïs et Jean-François ne la récoltent pas mais la transforment ! Dans cette jolie petite épicerie fine vous la trouverez torréfiée et caramélisée selon une recette secrète des maîtres confiseurs, au chaudron de cuivre. En vous promenant, vous serez saisi par ce parfum unique d'un bonbon local. Elle est ensuite déclinée sous toutes ses formes : huile, tartinade, etc. Vente également de produits régionaux.

PARC AQUATIQUE DE LA SAULE

Borgne de la Saule - **BÉTAILLE** ✆ 05 65 32 55 75
www.lasaule.fr

Ouvert 21 juin au 31 août. 7j/7 11h-19h30. 10/13€. 2500m² de baignade. Accès PMR. Restauration. Boutique. Parking.

L'un des dix plus grands bassins de France est dans le Lot avec une piscine de 2 500 m² – l'eau vient d'une nappe phréatique – avec pieuvre aquatique, champignon d'eau, cinq toboggans géants dont le « kamikaze » et ses 4 pistes, le Big yellow haut de 8 m, et le toboggan à bouées. Jeux gonflables, tyrolienne, tourniquets, château, trampolines, pétanque, balançoires, mais surtout des nouveautés : *escape game*, minigolf et un parcours *ninja warrior* de 100 m et douze obstacles ! Chiche ?

PAYS DE FIGEAC ET VALLÉE DU CÉLÉ

Dans sa version nord-est, le Ségala lotois est plus auvergnat que quercynois. Encore une preuve que le Lot est multiple, fait de paysages contraires et d'humeurs venues d'ailleurs. Le Ségala lotois fait partie de la Châtaigneraie cantalienne voisine, en cousin germain de son voisin, le Ségala aveyronnais. Contrairement au Quercy qui est une identité historique, le Ségala est lui une région naturelle dont l'unité est assurée par la géologie et les espèces endémiques. Voilà de quoi donner du caractère à Figeac, célèbre cité de Champollion. Entre le Célé et le Lot, vous entrez ici dans une région du Lot sauvage qui a déjà un avant-goût de Massif central. La vallée du Célé, plus authentique que ses cousines, vallée de la Dordogne et du Lot, reste une vallée pleine de promesses où vous irez à la rencontre d'un territoire plus préservé, encore rural. Figeac joue ici un rôle de capitale, place forte du commerce et de la culture.

Pays de Figeac et vallée du Célé
CANTAL
LATRONQUIÈRE
Terrou
Rocamadour-l'Hospitalet
Gramat
Thémines
Parc national régional des Causses du Quercy
LACAPELLE-MARIVAL
Rudelle
Maurs
Saint-Constant-sur-Célé
Montfaucon
CARDAILLAC
ASSIER
FOURMAGNAC
Labastide-Murat
LIVERNON
ESPÉDAILLAC
Cambes
FIGEAC
ESPAGNAC-SAINTE-EULALIE
L'aiguille
Boisse-Penchot
Livinhac-le-Haut
BRENGUES
Bouillac
Capdenac-Gare
Capdenac-Port
Faycelles
Viviez
MARCILHAC-SUR-CÉLÉ
Saint-Julien d'Empare
Asprières
Combes
Aubin
CABRERETS
SAULIAC-SUR-CÉLÉ

PAGES

104 ●● FIGEAC ET VALLÉE DU CÉLÉ

104 FIGEAC ★★★

La cité de Figeac est née au IXe siècle sur les rives du Célé. C'est alors une abbaye bénédictine et encore aujourd'hui une halte très prisée par les pèlerins de Saint-Jacques-de-Compostelle. Puissante cité marchande, elle a été rendue célèbre dans le monde entier par l'égyptologue Champollion qui y a aujourd'hui son musée. Un très beau marché de plein air se tient le samedi matin.

110 CABRERETS ★★

Cabrerets, dans la vallée du Célé, attire de nombreux amoureux de la nature, surtout en été. Il ne faut pas manquer de visiter la remarquable grotte de Pech-Merle, rare grotte ornée de la région. L'histoire du village est également ancrée dans une légende, celle d'une chèvre blanche...

113 SAULIAC-SUR-CÉLÉ

114 MARCILHAC-SUR-CÉLÉ

Face à Marcilhac-sur-Célé, c'est l'émotion intacte de la pierre, celle des grandes falaises de calcaire qui se reflètent dans la rivière du Célé, celle des ruines d'une abbaye du XIe siècle, celle de l'église romane, beauté minérale sans pareille. Marcilhac est une petite cité douce et paisible où l'on trouve un peu de fraîcheur en été sur les rives du Célé.

115 BRENGUES

116 ESPAGNAC-SAINTE-EULALIE

Avec un si joli toponyme, Espagnac Sainte-Eulalie ce petit village-monastère présente une architecture médiévale significative du XIIe siècle, date de son prieuré, le Val-Paradis ! Niché dans un méandre du Célé rive gauche, le village accueille de nombreux pèlerins depuis son origine.

117 ●● LES CAUSSES DU FIGEACOIS

FIGEAC ★★★

Pour comprendre Figeac, il faut se plonger dans son histoire séculaire. La cité est née au IXe siècle sur les rives du Célé. C'est alors une abbaye bénédictine fondée par Pépin Ier, roi d'Aquitaine, arrière-grand-père du fameux Pépin le Bref. Les pèlerins venus du Puy par Conques vers Cahors ou Rocamadour, puis Saint-Jacques-de-Compostelle, passaient ici. C'est aujourd'hui une halte toujours très prisée par les pèlerins, mais aussi par les touristes. Cité flamboyante de la vallée du Célé, Figeac attire par ses nombreux atouts. Elle a été rendue célèbre dans le monde entier par l'un de ses enfants, Champollion, qui a su déchiffrer la pierre de Rosette.

OFFICE DE TOURISME DU GRAND FIGEAC

Place Vival
✆ 05 65 34 06 25
www.tourisme-figeac.com
Qualité Tourisme. Ouvert toute l'année, consulter le site internet pour les jours et horaires d'ouverture précis.

Installé au sein de l'Hôtel de la Monnaie, place Vival, l'office est le lieu incontournable pour parfaire vos connaissances touristiques. Rien que pour son écrin de pierres, le site vaut le détour. Il sera également votre allié pour découvrir les animations de ce territoire. Bons plans, bonnes adresses, agenda complet des festivités sans oublier les prestations des visites guidées proposées par l'office qui vous permettront de plonger dans les secrets de la cité de Champollion.

MUSÉE D'HISTOIRE DE FIGEAC

Espace Henri Vayssettes
✆ 05 65 50 31 08
ville-figeac.fr
Juillet/août, 7j/7 14h30 à 18h30. Gratuit -18 ans. Adulte 2 € (ou inclus avec ticket Musée Champollion).

Le musée préserve la mémoire matérielle de la ville et du département du Lot, tout en rendant hommage aux voyages de ses généreux donateurs. Aménagé comme un véritable cabinet de curiosités, il met particulièrement en valeur les sciences naturelles. Vous y découvrirez des toiles lotoises du peintre catalan Pierre Daura, des outils préhistoriques, ainsi qu'un crapaud-buffle, des minéraux et des fossiles. Visites pour les enfants organisées pendant les vacances.

LOU FIJAGOL

Le petit train de Figeac
✆ 05 65 34 06 25
Juillet/août 7j/7. Adulte : 7 €. Enfant 12 à 16 ans 4,50 €, 6 à 11 ans 3 €, gratuit -6 ans. Pack famille 17-20 €.

Partez pour une promenade commentée de 45 minutes à bord du fameux train de Figeac, à travers la vieille ville au patrimoine médiéval exceptionnel (église, calvaire, terrasses du Puy). Ensuite, profitez d'une balade le long du Célé. Grâce aux commentaires enrichissants, vous découvrirez les secrets de la ville, son histoire et ses légendes. Une visite nocturne est également proposée en soirée, en semaine, en juillet et août, à partir de 21h30. Une façon ludique et originale de découvrir la vieille ville sous une nouvelle lumière, que les enfants adoreront !

Maisons à Figeac.

HÔTEL CAFÉ CHAMPOLLION €

3, place Champollion
✆ 05 65 34 04 37
www.hotelchampollion.fr
A partir de 62 €/nuit. Petit déj. 9 €. Café et petite restauration à toute heure. Ouvert de 7h à 2h du matin. Abri vélo.

L'hôtel-café le Champollion domine la place et accueille les touristes dans une ambiance familiale et conviviale. Ici, le visiteur trouve un endroit où se détendre. Les chambres, modernes, sont spacieuses et confortables. Une salle commune est mise à disposition pour les repas avec un four à micro-ondes en accès libre. C'est l'endroit idéal pour un week-end en famille, mais aussi pour les pèlerins qui bénéficient d'un prix réduit. Mythique à Figeac, des générations successives y ont refait le monde dans la joie et la bonne humeur.

LE QUATORZE*** €

14, place de l'Estang
✆ 05 65 14 08 92
www.le-quatorze.fr
Ouvert toute l'année. De 77 à 119 €/nuit. Petit déjeuner buffet 13 €. Parking fermé idéal voiture et moto. Accueil PMR.

Baptisé le 14, un clin d'œil à son adresse et à son nombre de chambres, cet hôtel bénéficie d'un emplacement idéal sur une place calme, derrière l'église Saint-Sauveur. Dans ce bâtiment de 3 étages doté d'un ascenseur, dont une partie date du XIIIe siècle, les chambres sont spacieuses et confortables. Le copieux petit-déjeuner fait la part belle aux circuits courts : la fraîcheur et la qualité du pain, des viennoiseries, du fromage, des yaourts, de la charcuterie et des fruits ! L'après-midi, il fait bon se prélasser dans le jardinet à l'ombre du tilleul...

BEST WESTERN HÔTEL LE PONT D'OR*** €€

2, avenue Jean Jaurès ✆ 05 65 50 95 00
www.hotelpontdor.com
Ouvert toute l'année. A partir de 88,40 €/nuit. Soirée étape 125,99 €. Sauna 10 €. Piscine sur les toits à débordement.

Près du cœur historique, sur les rives du Célé, l'hôtel Best Western est logé dans un immeuble quercynois du XIIIe siècle. Il en a gardé le charme tout en étant décoré de façon moderne et raffinée. Les chambres sont confortables et élégantes. On apprécie l'intimité de la piscine à débordement sur le toit et la salle de fitness. Son restaurant-cave à vins vous accueille dans une ambiance feutrée pour découvrir une cuisine régionale, avec ses menus au très bon rapport qualité-prix.

MUSÉE CHAMPOLLION - LES ÉCRITURES DU MONDE ★★★

Place Champollion ✆ 05 65 50 31 08
https://musee-champollion.fr
Ouvert toute l'année. Consulter le site internet pour les détails. Gratuit -18 ans. Adulte 6 €. Visite guidée : + 4 €.

Penchons-nous sur cette histoire qui a commencé il y a plus de 5 000 ans... Il s'agit de celle des Écritures du Monde ! Si les premières traces graphiques remontent à environ 50 000 ans, l'histoire de l'écriture à proprement dite nous ramène effectivement 5 300 ans en arrière. Pour comprendre cette fabuleuse épopée humaine, vous êtes ici au bon endroit ! Bienvenue dans la maison natale de Jean-François Champollion, le père de l'égyptologie et déchiffreur des hiéroglyphes. Le Figeacois est mondialement connu pour avoir réussi à déchiffrer pour la première fois les hiéroglyphes : c'est la fameuse Pierre de Rosette dont vous pourrez admirer la reconstitution géante place des Écritures, à quelques pas du musée. Derrière sa magnifique façade aux mille lettres du monde entier, faite de cuivre et de verre, découvrez à partir des travaux du célèbre déchiffreur des hiéroglyphes, des collections qui racontent la fabuleuse aventure de l'écriture et invitent à un voyage passionnant à travers les cultures et les époques. Pour découvrir ce musée, vous pourrez opter pour la visite libre ou la visite guidée. La visite guidée s'adapte en fonction de votre temps. Vous avez le choix parmi plusieurs thématiques : Champollion et l'Egypte ; La naissance des écritures ; Le musée et ses chefs-d'œuvre ; De la lettre au mot : la révolution des alphabets. Sinon, pour les plus pressés, il existe la visite presto en 55 minutes qui vous invite à une introduction du musée et de ses collections. L'ensemble des visites sont véritablement passionnantes !

▶ Le Musée Champollion - Les Écritures du Monde propose tout au long de l'année des expositions temporaires. Elles font parfois partie d'un événement national, ou sont une initiative de l'équipe du musée. Les sujets sont vastes et précis, et permettent de découvrir certaines facettes inhabituelles d'un domaine. Il peut s'agir d'art antique, préhistorique, ou contemporain, d'ici ou d'ailleurs : c'est la richesse de l'écriture sous toutes ses formes. Les amoureux du musée auront toujours une bonne raison d'y revenir...

▶ De nombreuses animations pour les plus grands comme pour les petits sont organisées tout au long de l'année. Pour chacune des vacances scolaires, le musée Champollion met en place notamment des visites thématiques pour les enfants, des visites-jeux, des visites-ateliers, des visites en famille... Ou simplement des visites libres ou guidées sur réservation. Le programme est très riche !

CAMPING DU DOMAINE DU SURGIE**** €€

Moulin du Surgié
✆ 05 61 64 88 54
www.domainedusurgie.com

Ouvert du 01/05 au 30/09. Emplacement à partir de 17 €/nuit. Locatifs à partir de 285 €/sem. Animations. Piscine. Jeux.

Au cœur de 23 hectares aménagés le long des rives du Célé, le camping offre des installations de qualité pour des vacances « grandeur nature ». Vous aurez le choix entre 150 emplacements et divers types d'hébergement : lodges, mobil-homes, chalets et gîte. Sur place, les loisirs sont multiples, avec un espace aquatique comprenant une piscine à vagues, une pataugeoire et un toboggan, ainsi que des terrains de sport pour le volley, la pétanque et le ping-pong.

HÔTEL DES BAINS** €€

1, rue du Griffoul
✆ 05 65 34 10 89
www.hoteldesbains.fr

Ouvert de mi-février à mi-décembre. Accueil jusqu'à 21h. Chambre à partir de 61 €. Petit déjeuner 9 €. Chambre PMR.

Cette charmante bâtisse du début du XXe siècle, située au bord de la rivière Célé, abritait autrefois les Bains Publics. Mettant en valeur un esprit rétro, ses chambres sont lumineuses, spacieuses et confortables. Les petits-déjeuners ainsi que les boissons du bar se dégustent en salle ou, dès que le temps le permet, sur la ravissante terrasse. L'orientation est idéale : le soleil se lève sur le pont Gambetta et se couche à l'heure de l'apéritif ! Des douceurs sucrées et des paniers de pique-nique peuvent également être commandés.

CHAMBRE D'HÔTES CONQUANS €€

38, rue Emile Zola
✆ 06 84 72 98 28
www.chambre-dhotes-conquans.com

Ouvert toute l'année. De 105 à 240 €/nuit. Petit déjeuner inclus. Restauration (table d'hôtes 30 €). Bain bouillonnant.

Une des adresses les plus surprenantes du Figeaçois ! Dans la vieille ville, le numéro 38 de la rue Émile Zola renferme derrière sa porte d'entrée une maison faite d'histoires et d'Histoire. Depuis le XIVe siècle qui marque encore les murs épais des Conquans, c'est bien tout le confort et le raffinement du présent qui donnent en miroir la subtilité des lieux. L'accueil d'Erica est chaleureux et bienveillant. On aime les prénoms désuets des chambres comme Éliette et Clervie, la vue imprenable depuis la terrasse au dernier étage et l'élégance des matières. Allez-y !

MERCURE HÔTEL, CHÂTEAU DU VIGUIER DU ROY**** €€€

52, rue Emile Zola ✆ 05 65 50 05 05
https://www.mercure-viguierfigeac.com/

Ouvert toute l'année. De 96 € à 353 €/nuit. Accueil luxueux, demeures et édifices historiques. Décor et service raffiné.

De la rue Boutaric ou par la rue Emile Zola, vous découvrez un ensemble de demeures et d'édifices patrimoniaux entre 12e et 19e siècle, totalement réaménagé dans un décor architectural somptueux, croisant l'élégance du style Louis XV, la modernité et l'art du 21e siècle autour des écritures. Chambres et suites de luxe, piscine privée, sauna ou Room Service, restaurant vous accueillent comme des rois en surplombant la galerie de jardin du cloître. A quelques mètres du Musée Champollion.

LE HAMEAU DU QUERCY €€

385, route du Mas de Graves - **FRONTENAC**
✆ 05 65 14 01 21
www.hameauduquercy.com

1 suite 2 pers. de 125 à 140 €/nuit avec petit déjeuner bio inclus 16 €. 3 gîtes de 455 à 1 505 € la semaine.

Ce hameau datant du XVIIIe siècle est situé dans la partie en amont de la vallée du Lot. La nature est omniprésente et les maisons ont gardé leur cachet quercynois, mêlant pierres et bois. Les chambres sont situées dans des annexes à deux pas de la piscine naturelle. Le gîte reflète l'habitat lotois avec son pigeonnier, son cantou, son évier en pierre et les poutres apparentes. Les petits déjeuners, entièrement bio et façonnés de produits locaux, sont à savourer sur la terrasse. Un second gîte, aménagé selon le Feng Shui, côtoie la piscine naturelle.

L'OASIENNE €€

7, chemin des Noyers - **LISSAC-ET-MOURET**
✆ 06 49 21 94 80
www.oasienne.com

Gîte 4 chambres, piscine privée. 2 chalets 2/4 pers. Resto plat 23 €, brunch. 2e piscine, mini-golf, salle groupe.

En (grande) famille ou entre amis, l'Oasienne est la maison idéale pour des vacances dans un cadre enchanteur : la nature toute proche, le charme des pierres, la décoration ultra soignée vous permettront de totalement déconnecter du quotidien. Côté activité, vous pourrez passer de la piscine au mini-golf ou profiter d'un massage ayurvédique pour être parfaitement détendu. Pour satisfaire les papilles, déjeuner et goûter sont proposés en table d'hôte, avec des produits frais, locaux et de saison, ou de bonnes adresses à Figeac ne sont qu'à 10 minutes de route.

LES ANGES GOURMANDS €

4, rue Séguier
05 65 34 08 01

Toute l'année. Du mardi au dimanche midi + mercredi au samedi soir. L'été 7j/7 midi et soir. Formule 15,50 €. Terrasse.

Après avoir accueilli une boucherie et une poissonnerie, l'adresse est aujourd'hui un restaurant, celui de Coco et Freddo. Le duo a été bien inspiré, et cela se ressent dans leurs recettes : tête de veau sauce ravigote, tourin blanchi, travers de porc au paprika... Quelques plats typiquement quercinois avec des produits locaux se glissent régulièrement sur la carte, ou dans le burger, mais aussi des saveurs d'ailleurs avec des ramens ou du couscous. Sans compter le rapport-qualité prix imbattable. Une adresse familiale à retenir !

LA CUISINE DU MARCHÉ €€

15, rue Clermont
05 65 50 18 55
www.lacuisinedumarchefigeac.com

Ouvert toute l'année. Fermé en Janvier, dimanche et lundi midi. Menu déjeuner en semaine 25 €.

Une cuisine du marché, des produits locaux mais pas seulement. À la carte, le chef vous propose des viandes d'éleveurs français, des jambons de cochons ibériques élevés aux glands et affinés 3 ans, des médaillons de veau ou de véritables côtes de bœuf à partager à 2. Vous pourrez également découvrir les poissons frais sauvages de criée pour les déguster en parillada ou en ravioles. Le chef vous propose également des douceurs de fruits flambés ou pochés et bien sûr des fromages, fermiers et au lait cru. Cuisine ouverte sur une jolie salle gothique.

LES LOUPIOTES €€

4, place des platanes
SAINT-PIERRE-TOIRAC
06 35 25 53 56

Midi mardi-samedi menu à l'ardoise, le soir jeudi-samedi pizza et ardoise. Soirée jeux-pizzas tous les jeudis 18h-22h.

Les Loupiotes proposent une cuisine maison, renouvelée chaque jour avec des ingrédients frais, locaux et de saison. L'équipe a à cœur de travailler avec une éthique de respect des produits. Ils cuisinent ce qu'il y a dans les jardins et cela leur donne une grande créativité où ils aiment mêler les saveurs traditionnelles à celles du monde entier : blanquette de veau de l'Aveyron en hiver, parmigiana d'aubergine en été, ou encore un pad thaï, un poulet au citron, une terrine de courgette au chèvre frais. Aux beaux jours, profitez de la terrasse sous les platanes.

LA MONNAIE €€

5, place Vival
05 65 50 29 55
www.lamonnaie-figeac.com

Café-brasserie de 7h30 à 20h du lundi au samedi, jusqu'à 15h le dimanche. Carte environ 20 €. Terrasse. Accès PMR.

La Monnaie ne désemplit pas ! Accueil chaleureux et assiettes généreuses n'y sont pas pour rien : magret d'oie du Périgord ou cassoulet mijoté aux haricots Tarbais, couscous du Quercy au canard et chorizo de l'Aveyron ou le filet de truite accompagné d'une purée de pois cassés. Les plats sont familiers et originaux. Leur burger contient 4 fromages, tandis que l'assiette de la Monnaie réunit tout ce que le Lot fait de meilleur : confit de canard, foie gras et cabécou. Les travaux de février 2025 nous ouvrent une nouvelle ambiance déco à découvrir.

LE SARRASIN €

6, rue Balène
05 65 34 76 44

Mercredi au samedi midi + vendredi et samedi soir. L'été mardi au samedi midi et soir. Carte 12 € à 21 €. Terrasse.

Le Sarrasin, c'est l'une des crêperies de Figeac, située rue Balène, en plein centre historique. Les crêpes, 100 % sarrasin et sans gluten, sont délicieuses notamment la Quercy qui en calera plus d'un avec ses produits du terroir. On peut aussi se laisser tenter par une des salades de la carte, des grillades, des brochettes présentées sur potence. Côté sucré, on n'est pas déçu du voyage avec une mention spéciale pour le café gourmand. Tout est frais, tout est maison et le sourire est au rendez-vous. Pourquoi s'en priver… Gluten-free friendly.

LA PUCE À L'OREILLE €€

5-7, rue Saint-Thomas
05 65 34 33 08

Ouvert du mardi au samedi midi et soir. Réservation recommandée. Formule complète du midi 22 €. Menu 38 €. Terrasse.

Excellent restaurant au cœur d'une maison médiévale. Les produits frais et de saison composent deux menus, une formule du midi et des suggestions. Le chef, prépare également de savoureuses recettes à base de poissons selon les arrivages (cabillaud, dorade...). Tout est fait maison. Le charmant patio ombragé est appréciable, en période estivale, par la fraîcheur de ses pierres apparentes ; l'imposante cheminée de la salle instaure une ambiance chaleureuse en hiver. Cadre intimiste et adresse à retenir dans le centre historique.

LA RACINE ET LA MOELLE €€

6, rue du Consulat
✆ 09 83 53 81 58
Ouvert du mardi au samedi, fermé mercredi soir. Plat 20 à 25 €. Accès PMR. Terrasse.

De façon simple, mais élégante, Julie et Michael proposent une carte élaborée avec des produits frais de saison : veau ou échine de cochon de l'Aveyron, agneau du Quercy, filet de canette rôtie à la sauge, et quelques embardées maritimes avec des noix de Saint-Jacques de la baie de Somme ou de la lotte de Bretagne. Les assiettes sont impeccables : cuisson maîtrisée, produits respectés, et surtout un dressage simple et original à la fois. Le tout accompagné d'une joyeuse ambiance, et de très bons vins, puisque l'établissement est aussi caviste.

LA TABLE DE MARINETTE €€

51, allée Victor-Hugo ✆ 05 65 50 06 07
Ouvert toute l'année. Fermé le jeudi et vendredi. Menu terroir 29-37 €, midi dès 19 € en semaine. Accueil groupe.

Alain œuvre en cuisine en ne travaillant que des produits frais et locaux tandis qu'Éliane assure le service en salle. Il concocte une cuisine raffinée et personnalisée de terroir, jugez plutôt : filet de merlu et son beurre au Noilly Prat, araignée de veau au madère, salade de chèvre chaud et son sirop de safran, feuilleté de ris d'agneau dans son jus, croustillant aux noix accompagné de sa glace vanille et caramel beurre salé faite maison... La présentation exemplaires des assiettes ne manquera pas de vous mettre en appétit. Une très bonne adresse.

RESTAURANT LA HALLE €€

Le Bourg - **FONS** ✆ 05 65 40 06 49
Ouvert tous les midis du mercredi au dimanche. L'été le soir mercredi, vendredi et samedi. Menus 32/35 €, enfant : 8 €.

Incontournable. Après une balade dans le magnifique vieux Fons, arrêtez-vous à la Halle pour un pur moment de gastronomie lotoise. «Qualité-frais-maison» est la devise de Xavier qui officie en cuisine et Fabienne qui vous accueille en salle. Le menu du jour est une petite invitation qui ne se refuse pas. La carte des vins regroupe 95 références, tous les vignobles étant représentés. Outre le menu du jour, il y a deux formules, entrée, plat, fromage, dessert. La carte change tous les trois mois. Ce restaurant pour gourmets se distingue par sa finesse.

LA TERRASSE DE FIGEAC €€

6, quai Bessières ✆ 05 65 34 10 07
Mardi à samedi midi, septembre à juin jeudi à samedi soir, juillet-août mardi à vendredi soir, formule 16,50 €.

Cet établissement, un bar-brasserie, fait la part belle à la tradition. Pour les petits budgets, c'est une adresse qui saura ravir de nombreux gourmands. Au menu, des plats typiques tels que le pavé de saumon, le parmentier de canard délicieux, et des desserts qui ne sont pas en reste, avec une crème brûlée aux spéculoos ou le classique fondant au chocolat, parfaitement exécuté pour les puristes. Des produits frais, du fait maison, de l'espace et un accueil chaleureux : une adresse simple mais de qualité, où l'on a envie de revenir.

LE SAFRAN €€

17, rue de Clermont
✆ 05 65 38 45 41
https://le-safran.wixsite.com/figeac
Ouvert du mardi au samedi midi et soir, 7j/7 en été. Plat 25-35 €. Terrasse. Chef Luc Daurenjou, poisson et safran.

Cuisine orientée vers les produits de la mer. Le safran fait référence à l'épice reine du Lot, ainsi qu'à un composant immergé de bateau. Dans l'assiette, le chef Luc Daurenjou invite les fruits de mer de novembre à mars, avant que les recettes de moules au safran, comme il se doit, ou encore, à la crème et au chorizo, ne prennent le relais qu'à partir du mois d'avril. Le safran vient également parfumer la soupe de poissons et la timbale du pêcheur. Une cuisine raffinée et gourmande qui peut aussi se savourer dans le lumineux patio du restaurant.

LA DINÉE DU VIGUIER €€€

4, rue Boutaric
✆ 05 65 50 08 08
www.ladineeduviguier.fr
Ouvert toute l'année. Fermé dimanche et lundi midi. A la carte. Salle et terrasse sur un site patrimonial remarquable.

Dans un édifice médiéval raffiné, alliant un mobilier moderne et noble, vous pourrez déjeuner ou dîner dans la grande salle du restaurant gastronomique du Château du Viguier du Roy, ou dans la cour au pied de la Tour du XIVe siècle. Les menus évoluent au gré des saisons et proposent une cuisine gastronomique généreuse et soignée. L'élégance des décors et les plats gourmands vous invitent dans une acoustique idéale à un tête-à-tête romantique avant une promenade dans la galerie des jardins. Un lieu de qualité au cœur de la cité figeacoise.

LES DÉLICES DE SOPHIE

5 BIS, place Carnot
✆ 05 65 11 89 46
https://www.simbols.fr/
Haute saison + Noël : mardi au samedi en continu. Hors saison 9h-12h30/14h30-19h, fermé le jeudi.

Les Délices de Sophie sont avant tout une biscuiterie familiale qui a créé le Simbòls, biscuit désormais emblématique de Figeac, et fabrique des gâteaux sucrés ou des biscuits apéritifs, avec un maximum d'ingrédients produits localement. L'été, les glaces roulées ou les pots de glaces fermières seront le rendez-vous de tous les amateurs du genre. Vous reviendrez pour les chocolats, macarons, dragées, à Noël, Pâques, pour une fête ou simplement par pure gourmandise. Dans tous les cas, vous ne reviendrez jamais par hasard, toujours par plaisir.

LE 13/70

8, rue de la République
✆ 05 65 40 71 01
Fermé le lundi. 7j/7 l'été de 9h30 à 22h. 2e magasin ouvert à Saint-Céré.

Baptisée Cave du 13/70 en référence aux conditions idéales de conservation du vin, 13°C et 70% de taux d'hygrométrie, cette enseigne propose sur 160 m² élégamment décorés en pierres et bois des produits d'épicerie fine, vins et d'art de la table : batteries de cuisine De Buyer, couverts de la coutellerie Thiers ont récemment intégré les rangs. S'y mêlent produits régionaux, thés, cafés et chocolat, huiles et vinaigres puis la cave à vin, forte de 600 références où les vins du Lot sont bien représentés à déguster sur place au bar pour mieux choisir.

LE MOUTON GIVRÉ

Pépinière Calfatech
CAMBES
✆ 05 6 10 02 09
www.lemoutongivre.com
Uniquement en e-commerce. De 29 à 105 €, en précommande.

Une entreprise 100 % écoresponsable, pour des produits de vacances éthiques et locaux, un sacré défi réussi, puisque la laine vient des moutons du Lot et les couturières vivent aussi dans le Lot. Une des plus belles innovations avec des sacs isothermes 100 % écologiques réalisés en laine de mouton et en chanvre. Derrière ce produit séduisant se cachent Cinthia et Elodie, deux femmes talentueuses qui ont décidé de valoriser la laine et la culture du chanvre en textile. Ambassadrices du Lot lors du Salon du Made In France en 2021 à Paris. Un vrai coup de cœur !

LE MARCHÉ DES DÉLICES €

11, rue lucien cavalié
✆ 09 83 55 06 07
Toute l'année 9h30-18h30/21h30 en été. Fermé lundi et mardi en hiver. Env. 15 €. Terrasse. Boutique.

La place Vival a son adresse gastronomique juste à côté de l'office de tourisme : Le Marché des Délices qui propose une belle sélection de producteurs aux accents du sud-ouest avec foie gras, vins de Cahors, pâtés, truffes… Dans les rayons de l'épicerie, on dénichera également quelques trésors dans les condiments ! Côté restaurant, les plats font la part belle aux produits de la boutique. En terrasse ou à l'intérieur, les assiettes déclinent les spécialités du terroir. Toute la gastronomie de la région est synthétisée. Super accueil et des conseils avisés !

© LE MARCHÉ DES DÉLICES

© LE MARCHÉ DES DÉLICES

LA BICYCLETTERIE

16, rue Caviale
✆ 09 82 62 67 41
https://www.bicycletterie-figeac.fr/
Jeudi au samedi 10h-12h/14h-19h. Location VAE 30 €/jour (20 €/jour supplémentaire) ou 110 €/semaine. Réparation 60 €/h.

La Bicycletterie a ouvert en 2023 près de l'office de tourisme. Vous pouvez louer des vélos à assistance électrique ou des vélos de randonnée pour faire de belles balades et profiter du Lot. Vous pourrez faire réparer votre propre vélo, ou utiliser gratuitement les outils pour l'entretenir vous-même. Vous trouverez ici tous les accessoires utiles, des sacoches au porte-bébé, et pourrez même acheter un vélo neuf ou d'occasion. La Bicycletterie héberge aussi l'association Figeac Écomobilité et son service public de location longue durée de VAE pour les habitants.

CAP NATURE

Avenue de Nayrac ✆ 05 65 22 25 12
https://capnature.eu/figeac/
Ouvert d'avril à octobre, sur résa hors saison. Nocturne l'été jusqu'à 22h. Paintball, lasergame. Résa billet en ligne.

Cap Nature Figeac propose de nombreuses activités sportives, notamment l'accrobranche avec ponts de singe, tyrolienne, filets… Les parcours sont adaptés à chaque âge et chaque niveau, sans esprit de compétition. Vous aurez 5 hectares de forêt pour vous amuser : paintball, chasse au trésor, mini-golf... et même de l'archerygame ! Au milieu des chênes, le cadre est superbe pour un moment de détente sportive en famille ou entre amis. L'accrobranche et la course d'orientation peuvent aussi se faire en nocturne les mercredis soir d'été, pour des sensations décuplées.

GROTTE DU PECH MERLE ★★★

2550, route de la grotte du Pech Merle
✆ 05 65 31 27 05
www.pechmerle.com
7j/7 de Pâques à la Toussaint. Basse saison : ouvert de 9h30 à 12h et de 13h30 à 17h. Été : de 9h15 à 18h. Adulte 15 €.

Le département du Lot a son Lascaux : il s'agit de la Grotte du Pech Merle située dans la vallée du Célé ! Mais, ici, on visite la véritable grotte ornée avec d'authentiques peintures de plus de 25 000 ans. Quelles sensations ! Qualifiée par l'abbé Breuil de « chapelle Sixtine des Causses du Lot, un des plus beaux monuments de l'art pictural paléolithique », avec près de 800 motifs recensés, Pech Merle est un site majeur de la préhistoire européenne. Sur 600 m de galeries et de vastes salles, vous découvrirez successivement la frise noire (bisons, mammouths, chevaux sur 7 m de long), la salle des disques aux curieuses concrétions et ses émouvantes empreintes de pieds humains, la gravure d'une tête d'ours, un mammouth en relief, puis la galerie de l'Ours. Enfin, vous apprécierez la célèbre fresque des Chevaux ponctués, entourés de mains au pochoir, qu'il est très émouvant d'observer. Deux formes de visites sont possibles, en plus de nombreuses autres activités et animations dans l'année. Le centre de Préhistoire est aussi un musée fraîchement rénové : vous pourrez accéder à deux salles d'exposition sur la Préhistoire et l'art du Quercy et à un film documentaire sur l'art préhistorique. Bonne nouvelle : le musée est entièrement accessible aux personnes à mobilité réduite. Et un conseil précieux pour éviter les frustrations : réservez votre visite de la grotte via le site internet ! En effet, pour la conservation de la grotte et des peintures, le nombre de visiteurs est limité, et son succès ne se dément pas.

CABRERETS ★★

L'imposant château des Gontaud du XVe siècle, flanqué de deux grosses tours rondes, ouvre l'accès au petit village situé au confluent de la Sagne et du Célé. En face sont plaquées contre la falaise du Roche-Courbe les ruines du « château du diable » détruit en 1390 afin de le rendre inutilisable par les pillards anglais. Il ne faut pas manquer de visiter la remarquable grotte de Pech-Merle. En remontant la vallée, on parvient à la Pescalerie, l'un des sites les plus enchanteurs de la vallée : un moulin semi-troglodytique accueille la fontaine de la Pescalerie, résurgence d'une rivière souterraine du causse de Gramat. Attention, le site est privé.

GALERIE ARTWAVE

208, rue du Château
✆ 06 61 13 24 52
https://galerie-artwave.fr
Ouverte toute l'année de 10h à 19h.

Après avoir passé dix ans à Paris dans le milieu de l'imprimerie, Anne Turlais a décidé de poser ses valises dans le Lot pour s'adonner pleinement à sa passion : peindre la nature, en toute immersion. Elle y puise son inspiration et veut transmettre toutes les émotions qu'elle provoque en elle. Son art est multiple : huile sur toile, huile sur papier, gravure, édition Fine Art (création numérique imprimée)... La Galerie Artwave est à la fois son atelier et son lieu de vie : poussez donc sa porte pour plonger dans son univers, dans la nature visible et invisible.

UN SIÈCLE APRÈS LA DÉCOUVERTE

BERTRAND DEFOIS, CONSERVATEUR DU MUSÉE

Le 4 septembre 1922, trois adolescents téméraires parviennent à franchir un passage très étroit de 140 mètres de long dans la grotte. Ils sont alors arrivés dans une grande galerie dont l'entrée s'est effondrée il y a au moins 12 000 ans. C'est là que se trouvent les dessins préhistoriques. Rapidement après la découverte, les études commencent et la cavité est aménagée pour y accueillir le public. Tout sera fait pour préserver les dessins et faire découvrir ses joyaux naturels et artistiques.

Pech Merle, une grotte exceptionnelle

Elle fait partie des rares cavités où on peut y voir d'authentiques peintures datant du Paléolithique. Les dessins les plus anciens datent de 29 à 30 000 ans. En tout, il y a plus de 800 motifs, dont 70 animaux : bisons, chevaux, beaucoup de mammouths. Le site de Pech Merle est spectaculaire également par ses concrétions étonnantes.

Plongez dans la préhistoire !

Le musée de préhistoire situé sur place a été récemment rénové. Son accès gratuit permet d'y voir des expositions sur l'art et des objets de la préhistoire du Quercy. On peut aussi y découvrir des reproductions de peintures de la grotte qui ne sont pas visibles et suivre un film documentaire. Depuis le centenaire célébré en 2022, on peut visiter la grotte lors des « visites explorateurs » qui se font dans le noir à la lueur des lanternes. Enfin, durant les vacances scolaires, des ateliers en extérieur sont proposés pour petits et grands sur trois thèmes : la chasse et ses techniques dont le tir au propulseur, l'art pariétal avec l'utilisation de pigments naturels ou de techniques de gravure, et la production de feu. De quoi se plonger dans la préhistoire comme si vous y étiez.

GROTTE DU PECH MERLE

2550, route de la grotte du Pech Merle

✆ 05 65 31 27 05

www.pechmerle.com

© PECH MERLE

© P. CABROL / CENTRE DE PRÉHISTOIRE DU PECH MERLE

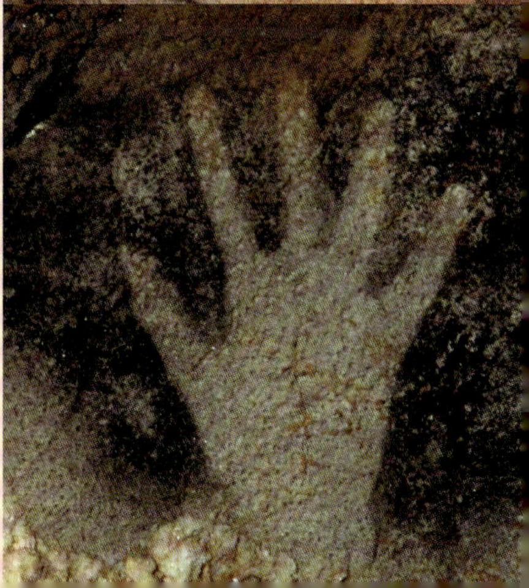

© P. CABROL / CENTRE DE PRÉHISTOIRE DU PECH MERLE

MUSÉE DE L'INSOLITE

Lieu-dit Liauzu ✆ 05 65 30 21 01
www.museedelinsolite.com

Ouvert de Pâques à la Toussaint tous les jours de 9h à 19h, l'été jusqu'à 20h. Adulte : 3 €. Enfant de 4 à 13 ans : 2 €.

Ce musée de l'insolite est un véritable lieu d'humour et de surréalisme ! L'artiste Bertrand Chenu, maître des lieux, y expose une collection d'objets qu'il rassemble depuis son enfance, stockés dans son grenier avant d'être réutilisés de manière créative. Parmi les pièces étonnantes, vous trouverez une machine à coudre avec des cornes surnommée « chèvre de M. Singer », un couteau suisse géant « spécial potager », ainsi que des loups de l'âge de fer. Poétique, émouvant et résolument artistique, ce musée vous garantit une expérience stimulante.

GÎTE DU BARRY €

Le Bourg
✆ 05 65 22 91 79

Début avril à mi-novembre. 46-55 €/nuit en demi-pension. Petit déjeuner 8 €. Repas 18 €. Animaux admis.

Installé dans une maison du XIXe siècle entièrement rénovée, le gîte du Barry peut accueillir jusqu'à 16 personnes dans 4 chambres, chacune équipée d'une salle de bain et de WC privés. Une cuisine entièrement équipée est à votre disposition pour préparer vos petits déjeuners avant de vous lancer sur la route de Compostelle. Pour vos repas, rendez-vous au restaurant La Roue, où vous pourrez savourer des plats revisités à base de produits locaux. L'option pique-nique est également idéale pour les marcheurs du chemin de Saint-Jacques-de-Compostelle.

CAMPING MUNICIPAL LE CANTAL

45, chemin du carrol
✆ 06 42 64 91 56
www.cabrerets.fr/camping

Ouvert du 4 avril au 12 novembre. 55 emplacements. Tente 6 €. Camping-car/caravane 9 €. Pèlerin 5 €. Aire camping-cars.

A Cabrerets, situé le long de la rivière Célé, ce joli petit camping offre une atmosphère chaleureuse et conviviale. Profitez des espaces communs, d'un hamac, du jardin partagé et du chemin de plantes aromatiques. Réservez votre emplacement de camping-car, caravane et tente à moins de 10 min à pied du centre de Cabrerets et à quelques pas de la rivière, où vous pourrez vous baigner ! Pour les pèlerins, tarifs spéciaux, possibilité de laver son linge et de louer une tente !

HÔTEL-RESTAURANT DES GROTTES** €€

Le Bourg
✆ 05 65 31 27 02
www.hoteldesgrottes.com

Ouvert du 1er mai au 30 septembre. Chambre double de 59 € à 95 €/nuit. Restaurant formule du jour 21 €. Accueil PMR.

Situé en bord du Célé, dans le cadre pittoresque de Cabrerets, l'Hôtel des Grottes offre aux voyageurs un lieu de séjour agréable. Ce petit hôtel familial, à la fois ancien et confortable, est décoré avec soin et charme. Les chambres offrent diverses vues, que ce soit sur la piscine privée, la rivière ou le parc naturel des Causses du Quercy. Côté cuisine, le restaurant, ouvert jusqu'à début d'octobre, privilégie la qualité avec des burgers savoureux et des plats traditionnels.

Vue générale de Cabrerets.

NOCT'EN BULLES €€

138, Traverse Merlan
✆ 06 48 36 91 64
www.noct-enbulle.fr

Bulle 2 personnes 209-239 €/nuit, petit déjeuner compris. Panier gourmand 2 personnes 60 €. Bain bouillonnant privé.

Sur les hauteurs de Cabrerets, Carole accueille ses hôtes dans l'une de ses bulles de 4 mètres de diamètre, installées sur des terrasses en bois offrant une vue imprenable sur la vallée et l'horizon. Chaque bulle dispose d'une salle de bain privative, d'un bain bouillonnant privé et d'un accès à la piscine. Depuis votre cocon, vous pourrez savourer un panier gourmand fait maison, admirer le coucher du soleil et vous endormir sous la voie lactée du Parc naturel des Causses du Quercy, réputé pour la pureté de son ciel, prisé par les astronomes du monde entier.

LE REFUGE DU CÉLÉ €€

Le Bourg
✆ 09 88 66 20 15
www.lerefugeducele.com

29 €/pers chambre double/triple, 58 €/chambre double. Petit déjeuner 10,50 €. Demi-pension 33 €. Pique-nique 9,50 €.

Halte privilégiée pour un moment paisible au cœur du Quercy. Ce refuge destiné aux randonneurs et pèlerins en chemin vers Saint-Jacques de Compostelle a été entièrement rénové. Il propose 4 chambres, avec vue sur le village, la rue ou la campagne, toutes équipées de douche, lavabo et toilettes. Restauration possible sur place. Le matin, profitez sur les terrasses d'un petit-déjeuner composé de produits locaux, bio et fermiers. Une télévision est mise à disposition dans le salon commun. Le petit plus : paniers pique-nique pour repartir sur le chemin.

LA ROUE €€

Le Bourg
✆ 06 66 88 47 08

Ouvert midi, soir début avril à mi novembre. Formule 18 €, menu 29,50 €. Terrasse. Vente à emporter.

Maggie et Marjorie gèrent le gîte du Barry ainsi que le restaurant attenant, La Roue, offrant des prestations de qualité, principalement destinées aux marcheurs de Saint-Jacques-de-Compostelle, mais également à tous les visiteurs. Avec une vue imprenable sur les falaises, le restaurant sert des plats traditionnels lotois préparés à partir de produits locaux : canard, agneau du Quercy et foie gras, souvent revisités avec des touches de saveurs du monde. Le gîte du Barry peut accueillir jusqu'à seize personnes réparties dans quatre chambres.

PRÉHISTOIRE, PALÉONTOLOGIE ET GÉOLOGIE EN QUERCY

Avez-vous envie de plonger au cœur d'authentiques scènes de vie jurassique ? De vous rendre dans les premières galeries d'art de l'humanité ? D'écouter la fabuleuse odyssée des climats et des paysages ? De mettre vos pas dans les traces de nos ancêtres d'il y a 25 000 ans ? De contempler des pièges à fossiles de plus de 600 espèces animales ? De vous initier aux techniques de fouilles ? Alors suivez le réseau des Paléonautes, un réseau unique en France, créé en 2012.

Le réseau de sites propose dans le Lot et le Quercy des visites, des activités festives et de découverte autour d'authentiques traces préhistoriques et paléontologiques. Mêlant rigueur scientifique et poésie, anecdotes et récits, les Paléonautes cherchent à rendre accessibles aux petits comme aux grands l'histoire de l'évolution et les grandes questions de notre humanité par des sentiers détournés. Lieux pédagogiques par excellence, ils contribuent à une meilleure compréhension des techniques et métiers de l'archéologue et du paléontologue, proposant une culture scientifique accessible à tous.

Les membres participant au réseau : les Grottes de Cougnac (Lot), et Foissac (Aveyron), le Centre de Préhistoire du Pech-Merle (Lot), la Plage aux Ptérosaures à Crayssac (Lot), le musée de l'Homme de Néandertal à La Chapelle-aux-Saints (Corrèze), la Maison du Piage à Fajoles (Lot), l'Archéosite des Fieux à Miers (Lot), les Phosphatières du Cloup d'Aural à Bach (Lot), la grotte de Lacave (Lot) et le site de Bruniquel (Tarn-et-Garonne).

www.paleonautes.fr

SAULIAC-SUR-CÉLÉ

Initialement installé à flanc de falaise, Sauliac s'est déplacé au XIXe siècle sur une terrasse au-dessus d'un méandre du Célé. Entre 1840 et 1850, la route du Célé relie Bouziès à Figeac. Le tracé évince Sauliac, ce qui précipitera l'abandon du village dont les ruines font face au château de Géniès, ancien castrum romain. À voir : point de vue sur la vallée du Célé le long du chemin parcourant le « vieux village » (tronçon du GR 651), habitations troglodytiques, dolmens, etc. Près de Blars se trouve la grotte du Robinet (fermée aux visites) dont les stalactites auraient servi à faire des objets d'art pour orner les châteaux de Catherine de Médicis.

AUX LODGES DU MAS DE NADAL €€

Mas de Nadal ✆ 05 65 31 20 51
www.masdenadal.com

Ouvert de mai à septembre. Grande lodge 378 €/2 nuits. Lodge PMR. Plat 18-22 €. Etape pèlerin, accueil cheval.

Ce coin de bonheur, loin des trépidations du monde, offre l'occasion de s'échapper dans l'une des 24 lodges au cœur de 30 hectares de nature sauvage. Meublées, confortables, les lodges possèdent chacune une terrasse couverte privative. Un très beau standing pour les amateurs de Glamping, le camping glamour, à tester ! Les campeurs pourront choisir de planter leur tente à l'ombre ou au soleil avec vue dégagée ou cachée. Les cavaliers trouveront de quoi faire une halte. Piscine chauffée.

LE BISTRO DES LODGES DU MAS DE NADAL €€

Mas de Nadal ✆ 05 65 31 20 51
www.masdenadal.com

De mai à fin septembre le soir. 7j/7 en été. Plat 18-22 €. Planche de tapas 12-15 €. Jardin. Terrasse. Accès PMR.

Ouvert à tous, pas seulement aux résidents des Lodges, vous pourrez profiter d'une cuisine fine et locale concoctée à base de produits frais. Au menu, des mets de qualité qui font voyager avec au choix de la viande, du poisson ou des plats végétariens. Les incontournables sont revisités et sublimés afin que le palais se souvienne longtemps de l'expérience ! Un espace Lounge est présent pour les moments de détente ou encore les apéritifs conviviaux autour de tapas et cocktails.

MARCILHAC-SUR-CÉLÉ

Face à Marcilhac-sur-Célé, c'est l'émotion intacte de la pierre, celle des grandes falaises de calcaire qui se reflètent dans la rivière, celle des ruines d'une abbaye du XIe siècle, celle de l'église romane, beauté minérale sans pareille. Marcilhac est une petite cité douce et paisible où l'on trouve un peu de fraîcheur en été sur les rives du Célé : cette cité millénaire est logée au bord de l'eau et autour de son abbaye. Des fouilles entreprises à la fin des années 1960 ont révélé des similitudes avec la célèbre abbaye de Conques, confirmant la date de sa construction. Très abimée par le temps, elle conserve une poésie brute indescriptible.

ABBAYE SAINT-PIERRE DE MARCILHAC-SUR-CÉLÉ

✆ 07 69 46 07 79
www.abbayedemarcilhac.com

Ouverture du 1er avril au 31 décembre. Visite libre ou guidée sur don sur réservation 48h avant. Visites nocturnes 5 €.

L'abbaye de Marcilhac a longtemps été ignorée des touristes et parfois même des Lotois jusqu'à l'arrivée d'un curé bien décidé à sortir l'abbaye de l'oubli. C'est toute l'histoire de l'abbé Guillaume Soury-Lavergne, le curé qui sauta en parachute pour sauver son abbaye en 2015. L'année d'après, il réitère ses exploits sportifs en effectuant cette fois une plongée de 250 m dans le célèbre gouffre du Ressel. Chaque exploit lui permit de récolter des fonds. Alors quelle est donc cette mystérieuse Abbaye ? Il est vrai que cette antique et majestueuse abbaye a bien de quoi vous émerveiller par ses fascinants atouts. Son histoire nous ramène au Ve siècle au temps des Carolingiens. L'abbaye bénédictine en tant que telle a été fondée au IXe siècle et est entrée plus tard sous la dépendance de l'abbaye de Moissac. Les ruines actuelles témoignent des ravages de la guerre de cent ans, puis des guerres de religion et retracent l'histoire d'une construction du XVIIe, XVIIIe siècle précédée de ruines romanes. On y trouve le deuxième plus vieux tympan d'Europe encastré dans les fascinants restes romans laissés à ciel ouvert. La salle capitulaire ornée de délicats chapiteaux vous rappellera les grandes heures de l'abbaye, et l'église gothique qui recèle de vrais trésors vous permettra d'entrer dans toute l'actualité d'un bâtiment millénaire. Pour une visite guidée, n'hésitez pas à vous rapprocher de l'association qui œuvre à la sauvegarde de l'édifice.

Ô PIEDS DANS L'EAU** €

192, route de Figeac
✆ 06 18 98 26 38

De mai à fin septembre. Emplacement à partir de 18,50 €/nuit. Gîte 12 pers 29,50 €/pers/nuit. Roulotte 4 pers 465 €/sem.

Dans ce camping situé en bordure de rivière, dans un cadre calme et verdoyant, venez passer un séjour au plus près de la nature, sur l'un des 30 emplacements avec votre tente, caravane ou camping-car, en roulotte ou en gîte. Pêche, randonnée, tennis, vélo, spéléo, escalade pourront faire partie du programme des vacances. Mais aussi canoë, kayak ou paddle avec la base nautique Passion Aventure située sur le même site. Ô pieds dans l'eau, c'est aussi un restaurant pour vous régaler de produits locaux. Sans aucun doute, détente et sérénité sont ici au rendez-vous.

© CHRIS ROSE - ISTOCKPHOTO

Marcilhac-sur-Célé.

Ô PIEDS DANS L'EAU €€

192, route de Figeac
✆ 06 18 98 26 38

De mai à septembre, jeudi au dimanche midi/ soir + mardi et mercredi en été. Carte 10-23 €. Terrasse. Canoë sur place.

Située au cœur du Parc naturel régional des Causses du Quercy, au bord du Célé et nichée dans les falaises, Ô Pieds dans l'Eau est une base touristique complète. Dans un cadre idyllique, sur la terrasse semi-ombragée, vous pourrez savourer une cuisine traditionnelle préparée à partir de produits locaux, ou opter pour des grillades à la plancha, parfaites pour des moments conviviaux, le tout à un prix très raisonnable. L'endroit, charmant et accueillant, offre des instants inoubliables aussi bien en amoureux qu'en famille ou entre amis. Pensez à réserver !

PASSION AVENTURE

192 route de Figeac
✆ 06 10 73 73 12
www.location-canoe-cele.com

Ouvert d'avril à septembre. 4 parcours au choix de 12 à 27 €/pers. Location canoë, kayak, paddle. ANCV. Pas de CB.

Au cœur de la vallée du Célé, Marcilhac offre un cadre unique avec sa rivière calme et ombragée. Passion Aventure, une équipe dynamique et souriante, vous propose des parcours variés en canoë, kayak ou paddle, allant de 1h30 à plusieurs jours de location. Classé en première catégorie et de niveau facile, le Célé est une rivière idéale pour naviguer en solo, à deux, en famille ou entre amis. Un moment ludique et rafraîchissant vous attend, vous permettant de glisser tranquillement sur l'eau tout en admirant la vallée du Célé. Respirez. Profitez.

LOT & BIKE

192, route de figeac
✆ 06 23 11 62 50
www.location-velo-lot.com

Ouvert toute l'année. Location/Vente/Réparation. Location 1/2 journée à plusieurs jours, à partir de 25 € (VAE). ANCV.

Et si vous découvriez le Lot et le vélo autrement ? Lot & Bike vous propose la location de vélos à assistance électrique (VAE), VTC AE, VTC classique, vélo enfant… En quelques coups de pédales, toute la nature et le patrimoine Lotois s'offrent à vous. Depuis la base du camping, entre causse et vallée, entre Lot et Célé, c'est vous qui choisissez les meilleurs endroits. Vous pouvez également demander des conseils à Lionel et Marie, pour un parcours sur mesure. N'hésitez plus, foncez ! Le vélo devient désormais accessible à tous !

BRENGUES

Le petit village de Brengues est essentiellement connu pour les vestiges d'un château plaqué contre la paroi rocheuse. Inscrit au titre des Monuments historiques depuis 1925, ce château dit «château des Anglais» est l'une des curiosités lotoises les plus impressionnantes. Son histoire est entremêlée à l'une des familles les plus influentes de l'histoire locale et nationale : les Cardaillac. L'une de ses branches : les Cardaillac-Brengues mettront la main sur la seigneurie de Brengues en 1504. Brengues possède un charme fou. Dolmen, fontaine, château, oppidum : ce village est un poème romanesque et bucolique et se prête à la promenade et à la rêverie.

CAMPING LE MOULIN VIEUX €€

Le Moulin Vieux ✆ 05 65 40 00 41
www.camping-lemoulinvieux.com
Ouvert d'avril à septembre. Forfait emplacement à partir de 20,50 €/nuit. Locatifs à partir de 55 €/nuit. Accueil PMR.

Au cœur de la vallée du Célé, dans un espace verdoyant au pied des falaises du Causse du Quercy blanc, le Moulin Vieux vous accueille dans de spacieux emplacements ombragés, en pleine nature. Il y a tout sur place ! Ping-pong, volley, badminton et canoë pour les sportifs, piscine et mini-golf pour les autres. Les mobil-homes peuvent être loués même à la journée pour les marcheurs désireux de faire une étape. Épicerie, restaurant-brasserie et bar sont aussi à votre disposition tous les soirs. Animations en été. Très belles prestations pour ce camping idéalement situé.

GÎTE D'ÉTAPE COMMUNAL €

✆ 05 65 11 42 66
Ouvert du 1er avril au 31 octobre. Nuitée : de 15 € en dortoir à 35 € pour une chambre, deux gîtes dans le prieuré.

Situé sur le chemin de Saint-Jacques-de-Compostelle, dans l'enceinte même du prieuré de ce superbe village, ce gîte d'étape de caractère peut accueillir 21 personnes. Pèlerins, marcheurs, adeptes du canoë ou randonneurs avec des ânes, ainsi que tous ceux souhaitant faire halte dans ce reposant village sont bienvenus. Cuisine commune à tous les randonneurs. Accueil des pèlerins : mois d'avril et octobre : en mairie, de 16 à 18 h. Mois de mai à septembre : dans la cour du prieuré, de 16 à 19 h, où vous trouverez également un bar et un point office de tourisme.

ESPAGNAC-SAINTE-EULALIE

Avec un si joli toponyme, Espagnac Sainte-Eulalie ce petit village-monastère présente une architecture médiévale significative du XIIe s., date de son prieuré, le Val-Paradis ! Niché dans un méandre du Célé rive gauche, le village accueille de nombreux pèlerins depuis son origine. Le monastère, rattaché à l'ordre de Saint-Augustin, est aujourd'hui magnifiquement bien conservé. On imagine facilement la vie religieuse médiévale qui s'écoulait alors en ces lieux sublimes. De nombreuses nonnes passèrent leur vie en ces murs. Ravagé par la guerre de Cent Ans, le couvent se releva, mais la Révolution quelques siècles plus tard mit fin à son activité.

LES ÂNONS DU CÉLÉ €€

St. Eulalie
✆ 05 65 50 26 57
Ouvert du 1er avril au 30 septembre. Chambre simple 60 €, double/triple de 80 à 114 €. Dîner 28 €.

Dans un environnement fleuri et bucolique, en parfaite harmonie avec la nature, Enza et Paul vous proposent de dormir dans des chambres rénovées dans un ancien séchoir à tabac avec vue sur la rivière Célé. La maison est accueillante, c'est un mas du XIXe siècle qui a tous les caractères d'un habitat typiquement quercynois. Classé gîte Panda, cette adresse vous propose sur un plateau toutes les activités nature dont vous rêvez, dans le cadre grandiose de la Vallée du Célé. Pour les marcheurs sur le chemin de Saint-Jacques-de-Compostelle, l'adresse est à retenir !

PRIEURÉ DU VAL PARADIS ★

Le bourg
✆ 05 81 48 06 57
https://www.espagnac-ste-eulalie.fr/
Du 01/05 au 03/11. 7j/7 9h-18h. Visite libre sur don. Visite guidée pour groupe +6 pers, à réserver 15 jours avant.

Situé sur la rive gauche du Célé, accessible par un pont en voiture, à pied ou à VTT. Ne vous y trompez pas, ce tout petit village vous révèle un patrimoine magnifique, véritable joyau de la vallée du Célé. Le prieuré et l'église d'Espagnac sont entretenus par la commune. Fondé vers 1150 par un moine itinérant, ce monastère a accueilli une centaine de religieuses augustines au XIIIe siècle. Aujourd'hui, vous pouvez déambuler librement dans la cour du Prieuré, y trouver un point info sur les randonnées, un petit bar et un gîte. Profitez du cadre et de la quiétude.

LE MANSONNET €€

Le bourg
CORN
✆ 05 65 39 92 06
Basse saison mercredi au dim. le midi, vendredi-sam. le soir. Juillet/août tous les soirs, fermé samedi. Menus 24/32 €.

Le Mansonnet est une adresse pleine de charme avec une belle terrasse donnant sur la rivière qui propose des plats traditionnels et sortant des habitudes : pavé de veau basse température sauce beurre échalote, agneau confit de 7 heures, tête de veau sauce gribiche, boudin noir poêlé pommes et oignons, cochon en 3 façons ou brochettes de hampe de bœuf... le tout servi avec une salade, des légumes du jour et des pommes de terre. Les assiettes sont généreuses, le rapport qualité-prix indiscutable. Dégustez et profitez des lieux.

LACAPELLE-MARIVAL

Traversée par une voie romaine nord-sud, Lacapelle-Marival est fréquentée par l'homme depuis l'Antiquité. On raconte qu'une jeune bergère aurait été martyrisée lors de la retraite des Arabes vaincus en 732 par Charles Martel à Poitiers. Une petite chapelle aurait été bâtie à cet endroit : la capelle de la Marie del Val, dont les vestiges ont été découverts en 1957. Ce n'est pas cette légende pourtant, mais bien l'imposant château médiéval daté des XIIe et XVe siècles qui témoigne des origines de Lacapelle-Marival. Construit par Géraud Ier de Cardaillac, c'est l'édification de ce château qui donnera vraiment naissance à la petite ville actuelle.

LE LAC BLEU €€

Lieu-dit Le Lac
✆ 06 48 43 33 37
www.lelacbleu.com
Ouvert du 30 avril au 31 octobre 2024. 32 maisons tout confort pour 6/8 personnes 434 € à 1295 €/semaine. Piscine.

Ce village vacances tout confort vous accueille au cœur d'un immense domaine naturel, à deux pas d'un lac. Les maisons de 80 m² suivent toutes le même agencement : deux chambres en rez-de-chaussée et une à l'étage, chacune avec sa propre salle de bains et toilettes. Le salon, situé en mezzanine, comprend un canapé-lit, ce qui permet d'augmenter la capacité d'accueil. Afin de rompre l'alignement des maisons sur le vaste terrain, un plan d'eau a été aménagé, créant ainsi un cadre naturel agréable, le tout à proximité de Lacapelle-Marival.

CHÂTEAU DE LACAPELLE-MARIVAL ★

Rue du Château ✆ 06 21 80 54 02
ap-chateau-lacapelle-marival.fr
Visite guidée 7j/7 en été 15h et 16h30. Adulte 4 €. Expo printemps et été. Horaires sur le site. Visite groupes sur rdv.

Ce château médiéval impose par sa majesté ! Dès le XIIe siècle, la puissante famille de Cardaillac, qui dominait la région, entreprend la construction d'un donjon sur ce site. Il s'agit d'une imposante structure carrée de 18 mètres de côté, avec des murs épais de plus de 3 mètres, s'élevant sur 30 mètres de hauteur, répartis sur trois étages, chacun composé de quatre pièces. Le château accueille également des expositions de peintures, sculptures et artisanat au printemps et en été.

CHEZ HÉLÈNE €

147, rue Doisneau - **THÉMINETTES**
✆ 05 81 24 02 66
www.chezhelene.net
Du mercredi au samedi 19h-23h. Plats 26-90 €. Assiette végé 25 €. Accès PMR. Privatisation possible. Résa impérative.

Chez Hélène, cette bâtisse impressionnante du XIe siècle a connu mille vies avant de devenir un restaurant de charme, avec 5 m de hauteur sous plafond, une immense cheminée et une tour pouvant accueillir douze couverts. Vous vous y régalerez de produits du terroir : foie gras, magret entier IGP, ou une côte de bœuf spéciale de Souseyrac-en-Quercy. Une généreuse assiette végétarienne est proposée avec des légumes de saison de Gintrac. L'extérieur étant aussi beau que l'intérieur, tous les vendredis d'été, des concerts sont organisés dans le jardin de 800 m².

LE BOIS DE SOPHIE** €

Route d'Aynac
✆ 05 65 40 82 59
www.camping-lot-leboisdesophie.com
Début avril à mi-octobre. Forfait emplacement 20-24 €/nuit. Mobil-home 329-910 €/semaine. Accueil PMR. Piscine, snack.

Un camping tel qu'on les apprécie, offrant un cadre naturel, ombragé et parfaitement situé, avec toutes les commodités nécessaires. Idéal pour les randonneurs et pèlerins, il propose un tarif préférentiel à la nuitée. Les pêcheurs seront ravis de la proximité du plan d'eau, tandis que le snack à l'entrée du camping permet de savourer aussi bien le petit déjeuner que le dîner. Les camping-caristes apprécieront l'aire de vidange bien aménagée. Ce lieu est particulièrement apprécié des touristes venus découvrir la région en famille.

ASSIER

Assier est liée au destin remarquable d'un de ses enfants : Galiot de Genouillac né en 1466. Il connut une brillante carrière militaire auprès de Charles VIII, Louis XII et François Ier, qui le nomma grand écuyer de France. Spécialiste de l'artillerie, Galiot améliora le système du canon et permit la victoire des Français lors de la bataille de Marignan en 1515. Il fit souffler sur le Quercy le vent de la Renaissance italienne, en faisant construire en 1526 son château dont il ne reste qu'une des quatre ailes. Autres trésors de la commune, un pigeonnier, deux anciens moulins à vent, des dolmens, menhirs et tumulus ainsi que la grotte du Cirque.

CHÂTEAU D'ASSIER ★

✆ 05 65 40 40 99
www.chateau-assier.fr

Du 2/05 au 31/08 7j/7 sauf mardi, 10h-12h30/14h-18h30. Hors saison : groupe 8 pers min. Entrée 5 €. -18 ans gratuit.

Galiot de Genouillac, grand écuyer de France fit bâtir ce château, de 1525 à 1535. Au XVIIIe siècle, le château fut abandonné par ses propriétaires. Des pierres taillées et des éléments d'ornementations architecturales furent revendus par des marchands de matériaux. Ce joyau de la Renaissance se composait de quatre ailes, il reste aujourd'hui l'aile occidentale, un bel escalier gothique, des représentations d'empereurs romains, d'Hercule et de ses travaux. À voir : Musée lapidaire, exposition sur Galiot de Genouillac et un ensemble de peintures monochromes.

ASSOCIATION DE TOURISME EQUESTRE DU LOT

Place de la Halle ✆ 06 64 79 12 93
www.cheval-lot.com

Séjours, hébergements, randonnées, nombreux détails en ligne, tarifs randonnées et cours. 5 établissements à découvrir.

Cette association destinée au tourisme équestre vient en aide aux visiteurs gourmands de découvertes lotoises en proposant des sentiers et des hébergements adaptés, en les balisant et les entretenant. En respectant une charte dédiée, les hébergeurs qualifiés «Accueil Cheval» proposent des étapes adaptées à votre venue. Les circuits, les adresses des hébergeurs, des maréchaux-ferrants, des vétérinaires et des structures équestres sont disponibles sur le site de l'association.

LE BRIN D'ASSIER €

Place de l'église
✆ 05 65 40 57 55

Du lundi au vendredi 7h30-19h30 + samedi et dimanche 9h-12h. Formule midi 16,50 €. Menu 22,50 €. Accès PMR.

Cette adresse est bien connue des locaux qui aiment y déjeuner ou prendre leur café. Le rapport qualité-prix est intéressant. Cette brasserie sans prétention propose du fait maison avec des produits frais et de saison pour des recettes familiales et généreuses : noix de joue de porc confite, confit de canard, gigot d'agneau et pommes sarladaises, rôti de veau et gratin dauphinois. Si vous avez encore une petite place pour le dessert, vous pourrez choisir parmi la panna cotta aux fruits rouges, le clafoutis aux pêches, ou une autre douceur qui aura inspiré le chef.

RESTAURANT DE LA GARE €

260, Route de la Gare ✆ 09 83 70 04 04

Ouvert toute l'année du mardi au dimanche midi. Menus 12-24 €. CB non acceptée. Chèque Restaurant. Jardin. Terrasse.

Au restaurant de la gare, les gourmands ne vont pas rester à quai. Cuisine traditionnelle, je crie ton nom et le conjugue au fait maison. Pascal en cuisine et Valérie en salle sont là pour vous proposer un agréable moment. Tous les deux originaires de Savoie, ils peuvent faire découvrir les spécialités de leur région sur commande : raclette et fondue. Sinon, le menu du jour ravira les papilles. A la carte, on peut aussi se laisser tenter pour des spécialités. De la convivialité et un magnifique parc de chênes où passer un superbe moment aux beaux jours.

CARDAILLAC ★

Fief de la branche ainée de la famille de Cardaillac, la commune a été bâtie à partir de 1064 sur un promontoire rocheux à la demande de Hugues baron de Cardaillac. En 1188, il subit l'assaut de Richard Cœur de Lion, futur roi d'Angleterre. Pendant les guerres de religions qui déchirèrent le Quercy, Cardaillac est donné aux protestants par l'édit de Nantes. Cette riche histoire est tatouée dans les pierres qui ont construit le village. Lorsqu'on le regarde aujourd'hui, on remonte le temps et c'est un concentré de l'atmosphère médiévale qui est encore palpable. Ne manquez pas le puits Manganel creusé dans le rocher et le Musée Eclaté.

JARDIN MÉDIÉVAL

✆ 05 65 40 14 32

Ouvert en permanence. Gratuit. Aire de jeux et aire de pique-nique. Pause bucolique seul ou en famille.

Jardin passionnant et étonnant ! Plus qu'une balade, il vous convie à une histoire : celle des plantes médicinales et tinctoriales. Vous découvrirez comment la guimauve était utilisée en pommade, les propriétés de l'angélique, les utilisations en textiles de la garance, etc. Ce sont plus de 150 espèces qui sont présentes dans ce jardin, que l'on utilisait jadis, au Moyen-Âge pour leurs multiples propriétés aujourd'hui presque oubliées. Le jardin est aussi un parc avec des jeux pour enfants, un boulodrome et un espace pique-nique.

MUSÉE ÉCLATÉ ★

Place de la Tour
✆ 05 65 40 10 63
www.tourisme-lot.com

Ouvert toute l'année sur rendez-vous. Adulte 3 €. Enfant prix libre. Visite guidée à 15h et 16h30. Fermé le samedi.

L'association Musée Pour l'Avenir présente ce musée instructif et amusant, récompensé pour son originalité par le Prix du tourisme. La visite se partage en plusieurs lieux : la maison du semaillier, le séchoir à châtaignes, l'étuve à pruneaux, le moulin à huile de noix. Dans la salle de classe du début du siècle, blouses noires, pupitres, encriers et cahiers ont l'air d'attendre l'arrivée du maître et des élèves. Dans la dernière bâtisse, nous sommes chez la fileuse, le maréchal-ferrant. À chaque halte, meubles, vêtements et outils racontent l'histoire du lieu.

CAPDENAC

Le site de Capdenac était déjà habité par l'homme au Néolithique moyen. Particulièrement propice à un habitat, il a été occupé très longtemps. Pendant l'Antiquité, Capdenac était un oppidum romain longtemps considéré comme étant le dernier bastion gaulois contre César. Lorsque Galiot de Genouillac en devient le Seigneur au XVIe siècle, le livre d'histoire de la ville est déjà bien rempli de batailles, pillages, envahissements, etc. La citadelle nous révèle des remparts des XIIIe et XIVe siècles avec portes, donjon carré avec échauguettes (tour de Modon), maisons médiévales et haut calvaire de pierre du XVIIe siècle. C'est un îlot de pierres suspendu.

SAVONNERIE DE CARDAILLAC

Le Mercadiol ✆ 06 79 60 62 77
www.savonnerie-de-cardaillac.fr

Visite sur rendez-vous. E-boutique. Ateliers sur demande, démos l'été. Ingrédients bio. Savon 5,80 €, coffret 8,80 €.

Célia a choisi la saponification à froid pour préserver les vertus des huiles essentielles et végétales de ses produits, mais aussi l'environnement. Les savons sont naturellement surgras et riches en glycérine, une formule gagnante pour toutes les peaux. La savonnerie propose également du sur-mesure et a développé une gamme de cosmétiques naturels : baumes pour le visage, les lèvres, les mains ou encore liniment oléo-calcaire pour le démaquillage et le change des bébés. On y trouve même des trousses de toilette et lingettes en tissu bio de fabrication française !

LE RELAIS DE LA TOUR*** €€

Place Lucter
✆ 05 65 11 06 99
www.lerelaisdelatour.fr

Fermé vacances de Toussaint et d'hiver. Chambre double à partir de 80 €. Menus 17 € à 39 €. Accès PMR. Animaux 8 €.

Une décoration simple, de belles tables, une ambiance qui invite à la convivialité et de très belles chambres décorées dans des matériaux nobles et bien équipées. Dans la salle à manger, sous un beau plafond à la française, près de l'imposante cheminée de pierre, vous hésiterez sans doute entre terrine de foie gras mi-cuit ou escalope de foie gras aux fruits rouges. En été, prenez le temps de profiter de ce lieu magique en vous prélassant sur la terrasse. Une très bonne adresse, avec des produits simples, de qualité, des portions généreuses.

PAYS DE FIGEAC ET VALLÉE DU CÉLÉ

© PHOVOIR

Vue générale de Capdenac.

L'OLTIS €

Rue de la Commanderie
✆ 05 65 34 05 85
Ouvert toute l'année jeudi-dimanche midi et soir + mercredi en été. Menus de 19,50 à 28,50 €.

Situé sur les hauteurs lotoises, l'Oltis est une taverne médiévale avec une terrasse panoramique à la vue imprenable sur la vallée du Lot. Côté carte, une farandole de galettes salées et crêpes sucrées, des assiettes gourmandes de fromages, charcuterie et produits du terroir, sans oublier quelques classiques du Sud-Ouest : confit de canard et foie gras. Les plats sont généreux et gourmands, et l'accueil toujours au rendez-vous. L'établissement propose également une boutique de produits régionaux : bières artisanales, cidre fermier bio, fouaces, infusions, etc.

AUBERGE BEAUVILLE €€

Le Bourg
✆ 05 65 40 55 62
Ouvert du mardi au dimanche midi en été et du dimanche au vendredi midi en basse saison. Menu 15-28 €. Accès PMR.

Une cuisine campagnarde, généreuse et familiale, interprétée par Stéphane Rossignol, qui a la particularité d'être également un talentueux coutelier. Cette cuisine nous transporte chez nos grands-mères et pour les plus affamés : soupe, charcuterie à foison, foie gras local, fromage et délicieux desserts maison, ou l'incontournable pastis du dimanche. Les prix sont raisonnables ! Le tout servi dans une belle quercynoise traditionnelle. La terrasse sous les marronniers offre, aux beaux jours, un cadre idéal. À tester pour du réconfort après une belle randonnée.

ESPÉDAILLAC

Village typiquement caussenard, restauré avec soin et respect, Espédaillac se trouve au cœur du Parc naturel régional des Causses du Quercy. Espédaillac tient son nom des hospitaliers qui s'y installèrent au XIIe siècle. De nombreux murets en pierre sèche, lacs et prés communaux, puits ouverts, cazelles et granges à moutons enrichissent le patrimoine rural de ce village. Lors de sa venue, Maurice Faure, résistant, ministre, député et sénateur du Lot, et membre du Conseil constitutionnel (1922-2014), avait qualifié Espédaillac « de balcon des causses du Quercy ». On y fabrique un fromage persillé réputé, le Bleu des Causses, cousin du Roquefort.

LATRONQUIÈRE

Village typique du Ségala lotois, Latronquière est situé sur la voie romaine Cahors-Clermont, lieu de péage entre le Quercy et l'Auvergne. Cette ancienne commanderie des Templiers qui passa sous Philippe le Bel à l'ordre de Malte possède encore les vestiges d'un ancien château fort où se réunirent les chevaliers de Malte convoqués par Guillaume de Vilaret. Les sarcophages sont encore là dans le cimetière, figés par le temps. Enfant de la commune, Gisèle Jónsson née Dailly en 1923 a apporté beaucoup à la recherche en botanique comme son herbier de l'île d'Heimaey, seul témoin de la végétation initiale détruite par une éruption volcanique en 1973.

CHAMBRES ET JARDIN DE PIERRES €€

Lieu-dit Mas d'Ourgnaguel ✆ 05 65 10 63 12
www.chambrejardin.com
Toute l'année. Chambre double dès 100 €/nuit pour 2 pers, petit déjeuner continental inclus. Lit supplémentaire 25 €.

Dans un environnement exceptionnel, cette ancienne bergerie offre deux suites et trois chambres aménagées selon les thématiques astrales. Elles sont spacieuses et aménagées avec goût. Le petit déjeuner servi face à la cuisine ouverte enchante véritablement les papilles. Le grand salon bibliothèque avec cheminée est à votre disposition et le parc arboré enchanteur se prête aux observations de la voûte céleste dans cet endroit propice, sans pollution lumineuse.

LE GOUZOU €

La Vitarelle - **MONTET-ET-BOUXAL**
✆ 05 65 40 28 56
aubergelegouzou.fr
Toute l'année. Chambre simple 50 €, double 70 €, 4 pers. 100 €. Table d'hôtes, pension équestre, piscine, pêche privée.

Voici une chambres et table d'hôte dans un charmant ancien relais de poste situé au cœur du Ségala, tout près du Lac du Tolerme. L'adresse est labellisée « rando-étape », Vous pourrez savourer une cuisine régionale : truite aux noix, poule farcie, stock fish et civets de gibier. Didier vous mijote une cuisine généreuse de saison, aux saveurs des légumes de son jardin et des produits du terroir. Le menu change quotidiennement et la qualité est toujours au rendez-vous. Accueil chaleureux et simplement authentique. Une très bonne adresse.

BALADE

RANDONNÉE AUTOUR DU LAC

A chaque saison, le Lac du Tolerme se prête à la détente. Vous pouvez en faire le tour : une balade pédestre de 2h30 est balisée en jaune. C'est une randonnée de 9 km accessible à tous. Départ de Sénaillac-Latronquière, place de la Mairie.

1. Partez en milieu de matinée avec votre pique-nique et votre maillot de bain. Sur la place de la mairie de Sénaillac-Latronquière, prendre le chemin à droite au bout du parking. Traverser la D 653 et en face, prendre la route vers Cassagnouse.

2. Suivez le balisage jaune jusqu'au Lac du Tolerme et commencer le tour du Lac pour la gauche.

3. Pause pique-nique et baignade sur la plage du Lac. Pour reprendre la randonnée, à la dernière digue avant la plage, rejoindre le chemin qui monte à gauche pendant environ 1 km puis continuer à suivre le balisage jaune.

4. Arrivé à la route, continuer à droite puis emprunter le second croisement à droite dans ce tournant pour rejoindre la place de la mairie.

LAC DU TOLERME

SÉNAILLAC-LATRONQUIÈRE

letolerme.fr

Accès libre.

Au cœur du Haut Ségala lotois, le lac du Tolerme se situe entre les contreforts du Massif central et le Ségala. Avec ses 38 hectares, c'est le plus grand plan d'eau artificiel du département. Créé en 1990 grâce à deux barrages, il est aujourd'hui un véritable îlot paradisiaque tant pour la faune et la flore que pour les adeptes de pêche, de marche ou de farniente. Une plage a été aménagée et la baignade est surveillée en été. Les promeneurs apprécient des sentiers et un parcours de santé. Aire de pique-nique et de loisirs nautiques.

LE MAS DE TOUREL €€€

471, Chemin des Cazelles

✆ 05 65 38 68 15

https://cabane-lot.fr/

Toute l'année. A partir de 150 €/nuit (tarif dégressif) petit déjeuner inclus. Piscine, bain bouillonnant privé. Parc.

Du côté de Livernon, Murielle et Vincent ont créé de leur main un petit coin de paradis, le Mas de Tourel, et sont aux petits soins de leurs hôtes : ces deux-là aiment recevoir ! Ils proposent une *cazelle oustale* classée Monument historique, sur trois niveaux et un fournil, tous deux équipés pour y rester aussi longtemps que bon vous semble. Pour vous plonger dans la nature, la cabane lodge est un petit nid douillet où les oiseaux viennent picorer dans les mangeoires qui l'entourent. Chaque logement est accompagné d'une terrasse et d'un jacuzzi privé. Le rêve...

LIVERNON

Livernon est dominée par son église fortifiée avec clocher et abside romans. La commune possède le dolmen le plus visité et le plus massif du Quercy : le dolmen de la Pierre Martine, long de 7 mètres et pesant 20 tonnes. Les pierres ayant servi à sa construction proviennent d'une carrière située à 100 mètres du dolmen. L'accès se fait par un petit chemin qui se retrouve parsemé en mai d'une multitude d'orchidées. Un autre beau dolmen se trouve à environ 150 mètres, dans le champ derrière la pierre Martine. Le menhir de Bélinac – monument historique le plus haut du Lot : 3,50 mètres – se rencontre près de la D113, en direction de Grèzes.

LE RESTO'DROME €

Aérodrome de Figeac-Livernon

DURBANS

✆ 05 65 40 89 48

Ouvert toute l'année du lundi au vendredi + samedi midi en saison. Menu ouvrier buffet/plat 13 €, plat du jour 9,80 €.

En bord de piste, décollage immédiat avec le Resto'Drome. Avec un plat du jour et un buffet d'entrées, simple, rapide et pas cher, ce restaurant conjugue buffet et bon prix. Son emplacement original et sa grande salle lumineuse sont propices aux grandes tablées. Côté assiette, des traditionnels et des pâtés copieux. Le pain de Brengues cuit au feu de bois fait office de madeleine de Proust. Le Resto'Drome, c'est le petit « routier » sympa où l'on s'arrête pour l'ambiance, le service rapide et la cuisine familiale et sans chichis.

HÔTEL RESTAURANT LE GRÉZALIDE*** €€

Le Bourg - **GRÈZES** ✆ 05 65 11 20 40

www.grezalide.com

Chambres double à partir de 94 €. Petit déjeuner 15 €. Menu unique 4 services 42 €, menu enfant 26 €. Accès PMR.

Dans le Parc naturel des Causses du Quercy, Christelle vous accueille dans ce château du XVIIe siècle, avec ses chambres lumineuses, colorées et confortables. Au bord de la piscine, vous vous délasserez en contemplant la nature. Pascal travaille des produits frais, locaux et de saison pour une cuisine moderne et créative dans un menu qui change tous les jours : tartare de saumon à la mangue, agneau confit, tarte au citron meringuée à l'italienne... Référencé aux Bonnes tables du Lot.

L'OUSTAL €€

✆ 05 65 40 55 24

Ouvert toute l'année du mercredi au lundi le midi et du mercredi au dimanche le soir en été. Plat du jour 12 €.

Laurent reprend le restaurant du village pour y fonder une institution du bien manger, l'Oustal, un nom qui fleure bon les plats régionaux, faits maison. Un lieu où l'on aime flâner et partager un repas entre amis ou en famille. L'été, les repas s'articulent autour du barbecue, où les viandes sont grillées devant les hôtes ! Il se fournit au plus près, notamment pour l'agneau du Quercy, les fromages de Rocamadour, achetés à Livernon même. Une table authentique comme on aime en dénicher dans nos villages ! Un bel hommage à la gastronomie locale.

VALLÉE DU LOT ET DU VIGNOBLE DE CAHORS

D'est en ouest, la vallée du Lot divise le département et dessine une ligne de vie dans la main lotoise. C'est en Lozère que la rivière Lot prend naissance. Elle rencontre son département éponyme par l'est à Cajarc et le quitte à l'ouest par Soturac avant de se jeter dans la Garonne. A l'est de Cahors, la capitale lotoise, s'égrainent de petits villages au caractère bien trempé : Saint-Cirq-Lapopie, Cénevières, etc. A l'ouest, ce sont les vignobles de l'AOC Cahors qui font les paysages et les couleurs de la vallée. En prenant par le sud, on rencontre les causses de Lalbenque et de Limogne qui donnent du corps au territoire et préfigurent un Quercy Blanc qui chante le Sud. Autour de Montcuq et Castelnau-Montratier, ce Quercy doline entre un soleil de Toscane et une douceur dans l'air. En résumé, la vallée du Lot confère à ce département une vitalité économique liée à la culture de la vigne et au tourisme.

Vallée du Lot et du vignoble de Cahors
P.N.R. des Causses du Quercy
LOT-ET-GARONNE
Frayssinet-le-Gélat
Goujounac
Montgesty
Catus
MONTCABRIER
DURAVEL
Calamane
LABASTIDE-DU-VERT
SAINT-PIERRE-LAFEUILLE
PUY-L'ÉVÊQUE
PRAYSSAC
Espère
PARNAC
MERCUÈS
CASTELFRANC
Touzac
ANGLARS-JUILLAC
LUZECH
Pradines
Laroque-des-Arcs
Vers
BOUZIÈS
Saint Géry-Vers
CAJARC
SAINT-MARTIN-LABOUVAL
CALVIGNAC
GRÉZELS
Lamagdelaine
MAUROUX
BELAYE
ALBAS
Saint-Vincent-Rive-d'Olt
DOUELLE
Bégoux
Arcambal
SAINT-CIRQ-LAPOPIE
CÉNEVIÈRES
FLORESSAS
TOUR-DE-FAURE
CAHORS
PORTE-DU-QUERCY
Sauzet
LUGAGNAC
AUJOLS
LABASTIDE-MARNHAC
Concots
LIMOGNE-EN-QUERCY
BARGUELONNE-EN-QUERCY
VARAIRE
LALBENQUE
VAYLATS
MONTCUQ-EN-QUERCY-BLANC
BEAUREGARD
LENDOU-EN-QUERCY
SAINT-PAUL-FLAUGNAC
BELFORT-DU-QUERCY
Parisot
CASTELNAU-MONTRATIER

CAHORS ★★★★

Ancienne cité des Cadurques, Cahors devient capitale du Quercy au Moyen Âge. Aujourd'hui préfecture du département, elle s'est développée dans la belle boucle du Lot. Ville patrimoniale qui, depuis une vingtaine d'années, révèle des trésors d'architecture après les grandes restaurations entreprises par la mairie et les habitants : le secteur sauvegardé, la cathédrale Saint-Étienne, les Badernes, la rue du Château du roi, l'amphithéâtre souterrain, le musée Henri-Martin et bien sûr, l'impressionnant Pont Valentré. Découvrez des vues imprenables depuis le Mont Saint-Cyr, avant de savourer les ambiances cadurciennes, la gastronomie et les vins de Cahors.

CAHORS BRICKS EXPO

Espace Valentré

2 jours en déc. consacrés aux briques Lego, chasse aux trésors dans la ville, expos, ateliers enfants, entrée gratuite.

Passionnés de constructions en briques Lego, des exposants vous accueillent dans des univers incroyables, de Star Wars aux JO 2024, des créations féeriques et des ateliers pour les enfants. La ville organise une chasse aux trésors géantes avec des récompenses. Le collectif «Portail du Geek» propose des expos dans les boutiques, des constructions géantes et des jeux vidéo en accès libre. Une grande fresque collective est réalisée avec les familles. Le cinéma le Grand Palais et le petit train de Cahors vous guident pour découvrir les animations autour du jouet.

LES BADERNES ★

Accès libre.

Derrière la cathédrale Saint-Étienne se trouve le quartier des Badernes, ou bas quartier, où la rue Nationale, ainsi que les rues du Château-du-Roi et des Soubirous, constituaient l'artère principale de la ville médiévale. Ce quartier est composé de ruelles étroites, bordées de maisons médiévales à colombages, avec des portes et fenêtres finement sculptées. Le quartier du lavoir, dominé par la façade rénovée de l'élégant hôtel de Vayrols, mêle habilement ancien et moderne. Se promener dans les Badernes, c'est faire un véritable voyage dans le temps.

CAP NATURE

Chemin de l'Ile - **PRADINES** ✆ 05 65 22 25 12

www.capnature.eu

Ouvert d'avril à novembre. Horaires selon saison. Bulle game, laser game 20 €. Mini-golf 8 €. Escalade sur arbre 8 €.

L'accrobranche propose une variété de défis, avec ponts de singe, tyrolienne, filets et plus de 150 jeux répartis sur des parcours adaptés à tous les âges. Aucune compétence physique particulière n'est requise, et l'accent est mis sur le plaisir plutôt que sur la compétition. Les parcours en hauteur sont accessibles dès 2 ans, pour des moments conviviaux en famille. D'autres attractions incluent le bubble game, le paintball, la chasse au trésor, le wakeboard et le mini-golf. En été, des sessions nocturnes d'accrobranche et de course d'orientation sont proposées.

VALLÉE DU LOT ET DU VIGNOBLE DE CAHORS

Vue sur Cahors depuis le Mont Saint-Cyr.

CATHÉDRALE SAINT-ÉTIENNE ★★★

Place Jean-Jaques-Chapou

La cathédrale et son cloître se visitent chaque jour de 9h à 19h.

Classée au titre des Monuments historiques, la cathédrale Saint-Etienne est l'une des plus anciennes de France : elle a fêté ses 900 ans en 2019. Depuis cet anniversaire, elle est éclairée chaque soir par des jeux de lumière éblouissants. Ils dévoilent la grandeur de son architecture, mêlant les styles roman, gothique et byzantin, et rendent hommage aux bâtisseurs qui ont contribué à sa construction. Elle est l'un des rares édifices religieux français ayant deux immenses coupoles de 16 m de diamètre, et dont le point culminant est à 32 m de hauteur. Surtout, la cathédrale Saint-Etienne de Cahors abrite la Sainte-Coiffe, l'un des linges qui aurait servi lors de l'ensevelissement du Christ. De ce fait, elle est bien connue des pèlerins, puisqu'elle est inscrite au Patrimoine mondial de l'Unesco depuis 1998 au titre des chemins de Saint-Jacques-de-Compostelle. La fameuse relique mortuaire est visible dans la chapelle Saint-Gausbert sur réservation, ou lors des ostensions de Pâques et de la Pentecôte.

Le maître-autel fait l'objet de nombreuses questions. Consacré en 1119 par le pape Calixte II, il est enlevé par bateau par le vicomte de Gourdon, l'un des chefs huguenots, en 1580, et aurait coulé sans jamais être retrouvé ! En 2013, des vitraux modernes conçus par l'artiste Gérard Collin-Thiébaud et le maître verrier Pierre-Alain Parot sont installés dans la nef. L'orgue, les peintures et les nombreuses chapelles qui l'entourent participent à la majestuosité du lieu. Le cloître, inachevé, est de toute beauté. A ne pas manquer.

© DENIS VANDEWALLE

CLOÎTRE DE LA CATHÉDRALE ★

Place Jean-Jacques Chapou

✆ 05 65 53 20 65

Ouvert toute l'année de 9h à 19h. Entrée de la cathédrale sur le côté, puis accès par une petite porte à l'intérieur.

Le Cloître de la Cathédrale Saint-Étienne fut construit après les guerres de Cent Ans, probablement entre 1493 et 1553. Chef-d'œuvre de l'art gothique flamboyant et lieu incontournable à voir sur les chemins de Compostelle. Une petite porte à droite du cœur vous ouvre une très belle galerie paisible, des sculptures riches d'ornementations dont certaines burlesques représentent des musiciens, des animaux et des êtres fabuleux. Architectes et mathématiciens apprécieront la perfection des surfaces de la galerie et de la cour intérieure. Fraîcheur appréciée en été.

FONTAINE DES CHARTREUX

Quai Albert Cappus

✆ 05 65 53 20 65

Accès libre.

La Fontaine des Chartreux est un site archéologique d'origine romaine, situé le long du Lot. Cette résurgence de type vauclusien était un lieu de dévotion pour les Cadourques, dédiés à Divona, la déesse des eaux d'origine celtique, à qui Cahors doit son nom (Divona Cadurcorum). Au Moyen Âge, un moulin y fut installé, puis cédé aux chartreux. Depuis le milieu du XIXe siècle, elle fournit l'eau potable à la ville de Cahors. Une partie de son lit souterrain a été explorée par des plongeurs, qui y ont découvert près d'un millier de pièces gallo-romaines.

JARDINS SECRETS DE CAHORS

✆ 05 65 53 20 65

www.cahorsvalleedulot.com

Jardin remarquable. Ouvert toute l'année. Visite guidée (s'adresser à l'office de tourisme).

Partez à la découverte des « jardins secrets de Cahors » à travers un parcours original qui vous plonge dans l'histoire de la ville. Ce circuit vous permet d'explorer les jardins cachés, liés aux anecdotes, aux rues et à l'héritage de Cahors. Flâner dans le vieux quartier, c'est s'imprégner de son ambiance médiévale, où se mêlent symbolisme, esthétique et utilité. Une manière unique de découvrir le riche passé de la cité. L'itinéraire est disponible à l'office de tourisme.

MAISON DE L'EAU

Quai Albert Cappus
✆ 05 65 20 88 91
Ouvert de février à décembre, le week-end et vacances scolaires. Horaires variables selon la saison. Gratuit.

Créée en 1853 et fermée en 1971, la première usine d'eau potable de Cahors utilisait la force hydraulique du Lot pour puiser l'eau de la fontaine des Chartreux, naturellement potable. Aujourd'hui, l'usine, toujours équipée de sa machinerie d'origine, propose un espace d'exposition sur son fonctionnement, l'histoire de la station de pompage, la découverte du pont Valentré, ainsi que l'eau à Cahors et dans le monde. Une visite originale et ludique, avec un petit plus : après votre passage, vous pouvez profiter de la terrasse avec vue sur le pont Valentré.

MUSÉE HENRI MARTIN

792, rue Emile-Zola
✆ 05 65 20 88 88
https://museehenrimartin.fr/
Du mercredi au dimanche 11h-18h. Entrée 5-8 €. A partir de 17h : 2 €. 1er dimanche du mois gratuit. Accès PMR.

Le musée Henri-Martin, musée de France, est installé depuis 1929 dans l'ancien palais épiscopal concordataire de Cahors. Il a fait l'objet de gros travaux entre 2018 et 2022 qui ont permis de doubler sa surface, rénover son architecture et, notamment, accueillir certaines œuvres majeures du peintre éponyme comme *La Fenaison* ou *Le Monument aux morts,* deux peintures monumentales. Henri Martin, peintre postimpressionniste, a élu domicile à Labastide-du-Vert pour y passer la belle saison durant 40 ans, et peindre la lumière du Lot qu'il aimait tant. En plus de deux salles qui lui sont consacrées, le musée Henri-Martin abrite celui de l'histoire de Cahors sur 21 siècles d'art, avec des vestiges médiévaux ou gallo-romains présentés au rez-de-chaussée. Une salle est dédiée au travail d'Edmée Larnaudie, peintre de l'entre-deux-guerres de l'art sacré, une autre à Léon Gambetta, et une encore aux Beaux-Arts classiques. Le fonds du Musée Henri-Martin contient des œuvres remarquables, parfois insolites : une sculpture anthropomorphe, dite «déesse ou Venus de Capdenac», datée du Néolithique (non présentée de façon permanente) ; l'huile sur toile *Les Laveuses du bord du Lot* de Sarkis Diranian ; ou encore le dieu Rongo, une sculpture en bois représentant le dieu de la pluie en Océanie, pièce rare et étonnante retrouvée dans la chapelle de l'ancien palais épiscopal. Des expositions temporaires font vivre le musée tout au long de l'année. Le nouvel espace du musée est un écrin parfait pour l'art au cœur de Cahors.

PAR LE REGARD DU PEINTRE HENRI MARTIN

Le peintre toulousain post-impressionniste s'est installé au début des années 1900 au domaine de Marquayrol à Labastide-du-Vert, où il a fini ses jours en 1943. En 2022, les jardins de sa dernière demeure ont retrouvé leur splendeur d'antan grâce à l'Association pour la Réhabilitation des Jardins Extraordinaires d'Henri Martin (ARJEHM) et peuvent être désormais visités. Bassins, pergolas, massifs, végétation luxuriante, tout invite à la déambulation sur presque 1 ha, où l'atelier du peintre est accessible. La maison de caractère située sur les hauteurs du village, quant à elle, sera rénovée pour devenir une résidence d'artistes et un lieu d'évènements culturels pour accueillir expositions, spectacles vivants et conférences. Durant les 40 années passées à Labastide-du-Vert, Henri Martin a travaillé la lumière si particulière du Lot, et ses jardins ont été de nombreuses fois le sujet de ses toiles.

Au cœur de Cahors, le musée Henri Martin a connu une longue période de lourds travaux avec un espace multiplié par 10. Ouvert depuis mars 2022, il permet désormais de découvrir la cinquantaine d'œuvres dont 16 d'entre elles furent acquises lors d'une mise aux enchères en 2012. Tout à côté du musée, le parc Tassart dévoile un travail exceptionnel sur la végétation qui reproduit plusieurs œuvres de l'artiste. De quoi découvrir le Lot à travers le regard du peintre Henri Martin, véritable amoureux de la nature, de la lumière, et de l'art de vivre à la lotoise.

LES SOUBIROUS

Rue des Soubirous

Accès libre.

L'ancienne ville de Cahors était enfermée entre une muraille qui suivait l'actuel boulevard Gambetta et le cours du Lot. C'est dans la partie haute de la ville que se trouvent les deux palais médiévaux de Cahors : le palais de Via et le palais Duèze. L'église Saint-Barthélemy, avec son clocher-porche, et le monument des Mobiles du Lot, situé près de son chevet, clôturent la vue de ce quartier au nord. En descendant la rue des Soubirous vers le sud, on atteint la rue du Château-du-Roi, l'une des artères emblématiques du vieux Cahors.

PONT VALENTRÉ ★★★

Ouvrage piéton

Gratuit.

Entièrement en pierre de taille, le pont Valentré est un pont fortifié du XIVe siècle enjambant le Lot à l'ouest de Cahors, et dont la construction est typique de l'architecture militaire de défense au Moyen Âge. Il fait partie des ponts remarquables du sud de la France, et est d'ailleurs classé au titre des monuments historiques par la liste de 1840, et, depuis 1998, au patrimoine mondial de l'UNESCO, au titre des chemins de Saint-Jacques-de-Compostelle en France. Autant dire qu'il est un passage incontournable !

Ce pont piétonnier est bâti entre 1308 et les années 1380 sur demande des consuls de la cité, notamment du consul Géraud de Sabanac, durant les guerres entre la France et l'Angleterre. Pour accélérer les travaux qui traînaient un peu en longueur, une légende raconte que le maître d'œuvre aurait fait appel au diable pour l'aider... mais qu'il a réussi à le duper ! Depuis, une sculpture de diablotin est représenté en haut d'une tour, et le pont est surnommé le «pont du diable».

Edifice défensif en même temps qu'ostentatoire, il fut le troisième pont de pierre de Cahors. Soutenu par 6 arches principales et des avant-becs, son tablier en dos d'âne est surmonté de trois tours carrées de 3 étages, culminant à près de 50 m au-dessus du Lot. Les deux tours sur les rives sont fortifiées, et un châtelet à chaque extrémité avait été construit : il ne reste quasiment rien de celui de l'ouest, tandis que celui de l'est abrite une chapelle pour protéger le pont long de 172 m. Restauré en 1879 par l'architecte Paul Gout, émule de Viollet-le-Duc, il est encore aujourd'hui l'un des rares et le plus impressionnant des ponts médiévaux fortifiés en France, et conservé en très bon état. En plus de son rôle de forteresse, il a permis une évolution du commerce grâce à ce nouvel axe est-ouest. Pour la petite anecdote qui a quand même son importance, son impressionnante architecture défensive était tellement réussie que personne n'osa l'attaquer !

Impossible de visiter Cahors sans traverser le pont Valentré : c'est un véritable plaisir de se balader sur ce pont sans voiture, pour passer de la source de la Chartreuse à la rive du cœur de Cahors, en observant les bateaux, le soleil qui se reflète dans la rivière, en cherchant le petit diable ou en prenant des photos sublimes depuis les avant-becs...

Pour son histoire, sa grande beauté, et sa légende cocasse, le pont Valentré a été naturellement érigé en symbole de la ville de Cahors. De nombreux événements sont organisés sur le pont, et, chaque soir, il se pare de magnifiques éclairages colorés.

LA PLAGE AUX PTÉROSAURES

Mas de Pegourdy - CRAYSSAC
✆ 05 65 23 32 48
www.plageauxpterosaures.fr
Mercredi au ven. et dim 11h-18h. Samedi 14h-18h. Juillet/août en plus : samedi 14h-20h, mardi 11h-18h. 9 €, enfant 6 €.

La Plage aux Ptérosaures ouvre ses portes au public et vous permet de voyager dans le temps. Au Crétacé, une lagune ensoleillée se trouvait à Crayssac, attirant les animaux terrestres et marins. Les empreintes découvertes dans les roches calcaires il y a plus de quarante ans ont permis aux archéologues de reconstituer l'environnement et les comportements de ces créatures préhistoriques. Une visite guidée, très bien présentée, offre au public un lien avec notre préhistoire. Le site passionnera les enfants et les adultes. À découvrir absolument.

OFFICE DE TOURISME CAHORS, VALLÉE DU LOT

Place François Mitterrand ✆ 05 65 53 20 65
www.cahorsvalleedulot.com
Avril-septembre : ouvert tlj 9h-19h, dimanche 10h-18h.Octobre-mars : ouvert tlj sauf dimanche et entre 12h30-13h30.

L'accueil est chaleureux et bienveillant. À l'écoute des envies et des curiosités, l'équipe offre une jolie porte d'entrée pour s'organiser et programmer de belles visites. Cahors est Ville d'Art et d'Histoire, des parcours sont proposés pour découvrir le patrimoine et les trésors cachés. Excellentes recommandations pour aller à la rencontre des artisans, des producteurs et des services gastronomiques du territoire du Sud du Lot. Un lieu incontournable pour bien démarrer son séjour.

LES CROISIÈRES FÉNELON

Allées des Soupirs
✆ 05 65 30 16 55
www.bateau-cahors.com
Départs 7j/7 de mai à sept 11h/15h/16h30 + 12h l'été. Avril et octobre départ à 16h. Adulte 13 €. Enfant 5 à 12 ans 7 €.

Explorez la vallée du Lot au rythme de sa rivière, bordée de falaises impressionnantes, à bord du bateau Le Fénelon pour une croisière-déjeuner entre Cahors et Saint-Cirq-Lapopie. Profitez de la visite guidée de ce village pittoresque. Les croisières partent tous les mardis et mercredis, de mi-juillet à fin août, avec un retour en bus. Pour une expérience plus courte, optez pour la boucle de Cahors d'1h20, offrant une découverte relaxante de la ville depuis la rivière. Des billets combinés avec le Petit Train de Cahors sont également disponibles.

LE PETIT TRAIN DE CAHORS

Allées des Soupirs
✆ 05 65 30 16 55
www.bateau-cahors.com/le-petit-train/
Mai-juin-sept : 7j/7 à 11h/14h/15h/16h + 10h/12h/17h/18h en été. Avril et oct départ 11h et 15h. Enfant 4 €. Adulte 8 €.

Embarquez à bord du petit train pour une visite commentée à la découverte du Cahors historique. Depuis le quai Valentré, le parcours vous fait explorer des sites emblématiques tels que la maison Henri IV, la vieille ville, la cathédrale et les berges du Lot, avant de revenir au pont Valentré. Cette visite est un excellent moyen de découvrir les principaux sites touristiques et historiques de Cahors. Vous avez aussi la possibilité de combiner cette excursion avec la Croisière Boucle de Cahors de 1h15 à bord du bateau Le Valentré, disponible d'avril à octobre.

BABOU MARINE

Port Saint-Mary ✆ 05 65 30 08 99
www.baboumarine.fr
Loc. pénichettes et bateaux de 2 à 12 pers. Semaine : de 998€ à 4725€. Forfait week-end ou plus. Parcours : 74 à 150km.

Babou Marine est le spécialiste bateaux à Cahors depuis l'ouverture à la navigation de la rivière Lot en 1990. Les services sont multiples : achat et location, avec bienveillance lors des initiations et des assistances que vous soyez plaisanciers initiés ou débutants. Les bateaux habitables sans permis vous ouvrent des navigations magnifiques, parfois sauvages et parfois techniques, différentes des sensations sur les canaux. Babou Marine guide vos premiers tours de barre, vos premiers passages d'écluses, et vous transmet toutes les ficelles de la navigation.

AUBERGE DE JEUNESSE HI CAHORS LE CHAI €

52, avenue Henri-Breton
✆ 05 36 04 00 80
Mi-janvier à mi-déc. A partir de 26 €. Cuisine partagée. Laverie. Restauration. Chambres PMR. Wifi gratuit. Local vélo.

À quelques minutes de la gare et proche du Lot, l'auberge propose 38 chambres fonctionnelles, dont 2 adaptées aux personnes à mobilité réduite, et des chambres partagées de 2 à 3 lits réparties sur les deux étages supérieurs. Une cuisine partagée est à disposition en gestion libre. L'accès est possible 24h/24, 7j/7 avec une carte, et l'accueil est assuré de 15h30 à 21h pour tous, sans condition d'âge. L'auberge dispose également d'une terrasse panoramique avec vue sur le pont Valentré.

LE CLOS GRAND* €

12, rue des Claux-Grands - **PRADINES**
✆ 05 65 35 04 39
www.leclosgrand.fr
Chambre double 50-75 €/nuit. Petit déjeuner 8,50 €. Parking fermé. Soirée étape. Menus 19,50-40 €. Accueil PMR.

Sur les hauteurs des rivages du Lot, à deux pas de Cahors, l'hôtel familial animé par le sourire de Helena est idéal pour les vacances avec sa piscine et ses jardins. Les chambres au-dessus du restaurant sont très confortables, mais nous leur préférons celles du bâtiment au fond du parc même si les tarifs sont légèrement plus élevés. Un excellent rapport qualité-prix pour cet hôtel-restaurant au charme quercynois, un service impeccable, de l'authenticité, et un accueil chaleureux. Une très bonne adresse pour découvrir le charme lotois.

DOMAINE LES TUILERIES €

1602, Les Tuileries - **LE MONTAT**
✆ 05 65 21 04 72
www.domainelestuileries.com
Ouvert de mars à novembre. Nuitée de 66 € à 120 € petit déjeuner inclus. Wifi. Excursions (rando-étape).

Au cœur du Quercy blanc sur un domaine de deux hectares, dont un parc boisé et une truffière, trois chambres, chauffées avec la climatisation réversible, vous attendent dans un ancien corps de ferme, à 6 km de Cahors, avec terrasse privative et entrée indépendante. Un lieu de calme pour préparer facilement vos randonnées pédestres, le GR65 est à 2 km, à travers des sentiers ombragés et des bois truffiers. Un espace de pause pour profiter de la nature, tout en étant à quelques kilomètres de Cahors et des visites patrimoniales.

CAMPING KOAWA LES REFLETS DU QUERCY**** €€

809, Mas de Bastille
CRAYSSAC
✆ 05 67 03 00 12
Ouvert 19/04 au 29/09. Emplacement 28-26 €/nuit. Locatifs à partir de 238 €/semaine. Piscine, snack, club enfant en été.

Classé 4 étoiles, le camping offre une large gamme de services pour simplifier votre séjour : snack, épicerie, laverie, salle de jeux, etc. Côté infrastructures, tout est prévu : piscine chauffée, toboggans, château gonflable, terrain multisports, court de tennis, terrains de pétanque et de volley, et bien plus encore. Des animations estivales sont également proposées. Un large choix d'activités et d'équipements dans un cadre des plus agréables !

CAMPING RIVIÈRE DE CABESSUT*** €€

1180, rue de la Rivière ✆ 05 65 30 06 30
www.cabessut.com

Ouvert du 1er avril au 30 septembre. Emplacement 2 pers à partir de 17 €. Mobil-homes 4 pers dès 392 à 966 €/semaine.

Le camping Rivière de Cabessut, c'est une histoire familiale, celle de la famille Coste. On aime particulièrement leur philosophie du camping : la nature, les amis, la famille, la détente, l'entraide... L'accueil est toujours chaleureux et bon enfant. Situé en bordure du Lot, à deux pas du centre-ville de Cahors, mais en pleine nature, le camping propose des emplacements spacieux et semi-ombragés. En communion avec la nature qui l'entoure et qui lui donne tout son charme.

LA CHARTREUSE*** €€

130, chemin de la Chartreuse ✆ 05 65 35 17 37
www.la-chartreuse.com

Ouvert toute l'année. Chambre double 129 € en 1/2 pension. Etape VRP 103 €. Offre groupe. Plats 16 €, menu complet 34 €.

La Chartreuse est une grande maison qui respire la douceur de vivre. Un confort de charme au bord du Lot, une ambiance chic et cosy. Les chambres, climatisées, avec salle de bains privée, offrent un 3-étoiles et de jolies vues sur la rivière et le pont Louis-Philippe. Le restaurant totalement réaménagé permet des espaces privés pour les groupes et une salle cosy ouverte sur de magnifiques baies vitrées et la terrasse en bois. Une gastronomie locale et sincère, canard, bœuf et poisson s'accompagnent à merveille de sauces délicieuses et de vins de Cahors bien sûr.

HÔTEL LE TERMINUS* €€

5, avenue Charles de Freycinet ✆ 05 65 53 32 00
www.terminus-1911.fr

Accueil 24h/24, 7j/7. Nuitée de 80 à 140€ selon la saison et la chambre. Garage voiture et moto. Restaurant sur place.

Cinq générations se succèdent et au départ le courage d'une jeune femme, devenue veuve, licenciée de fait de la brasserie de la gare, se retrouve en 1905 à élever seule ses deux jeunes enfants. Elle décide alors de créer le Terminus. Un lieu de caractère, atypique, une ambiance unique Art déco-Art nouveau, un hôtel et un restaurant aux vitraux magnifiques rappelant le courage et l'engagement. Progressivement remis en état, comme à la belle époque. Un patrimoine cadurcien de plus de 100 ans. Nuit, restaurant, bar ou séminaire au choix. Coup de cœur à soutenir.

BEST WESTERN DIVONA*** €€€

113, avenue André-Breton
✆ 05 65 21 18 39
divona-hotel-cahors.com/

Ouvert toute l'année. Accueil 24h/24. Salle Séminaires. Espace bien-être, sauna, piscine. Lounge-Bar. Terrasse & Jardin.

L'Hôtel Divona propose une vue magnifique sur le Pont Valentré, un salon de thé ouvert sur les jardins, et des salles de séminaires. L'architecture moderne marque le 21ème siècle dans la ville cadurcienne d'art et d'histoire. Un bâtiment épuré, design, posé sur les berges du Lot. La décoration intérieure est au *fifties*, des chambres spacieuses et reposantes aux grandes baies vitrées dont certaines sont communicantes par le balcon, un cadre idéal en famille. Espace aquatique intérieur, salle de sport. Très belle adresse pour un thé ou pour un séjour haut de gamme.

Ô CLOS CHAI

24, Place Champolion
✆ 05 65 53 15 16
https://ocloschai.fr/

Bar à vin le soir de 18h30 à 1h30 du matin. Excellents vins proposés par deux connaisseurs, écran géant pour les matchs.

Le soir, l'Ô Clos du Chai se transforme en bar à vin pour une toute autre ambiance. À la carte, des grands classiques des domaines de Cahors et d'autres appellations des régions de France. La sortie se construit avec des amis autour de dégustations en regardant des matchs sur écran géant. Le bar et la décoration autour du vin plairont aux amateurs et aux connaisseurs avec un mur entier de bouteilles. Les œnophiles apprécieront les planches de charcuterie et des tapas pour parfaire la soirée à découvrir ou redécouvrir le patrimoine viticole lotois et français.

LE JARDIN DE SUZAN €

6, rue de la Légion d'Honneur
✆ 06 95 62 69 08
https://www.lejardindesuzan.fr

Du mardi au samedi de 10h à 22h. Entrées : 5 €. Plats : 12 à 14 €. Desserts : 5 à 6 €.

Cette très belle adresse ravit les gourmands végétariens et végans, mais pas uniquement ! Avec ses tout petits prix et sa bonne cuisine maison, de saison et locale autant que possible, Suzan Melikian propose des recettes aux saveurs du Caucase, en hommage à ses origines arméniennes : salade de haricots blancs, épinards et coco, burritos généreux, tomates farcies au quinoa, pizza végétarienne, aubergines gratinées, samossas et riz aux légumes sautés... Et des desserts végans évidemment ! C'est vraiment l'endroit parfait pour une pause déjeuner dans le vieux Cahors.

Bateaux sur le Lot - Cahors.

MARIE-COLLINE €

173, rue Clemenceau
✆ 05 65 35 59 96

Tous les midis du lundi au vendredi. Plat du jour environ 10 €. A emporter. Vegan et sans gluten. Mini terrasse.

Le jeune chef Pierre Renaud a repris Marie Colline, institution des végétariens depuis bien longtemps. Il souhaite poursuivre avec de la cuisine végétarienne aux produits frais, locaux et bien travaillés, et développer encore un peu plus le vegan également. Si vous avez des allergies ou mangez sans gluten, vous pourrez vous attabler ici sans problème. Dans les assiettes, des couleurs, des saveurs, des textures : un régal des entrées aux desserts ! La carte change tous les jours, la salle est charmante, le service attentionné. Pensez à réserver !

LE PALAIS INDIEN €

454, rue Président Wilson
✆ 06 56 66 38 17

Ouvert du mardi au dimanche midi et soir. Menus de 11,50 € à 50 €/2 pers. A la carte. Menu végétarien. Vente à emporter.

Petit nouveau de la cuisine du monde à Cahors, le Palais Indien propose toutes les spécialités de la cuisine indienne traditionnelle : le bœuf, le poulet, l'agneau, le poisson, les crevettes mais aussi les légumes, se déclinent façon tikka, korma, curry, massala, tandoori, biryani ou en samossas et beignets appelés pakora avec les fameux naan nature, fromage, à la viande, aux fruits secs ou à l'ail. Le service est efficace et discret, tout comme la décoration. Un menu non épicé est proposé pour les enfants, ainsi qu'un menu entièrement végétarien.

REST' Ô BISTRO €

11, place Saint-Maurice
✆ 05 65 35 60 86

Ouvert toute l'année, mardi-samedi le midi, jeudi-samedi le soir. Plat + dessert + 1 verre de vin : 20/25 €. Terrasse.

Petite salle et terrasse, carte restreinte et changeante avec de jolies surprises, excellent rapport qualité-prix. Cuisine de marché, puisque la halle est juste en face, où le fait maison est roi. Les entrées prennent l'allure de pintxos. Côté plats, sardines grillées et beurre au chorizo, pressé d'agneau confit, filet de bar rôti au four, parmentier de jarret de bœuf revisité… On termine avec du fromage de brebis au lait cru et sa confiture de cerise noire ou un dessert maison, le tout accompagné de vins produits en biodynamie et naturels.

LES BONNES TABLES DU LOT

En 1985, le syndicat des hôteliers décide de créer l'association Les Bonnes Tables du Quercy devenue depuis Les Bonnes Tables du Lot, présidée actuellement par Philippe Gombert, Bonnes Tables du Château de la Treyne, également président d'honneur de Relais & Châteaux.

L'association rallie les toques blanches du département autour de valeurs communes, garantissant aux gourmets une sélection des meilleurs restaurants indépendants du Lot. L'accueil et le plaisir de la table retrouvent dans ces restaurants un sens noble et une philosophie culinaire de la terre à l'assiette.

Le plaisir de manger est ancestral. C'est aussi, aujourd'hui une valeur de respect du produit, de sa fabrication et de sa mise en lumière par la qualité.

Le Lot est un territoire de valeurs : le respect du terroir, des cultures et de ceux qui les travaillent jour après jour avec amour et conviction.

Fruits, légumes, fromages, viandes, poissons, champignons sont sublimés. Des saveurs locales qui passent par un savoir-faire autant que par un savoir-être, le goût, la maîtrise des cuissons, la créativité et l'alliance des parfums donnent aux plats de ces Artisans Cuisiniers une douceur de vivre et le bonheur d'exister autour d'une table entre amis, en famille ou pour le business. Ce sont des restaurants qui se distinguent également dans la décoration et la rénovation de fermes, de domaines, de châteaux. Des lieux patrimoniaux, qui grâce à eux sont protégés, mis en valeur et ouvrent indéniablement l'appétit. Les clients et leurs avis ne trompent pas, une garantie pour des repas hors normes.

A ce jour, voici la sélection des Bonnes Tables du Lot aux notations d'excellence : La Table de Haute-Serres à Cieurac, Le Gindreau à Saint-Médard, Belle Rive à Gagnac-sur-Cère ; Delicatessens à Gourdon, Le Château de la Treyne à Lacave, Jehan de Valon à Rocamadour, Lou Bourdié à Bach, La maison du Safran à Cajarc, Le Vinois à Caillac, La Bergerie à Saint-Pierre-Lafeuille, Le Relais des Gourmands à Gramat, L'Ô à la bouche à Cahors, La Garenne à Cahors, Le Château de Mercuès à Mercuès, Le Pont de l'Ouysse à Lacave, La Récréation aux Arques, L'Esprit du Causse à Concots, Le Grézalide à Grèzes, la Terrasse à Meyronne, La Dinée du Viguier à Figeac, Un canard sous l'olivier à Ussel, L'école des Métiers, Saveurs et Savoir à Cahors, Saveurs des halles à Martel.

Plus d'informations : www.bonnestables-lot.fr

L'INTERLUDE €€

30, boulevard Léon Gambetta
✆ 05 65 22 09 90
https://rpieron.wixsite.com/linterlude
Bistro urbain ouvert toute l'année de 7h à minuit. Restauration du mardi au samedi. Plat du jour à partir de 18/20 €.

Face à la mairie, l'Interlude vit au rythme des Cadurciens. En terrasse ou en salle, l'accueil de l'équipe est bienveillant et convivial pour un vrai moment d'échange et de partage. La table est excellente, les produits sont frais et locaux avec une cuisine créative, moderne et inventive au fil des saisons. Les desserts sont gourmands et généreux pour un réconfort gustatif indéniable. Les habitués ne s'y trompent pas. Ce bistrot urbain, au centre de Cahors, vous régale d'excellents produits et de verres bien remplis. Un incontournable de Cahors.

© INTERLUDE

© INTERLUDE

SAVEURS ET SAVOIRS €

rue Saint-Ambroise
edm-cahors.fr/reservation-restaurant/
Restaurant pédagogique, réservation en ligne uniquement. Table de 4 personnes 18/22 €, arrivée entre 12h et 12h30.

L'Ecole des Métiers du Lot a ouvert en 2022 son restaurant pédagogique. La salle est vaste, lumineuse et élégante, le service impeccable, et les assiettes sont préparées avec beaucoup de rigueur : des produits frais et locaux comme la truite pochée au lait en entrée, suivie d'une ballotine de volaille aux pruneaux, pour de jolis mariages de saveurs, de couleurs et de textures. Le résultat est digne de grands professionnels, le tout accompagné de très bons vins locaux. Bien que le prix soit mini, le menu est maîtrisé, de l'entrée au dessert : 20/20 !

TERROIRS D'OCCITANIE

880, route de Toulouse
LE MONTAT
✆ 09 86 21 71 86
Boutique du mardi au samedi 9h-19h. Le matin, café et gourmandises, repas express le midi avec les produits. Terrasse.

Le terroir est à portée de main. Valérie vous accueille avec une belle énergie et vous guide à travers les produits locaux en conserverie et en frais. La charcuterie et la viande viennent de chez J-C Marlas. Essayez les côtes de bœuf ou de porc excellentes et bien sûr du canard. Les légumes sont de saison et viennent directement des producteurs. La boutique nous propose ici ce que la terre lotoise produit de meilleur. Vous pouvez profiter d'un café et de petits gâteaux de noix le matin ou venir manger sur le pouce en terrasse l'été des produits de la boutique.

TOUAJIN €

114, rue Clémenceau
✆ 05 65 30 04 37
Du mardi au dimanche 10h30-15h/17h-22h. Couscous 14-22 €. Tajines environ 17 €. Sur place et à emporter. Traiteur.

Amina vous accueille avec un beau sourire et de la douceur pour vous proposer un vrai voyage gustatif. Couscous et tajines se déclinent de plusieurs façons, mais toujours avec beaucoup de saveur, de la viande de qualité et des épices bien dosées, le tout en généreuse quantité ! Même si le plat rassasie bien, vous ne pourrez pas manquer de craquer pour un dessert : les pâtisseries sont un appel à la gourmandise. On fond pour les loukoums, surtout à la rose ! Sur place, à emporter ou en traiteur pour un événement, Touajin est toujours une bonne option.

L'AUBERGE SAVOYARDE €€

144, rue Saint-Urcisse ✆ 05 65 36 72 44
www.lapetiteaubergecahors.com

Restaurant d'hiver : merc.- sam. soir. Fondues/raclettes 250g de fromage/pers. à partir de 17€/pers. Tartiflette végé.

Après La Petite Auberge, Thomas et sa femme ont ouvert L'Auberge Savoyarde, juste à côté, dans une superbe maison à colombages du vieux Cahors. Amateurs de fromages, vous n'aurez que l'embarras du choix : tartiflettes, raclettes, fondues, avec une grande variété de fromages allant du comté au beaufort, en passant par le reblochon, le morbier et même le maroilles pour une Tar'Chti'flette. Pour les plus endurants, vous pouvez commencer dès l'entrée avec l'œuf cocotte au fromage ou forestier, un croustillant de canard confit ou une soupe à l'oignon gratinée.

LA BALINAISE €€

219, rue du Maréchal-Foch
✆ 09 52 35 07 39
www.labalinaise.fr

Ouvert toute l'année du lundi au vendredi 12h-13h30 et 19h-20h30. Plats de 12 à 14 €. Mini-terrasse. Vente à emporter.

Parce qu'il n'y a pas que le magret de canard dans la vie, Cahors abrite en son centre cette petite pépite de la cuisine du monde qu'est La Balinaise. En cuisine, Citra Winayu, cheffe indonésienne talentueuse, prépare des plats qui vous feront directement atterrir à Bali : travers de porc caramélisés, poulet jaune braisé aux aromates et notes de miel ou mariné au lait de coco et citronnelle, tofu grillé sauce cacahuète... Des trésors parfumés qui feront danser vos papilles, le tout dans une petite salle décorée comme il se doit. On en redemande !

AUBERGE DES GABARES €€

24, place Champollion
✆ 05 65 53 91 47

Formule dim. midi 18/26 €, en semaine 12/18 €, le soir mardi, jeudi au samedi : 26 € ou à la carte. Terrasse.

© L'AUBERGE DES GABARE

Pensez à réserver, les tables se remplissent vite dans une ambiance joyeuse et familiale. Ici, tout le monde se connaît et vous adopte en quelques minutes. Dans les assiettes, le chef vous transmet son savoir-faire, une cuisine de plats traditionnels réconfortants, sincères et généreux. Vous pouvez essayer la soupe traditionnelle lotoise qu'il faut goûter au moins une fois durant son séjour hivernal. L'été, profitez de la terrasse à l'étage, l'une des plus belles de la ville, et régalez-vous sous une magnifique glycine bicentenaire avec vue sur le Lot.

LE BERGOUGNOUX €€

77, rue du Docteur Bergougnoux
✆ 05 65 35 62 92

Ouvert toute l'année. Menu 24 € entrée-plat-fromage ou dessert.

Dans une petite rue du centre ancien de Cahors, le Bergougnoux est un restaurant familial traditionnel où le chef aime faire mijoter ses plats : marmite de poisson, selle d'agneau, cassoulet... Mais aussi des classiques de la cuisine lotoise avec un confit de canard. Les légumes du marché accompagnent les plats façon pot-au-feu, le tout servi en bonne quantité. Les desserts sont faits maison : prendrez-vous une part de gâteau au chocolat ou de la tarte aux pommes ? Le chef sort de sa cuisine facilement à la fin du service pour venir rencontrer ses clients.

LE BISTRO 1911 €€

5, Avenue Charles de Freycinet
✆ 05 65 53 32 00

Ouvert du mardi au samedi 12h et 19h30. Entrée/plat ou plat/dessert 24 €, menu complet 31 €. Salle et petit salon privé.

Le Bistro 1911 retrouve son histoire dans la bistronomie initiée au siècle dernier. Le Chef vous propose des recettes traditionnelles avec une touche moderne et créative : soupe à l'oignon, gaufre de pommes de terre, filet de petit bar, travers de porc confit, pavé de veau et desserts rappelant le savoir-faire d'antan : riz au lait façon «Tergoule normande» au chocolat ou encore brioche perdue à la marmelade. Le Bistro 1911, dans son architecture Art nouveau, est une invitation à voyager dans le temps avec une salle et un salon privatif comme à la belle époque.

BONNIE €€

27, place Jean-Jacques Chapou
✆ 06 24 47 74 20
https://www.bonnierestaurant.fr/

Brunch samedi 10h30 à 15h30. Du mardi au vendredi : midi menu à 27 €. Jeudi, vendredi soir menu à 45/55 €. Menu Veggie.

© BONNIE

Le Bonnie est un beau restaurant et surtout l'une des rares adresses pour un véritable brunch. L'accueil est chaleureux, la décoration est fraîche et élégante, les assiettes sont belles et délicieuses. En cuisine, la cheffe propose des recettes 100% faites maison dans le respect des produits frais et locaux : elle s'amuse avec les saveurs, les textures, y met une touche d'audace pour réveiller nos papilles. En salle, vous y trouverez de l'écoute et de très bons conseils pour une belle adresse à deux pas de la cathédrale, sur la place du marché.

LE BISTROT GAMBETTA €€

19, allées Fénelon
✆ 05 65 22 07 03
https://le-bistrot-gambetta-cahors.fr/

Ouvert toute l'année, 7j/7. Plat du jour 16-19,50 €. Menu du jour 15.5€. Menu enfant 9,50 €. Grande terrasse.

Le Bistrot Gambetta est un véritable espace bistrot avec une terrasse emblématique de la vie cadurcienne sur la place Gambetta. La nouvelle déco et l'ambiance cosy sont particulièrement agréables et le service sympa et rapide. La carte revisite des classiques, salades composées, burgers canard, truffades saucisses, viande et poisson en apportant des assiettes généreusement bien garnies. La terrasse est au pied de la fontaine, au cœur des animations urbaines pour un espace très agréable dès les premiers rayons de soleil et tout l'été.

CANNELLE ET PAPRIKA €€

58, boulevard Léon-Gambetta
✆ 09 80 32 63 35

Ouvert toute l'année du lundi au samedi le midi de 11h30 à 13h30. Menu du jour 15,30 €. Terrasse.

Version moderne de la crêperie bretonne avec des assiettes bien garnies et savoureuses ! Pour les amoureux de la galette au sarrasin, n'hésitez pas à passer le pas de la porte. En plat, la galette se marie avec épinards, gésiers, fromages et autres fantaisies salées. Et en dessert, la crêpe se fait douceur et se grime parfois en cornet croustillant pour les glaces. Commandez donc un café liégeois en dessert... étonnant ! La terrasse, vue sur le boulevard, est couverte et s'ouvre et se ferme au gré des beaux jours. Un accueil sympa et bienveillant.

LE BISTRO DE L'ISA €€

67, boulevard Gambetta
✆ 05 65 35 22 35
www.bistrodelisa.fr

Ouvert 7j/7. Plat du jour 12 € (sauf we et jours fériés). Menu enfant 10 €. Petit déjeuner possible, snacks et bistro.

Le bistro de l'Isa est l'un des rares restaurants toujours ouverts, d'accès facile sur le boulevard avec sa terrasse, il offre une gamme de produits pouvant satisfaire de nombreux voyageurs du petit déjeuner au dîner, du snack, pizza à des produits locaux et frais. La salle principale redécorée dans une ambiance parisienne offre un agréable moment de détente été comme hiver. En haute saison, vous pouvez préférer rester à l'extérieur et profiter des rayons de soleil pour un moment de détente à toute heure de la journée et de la soirée.

LE CLOS GRAND €€

12, rue des Claux-Grands - **PRADINES**
✆ 05 65 35 04 39
www.leclosgrand.fr

Toute l'année mardi au samedi midi et soir + dimanche midi. Menus 30-45 €. Formule midi 24 €. Accès PMR. Terrasse.

Sortez de la ville pour découvrir dans le vieux Pradines, une cuisine traditionnelle où les produits du terroir sont les stars incontestées. Au menu, un foie gras maison, confit de canard, agneau du Quercy ; toutes les viandes proposées sont issues de circuits courts. Le chef met en valeur les saveurs qui font sa fierté. Une magnifique terrasse ombragée et une grande véranda dans une maison de campagne chic et rurale, très joli cadre. En hiver, c'est tout le charme d'un feu de cheminée qui vous permettra de profiter de vos plats.

LE DOUSIL €€

124, rue Nationale
✆ 05 65 53 19 67
ledousil.fr

Ouvert du mardi au samedi midi et soir et 7j/7 en été. Carte 16 € env. Terrasse. Cave et bar à vins.

Le Dousil propose un voyage dans le vin avec au menu des crus du Sud-Ouest et du vignoble de Cahors de haute qualité. Ambiance conviviale et amicale dans un lieu qui a du cachet. Nous dégustons ici du bon vin accompagné d'un peu de musique, de bonne humeur, de quelques tapas… Belle carte de fromages. Des plus petites aux plus grandes faims, nous trouvons sur la carte de quoi s'imaginer un moment culinaire comme nous en avons envie ; entièrement local et façonné de produits de qualité et en quantité ! Une belle qualité de service pour une adresse remarquable.

LA GARENNE €€

Saint-Henri, D820
✆ 05 65 35 40 67
www.la-garenne-cahors.com

Ouvert toute l'année, fermé lundi soir, mardi soir et mercredi. Plat 25-40 €. Grange en pierre. Réservation. Terrasse.

Le restaurant est situé sur les hauteurs de Cahors dans une ancienne grange qui a gardé son charme avec son cadre rustique et ses poutres apparentes. L'authenticité a été gardée dans les moindres détails, jusqu'à reconvertir la mangeoire en cave à vin. Jacqueline et Michel Carrendier vous proposent avec le sourire de savoureuses compositions inspirées du terroir et des saisons. Ici, le charme de la pierre et des saveurs ne laissent pas indifférent. Et la terrasse est l'une des plus belles du département. Une référence gastronomique à Cahors.

GOZEN €€

32, rue de la Légion d'Honneur
✆ 05 65 35 15 08
www.gozen.site/

Ouvert mardi-samedi midi, le soir uniquement à emporter/livraison. Menu/plateau à partir de 16,20 €, menu enfant 9,50 €.

Cuisine de qualité, travaillée par Ayumi, cheffe japonaise. Un plaisir de voir se préparer des chirashi d'assortiment de poissons, sushi, maki, nigiri ou encore la soupe miso qui est excellente et bien équilibrée. Vous trouverez un accueil zen, un service de qualité et un espace pour découvrir le Japon à travers une décoration douce et mélancolique. Une salle de restaurant à l'étage vous offre une restauration sur place le midi. Vous pouvez prendre un thé japonais kukicha ou genmaicha bio en attendant. Pensez à commander tôt pour vos repas du soir.

LA CHARTREUSE €€

130, chemin de la Chartreuse
✆ 05 65 35 17 37
www.la-chartreuse.com

Ouvert 7j/7 midi et soir toute l'année. Formule complète 34 €. Menu enfant 13 €. Terrasse. Traiteur. Accès PMR. Parking.

Restaurant incontournable de Cahors. Situé sur les rives du Lot, totalement rénové avec une décoration chaleureuse et cosy, il met l'accent sur le vin et la rivière. Des immenses baies vitrées vous offrent une vue magnifique au rythme de l'eau. Le cadre devient totalement bucolique depuis la terrasse ombragée. Dans les assiettes, l'assurance de savourer des produits locaux, les classiques de la cuisine lotoise sont mis en valeur et la qualité est au rendez-vous. Label « Vignobles et découvertes », et proposition d'un véritable panel des vins du Lot.

© LA CHARTREUSE

© LA CHARTREUSE

VALLÉE DU LOT ET DU VIGNOBLE DE CAHORS

LE GRILL DE JULIA €€

46, Rue Daurade
✆ 05 81 70 46 57
Ouvert toute l'année. Du mardi au samedi midi/soir. Menus 18-28,50 €. Pause grill 17,50 €. Menu enfant 8 €. Terrasse.

La rue Daurade est sans conteste l'une des plus belles de Cahors, et c'est dans cet écrin que le restaurant Le Grill de Julia vous invite à vous installer, que ce soit sur sa splendide terrasse ou dans sa salle plus intime. Les grillades sont à l'honneur au menu : ribs, brochettes, faux-filet… La viande, d'une qualité remarquable, est cuite à la perfection, et les accompagnements, tels qu'un délicieux gratin dauphinois maison, sont tout aussi savoureux. Pour les amateurs de fruits de mer, pas de souci, des options tout aussi excellentes sont proposées.

L'Ô À LA BOUCHE €€

56, allées Fénelon ✆ 05 65 35 65 69
loalabouche-restaurant.com
Ouvert toute l'année du mardi au samedi (et le mercredi soir en basse saison). Menus 25-87 €. Terrasse.

Dans un cadre épuré et lounge, Jean-François Dive, formé dans une école hôtelière belge, propose une cuisine à la fois inventive et raffinée. Son talent réside dans la réinterprétation des produits locaux pour surprendre et éveiller vos papilles. Chaque plat, préparé à partir de produits frais et savoureux, est une invitation à la gourmandise. Pour les amateurs de découvertes culinaires, un menu complet, de l'apéritif au café, vous emmène dans un véritable voyage gastronomique. En été, profitez de la terrasse, idéale pour une soirée agréable. Bonne dégustation !

LA PETITE AUBERGE €€

144, rue Saint-Urcisse
✆ 05 65 35 06 05
https://www.lapetiteaubergecahors.com/
Fin mars à fin octobre. 7j/7 midi et soir. Menus 30-40 €. Menu enfant 12 €. Terrasse. Accès PMR.

Dans une charmante bâtisse à colombages, Thomas, le chef, privilégie les produits locaux, de saison et bio, en travaillant directement avec les maraîchers pour garantir des circuits courts. Il propose des recettes évoluant au rythme des saisons, mêlant textures et saveurs avec une touche d'originalité. Parmi ses plats phares : magret de canard à la crème de cassis, turbot en croûte de romarin, et lasagnes aux légumes de saison. La carte propose toujours des entrées et plats végétariens, ainsi que des options sans gluten. Une adresse à ne pas manquer !

LES PETITS PRODUCTEURS €€

4, place Champollion
✆ 05 65 31 26 24
https://www.lespetitsproducteurs.fr
En haute saison, tous les jours 12h-15h. Ouvert le soir sur des évènements festifs. Boutique et restaurant, menu 20/25€.

Une histoire authentique : des agriculteurs, des vignerons et des artisans du Quercy s'associent dans une petite boutique pour vendre, au départ, leurs produits. Quelques curieux plus tard, et les voilà qui débouchent avec vous un vin AOC et ouvrent un bocal de terrine au foie gras sur le comptoir. On sort alors les tables, on s'installe, la boutique devient restaurant et se découvre en terrasse pour notre plus grand plaisir. Depuis, clairement l'une des meilleures tables de Cahors. Venez tôt et laissez-vous conseiller par la générosité des producteurs lotois.

CHEZ SUZANNE €€

32, avenue André Breton
✆ 05 65 22 13 04
Ouvert mar.-sam. 12h/13h30, 19h30/21h30. Menus de 25€ à 45€ Menu complet 60€, dégustation 80€. Vue sur le Pont Valentré.

Chez Suzanne, c'est une histoire de cœur et de saveurs, deux amoureux de la cuisine, c'est peu de le dire. Derrière chaque plat se découvre la rencontre entre un chef étoilé et une seconde de cuisine, qui vibrent pour la même passion, les mêmes goûts et les mêmes ambitions ont créé une cuisine à leur image pour les palais les plus attentifs à l'amour que l'on met en assiette. Une cuisine en mouvement, réalisée à 4 mains avec des produits locaux, des jolis dressages où le visuel compte autant que les saveurs et qui nous emportent dans une belle bistronomie lotoise.

LES TERRASSES VALENTRÉ BY LA CHARTREUSE €€

Allée des Soupirs
✆ 05 65 22 53 20
Ouvert 7j/7 9h-22h d'avril à octobre. Réservation recommandée pour les repas. En journée, terrasse au bord de l'eau.

En bordure du Lot et proche du Pont Valentré, la vue est imprenable et l'équipe des Terrasses Valentré est bien chanceuse ! Côté assiette, les produits frais ravissent les papilles. Au fil des heures, les différents services répondent aux envies de chacun : restaurant, bar à vins et glacier. Et même si vous êtes matinaux, votre premier café vous sera aussi servi avant d'entamer une croisière sur le Lot dont l'embarcation se trouve à deux pas. Un cadre charmant !

© TANDEM

© TANDEM

TANDEM €€

7, place Claude Rousseau
✆ 05 64 72 08 87
https://tandem-restaurant-cahors.fr/

Ouvert toute l'année. Fermé lundi, mardi. Formule midi : 19,50 €. A la carte le soir. Résa, grande table, terrasse.

La qualité des produits, les superpositions de saveurs, des goûts colorés et une ambiance entre Lot et voyage. Ce restaurant, c'est un juste tandem entre douceur de l'accueil et expression créative d'une assiette parfumée d'aventures gustatives. Ni trop, ni pas assez, un joli équilibre frais et vitalisant, à un prix très abordable. On a apprécié les petites attentions, et en particulier, la prise en compte des allergies pour un repas totalement adapté aux besoins des clients. Une belle aventure à tester à deux ou à plusieurs. Pensez à réserver !

© TANDEM

© TANDEM

LES DÉLICES DU VALENTRÉ

21, boulevard Gambetta ✆ 05 65 35 09 86

Ouvert toute l'année du mardi au samedi 8h-13h et 14h30-19h, dimanche 8h-12h. En haut du boulevard Gambetta. Commandes.

Cédric Fauvel est pâtissier chocolatier. Vous trouverez, en boutique, des gourmandises, des gâteaux et macarons à toutes heures, et pour tous vos événements et occasions, une belle pièce montée ou de délicieuses mignardises. Ce haut lieu du chocolat cadurcien est bel et bien une adresse de référence. Parmi les produits phares de l'établissement, on retrouve la coque, le pastis, les diamants du safran, le cabécou au chocolat, le cayrou. Un côté salé vient compléter une pause gourmande : quiche, bouchées à la reine, croustade sont des valeurs sûres.

LE JARDIN DES THÉS

12, rue Daurade

✆ 06 88 04 60 00

Ouvert toute l'année du mardi au samedi de 10h à 18h30 (9h mercredi et samedi). Terrasse. Boutique. Pâtisserie 3-5 €.

Dès votre arrivée devant ce salon de thé, vos sens sont immédiatement stimulés. D'abord, votre regard s'émerveille devant la place, entourée d'une magnifique architecture médiévale. Puis, vos papilles se laissent envoûter par les pâtisseries maison, les glaces artisanales, ainsi que les cafés, thés, et jus de fruits. À l'heure du déjeuner, une pause salée végétarienne vous est proposée. Les cafés et thés sont disponibles en vrac à l'achat. Ce lieu se transforme en véritable havre de paix, que ce soit sur la terrasse en été ou dans la petite salle cosy en hiver.

FRENCH COFFEE SHOP

165, rue Nationale

✆ 05 65 31 50 63

Ouvert toute l'année du mardi au samedi de 9h30 à 18h30. Wifi gratuit. Terrasse sur rue commerçante centre ancien.

Au French Coffee Shop de Cahors, la rue du centre ancien vous invite à une pause conviviale en dégustant un café, un *chocotella* ou une pâtisserie. Un lieu de rendez-vous apprécié par tous et très prisé localement pour une pause. Ambiance amicale, familiale et conviviale, le gérant est très sympathique et plein d'idées pour vous conseiller au mieux : un café « classique » ou des recettes au plus proche de vos envies. L'été des boissons fraîches, smoothies, *mokafrio*, *friotella*, *chocofrio*. Un endroit très agréable pour une pause urbaine après ou avant le shopping.

OH MY BEER

131, Rue Saint-Géry

✆ 05 65 35 18 08

Ouvert toute l'année du lundi au vendredi, fermé samedi et dimanche. Animations jeu d'échecs, dégustation thématique.

Florent et Mélanie Troublé proposent 4 bières pression et 39 à la bouteille. Ils nous font voyager à travers le monde jusque dans le Lot. Leurs références sont des bières locales comme Ratz, des bières d'abbaye et du monde. D'autres curiosités sont explorées par les amateurs comme une bière aromatisée à l'ortie, une passion-mangue ou au quinoa. Côté restauration, le bar fait aussi des petits déjeuners le matin et des planches de charcuteries locales pour midi. Sans oublier des soirées concerts aux beaux jours, et une ambiance toujours chaleureuse.

LES GOURMANDISES DE LILU

27, Rue nationale ✆ 05 65 35 09 35

www.lesgourmandisesdelilu.fr

Ouvert du mardi au vendredi 7h-13h/15h-19h et le samedi 6h30-13h/15h-19h.

Formé en pâtisserie, Jérôme Moulinou est devenu lotois après sa formation au prestigieux Lycée Hôtelier de Souillac. Après un parcours dans la restauration, il ouvre sa propre boutique à Cahors, « Lilu », en hommage à ses deux filles, Lina et Lucine. En 2021, il se lance dans la compétition pour le titre de Meilleure Boulangerie de France. Dans sa boulangerie, le pain est délicieusement croustillant et ses pâtisseries rencontrent un franc succès. Sa maîtrise des techniques pâtissières lui permet de créer des pièces remarquables.

LA SYMPHONIE DES VINS

42, rue Daurade ✆ 06 82 75 33 83

www.lasymphoniedesvins.fr

Du mardi au samedi à midi et le soir. Tapas de 5 à 9 €, planches : petite 14 €, grande 24 €. Belle sélection de vins.

Sophie Arènes, sommelière cadurcienne, a créé en 2021 La Symphonie des Vins avec l'envie d'allier les tapas espagnoles aux produits français, et d'offrir des vins minutieusement sélectionnés. Le lieu, très chaleureux, offre un décor parfait pour des soirées gourmandes. Au choix : cœurs de canard persillés, crevettes marinées, camembert rôti, beignets de fleurs de courgettes, planches de charcuteries et fromages... La carte des vins fait la part belle aux domaines régionaux, mais aussi aux vins de Bordeaux, de Bourgogne, de Corse, d'Alsace, d'Italie ou d'Espagne !

ATRIUM VIGNERON CAVISTE

Route de Toulouse
✆ 05 65 20 80 90
https://g-vigouroux.fr/
Ouvert du lundi au samedi de 9h30/12h30 et de 14h/19h et certains dimanches. Cavistes, boutiques, spécialiste Malbec.

Producteur vigneron, Bertrand Gabriel Vigouroux propose dans ses caves de l'Atrium au sud de Cahors, les vins de sa production, deux châteaux de l'appellation Cahors sont mis à l'honneur : Château de Haute-Serre et Château de Mercuès. À l'Atrium, vous trouverez de l'élégance, du style et de la qualité, une centaine de références, une sélection de vins et spiritueux, des apéritifs et des produits régionaux. Ce caviste est l'ambassadeur des vins de la Maison Georges Vigouroux. Une superbe cave, que vous soyez connaisseur ou néophyte.

BIOCOOP CATHÉDRALE

75, rue Clément Marot
✆ 05 65 24 14 00
www.biocoopcahors.com
Ouvert lundi 15h à 19h, mardi au samedi de 9h à 13h et de 15h à 19h (samedi 18h30). Plein centre-ville.

Une épicerie bio à l'architecture médiévale entre pierre et métal, un petit labyrinthe d'étals de légumes bios, du frais et des produits cosmétiques. Ce Biocoop fait succès en terre cadurcienne ! Situé à côté de la cathédrale, sur la zone piétonne du quartier historique. L'été, il propose des animations et découvertes gustatives, dont l'incroyable cave à vins. Cette boutique répond à une réelle demande du mieux manger pour un service de qualité et un relationnel client très apprécié des habitants. À découvrir autant pour le goût que pour l'architecture du lieu.

CAHORS MALBEC LOUNGE

Place François-Mitterrand
✆ 05 65 53 20 65
www.cahorsvalleedulot.com
Ouverture horaires de l'office de tourisme. Animations week-end et ponts 10h-12h, juillet/août du dimanche au vendredi.

Véritable vitrine des vins AOC de Cahors, la Villa Malbec est l'espace officiel de dégustation des vins Malbec de Cahors dans un décor raffiné et lounge. L'établissement, issu de l'Union Interprofessionnelle des Vins de Cahors en partenariat avec l'Office du Tourisme de Cahors, propose des animations autour du vin, avec le savoir-faire de plus de 86 vignerons qui y sont représentés. La Villa Malbec organise des dégustations de cuvées, des animations à l'aveugle ou encore des mini-dégustations en libre-service. Un bel endroit pour s'initier à l'œnologie lotoise.

CAHORS SAVEURS

366, quai Albert-Cappus
✆ 05 65 20 20 80
www.cahors-saveurs.com
Mardi-samedi 9h-12h30/14h-19h. En été, lundi-samedi 9h-12h30/14h-19h et le dimanche 9h-12h30. Livraison possible.

Cahors Saveurs c'est 400 m² consacrés à une large palette de produits du terroir. Belle vitrine des vins de Cahors mais aussi un large éventail d'autres vins de France, champagnes, whiskies et autres spiritueux. Au total, ce sont plus de 500 vins qui sont référencés côté cave.

Au rayon épicerie fine, vous aurez un large choix de foies gras et plus de 400 produits du terroir. Le terroir du Quercy est à l'honneur avec les produits à base de truffes, de noix ou de figues, ou encore de safran. Cahors Saveurs c'est aussi un caviste et une épicerie fine en ligne.

LA CAVE DE JEAN

Halles de Cahors
✆ 05 65 22 28 83
Sous les halles. Du mardi au samedi 9h-13h/16h30-19h et dimanche et jours fériés 10h-12h30.

Située sous les halles au cœur de Cahors, la Cave de Jean propose une sélection de vins d'exception, provenant de toutes les régions de France, tout en mettant également en avant des produits locaux, ainsi que des bières et spiritueux lotois. Jean ne se contente pas de proposer des produits de qualité ; il offre aussi des conseils toujours avisés. Que vous soyez là pour le marché ou simplement pour flâner, ne manquez pas de faire une pause à son stand. Vous y trouverez sans doute la bouteille parfaite, que ce soit pour la partager ou pour l'offrir en souvenir.

CHAI DES CHARTREUX

300, allée des Soupirs
✆ 05 65 31 78 55
1er mai au 31 octobre 7/7 9h-19h30. Sinon jeudi, vend, sam et lundi 9h-19h30, mardi-merc 14h-19h30, dimanche 9h30-13h30.

Vins sur 20 est un petit bijou pour les gourmets et amateurs de vin, proche de l'emblématique pont Valentré. Avec un excellent référencement classé par région, le choix est vaste. La gérante partage conseils et astuces pour nous aider dans nos achats. La partie épicerie fine continue de nous séduire avec ses conserves régionales, ses mets sucrés et son thé d'origine bio. À noter aussi la présence d'apéritifs et de liqueurs. Une belle adresse où chaque visite est agréablement accueillie et guidée. Boutique élégante et large choix.

CHATEAU HAUT-MONPLAISIR

540, route de la rivière - **LACAPELLE-CABANAC**
✆ 05 65 24 64 78
https://chateauhautmonplaisir.com/
Visites et ouverture de préférence sur réservation. Dégustation et vente. Visite des chais sur rendez-vous.

Cathy, Mathilde et Daniel Fournié travaillent en famille au cœur de l'appellation Cahors, dans les terres ancestrales du Malbec. Situé à Lacapelle-Cabanac, le Château porte très bien son nom « Haut-Monplaisir », pour la bonne raison que ses cuvées offrent bien du plaisir à nos papilles ! En collaboration avec le Château du Cèdre, ces vignerons ont su faire de ce domaine un des noms de l'appellation. Aujourd'hui avec près de 30 ha de vignoble, le domaine produit des vins les plus naturels possible. Des cuvées à découvrir directement au château !

CHÂTEAU LACAPELLE-CABANAC

155, route de la Croix des Crosses
LACAPELLE-CABANAC
✆ 05 65 36 51 92
www.lacapelle-cabanac.com
Cave ouverte l'été du lundi au vendredi 9h/12h et 14h/18h, du 1er sept. au 30 juin 9h/12h. WE et dim. téléphonez avant.

Vignoble de Causse à 300 m d'altitude bénéficiant d'un climat différent, des terrasses plus hautes, des vents et des amplitudes thermiques influencent les baies propices à un potentiel aromatique et une texture fine. La production est conduite en agriculture biologique et biodynamie. Références de l'AOC Cahors. Le tradition (80 % malbec, 20 % merlot) fera le bonheur des fins palais, fruité intense, souple et soyeux, il donne un vin subtil qui présage également d'une excellente garde.

COMITE DE PROMOTION DES PRODUITS DU LOT

430, avenue Jean Jaurès ✆ 05 65 23 22 21
grandsterroirslot.com
Ouvert lundi-vendredi 8h30/12h et 13h30/17h. Promotion des produits labellisés et des marchés des producteurs du Lot.

Des produits lotois en AOC, AOP, IGP, Label rouge, AB et des produits emblématiques, idéal pour reconnaître les bons produits locaux : l'agneau fermier du Quercy, le veau sous la mère, le fromage de chèvre Rocamadour, les vins de Cahors, des Coteaux du Quercy, des Côtes du Lot et Coteaux de Glanes, le melon du Quercy, la noix et l'huile du Périgord, le canard à foie gras du Sud-Ouest, le safran du Quercy, la truffe noire du Quercy, à découvrir sur les marchés et dans les boutiques.

CRÈMERIE MARTY

160, rue Nationale
✆ 05 65 22 21 94
cremerie-marty.fr
Ouvert du mardi au samedi 8h-12h45 et 15h-19h. Sous la halle, 8h-13h et 15h30-19h, dimanche 9h-12h30.

Damien Marty, fromager affineur, perpétue le savoir-faire de son père, Patrick, en collaborant avec une quarantaine de producteurs de toutes les régions. Ces producteurs, spécialisés dans des productions fermières et artisanales au lait cru, lui fournissent une sélection exceptionnelle. La boutique propose chaque saison près de 350 fromages affinés ou frais, couvrant presque l'intégralité du plateau français. Vous y trouverez une belle variété de fromages lotois, ainsi que la spécialité maison : le Brie à la Truffe Tuber Melanosporum.

DOMAINE DU SOULEILLAN

Flottes - **PRADINES**
✆ 05 65 35 61 72
http://domainedusouleillan.com/
Ouvert du lundi au samedi 10h-18h en haute saison et sur rdv en basse saison. Accès partiel PMR. Livraison possible.

Souleillan signifie « Soleil levant » en occitan. Il se lève et réchauffe les coteaux argilo-calcaires idéalement exposés à l'est. Les vignobles sont répartis sur les 22 hectares du domaine et travaillés avec passion depuis 1800 et les arrière-grands-parents Honoré et Marie. Les différents cépages sont le malbec, le merlot, le jurançon noir, le chardonnay et le sauvigon. Tous élaborés dans la tradition et le savoir-faire acquis depuis 4 générations. Ce domaine familial été primé par plusieurs médailles. Vous y découvrirez une dizaine de vins de pays et AOC Cahors.

DOMAINE RESSEGUIER

Chemin de Lacapelle ✆ 06 86 61 85 12
www.domaine-resseguier.fr
Visites et dégustations sur rdv au domaine. Domaine labellisé AB. Rare viticulteur sur la commune de Cahors.

Avec ses 8,5 ha de vignes dont 7 ha en malbec, cépage historique de l'AOC Cahors, c'est un des seuls de l'appellation à se situer sur la commune cadurcienne ! Sur les hauteurs de la ville, il est disséminé autour d'une ferme typiquement quercynoise. Depuis 20 ans, Laurent travaille ce petit domaine familial. Il produit 3 cuvées en rouge, 1 en rosé IGP côte du Lot et 1 ratafia, apéritif traditionnel de la région. Discret et humble, le vigneron aime partager sa passion du vin avec ses visiteurs. Il vient d'obtenir le label AB, gage de qualité en agriculture bio.

L'ÉCLAT DU NOIR

64, rue de la Légion-d'honneur ✆ 09 50 85 01 17
www.leclatdunoir.fr

Ouvert du mardi au samedi de 9h à 12h30 et de 14h30 à 18h30. Artisan chocolatier. Atelier et boutique.

Le chocolat, c'est avant tout du plaisir, du goût, des saveurs et des mélanges qui nous accrochent au cœur une dose de bonheur. Deux artisans chocolatiers nous guident dans un savoir-faire délicat vers des chocolats proposés en ganache parfumée, des enrobages lait ou noir et des senteurs mélangées du monde et du Quercy. La fève de cacao est une pierre précieuse qui trouve ici son écrin, en pièce, en tablette ou façonnée en gourmandises pâtissières. À Noël, à Pâques ou à la Saint-Valentin, la vitrine est une véritable promesse de séduction gustative et sincère.

HALLE DE CAHORS

Place Galdemar

Ouvert du mardi au samedi de 8h30 à 14h et de 15h30 à 19h. Ouvert les dimanches et jours fériés de 9h à 12h30.

Intégralement rénovée en 2020, la Halle anime le centre-ville de Cahors. Endroit idéal pour ceux qui résident dans le centre-ville ou pour découvrir une ambiance conviviale autour de produits frais toute l'année : primeurs, épices, viandes, charcuteries, poissons, fromages, pains, pâtisseries, épicerie fine, vins et produits régionaux ainsi qu'un restaurateur, un traiteur et une pizzeria. C'est ici que bat quotidiennement le cœur de Cahors au rythme des saisons. La Halle, construite en 1865 par l'architecte Pinochet, vaut le détour patrimonial.

LA FOURMI ROUGE

176, rue nationale
✆ 05 81 70 63 40

Ouvert toute l'année du mardi au samedi de 9h30 à 19h. Jeudi fermeture 18h30. Librairie-café lecture publique pour tous.

Imaginée par Anne-Lise et Sarah, la Fourmi Rouge est une librairie-café très dynamique. Les deux libraires apportent aux lecteurs des conseils avisés pour petits et grands sur deux espaces aménagés et confortables. La Fourmi Rouge vous permet de lire sur place et de repartir avec votre livre idéal. Des rencontres auteurs/public et lecture publique. Lieu paisible et culturel avec des tables et des fauteuils pour vous accueillir le temps d'une pause lecture-gourmande : café, thé, jus de fruit et des pâtisseries maison sont en vente. Un maître mot : la convivialité.

LAGRÉZETTE CAHORS

Allée des soupirs
✆ 05 65 35 06 12

Ouvert d'avril à octobre du mardi au samedi 10h à 13h et 14h à 18h. En continu l'été. Boutique, musée de la tonnellerie.

Juste à côté du majestueux Pont Valentré, allez à la boutique du célèbre Château Lagrézette. Saviez-vous que les premières vendanges eurent lieu en 1503 et qu'elles furent organisées par Marguerite de Massaut, première femme propriétaire du domaine ? La boutique est une aubaine, elle propose de découvrir un petit musée de la tonnellerie et vous présente les grands crus d'un domaine d'exception inscrit dans l'art viticole des terres du Malbec. Vous pourrez également vous rendre à Caillac au Château Lagrézette pour une dégustation directement au domaine.

GRAINS DE FOLIE

127, Rue Nationale
✆ 05 65 35 03 39
boutique-grainsdefolie.com

Ouvert du mardi au samedi de 8h30 à 19h.

Il est des lieux « magiques » où l'œil ne sait où se poser, où les sens sont en éveil. C'est le cas à Grains de Folie avec le doux parfum des cafés fraîchement torréfiés - en grains ou moulus - en provenance du monde entier. Le magasin distribue aussi une centaine de thés en vrac, en sachets cristal ou encore des tisanes. Salon de thé avec également à la carte du chocolat à l'ancienne et des pâtisseries. Grains de Folie, c'est également une épicerie fine, une cave à vins et eaux-de-vie à l'accent international. Une adresse curieuse, voyageuse et gourmande !

LIBRAIRIE CALLIGRAMME

75, rue du Maréchal Joffre
✆ 05 65 35 66 44

Ouvert lundi 14h à 18h, mardi 9h30 à 18h, vendredi et samedi 9h30 à 19h. Conseils, lectures et rencontre d'auteurs.

Cette librairie généraliste accompagne les lecteurs cadurciens depuis des décennies. Lieu d'échanges, de proximité et véritable acteur culturel dans la ville, Calligramme compte parmi les boutiques incontournables. Lieu de passage, de brassage, elle invite régulièrement des auteurs à venir rencontrer leur public, ou organise des expositions dans ses murs. Un espace beaux-arts ainsi qu'une salle manga et bande dessinée sont installés au sous-sol. Avec son écrin de bois et son magnifique escalier en colimaçon, cette librairie est de toute beauté !

AUTOUR DU MARCHÉ DE CAHORS

Le marché de Cahors a lieu tous les samedis matin sur la Place Chapou en plein cœur de ville, c'est un excellent prétexte à une balade urbaine entre patrimoine médiéval et saveurs gourmandes pour vous mener de bonne heure jusqu'au midi. Commencez tranquillement par un café ou un petit déjeuner sur le boulevard Gambetta, puis passez devant l'hôtel de ville et découvrez des rues cachées juste derrière. Elles ont toutes des histoires à raconter. La rue du Maréchal Joffre vous fait découvrir la place du marché par le haut, esquivez temporairement et rejoignez la place de la libération. Vous allez repérer pour plus tard l'entrée de la rue du Château du roi. Pour l'instant, tournez à droite vers la place de la Daurade, son jardin et ses maisons à colombages, vous êtes au cœur du quartier médiéval. Faites quelques repérages de restaurants pour plus tard si vous le souhaitez et dirigez-vous vers la cathédrale pour découvrir une drôle de statue un peu effrayante et le porche. À droite, le marché, mais pas pour tout de suite, continuez vers la gauche et rejoignez les arrières de la cathédrale pour une vue incroyable sur le Lot, puis repartez doucement par le quartier populaire des Badernes. Flânez volontiers entre les petites places et le dédale de rues, de jolies curiosités architecturales sont à découvrir dont quelques jardins secrets. Presque tous les espaces publics du centre ancien ont été rénovés récemment et c'est particulièrement agréable de marcher la tête dans le patrimoine. Le marché n'est jamais loin, et vous avez toujours en repère le clocher de la Cathédrale. Lorsque vous recroiserez la rue nationale, remontez vers la place Galdmard avec ses grands platanes, ils vous guident vers la grande place Gambetta (statue et fontaine) pour y chercher sous la ville les anciennes ruines de l'amphithéâtre dont l'accès se fait par une des entrées du parking souterrain. Revenez ensuite sur le marché par la rue Maréchal Foch. Si vous avez du temps, la maison du patrimoine est juste à côté, sinon, il est 11h30 ou presque midi et les senteurs, les discussions et la foule vont vous ouvrir l'appétit. Au gré des étals vous pourrez garnir votre panier pour votre dîner. Et en attendant le soir, déjeunez dans un des restaurants en cuisine bistronomique ou gastronomique, régalez-vous avant de poursuivre en début d'après-midi une visite de la cathédrale et de son cloître.

LES MACARONS DE PIM

50-85, Place Saint-Maurice
✆ 06 66 99 82 33
macarons-pim.fr

Du mardi au samedi 8h-14h / 16h-19h. Sur le marché de Prayssac le vendredi matin.

Produit artisanalement, les macarons de Pim sont colorés et explosent en bouche. Depuis décembre 2019, on trouve son stand dans la nouvelle Halle de Cahors. Une belle vitrine pour ces gourmandises. Pierre-Marie vend également ses macarons sur le marché de Prayssac le vendredi. Avec 25 parfums sur sa carte, le pâtissier offre une belle palette de saveurs aux gourmets. Il explore les goûts, des plus traditionnels aux plus innovants : café, chocolat, vanille, praliné, baie de Sichuan-cardamome, poivre de Timut-pamplemousse, cerise, kiwi, coco...

MAISON SUDREAU CÔTÉ CAVE

91, boulevard Gambetta
✆ 05 65 35 26 06
www.sudreau.fr

Ouvert lundi - samedi de 11h à 23h. En haute saison 7/7. Cave à manger, cave à vin, épicerie fine, produits du terroir.

Créée en 1887, trois générations se succèdent depuis l'épicerie à la conserverie : foie gras de canard entier, cou farci, magret séché, saucisse cassoulet ou garbure. À Cahors, la boutique présente une très belle cave à vin et des produits à découvrir et même à déguster sur place midi et soir. L'été, la terrasse s'ouvre sur le boulevard Gambetta pour déguster alcools, vins de Cahors ou encore le Quinquinoix, planches de charcuterie à partager sur des tonneaux barriques en toute convivialité. Médailles Or et Argent 2024 au Concours général agricole de Paris.

MARCHÉ PLACE CHAPOU

Place Chapou, place de la Cathédrale et place Galdmard
https://cahorsagglo.fr/les-marches

Le marché s'installe dès 7h30, mercredi et samedi matin avec marché des producteurs de 8h à 13h. Parkings à proximité.

Le marché de Cahors est un véritable lieu de rassemblement devant la cathédrale, la ville s'éveille aux rythmes des étals : ici vous discutez des produits locaux et si vous êtes curieux vous parlerez de la terre, des saisons, des animaux, des légumes et des fruits sous des tentes bariolées et des senteurs du sud. L'été, les touristes se mêlent aux lotois, dans une ambiance gourmande. Pour ceux qui préfèrent le calme, venez tôt le matin avant 11h. Passez sous les Halles et dans les commerces de la place pour des produits complémentaires ou une pause café et restos.

VALLÉE DU LOT ET DU VIGNOBLE DE CAHORS

MARIE FRINGOLOGUE

123, rue Nationale
✆ 06 83 24 68 06
marie-fringologue.com/
Ouvert du mardi au samedi de 10h à 18h30. Fermée le jeudi matin. Promos régulières.

Marie Fringologue tient son nom de sa passion pour la mode : après être passé dans sa boutique pour dénicher de belles pièces de marques à petits prix, le sourire aux lèvres, on se sent tout de suite beaucoup mieux ! Des marques de luxe, mais aussi plus casual, ou totalement vintage, le principal pour Marie, c'est le look. Toujours de bon conseil, elle devine votre taille et trouve LA robe qui vous ira, ou l'accessoire qui change tout. La boutique est petite, il y en a dans tous les coins, et le stock est très régulièrement renouvelé. Un bon plan !

LE MEILLEUR DE NOS FERMES

17, route de cahors
LAMAGDELAINE
✆ 05 65 22 45 83
Ouvert du mardi au samedi de 9h à 12h30 et de 15h à 19h. Accessible PMR. Rayon produits bio.

Boucherie, charcuterie, volailles, fruits et légumes, crèmerie et vins sont proposés à la vente en provenance directe des producteurs dont certains sont labellisés Agriculture Biologique. Privilégiant le commerce local, les rayons sont garnis de produits du terroir tels que du foie gras, des douceurs sucrées, des préparations à base de noix et de châtaigne... Une belle boutique en zone rurale qui nous offre le plaisir de notre région à mettre dans nos assiettes.

LA PETITE FAISEUSE DE LIVRES

17, rue Clément Marot
✆ 05 81 22 16 13
Relieuse de livre et restauratrice. Atelier, ouvrage de 60 à 300 €. Du mardi au samedi de 10h à 13h et de 14h à 18h30.

Béatrice Jacques et Etienne Cronier ont repris récemment la Librairie Ancienne Rapaud, une institution du Vieux Cahors, et l'ont renommée La Petite Faiseuse de Livres. On y sent l'odeur des vieux livres, et on lève le nez le long des murs couverts du sol au plafond d'ouvrages anciens et d'occasion. La boutique propose un coin pour chaque domaine : littérature, histoire, architecture, littérature, bandes dessinées, et le Quercy dont la librairie s'est fait une spécialité.

MAISON COMPOZIEUX

77, boulevard Gambetta
✆ 05 65 30 10 34
www.maison-compozieux.fr
Mardi au jeudi 7h-13h/15h-19h. Vendredi et samedi 7h-19h. Distributeur automatique viandes charcuteries 7j/7 6h à 23h.

La Maison Compozieux, boucherie incontournable de Cahors, Maître artisan, sélection Blason prestige, prix d'honneur, maintes fois primée, une boutique où vous regardez les étals avec un bel appétit : bœuf du Limousin, veau fermier, saucisses sèches, porc capelin de montagne élevé aux châtaignes, agneau fermier du Quercy en sont quelques exemples. Un service et un accueil de grande qualité et de l'innovation au service des cadurciens avec un buffet en coffre accessible en autonomie 7j/7 à côté de la boutique. Commandes en ligne et livraison gratuite dès 150€.

© COMPOZIEUX

© COMPOZIEUX

SACRÉ LOTOIS

66, rue du Maréchal Joffre
✆ 05 81 22 15 29
https://sacrelotois.com/

Ouvert tous les jours de 10h à 19h, fermé lundi et dimanche. Boutique 100 % lotoise. Boutique en ligne également.

Adiou l'Ami ! Vous connaissez le Lot ? Sacré Lotois vous fait découvrir des produits 100 % lotois, marque et fabrication, pour être fier de ses racines. La boutique de Cahors complète celles de Figeac et de Martel. Avec ces vêtements et objets souvenirs aux inscriptions « LOT », vous ne passerez plus inaperçu. Devenez fan et découvrez une collection textile de caractère sérigraphiée et floquée dans le Lot et la Dordogne. Pour les petits et les adultes, de la déco, de la papeterie... On a bien aimé l'autocollant « Pitchoun à bord » à coller sur les voitures !

INTERMARCHÉ CAHORS TERRE ROUGE

avenue Edouard Herriot
✆ 05 65 20 58 58

Du lundi au samedi 8h30-19h30 + dimanche 9h-12h30. Drive. Station-service 24h/24h, station de lavage auto et laverie.

Situé dans le quartier Terre-Rouge à Cahors, cet intermarché accueille de nombreux habitants de ce côté de la ville, la variété des produits du Lot et du Périgord qu'il propose en fait un magasin attractif et bien achalandé : volailles Dumas, agneau du Quercy, truite du Moulin de Guiral, fromages cabécous de La Borie d'Imbert, melon du Quercy, biscuits Delfour, vins du Lot, des truffes de la Maison Pebeyre, ou la bière Ratz bien connue des lotois. Et tous les services habituels.

TERRE GOURMANDE

764, Côte des Ormeaux
✆ 05 65 20 23 75
www.terregourmande.fr

Boutique ouverte du lundi au samedi de 8h à 19h et le dimanche de 8h à 12h15. Restaurant fermé en août.

Les rayons de l'épicerie présentent une gamme de produits de qualité. Bien loin de la grande distribution, l'enseigne affiche un souci d'authenticité avec des produits rares. Au rayon frais, la traçabilité des viandes et légumes est le gage de la qualité. Côté cave, Terre Gourmande favorise les grands crus et les millésimes. Au rayon sucré, des gâteaux, biscuits, chocolats du monde et toute une gamme de thés en vrac et de cafés donnent des idées gourmandes pour toutes les occasions. Enfin, des conserves, cuisinées à l'ancienne ne pourront que ravir vos papilles.

UNIVERS BEAUTÉ

506, avenue du 7ème R.I ✆ 05 65 35 70 74
www.universbeautecahors.com

Ouvert mardi et jeudi de 9h/19h ; mercredi et samedi de 9h/16h ; vendredi de 9h/18h. Adultes et enfants, duo possible.

Entrez dans l'Univers Beauté, centre à la décoration soignée, pour un vrai moment à soi. Laëtitia et son équipe vous prodigueront des soins du visage, du corps, des séances d'épilation ou de maquillage. Le plus ? Cet institut de 150 m² est doté d'un espace bien-être et détente où l'on profite d'un hammam traditionnel, d'un bain bouillonnant, d'un sauna infrarouge et de prestations de massages. Vous pouvez privatiser l'espace en solo, à deux, en famille ou entre amis, tout est possible pour venir se détendre dans ce spa très agréable. Une parenthèse de douceur !

TRADITIONS DU QUERCY

1545, avenue Saint Exupery
CIEURAC
✆ 05 31 86 10 00

Boutique. Espace dégustation avec formules de 12 à 25 €. Bar et terrasse.

Ambassadeurs des produits du sud-ouest surtout du foie gras et des spécialités gourmandes de canard, Armelle et Benoît ont imaginé un concept store gourmet autour du bien manger. La boutique est bien pensée et propose des gammes de recettes artisanales en salé, sucré, vins et spiritueux. L'idée en plus : ouvrir leurs produits à la dégustation sur place avec un service de restauration autour de la «Rou-Lot», où on vous cuisine un magret-frites ou un confit-frites. La carte dégustation est étoffée et s'agrémente de petites douceurs, vins et café. Une adresse à part.

V AND B CAHORS

528, Rue Pierre Mendès France
✆ 05 65 36 19 41
www.vandb.fr

Ouvert lundi-mardi 14h-21h ; mercredi-samedi 10h-22h. Caviste. Bar. Animation. L'été grande terrasse face au cinéma.

221e V and B de France et l'un des rares situés en centre-ville. Alexandre tient boutique face au cinéma de la ville. Le concept V and B, c'est un espace bar pour la dégustation accolé à une cave - ou une cave prolongée par un bar ! Vous y dénicherez de belles références de vins, de bières mais également de spiritueux. La partie bar permet d'organiser régulièrement des soirées à thèmes, des dégustations, des retransmissions sportives... c'est ce qui fait l'ADN des lieux. Côté boutique, on trouve du bon conseil pour choisir parmi les nombreuses références.

INTERVIEW

RENCONTRE AVEC M. BATTAS

DIRECTEUR DES INTERMARCHÉS DE CAHORS

Quels produits emblématiques du Lot peut-on trouver à Intermarché ?

C'est un Intermarché à taille humaine où l'on propose bien évidemment, la star des assiettes lotoises, le canard sous toutes ses déclinaisons (cuisses confites, magrets, magrets fumés, fritons, foie gras…), mais aussi l'agneau du Quercy, les cabécous de La Borie d'Imbert, la truite du Moulin de Guiral, ou les volailles Dumas. Pour les fruits et légumes aussi, le magasin aime se fournir chez les producteurs locaux, notamment pour son melon du Quercy, si savoureux l'été venu. En dehors des produits frais, vous trouverez également beaucoup de produits locaux et du terroir, comme les biscuits Delfour, les nombreux vins du Lot, des truffes de la Maison Pebeyre de Cahors…

Comment choisissez-vous les produits lotois de vos rayons ?

Ici, c'est la qualité avant tout : la boucherie a même pu servir le bœuf de Noël gagnant du concours de Laissac ! Et puis nous aimons lier des partenariats. Par exemple, Intermarché a créé sa bière des Mousquetaires avec le fameux brasseur cadurcien Ratz dont nous vendons les bières par ailleurs.

Pour les vacanciers, quels services proposez-vous qui les aident à profiter de leur séjour ?

Pour gagner du temps, le Drive leur permet de faire leurs achats sur Internet. La station-service est ouverte 24h/24, avec le lavage rouleau et haute pression, une aire de service camping-car, la location de véhicules utilitaires, des recharges pour les voitures électriques, la possibilité de l'achat de gaz, d'utiliser une laverie, etc. Bref, de quoi passer des vacances sans soucis et profiter du Lot en toute quiétude ! Aussi, ils trouveront des coffrets de produits de terroir à glisser dans leur valise !

INTERMARCHÉ

CAHORS TERRE ROUGE
Avenue Edouard Herriot
✆ 05 65 20 58 58
CAHORS MARYSE BASTIÉ
Avenue Maryse Bastié

© THIBAUT SOUPERBIE

© INTERMARCHÉ

© INTERMARCHÉ

VALETTE FOIE GRAS

Face à la cathédrale
✆ 05 65 35 31 44
www.valette.com

En été, ouvert 7j/7. Basse saison, fermé le lundi et le dimanche. Livraison possible (boutique en ligne).

En plein cœur de Cahors, la boutique vous propose un large choix de spécialités gastronomiques : foies gras entiers traditionnels et créatifs, truffes noires du Périgord, pâtés fins, confits de canard, plats cuisinés, champignons et accompagnements, douceurs, apéritifs et vins du Sud-Ouest et un large choix de coffrets gastronomiques. Une référence en matière de conserverie traditionnelle du Sud-Ouest, la qualité des recettes est toujours au rendez-vous. En visite ou de passage sur Cahors, la Maison Valette vous réserve une dégustation gourmande.

L'ARCHIPEL

Chemin Ludo Rolles
✆ 05 65 24 09 46

Ouvert 7/7 de 11h à 20h de juin à Aout. Adulte 4,60 €. Enfant 3,45 € (tarifs réduits résidents Grand Cahors). Snack.

L'Archipel offre en été une piscine ouverte où l'eau est chauffée, c'est votre espace «eau et loisirs» à Cahors. En pleine chaleur, profitez des 2 bassins en plein air, le bassin sportif et le bassin ludique, sans oublier les tout-petits avec le champignon pataugeoire qui fera leur bonheur, un toboggan, 3 pantagliss des plages minérales ou gazonnées, et un joli point de vue, à partir de « l'île », sur Cahors. Bar-restaurant et coins pique-nique aménagés. Pour ceux qui n'en serait pas équipé, un distributeur de maillot, lunettes, et bonnet de bain vous sauvera !

L'ARÈNE CAHORS SPORT FOOD

290, rue Pièce Grande - **FONTANES**
✆ 06 65 35 51 47
https://larenecahors.fr/

Padel et squash, after-work, débutants et confirmés. Lundi-vendredi 16h/23h. Bar/snack, tournois et cours. Convivialité.

Enfin un after-work proche de Cahors ! Un espace sport et food rapide, convivial, détente et bonne ambiance garantie. Un nouvel esprit aussi sympa pour les débutants que pour les confirmés. Pour découvrir ou pour progresser, deux coachs diplômés vous accompagnent au padel et au squash. Un espace bar pour se détendre après l'effort. Le Club organise des soirées et des événements : tournois, stages au féminin. Ouverture pendant les vacances scolaires de 12h à 23h.

CENTRE ÉCOLE PARACHUTISME CAHORS

Centre Ecole de Parachutisme ✆ 05 65 21 00 54
https://parachute-cahors.fr/

Ouvert de mars à novembre environ 240 €/saut en tandem + 80 € option suivi vidéo. Ecole et hébergement séjour.

Ce centre-école forme au saut de base, de loisirs ou de compétitions. Pour les néophytes très tentés par le grand frisson, les sauts découverte à 4 000 mètres sont réalisés en tandem, soit 50 secondes de chute libre à presque 200 km/h. Le Centre est labellisé FFP et possède son propre avion, pour un vol à 4 000 m en moins de 10 minutes ! Le club possède tout le matériel nécessaire à la formation et des hébergements pour les séjours. Sensations fortes pour une expérience inoubliable.

ÉTRIER DE CAHORS-BEGOUX

Chemin de la Bouriette ✆ 05 65 22 38 89
www.etriercahorsbegoux.com

Toute l'année. Cours particulier (1h) 35-42 €. Stage poney à partir de 18 mois 24-48 € (tarifs et durée selon l'âge).

Le centre équestre L'Etrier vous accueille aux portes de Cahors dans un lieu idéal, avec chevaux et poneys, encadrement assuré par des moniteurs diplômés. Initiation et perfectionnement, promenades à l'heure ou à la journée, randonnées accompagnées, se renseigner sur place. L'encadrement y est réputé pour être très attentif, les monitrices sont particulièrement sympathiques, et rien n'est laissé au hasard pour faire de ce moment, que vous soyez un cavalier débutant ou émérite, un moment privilégié. Possibilité de stage de poney à partir de 3 ans.

KARTHORS KARTING DE CAHORS

Sortie 58 de l'A20, adresse GPS :
Sycala 46230 Cieurac. ✆ 05 65 24 53 55
karthors.fr

7/7, 10h-19h vacances scolaires et été. Hors saison merc.- dim. 10h-19h. A partir de 5€/baby, 14€/enfant, 18€/adulte.

Aux portes de l'A20 et à 10 minutes de Cahors, ce sont 800 mètres de parcours avec relief. Grâce à un équipement de choix, le circuit Karthors accueille familles, groupes et passionnés. Un circuit initiation : Baby Karts s'adresse aux 3/6 ans. Sur le grand circuit, les 7/11 ans bénéficient de sessions entre enfants en toute sécurité. Dès 12 ans, en loisir, tout le monde peut profiter de sessions de 10 minutes. Possibilité de réaliser le circuit en duo sur des biplaces.

© JULIEN FAYDI

MARIE PÉLISSIER

18, Rue Président Wilson
✆ 05 65 35 91 69
mariepelissier.fr/
Mar.-jeudi 9h-18h, vend. 9h-19h, sam. 9h-17h. Meilleur ouvrier de France. Forfait dame : 52€, homme 29€. Écoresponsable.

Marie Pélissier s'est formée à Bordeaux, à Toulouse et à Paris. Couronnée du titre de meilleur ouvrier de France, elle développe son savoir-faire dans un cadre bienveillant et respectueux de l'environnement pour une démarche écoresponsable. Le salon est pensé pour respecter au mieux l'eau, l'air et les postes de travail. Elle a également su développer, avec son équipe, un accueil respectueux des publics fragiles et propose un service de socio-coiffure. Précision, technique et exigence relationnelle fusionnent aujourd'hui dans la mise en beauté et la création.

© Y. COUDRE

A L'ASSAUT DE L'ÎLE

356, Chemin Ludo Rolles
https://cahorsagglo.fr/
Ouvert juillet et août. Animations gratuites pour enfants et familles de 10h à 20h. Nocturnes à thème mardi soir.

L'île de Cabessut est assaillie par des pirates ! Jeux gonflables, brumisateurs, bacs à sable, tables de pique-nique, transats... Une offre d'activités ludiques, culturelles et sportives complète les infrastructures dans un espace sécurisé. Tous les mardis, des soirées nocturnes plongent les jeunes visiteurs au cœur de la piraterie (spectacles, animations, soirées thématiques...). Cet espace de loisirs offre à tous la possibilité de profiter gratuitement d'un environnement dédié à la détente et à l'aventure, en bordure du Lot à quelques pas du centre historique.

LOT OF SPORT

4640, route du Mont Saint Cyr ✆ 06 80 45 33 31
www.lotofsports.fr
Bases de Loisirs enfants, adultes, Pass FUN 12 €, 1/2j 32 € ou journée 46 €, 49 € pour accès 2 bases Cahors et Catus.

L'idée de Lot of sport c'est de pratiquer des sports ludiques «à la carte» ! En couple, en groupe, en famille, avec des enfants ou non, les sports s'adaptent à vos envies. De nombreuses formules sont proposées pour y répondre toute l'année. On peut pratiquer une activité pendant 1h, un week-end ou une semaine de vacances. Que vous aimiez courir, marcher, pédaler, sauter seul ou à plusieurs, pratiquer un sport que vous maîtrisez ou en découvrir un nouveau, vous trouverez forcément chaussure à votre pied ! Belle palette de pratiques à la carte de Lot Of Sport.

L'ATELIER DE GÉDÉON

80, Rue de la Légion d'Honneur
✆ 06 40 28 21 46
https://www.latelierdegedeon.fr/
Café céramique concept, 3 ateliers par jour 10, 14h30 et 16h30, café ouvert le mercredi et samedi midi lors des marchés.

Élodie Muller et Samuel Veylea vous accueillent au premier Café-Céramique de Cahors. Très en vogue, cet atelier marie très bien le concept d'art et la convivialité d'un café. Vous pouvez réaliser des œuvres créatives, sans être vous-même un artiste. Bien guidé dans une ambiance sympathique, vous laissez votre esprit artistique s'exprimer avec une pointe de sérieux pour finaliser vos chefs-d'œuvre. Après 12 heures de cuisson fine, vous découvrez une jolie surprise avec vos couleurs et votre créativité. Un objet utile et joyeux, pour un bon souvenir garanti.

Ô PER CHAI

52, rue André Breton
✆ 05 36 04 00 80
Ouvert du 1er mars au 30 novembre 7j/7 15h30-21h. Roof top vue sur le Pont Valentré. Petit déjeuner, expos, accès PMR.

L'Auberge de Jeunesse de Cahors a inauguré, en 2023, le Ô Per Chai, un bâtiment neuf résolument tourné vers le futur. Un restaurant génial à la terrasse en rooftop qui offre une vue imprenable sur le Pont Valentré, pour des photos souvenirs incroyables. Proche de la gare et du centre-ville, l'Ô Per Chai est bien équipé et moderne : salle pour les groupes, salons confortables, expositions d'artistes. Le bar organise des soirées animées telles que blind tests, soirées DJ ou à thème, et même des spectacles. Le spot idéal pour profiter des soirées d'été cadurciennes.

CAJARC ★

L'histoire de la ville la plus ancienne nous ramène au temps des Gallo-Romains, mais c'est aujourd'hui davantage son héritage médiéval qui frappe le visiteur. Elle fut l'une des premières « communes libres du Quercy » en 1256 et résista aux assaillants anglais tout au long de la guerre de Cent Ans, protégée par ses imposantes fortifications. Bastion protestant pendant les guerres de religion, Cajarc vit ses murailles rasées en 1623 sur ordre de Richelieu en personne. Par ailleurs, c'est le village natal de Françoise Sagan qui revenait régulièrement s'y ressourcer. La commune est aussi connue grâce au fameux sketch de Coluche, « Le Schmilblick ».

CHÂTEAU DE LARROQUE-TOIRAC ★

LARROQUE-TOIRAC ✆ 06 60 08 80 10
www.chateautoirac.com
Ouvert du 1er mai au 21 sept. Tous les jours sauf sam. 13h30-19h30. Visite et nocturne, billets 5/12 € à l'OT Figeac.

Le château de Larroque-Toirac accroché en flanc de falaise, vers laquelle partent de vastes souterrains, a conservé son système défensif médiéval. Pris à plusieurs reprises par les Anglais et relevé de ses ruines au XIVe siècle sous Louis XI, ce château incroyable domine la vallée de ses 60 mètres de haut. On adore les visites guidées, et plus particulièrement les nocturnes les mardis soirs aux chandelles, avec déguisements pour les enfants et collations dans une grotte.

MAISON DES ARTS GEORGES ET CLAUDE POMPIDOU ★

134, Avenue Germain Canet ✆ 05 65 40 78 19
www.magcp.fr
Ouvert mars à novembre, mercredi au dimanche 14h-18h + en été 10h-13h et mardi. Entrée gratuite aux expos. Accès PMR.

Depuis 1989, la Maison des Arts est labellisée centre d'art contemporain depuis 2018. À la fois maison des artistes et centre d'exposition, elle a pour vocation de développer autant un projet de territoire qu'un soutien au milieu de l'Art. Artistes locaux, nationaux ou internationaux peuvent exposer lors des programmations qui accueillent également des événements : concerts, visites d'ateliers, des ateliers enfants et familles, des projections et des projets hors les murs. À suivre.

HÔTEL-RESTAURANT LA PEYRADE*** €

52, rue Lapeyrade ✆ 05 65 10 42 03
hotel-gite-lapeyrade.fr
Du 1er mars au 30 novembre. Chambre double à partir de 78 €/nuit. Logis de France Clé Verte. Accueil PMR. Gite étape.

L'hôtel dispose de 11 chambres qui jouissent d'une vue campagnarde. De larges fenêtres permettent à la lumière des Causses d'inonder les chambres, toutes avec terrasse. A cheval ou à vélo, même électrique, tout est prêt pour accueillir vos montures. Logis labellisé du terroir, le restaurant réservé aux clients de l'hôtel propose une carte restreinte où le chef exprime une cuisine faite de produits frais et de saison. Sur les hauteurs de Cajarc, vous pourrez profiter de sa quiétude.

REFUGE SUPER-CAYROU €

Pech Laglaire - **GRÉALOU**
Ouvert à l'année. Accès libre. Capacité de 4 pers. Ni eau ni électricité. Toilettes sèches à 300 m. Feux interdits.

Dans le Parc naturel régional des Causses du Quercy, au-dessus de Gréalou, a été érigée une « œuvre d'art-refuge » remarquable. Inspiré des constructions traditionnelles en pierre sèche et lauze, ce refuge se compose de deux tentes caselles et d'une terrasse propice à la contemplation d'un paysage de toute beauté s'ouvrant sur les falaises du Célé et les monts du Cantal. Sans eau, ni électricité, ni matelas, le confort y est certes sommaire, mais là n'est pas l'essentiel en un tel lieu. Une halte idéale pour se reconnecter avec l'âme nue de l'existence.

ÉCOASIS €€

305, route de Puy Clavel - **GRÉALOU**
✆ 06 71 00 48 30
www.ecoasis.fr
Ouvert d'avril à septembre. Formule pèlerin 44/77 €. Chambre d'hôte : 89 €/nuit. Stage bien être. Spa nature. Accès PMR.

Situé sur le chemin de Saint-Jacques-de-Compostelle, cet établissement atypique est un lieu idéal pour faire étape. En bordure du Parc naturel régional des Causses du Quercy, Écoasis accueille pèlerins, marcheurs et vacanciers. Audrey et Manu ont conçu cette maison en limitant au maximum son empreinte écologique : chauffe-eau solaire, chauffage à granulés de bois, isolation naturelle et performante, toilettes sèches nouvelle génération, système d'assainissement par phyto-épuration… Accueil très chaleureux et cuisine délicieuse. Spa Nature, salle de yoga, piscine.

Cajarc, petit village de la vallée du Lot.

AUBERGE DU PONT €

16, avenue Coluche
✆ 05 65 40 67 84

Ouvert toute l'année tous les jours sauf samedi. Menu complet 16 €. Brunch dimanche. Animations en soirée. Accueil PMR.

A l'Auberge du Pont, produits frais et de saison, dans une ambiance conviviale toute la semaine, et même le dimanche pour venir bruncher. Burger du Chef, tartare de bœuf au couteau, pavé de saumon ou tartine du moment à la carte ou en buffet. Cette adresse est simple et authentique. Ouvriers, pèlerins, motards, touristes ou habitués, vous êtes tous conviés avec bonne humeur. 4 chambres d'hôtes, des soirées sont organisées, karaoké, concert, soirée jeux ou des dance party animent de manière sympathique les soirées du village.

JEU DE QUILLES €€

7, boulevard du Tour-de-Ville
✆ 05 81 24 01 43

Mi-avril à novembre, midi & soir : mardi-samedi, jeudi uniquement midi. Accès PMR. Formule et menu 24/35 €. Terrasse.

Ancien de chez Bernard Loiseau, Patrice Ponsolle officie au Jeu de Quilles, lieu incontournable si vous êtes de passage à Cajarc ou dans la région : des produits frais le plus souvent bio et locaux si possible, préparés avec passion par ce maestro des saveurs. De la classe, du goût, de la créativité, un cuisinier passionné, le tout pour un rapport qualité-prix plus que raisonnable. Parfois un petit temps d'attente entre les plats, mais la qualité de ceux-ci en est une raison suffisante. Pour accompagner, large choix de vins sélectionnés.

LA BOHEME €

3, boulevard du tour de ville
✆ 07 83 50 35 46

Toute l'année. Mardi-vendredi 10h30-14h, samedi 10h30-17h. L'été lundi en plus. Salon de thé, restaurant, boutique.

À l'intérieur, La Bohème est une boutique et un petit restaurant tout à fait charmant et cosy, à la décoration soignée, où l'on s'abandonne dans les fauteuils pour déguster une tartine généreuse ou un thé bio. À l'extérieur, c'est une terrasse calme et agréable en centre-ville de Cajarc pour siroter un jus d'oranges pressées ou déguster une pâtisserie maison : un vrai régal ! Les produits sont frais, locaux et bio autant que possible. Cette adresse respire la douceur et la générosité : une jolie pause gourmande dont il ne faudrait pas se priver !

MAISON DU SAFRAN - L'ALLÉE DES VIGNES €€

32, boulevard du Tour-de-Ville
✆ 06 16 29 00 35

Dédié au safran, boutique gourmet 10h30 à 16h30, atelier culinaire, restaurant de 12h à 14h. Plat 23 €. Accès PMR.

Le restaurant L'Allée des vignes est désormais la Maison du Safran, un lieu unique en France. L'ancien presbytère est un véritable écrin pour cet or rouge. En cuisine, c'est toujours le chef Claude-Emmanuel Robin qui officie avec le talent qu'on lui connaît. En boutique, vous pourrez trouver de nombreux produits où le safran donne sa touche parfumée. Vous pourrez également en apprendre plus sur le safran dans un espace dédié au métier de safranier et à l'épice. À découvrir !

LA PAUSE €

78, boulevard du Tour-de-Ville
✆ 05 65 14 04 24

Ouvert toute l'année du lundi/ jeudi 7h/14h, vendredi, samedi jusqu'à 23h. Terrasse. Vente à emporter. Formule 15 €.

Ouvert par Sébastien et Julien, la Pause c'est l'adresse du Tour de Ville de Cajarc pour un repas sans prise de tête et à prix doux ! Ouvert tous les jours, sauf le dimanche, en non-stop, c'est l'endroit idéal où boire un café le matin, manger un bout à midi ou encore se donner rendez-vous pour l'apéro autour d'une assiette grignotage. Son nom était tout trouvé : c'est l'endroit où faire une pause ! Le rideau est baissé à 2h du matin, ce qui laisse le temps de profiter de la soirée. Un endroit pour tout le monde, où on l'on prend très vite ses aises.

BOCAL, BOUTIQUE ATYPIQUE

10, place du foirail
✆ 06 20 11 22 17

Ouverture en avril 2025, boutique d'art et d'artisanat, créateurs français.

Claire Dubosclard, artiste céramiste, bien connue des habitants de Cajarc a transmis sa boutique à Anne Tabel qui transforme l'espace pour accueillir l'artisanat et l'art local. Artisans d'art français, souvent du Lot ou de l'Aveyron vont pouvoir présenter leurs créations. Bijoux, savons, ou autres céramiques, des couleurs, des jolies choses comme aime à le préciser Anne : il y a des nouveautés. Pour les curieux et les amoureux du fait main, venez découvrir une nouvelle vocation avec un vrai coup de cœur pour le Lot pour Anne et toute sa tribu.

AU FIL DES SAISONS BOUTIQUE

2, boulevard Tour-de-Ville
✆ 05 65 40 93 63
aufil-dessaisons.com

Boutique caviste et sommelier, ouvert mar.-ven. 9h30-12h30 et 15h-19h, sam. 9h30-12h30 et 14h30-19h, dimanche matin.

Laurent, sommelier caviste et Nathalie, son épouse, vous accueillent et vous font découvrir les vins, alcools et les produits de leur région, de France et du monde (plus de 1800 références). Côté cave le vignoble cadurcien tient une place de choix. Côté épicerie, l'Italie est à l'honneur avec des produits frais (mozzarella, guanciale, lard de Colonnata, Burrata...) Dégustation de vin, boissons en terrasse autour d'une barrique, accompagnée au choix d'une planche apéro maison !

BOUCHERIE ESCROZAILLES

4, boulevard de la Tour de Ville
05 65 40 67 45
https://boucherie-escrozailles.fr/
Du mardi au samedi de 8h30 à 12h30 et de 15h à 19h ; le dimanche de 8h30 à 12h30. Ouvert le lundi en été. Accès PMR.

Ses célèbres tripoux, fricandeaux, boudins et saucisses fraîches illustrent bien son savoir-faire. À Cajarc, comme à Limogne-en-Quercy, la boucherie Escrozailles constitue une adresse incontournable. Elle garantit des viandes goûteuses, achetées sur pied dans la région, des charcuteries savoureuses. En coulisse, dans la plus pure tradition, on prépare des conserves et des plats pour le rayon traiteur. Vous trouverez également une large gamme de produits locaux, des fromages du Cantal, de l'Aveyron, l'incontournable rocamadour et des vins de Cahors.

LA GRAINE EN VRAC

10, boulevard du tour de ville
05 65 10 66 68
Ouvert du mardi au samedi 9h30-12h30/15h-19h. Juillet-août ouvert aussi le lundi 9h30-12h30/15h-19h et dimanche matin.

La Graine en Vrac est une supérette bio gérée par Christophe et la souriante Angélique. Vous y trouverez les produits bio de qualité, le plus souvent de producteurs locaux, avec des fruits et légumes, viandes, fromages... et en vrac : légumineuses, riz, fruits secs... mais aussi des cosmétiques bio, des compléments alimentaires et des produits d'hygiène et d'entretien bio. Bref tout le nécessaire pour qui choisit de vivre proche de la nature et en la respectant. La boutique est très agréable avec un mobilier qui nous ramène aux épiceries de nos grands-mères.

BRASSERIE DUNE

Andressac
06 87 21 07 06
brasseriedune.fr
Visite de la brasserie du lundi au vendredi de 9h à 17h (appeler avant, sur rdv).

Amis de lycée, Jean-Baptiste Rousseau et Bastien Cissoire ont créé la Brasserie Dune en 2021 pour produire des bières de fabrication artisanale et biologique. Ils ont choisi de s'installer dans une ancienne étable et séchoir à tabac, située à Andressac dans l'enceinte de la ferme familiale Magné. Aujourd'hui, le duo propose 7 bières différentes, dont «Aux Antipodes» (houblonnée fruitée), «Les 400 coups» (Triple avec le pain de la veille de la boulangerie du village) et «Marius et Rosalie» (bière blanche à la framboise et à la rhubarbe).

KOS MAS DE VERDIER

Le Verdier 06 58 10 19 25
https://www.masduverdier.fr/
Visite sur rdv. En vente à Cajarc, Figeac, Cahors… Location de tireuse et fût de bière pour pros et particuliers.

Sur les hauteurs de Cajarc, Aurélien et Céline brassent des bières plus sur le grain que sur l'amertume, déjà à la hauteur de leurs promesses ! Bien ancrés dans leur territoire, les deux jeunes brasseurs ont choisi d'axer leur production dans une dimension de proximité. Déjà certifié Agriculture Biologique par Ecocert et labellisé « Nature & Progrès », Kos s'inscrit dans une démarche de production respectueuse de l'environnement, avec quatre bières permanentes (blanche, blonde, ambrée et IPA) et des bières de saison (brune, ambrée tourbée, blanche au safran…).

LES FINS GOURMETS

Place du Foirail
05 65 40 69 98
les-fins-gourmets.com
Ouvert du mardi au vendredi 9h-12h15/15h-19h, le samedi 14h30-19h et le dimanche 9h-12h15. Livraison possible.

En plein centre de Cajarc, la boutique est spécialisée dans les produits issus de l'élevage du canard : foie gras, rillettes, confit etc. L'histoire des fins gourmets est née il y a déjà plus de 20 ans. À l'origine, 4 agriculteurs lotois passionnés par leur métier décident de s'unir pour contrôler l'ensemble de la chaîne de production. De l'élevage à la vente en passant par la transformation des produits, tout est maîtrisé par ces professionnels. Le *made in Lot* fonctionne bien et promet qualité et respect du produit. Une bonne adresse pour gourmets et gourmands !

PASCALE MASERA CÉRAMISTE

34, Bd du Tour de Ville
07 86 81 82 45
https://www.pascalemasera.fr
Ouvert du mercredi au samedi de 10h à 12h et de 15h à 19h. Sur rendez-vous.

Pascale Masera, céramiste, expose ses créations en porcelaine en boutique. Avec Francis Capapé, céramiste lui aussi, ils présentent des pièces uniques : vaisselle délicate, luminaires élégants, des objets du quotidien travaillés pour l'art de la table. Les deux artistes confectionnent leurs ouvrages dans l'atelier situé à l'arrière du magasin. Une adresse à découvrir pour se procurer une porcelaine d'art originale, entièrement réalisée à la main par des céramistes passionnés et confirmés. À tester : les stages de modelage pour s'initier ou se perfectionner.

VRAC &CO

11, Boulevard du Tour de Ville ✆ 05 65 14 09 40
vracecocajarc.fr
Épicerie zéro déchet en vrac. Mardi-samedi 9h-12h30/15h-19h. Dimanche 9h-12h30. Juillet-août ouvert aussi le lundi.

Angel et Cathy vous accueillent dans leur épicerie de produits secs et développent le concept zéro déchet. Chacun peut choisir ses quantités de céréales, de pâtes, de riz, de farine, de café… Vous y trouverez des contenants réutilisables si vous oubliez les vôtres ! Sur les étagères : 450 références sont présentées en bocaux de verre avec couvercle avec une grande majorité de produits bio, mais également des gammes de produits vegan et/ou sans gluten auxquels s'ajoutent fruits, légumes, crèmerie, cosmétiques, produits d'hygiène et d'entretien de la maison.

LOT & BIKE

192, route de figeac - **MARCILHAC-SUR-CÉLÉ**
✆ 06 23 11 62 50
www.location-velo-lot.com
Ouvert toute l'année. Location/Vente/Réparation. Location 1/2 journée à plusieurs jours, à partir de 25 € (VAE). ANCV.

Et si vous découvriez le Lot et le vélo autrement ? Lot & Bike vous propose la location de vélos à assistance électrique (VAE), VTC AE, VTC classique, vélo enfant… En quelques coups de pédales, toute la nature et le patrimoine Lotois s'offrent à vous. Depuis la base du camping, entre causse et vallée, entre Lot et Célé, c'est vous qui choisissez les meilleurs endroits. Vous pouvez également demander des conseils à Lionel et Marie, pour un parcours sur mesure. N'hésitez plus, foncez ! Le vélo devient désormais accessible à tous !

CALVIGNAC

Village médiéval haut perché – 80 mètres –, poste de guet idéal qui permettait d'allumer les feux grégeois pour alerter de la menace d'envahisseurs. Les remparts du château protégeaient le village des agressions. On peut encore voir une partie de ces remparts et une porte fortifiée. Calvignac fait partie des villages typiques de la vallée du Lot, marqué par une histoire séculaire et d'une poésie faite de pierres et d'un souffle de nostalgie. De nombreux dolmens sont à voir sur la commune, preuves de la présence de l'homme il y a bien longtemps ! Ne manquez pas également de vous rendre sur le Rocher de la Baume, point de vue sur la vallée.

MAS DE GARRIGUE €€€

La Garrigue
✆ 05 65 53 93 31
masdegarrigue.com
29 mars au 1er octobre 2024. 5 chambres. Chambre double 140-155 €/nuit (petit déjeuner compris). Piscine, bar.

Quatre chambres soigneusement restaurées, au style épuré, dans une bâtisse typiquement quercynoise datant des XVe et XVIe siècles, avec son pigeonnier majestueusement dressé. Chaque détail a été pensé pour offrir un gîte à la fois confortable et raffiné : choix de matériaux de qualité, salles de bains aménagées dans le pigeonnier, piscine chauffée, produits du terroir frais… Rien n'a été laissé au hasard. Sarah et Steve partageront également leur passion pour la gastronomie, une excellente raison de prolonger votre séjour à table.

CHEZ MAIWENN

Peyrelevade ✆ 05 65 40 79 49
fermeequestrechezmaiwenn.fr
Ouvert toute l'année. 17 €/heure. Balade à la journée 55 €. Camp cheval 7-12 ans 5j en été 350 €/semaine tout inclus.

Maiwenn, diplômée et accompagnatrice de tourisme équestre reconnue par le ministère de la Jeunesse et des Sports, vous accueille dans un cadre superbe, isolé et paisible, en compagnie de ses chevaux et poneys. Pour les plus jeunes, la découverte de la ferme et de ses animaux constitue un véritable moment de détente et de bonheur. Quel que soit votre niveau, une formule est adaptée à chacun. Que vous soyez cavalier confirmé ou débutant, la balade à cheval sera une expérience inoubliable. En solo ou entre amis, cet endroit est idéal pour une sortie nature.

NAUTIC VINTAGE

Maison du Passeur - **LARNAGOL**
✆ 06 64 39 12 49
Ouvert lorsque le Lot est navigable. Plusieurs départs sur réservation. 120-480 €/bateau. CB non acceptée.

Cet ancien bateau à vapeur de 1910 a d'abord été anglais, puis néerlandais, avant de devenir français et maintenant lotois. Amarré à Larnagol, magnifique petit village de la vallée du Lot, il propose ses services pour des promenades privatisées jusqu'à Saint-Cirq-Lapopie pour le trajet le plus long (5h30 aller-retour). Plusieurs formats sont proposés : balade de 45 minutes, de 2 heures ou, avec possibilité de pique-nique, de 3 heures. Vous serez toujours accueilli avec une boisson fraîche ! Le bateau contient huit passagers au maximum et deux membres d'équipage.

CENEVIÈRES

L'origine du nom provient de la culture du chanvre « chènevières » sur les alluvions de la vallée. A 2 kilomètres, un très beau dolmen au mas de Labat et, en direction de Limogne, sur le cours du Girou, la résurgence de Trou-Madame, rendu célèbre par son record du monde de plongée vous attendent. A Saint-Clair, commune de Cénevières, on peut admirer une petite église dont les fondations datent du XIe siècle. Elle a été établie à 50 mètres d'une source dite miraculeuse. On lui prêtait autrefois des vertus notamment dans le traitement ophtalmique. Elle fit l'objet d'une dévotion populaire locale. Cenevières c'est aussi évidemment son magnifique château.

CHÂTEAU DE CÉNEVIÈRES ★

668, route du château
✆ 05 65 31 27 33
chateau-cenevieres.com

Horaires variables, journée du patrimoine. Visite libre ou guidée 9 et 10 €. Accueil vieilles voitures et motos.

Le castel est situé en bordure d'une falaise dominant la vallée du Lot, et possède une tour romane de six étages avec une voûte en croisée d'ogives au rez-de-chaussée. L'édifice actuel fut construit au XVIe siècle. C'est ici que le futur Henri IV prépara l'attaque de Cahors. Vous pourrez voir les pièces du logis seigneurial, le grand plafond Renaissance à caissons ornés de fleurs, des tapisseries du XVe et XVIe siècles, des livres, des parchemins et un beau manuscrit du XIVe siècle. Surtout, faites-vous conduire dans la salle de l'Alchimie !

CHILL LOT €

663 route de Calvignac ✆ 05 81 42 95 00
chill-lot.com

1er mai au 30 septembre. Emplacement 2 adultes à partir de 17 €/nuit. Accès PMR. Hébergements insolites, coin pêche.

Chill-Lot Camping Insolite propose 27 beaux emplacements herbeux, spacieux, ombragés et calmes face au Lot avec un accès à la rivière. Surtout, il se distingue par ses hébergements insolites : grandes tentes familiales, tipis, yourtes, roulottes... De quoi être dépaysé du quotidien ! Vous profiterez d'un terrain de foot, d'une table de ping-pong et de coins de pêche. Dans le village, vous trouverez une épicerie multiservices, une agence postale, une bibliothèque et un snack-bar. Une base nautique toute proche vous permettra de profiter de canoës-kayaks et vélos.

SAINT-MARTIN-LABOUVAL

La présence humaine à Saint-Martin-Labouval remonte au Ve siècle av. J.-C. Il semblerait que le village ait été plus ou moins épargné par l'invasion romaine et germanique. Une des particularités remarquables du village se trouve dans un hameau de la commune : la Toulaznie, annexée à Saint-Martin-Labouval au début du XIXe siècle. Bordée par la rivière du Lot, la Toulzanie est constituée de maisons semi-troglodytes. Entre falaise et eau, vous pourrez admirer la prouesse de l'homme qui a su transformer son environnement en atout ! Un conseil, garez-vous à Cénevières sur l'autre rive, traversez le pont et profitez du spectacle à pied.

TOUR-DE-FAURE

Tour-de-Faure a la particularité d'être située juste en face de Saint-Cirq-Lapopie, un des grands sites d'Occitanie. Les deux communes s'observent depuis des années, intimement liées, elles se reflètent dans leur volonté de préserver les paysages magnifiques des falaises et les espaces agricoles qui bordent le Lot. Vous y découvrirez une excellente gastronomie, des chemins de randonnée et des départs de pistes vélo et VTT pour des loisirs et des ambiances préservées de la vallée du Lot. Un charme naturel empreint d'histoire et de caractère. Astuce culture : comment appelle-t-on les habitants de Tour-de-Faure ? Les Montagnagais et Montagnagaises !

LA PAYSANNERIE DES VERSANES €

Les Versanes
✆ 05 65 31 46 62
www.lapaysanneriedesversanes.fr

Ouvert d'avril à octobre. Nuitée 68-75 €. Gîte 2 personnes 385-525 €/semaine. Accueil Paysan. Jardin permaculture bio.

Ce gîte est l'étape incontournable pour tous les amoureux de la nature venus découvrir ce bout de territoire aux doux accents lotois. Labellisé « Accueil paysan », le lieu dévoile dévoile un jardin en production bio et permaculture, avec également des poules pondeuses. On peut se régaler de tous ces bons produits dès le matin au petit déjeuner. L'accueil paysan est décidément bien charmant pour ce gîte très bien situé. Evidemment, on recommande !

HÔTEL-SPA LE SAINT CIRQ*** €€€

175, rue du panorama ✆ 05 65 30 30 30
https://www.hotel-lesaintcirq.com/
Ouvert toute l'année. Nuitée 98-298 €. Spa, piscine chauffée. Expérience séjour bien-être ou romantique 166/269€.

Au milieu des vignes, l'hôtel-spa Le Saint-Cirq offre une qualité d'accueil exceptionnelle : les chambres sont douillettes, cosy, élégantes. Bois, enduits à la chaux et différents types de pierres créent un décor romantique à souhait. La piscine extérieure, tout en longueur, ainsi que l'espace spa vous permettront de vous détendre en toute quiétude. Surtout, la vue sur les collines et le village de Saint-Cirq-Lapopie est d'une splendeur dont on ne se lasse pas. Un coin de paradis !

L'OÏLO €€

Lieu-dit l'île
✆ 07 86 32 71 60
D'avril à octobre. Mercredi au dimanche soir + mardi soir en juillet/août. Plat 17-28 €. Terrasse, concert. Accès PMR.

L'Oïlo jouit d'une vue remarquable sur Saint-Cirq-Lapopie. En contrebas de la cité médiévale, transats et tables de jardin sont mis à disposition pour un apéro ou un délicieux repas. Ici, vous trouverez du frais, du local et de saison, fait maison : tapas, travers de porc confits, pavé de merlu, côte à l'os de 1,5 kg, et des accompagnements souvent originaux. Un plat végétarien est toujours proposé. L'été, des concerts animent les soirées. L'Oïlo est une adresse atypique qui sent bon la douceur estivale et un excellent accueil dans un cadre simple et sans chichis.

LES VÉLOS DE SAINT CIRQ

2231, Avenue de Montagnac
✆ 06 75 96 02 73
lesvelosdesaintcirq.com/
Situé juste avant le pont de Saint-Cirq-Lapopie, location de vélos, VTT, VTC de 20 à 45 € 1/2j, selon modèle et taille.

Au pied de Saint-Cirq-Lapopie, Estelle et Sylvain vous proposent de partir à la découverte des environs à travers des balades à vélo (à assistance électrique ou musculaire). Natifs de ce petit coin du Lot, ils ont dessiné des itinéraires maison inédits, hors des sentiers battus, à la découverte d'un territoire qu'ils connaissent par cœur. Tous ces itinéraires sont tracés dans un GPS mis en location avec les vélos. Les itinéraires ont été conçus pour tous dans un esprit loisirs et détente. Possibilité de commander un panier pique-nique à base de produits locaux.

SAINT-CIRQ-LAPOPIE ★★★★

Saint-Cirq-Lapopie fait partie des lieux que l'on garde en mémoire. Imaginez-vous en 1950 à bord de la voiture du poète surréaliste André Breton. Vous arrivez de Cahors, et en apercevant la cité de Saint-Cirq-Lapopie une seule pensée vous vient : « j'ai cessé de me désirer ailleurs ». C'est ce que déclara le chef de file du mouvement surréaliste en parlant de son coup de foudre pour le village lotois. L'émotion que chacun peut ressentir en visitant pour la première fois la cité se réitère à chaque fois que l'on foule les ruelles pavées de ce drôle de village perché. Son histoire nous ramène dans les pas de nos ancêtres médiévaux qui l'ont bâtie.

© LOT TOURISME - J. VAN SEVEREN

Saint-Cirq-Lapopie.

MAISON ANDRÉ BRETON

Place du Carol
✆ 06 30 87 70 58
www.cahorsvalleedulot.com
Gratuit jusqu'à 18 ans. Tarif adulte 8 € ; réduit 5 €. Ouvert du mercredi au dimanche du 17 avril au 30 octobre.

C'est à l'association La Rose Impossible que l'on doit la sauvegarde de cette ancienne maison d'André Breton, logée dans ce merveilleux village du Lot où le chef de file du surréalisme vécut quinze étés entre 1950 et 1966. La bâtisse a été réhabilitée en un espace culturel dédié au poète et écrivain français et à des projets surréalistes. Aujourd'hui rebaptisé Centre International du Surréalisme et de la Citoyenneté Mondiale CISCM, Maisons André Breton et Émile Joseph-Rignault, accueillant des expositions entre et hors ses murs.

MUSÉE DU SAFRAN DU QUERCY

Près l'Office de Tourisme ✆ 06 84 40 54 83
www.saveursetsafranduquercy.com
Musée ouvert tous les jours 11h-18h. Entrée gratuite. Boutique paysans et producteurs locaux, ventes glaces au safran.

Valérie et Michel ont voulu mettre en avant cette petite fleur mauve aux grandes vertus. Le Quercy ayant été l'un des plus gros producteurs en France, son safran est réputé pour sa qualité. Avec passion, ils vous accueillent chaleureusement dans leur petit musée et vous offrent une visite guidée autour du savoir-faire pour produire cette épice. En fin de visite, n'hésitez pas à passer par la boutique pour découvrir les produits locaux, fermiers et biologiques à base de safran.

OFFICE DE TOURISME DE SAINT-CIRQ-LAPOPIE

Place du Sombral
✆ 05 65 31 31 31
cahorsvalleedulot.com/
Juillet-août tlj 9h30-18h30 + dim. et fériés 10h-18h. Avr-mai-juin-sept-oct tlj 10h-18h. Nov à mars fermé sauf vacances.

Dominant la place du bourg pour un joli point de vue sur le village, l'office de tourisme de Saint-Cirq-Lapopie vous invite à plonger dans l'histoire de ses ruelles médiévales. Vous y trouverez des guides, des topo-guides (le coin regorge de magnifiques sentiers), un agenda et des informations sur les activités locales. Un lieu incontournable pour ne rien rater des merveilles de la région. À noter qu'une antenne est ouverte dans le village de Cabrerets de juin à septembre.

LES AMIS DE SAINT CIRQ

Place De Gaulle
https://lesamisdesaintcirq.fr/
Programme des activités sur le site internet ou à l'Office de tourisme de Saint-Cirq-Lapopie.

La société des Amis de Saint-Cirq-Lapopie a été créée en 1949 et œuvre à la mise en valeur et à la sauvegarde du patrimoine, naturel comme bâti, du site de Saint-Cirq. L'association assure l'animation culturelle au profit des habitants de la commune : des conférences et des sorties sont organisées régulièrement autour de la vie et de l'histoire du village et du Quercy. Au programme : concerts, théâtres, actions patrimoine... N'hésitez pas à regarder le programme de la saison sur leur site internet. Ils ont aussi publié deux ouvrages, en vente à l'association.

CAMPING LA TRUFFIÈRE*** €€

✆ 05 65 30 20 22
camping-truffiere.com
Ouvert avril à sept. Emplacements, cabanes, chalets. 3 Piscines. Animations enfants gratuites encadrées avec animatrice.

Avec 6 ha de chênaie, ancienne truffière, le camping d'Yves et de Myriam, à 2,5 km de Saint-Cirq-Lapopie, est un véritable havre de paix pour les familles. Il comprend 110 emplacements aménagés en terrasse rafraîchie par les arbres. Il y a aussi les chalets de bois pour 4 à 5 personnes, des cabanes sur pilotis et un hébergement insolite. Les nombreux sentiers qui partent du camping se prêtent à la randonnée pédestre, en VTT ou à cheval. Un bel espace aquatique avec 3 piscines et balnéo. Parfait pour des vacances en famille avec des animations dédiées aux enfants.

Saint-Cirq Lapopie.

CAMPING PARADIS DE LA PLAGE**** €€

Porte Roques
✆ 05 65 30 29 51
campingplage.com

D'avril à septembre. Emplacement à partir de 26 €. Locatifs à partir de 169 €/semaine. Accès plage. Accueil PMR.

Avec son panorama exceptionnel sur Saint-Cirq-Lapopie, le camping de la Plage est un véritable havre de paix pour les amoureux de la nature, et bénéficie du label Camping Paradis. Véritable éden pour les familles en quête de simplicité, ce camping propose une large gamme d'activités pour enrichir vos vacances, tout en étant l'endroit parfait pour explorer la région. Vous aurez un accès piéton au village et un départ direct pour le chemin de halage à proximité.

BAR-BRASSERIE LA TONNELLE €

Rue de la Peyrolerie
✆ 05 65 22 47 59

De février à novembre 7j/7 midi et après-midi + soir en juillet/août. Assiettes repas 12-30 €. Terrasse.

Au cœur de Saint-Cirq-Lapopie, installez-vous sous les vignes grimpantes de La Tonnelle. Dans une ambiance conviviale, vous pourrez prendre une bonne pause pour savourer des spécialités locales, des salades généreuses, une énorme tartine paysanne, une omelette aux truffes, ou l'une des nombreuses crêpes aux parfums originaux. Ici, la noix est reine : elle se décline de multiples manières avec le café gourmand. La carte des vins locaux saura parfaitement accompagner votre repas.

AUBERGE DU SOMBRAL €€

Place Sombral
✆ 05 65 31 26 08
aubergelesombral.wordpress.com/

Avril à novembre 7j/7 le midi sauf mercredi. Menus environ 26 €. Terrasse. Chambres 65-92 €/nuit. Animaux acceptés.

Une porte à ogive gothique, des pierres quercinoises grignotées de lierres, vous y êtes. L'Auberge du Sombral est une maison ancienne nichée au coeur de Saint-Cirq-Lapopie. On y vient de loin pour goûter les spécialités régionales. Les couleurs chaudes de la salle mettent en appétit, dans un climat convivial de grand restaurant de province. Le tout agrémenté du crépitement des bûches dans la cheminée, une fois passée la saison estivale. Côté hôtel, chambres joliment décorées dans cette ancienne bâtisse. Magnifique adresse au cadre enchanteur.

LE GOURMET QUERCYNOIS €€

Rue de la Peyrolerie
✆ 05 65 31 21 20

Ouvert 7j/7 midi et soir de début février à fin novembre + vacances de Noël. Formule 23 €. Menu 28-36 €. Terrasse.

Dans cette maison quercynoise du XVIIe siècle, la cuisine du chef Arnaud Gibert a trouvé son écrin : foie gras poêlé, cassoulet, magret de canard au beurre truffé… Tout est savoureux, généreux, tout en gardant une belle élégance. Selon la saison, installez-vous sur la petite terrasse ou près de l'immense cheminée. Alors que le repas peut commencer par un vin de châtaigne, il est recommandé de le terminer par le pastis de la maison Lagarde à Cajarc, gâteau lotois s'il en est. À moins que le duo de crèmes brûlées safran et vieille prune ne vous fasse de l'œil !

LOU BOLAT €€

✆ 05 65 30 29 04
loubolat.fr

Avril à mi-novembre, 6j/7. Menu 23,90-29,90 €. Glaces, crêpes maison. Terrasses panoramiques. Été : 10h-23h.

Au sommet d'un des plus beaux villages de France, le restaurant et gîte d'étape Lou Bolat est l'endroit idéal pour apprécier la beauté pittoresque de Saint-Cirq-Lapopie. Sa terrasse domine le village. Belle adresse où vous dégusterez une cuisine traditionnelle et savoureuse faite maison. La carte propose des plats régionaux et d'antan (coq au vin, magret entier au foie gras), mais aussi des salades, galettes, omelettes… L'après-midi, Lou Bolat troque sa toque contre sa veste de limonadier et propose glaces et crêpes faites maison.

LOU PASTIS QUERCYNOIS, SAINT CIRQ GOURMAND €€

Grand Route
✆ 05 65 35 30 30

Ouvert avril-novembre tous les jours 10h à 17/18h. Terrasse panoramique. Bar, salon de thé, formule repas, à emporter.

Le Saint-Cirq Gourmand, appelé aussi Lou Pastis Quercynois, est une échoppe de vente à emporter ou à consommer sur place : formule du midi ou salon de thé, glaces, bières lotoises, pastis quercynois, ou gaufres. Tout est fait maison, avec des produits locaux, frais et de qualité, dans un concept de slow-food, favorisant une agriculture raisonnée ou biologique. Un lieu qui promet un moment de détente en terrasse avec vue panoramique sur la vallée et sur le village de Saint-Cirq-Lapopie.

RESTAURANT LE LAPOPIE €€

Le Bourg
✆ 05 65 30 27 44
barlapopie.com

De mars à novembre. 7j/7 midi et soir. Menu 19,80-27,80 €. Formule complète 16,80 €. Menu enfant 9,90 €. Terrasse.

Sur les hauteurs de Saint-Cirq-Lapopie, cette adresse jouit d'un emplacement privilégié. La maison joue la carte de la tradition et propose des plats typiques du département : salade de gésiers, cassoulet maison, omelette aux truffes de Lalbenque, tripoux du Quercy, coq au vin... Les assiettes, gourmandes et savoureuses, se prêtent à toutes les papilles. Un excellent rapport qualité-prix pour une adresse qui fleure bon la gastronomie lotoise. D'ici la vue est magnifique. Incontournable. Il est préférable de réserver en saison.

AU COMPTOIR DE LA FORET

Le Bourg, le bourg
✆ 05 65 22 96 43
aucomptoirdelaforet.fr/

7j/7 de mi-avril à mi-octobre. Boutique ouverte à l'année à Cahors.

En complément de la boutique de Cahors, celle de Saint-Cirq-Lapopie propose une large gamme de produits à base de truffes, de champignons séchés (cèpes, morilles, girolles...) ainsi que des tartinables, des sauces, soupes et condiments. Véritable mine d'or pour les amateurs, des voyages gustatifs étonnants à l'instar des chocolats à la truffe. Expérience très intéressante ! Dans les rayons, des produits de haute qualité, notamment toute une gamme développée en marque propre. Vous y trouverez le prestige des champignons nobles et le conseil de professionnels.

LE MUSÉE DU VIN

Rue de la Peyrolerie
✆ 05 65 31 21 20
lemuseeduvin.com

De février au 11 novembre et vacances de Noël (sauf 25/12 et 01/01). Haute saison 9h30-19h. Basse saison 10h-18h.

Ancien atelier de tourneur, typique de la région, cet espace abrite à la fois la cave et le musée du vin. Le terroir est à l'honneur, et c'est là la devise des lieux. Foie gras, vin de Cahors avec les cuvées du musée, ainsi que des produits à base de truffe, de noix, de safran et bien d'autres délices : apéritifs, digestifs, huiles, gâteaux, confitures, miel... La partie gourmande complète parfaitement le musée, avec un espace dédié au tonnelier où l'on explore les métiers et les outils liés à la vigne, tels qu'un magnifique alcoomètre en cuivre.

SAVEURS ET SAFRAN

Le Bourg, le bourg
✆ 06 84 40 54 83
https://saveursetsafranduquercy.com/

Ouvert d'avril à octobre. Boutique autour des produits du safran. Informations sur le safran, entrée libre. Label AB.

Le safran est cultivé dans le Quercy depuis le Moyen Âge. Entre le XVe et le XVIIIe siècle, il est partout avant d'être un peu oublié et redécouvert quelques siècles plus tard. Sa culture demande patience et minutie. Pour en savoir plus, Saveurs et Safran a un petit musée dédié à cette épice appelée également l'or rouge. Dans la boutique, vous découvrirez toutes ses facettes : en poudre ou en pistils mais aussi à travers des produits transformés (huile, condiments, etc.). La boutique propose également d'autres saveurs délicieuses !

L'UNIVERS DE VIVI

832, St Cirq Lapopie
✆ 06 70 62 76 25

Ouvert d'avril mars à octobre inclus 7j/7 de 10h à 19h.

Virginie vous accueille dans sa petite boutique au cœur du village de Saint-Cirq Lapopie, entourée de ses créations : elle crée des bijoux avec des pierres aux multiples vertus, mais surtout d'une beauté qu'elle sait mettre en valeur. Boucles d'oreilles, colliers, bracelets, bagues se déclinent de toutes les couleurs et de toutes les formes, mais aussi des pendules et pendentifs de naissance. Une sélection de savons naturels est également proposée. Difficile de choisir parmi un tel choix ! Conseils avec douceur et gentillesse.

BOUZIÈS

Bouziès est un charmant village, avant-garde des visites touristiques vers Saint-Cirq-Lapopie. Il a su développer ses atouts au bord du Lot, avec sa base nautique, gabares, canoës, espaces pique-nique, grands parkings et des départs de randonnées proposés avec un accès facile à la rivière. En arrivant, admirez le magnifique pont juste en dessous du défilé des Anglais, étroit passage sous les rochers datant du Moyen Âge. Depuis les parkings, suivez les indications et les œuvres d'art jusqu'au chemin de halage, véritable sentier historique creusé et sculpté dans la roche ; une magnifique balade jusqu'au pied de Saint-Cirq-Lapopie. À ne pas rater.

© DENIS VANDEWALLE

Château des Anglais - Bouziès.

LES CROISIÈRES DE SAINT-CIRQ-LAPOPIE

135, Chemin du bac et de halage ✆ 05 65 31 72 25
croisieres-saint-cirq-lapopie.com
Avril à octobre 9h-17h. Horaires des départs sur le site internet. Adulte 15 €. Enfant 10 € (gratuit jusqu'à 2 ans).

Promenades sur une boucle de 8 km du Lot, à bord d'authentiques gabares : vous découvrirez les 7 merveilles du Lot du chemin de halage taillé dans la falaise au moulin d'Aulanac. Votre guide vous fera vivre un moment unique d'évasion et de culture. Plusieurs croisières thématiques sont proposées. L'une d'elles permet aux randonneurs d'effectuer l'aller en bateau et le retour à pied en suivant le chemin de halage, ou l'inverse. Un service de location de bateaux sans permis est proposé.

HÔTEL-RESTAURANT LES FALAISES*** €€

245, route touristique
✆ 05 65 31 26 83
Avril à octobre. 70-112 €/nuit. Petit-déjeuner 14 €. Menu 25 €. Accueil PMR. Piscine. Animaux acceptés 10 €/nuit.

Hôtel-restaurant face aux falaises et au bord du Lot, à deux pas des embarcadères de la base nautique de Bouziès. Les menus pleins de saveurs participent au plaisir de cet endroit hors du temps, avec deux terrasses ouvertes sur la piscine chauffée et les falaises. Possibilité de louer des barques à moteur et des gabares. Un endroit agréable dans un village plein de charme pour un excellent point de départ à la découverte du Lot. Service snack et glaces l'été.

LES DEUX VALLÉES €

Lieu-dit Conduché
✆ 05 65 24 58 92
Avril à octobre, mardi au samedi 10h-1h. Gîte 7j/7. Plat à la carte 15/20 €. Terrasse. Accueil PMR. Animaux acceptés.

Les Deux Vallées, à la fois café, bar, restaurant pizzeria, gîte d'étape et boutique de produits régionaux sur l'ancienne ligne de chemins de fer qui reliait Cahors à Capdenac-Figeac. Une première terrasse donne sur le quai de la gare avec une vue exceptionnelle sur les falaises et le chemin de halage entre Bouziès et Saint-Cirq-Lapopie, la seconde, en bois, devant le bâtiment avec une capacité d'accueil de 40 personnes. Côté restaurant, une cuisine inventive et copieuse façon bistrot séduira les gourmands. Très bon rapport qualité-prix. À découvrir !

KALAPCA LOISIRS

25, route du confluent Conduché
✆ 05 65 24 21 01
kalapca.com
Ouvert d'avril à octobre de 9h à 18 h. Tarifs complets en ligne selon les activités nautiques et parcours aventures.

Activités de plein air : canoë-kayak, escalade, spéléo, canyoning, parcours aventure en falaises, via-corda souterraine, via ferrata, mini accrobranche, kayak polo, tir à l'arc... Kalapca est une base de loisirs au cœur du Parc Naturel Régional des Causses du Quercy à la confluence du Lot et du Célé, le cadre idéal et Kalapca s'adresse à tous les publics. Accueil également de stages, de séminaires. Tous les accompagnateurs sont diplômés d'État et le matériel fourni est récent, de qualité et performant. Une superbe expérience en famille ou entre amis.

SAINT-GÉRY-VERS

Deux petits villages touristiques posés dans un cirque de falaises au confluent du Lot et du Vers, Saint-Géry-Vers est issu du regroupement des deux villages de Saint-Géry et de Vers depuis 2017. Le village de Vers est plus concentré au pied de l'eau et celui de Saint-Géry plus allongé, révélant quelques passages secrets de randonnées vers les falaises hautes. Vestiges de l'aqueduc romain acheminant à Cahors l'eau potable du Vers, ancienne chapelle des Mariniers du XIIe siècle bâtie en croix latine, de jolies maisons en pierre, des espaces au bord de l'eau et des animations en guinguette l'été offrent plein de charme à cette commune à découvrir.

CAMPING MUNICIPAL L'ARQUETTE €

Berges du Lot

✆ 05 65 31 45 60

Ouvert d'avril à septembre. Emplacement 2 personnes environ 16 €/nuit. Jeux. Accès PMR. Animaux acceptés.

Ce petit camping municipal vous accueille dans une ambiance familiale et conviviale. Il est situé sur la berge du Lot, à 100 m du centre historique de Vers, avec des emplacements ombragés. C'est le lieu idéal pour se reposer et envisager des activités nature : randonnées, navigation, baignade, pêche, etc. Espace pour camping-cars avec accès aux sanitaires ainsi qu'à une aire de service. C'est un petit camping comme on les aime, tout simple mais plein de charme. Bucolique et zen !

MUSÉE DU PATRIMOINE FERROVIAIRE ET POSTAL

Le Bourg

✆ 06 24 09 51 46

Ouvert de juin à septembre. Locomotive les dimanches 10h-13h et 14h-18h. Adulte 5 €. Gratuit -4 ans. Groupe sur résa.

A l'abri des falaises mordorées de Saint-Géry, vous prenez place dans un petit train à vapeur ou thermique pour un parcours de 450 m pour traverser des infrastructures en modèle réduit : viaduc, une gare, un tunnel, un pont tournant et un château d'eau. Le musée, mémoire du chemin de fer de 1880 à nos jours, met en relief l'histoire du rail en présentant des équipements d'époque. Il est installé dans l'ancienne halle de marchandises de la ligne Cahors-Capdenac.

LE CLOS DES DRYADES €

Lieu-dit du Bois Noir ✆ 05 65 31 44 50

https://www.leclosdesdryades.com/

Ouvert de mars à mi-octobre. Chambres 70-100 €/nuit. Petit déjeuner inclus. Gîtes 80m² 6/8 personnes. Table d'hôtes.

Les 3 gîtes et les 5 chambres d'hôtes offrent un joli cadre naturel pour un environnement boisé de chênes sur plus de 2 hectares. Un bel accueil par Sabrina et Sébastien Fontaine, ainsi que leurs deux filles, dans leur domaine des Dryades, un coin idéalement situé pour vous aventurer sur les chemins de randonnée. Proche des sites remarquables touristiques de Saint-Cirq-Lapopie ou des grottes de Pech Merle. Entre le vaste cadre naturel, les activités et l'accueil, un séjour ressourçant et animé vous sera proposé ou un bon repos au bord de la piscine au choix.

Vue aérienne au-dessus de Saint-Géry-Vers.

LA CHÊNERAIE**** €€

422, chemin du Cuzoul Haut ✆ 05 65 31 40 29
www.cheneraie.com
Ouvert d'avril à septembre. Emplacement à partir de 8 €. Location 65-248 €/nuit selon taille. Piscine. Spa. Accueil PMR.

Les nouveaux propriétaires Laëtitia et Romuald vous accueillent dans leur camping et village vacances pour séjourner dans des mobil-homes, cabanes sur pilotis, maisonnettes, cottages, ou pour installer votre caravane ou planter votre tente sur des emplacements spacieux séparés par de petites haies. L'établissement est référencé Relais Motards et est adapté à l'accueil de groupes jusqu'à 80 personnes. Un espace aquatique avec piscine chauffée et bain bouillonnant, de nombreuses animations et la nature environnante vous feront passer de belles vacances.

DOMAINE DU MAS DE SABOTH €€

Domaine du Mas Saboth
✆ 05 65 31 41 74
www.masdesaboth.com
Avril à novembre. Hébergement à partir de 354 €/semaine ou 71 €/nuit. Restauration. 3 piscines. Animations en saison.

Depuis 3 générations, la Famille Duquesne et son équipe vous accueillent sur ce domaine en surplomb de la vallée du Lot entre Cahors et Saint-Cirq-Lapopie. Vue imprenable, hébergements confortables et espacés au cœur de la nature en font un endroit de paix et de sérénité. 3 piscines (dont une chauffée et couverte), spa, sauna, hammam, salle de fitness, terrains de sport et la toute nouvelle aire de jeux vous permettent également de faire le plein d'énergie ! L'équipe disponible et à l'écoute respecte la tradition familiale : «Le Bonheur de vous rendre Heureux ! «

HÔTEL-SPA-RESTAURANT LA TRUITE DORÉE*** €€

Rue de la Barre
✆ 05 65 31 41 51
latruitedoree.fr
Restaurant 7j/7 midi et soir. Chambre double 93-134 €/nuit. Demi-pension. Menus 33-68 €. Espace bien-être. Accès PMR.

La Truite dorée est une institution depuis 1888, une bâtisse quercynoise du XIVe siècle, un espace sur le Lot, des chambres très confortables, un restaurant familial, deux superbes terrasses, une piscine et un espace bien-être. La cuisine généreuse du chef Patrick Marcenac nous propose des produits locaux : truite en 3 préparations, saumon mariné ou fumé ou bien magret de canard grillé. Les enfants sont accueillis en petits gastronomes avec un vrai menu pour eux.

LES HAUTS DE SAULIÈS €€

89, Impasse de Sauliez
✆ 05 65 53 64 90
www.leshautsdesaulies.fr
D'avril à octobre. Chambre double 115-135€ avec petit déj. Table d'hôtes, forfait bien-être pour 2. Maison de maître.

Les Hauts de Sauliès, c'est une vaste maison de maître bâtie sur les ruines d'un château dont les pierres ont été réutilisées pour ériger la demeure. Protégées par un parc arboré de 1,4 ha, les 3 chambres décorées avec raffinement invitent au repos. Les repas de la table d'hôtes pour le dîner et le petit déjeuner sont composés de produits frais et locaux, et se prennent dans la superbe salle à manger. Bibliothèque, grande piscine au sel, et salle de fitness aménagée dans une grange restaurée de 120 m² complètent l'offre. Un lieu magique.

© LES HAUTS DE SAULIES

© LES HAUTS DE SAULIES

VALLÉE DU LOT ET DU VIGNOBLE DE CAHORS

LE MAS DE LA POMMERAIE €€

260, rue du vieux quartier - Les Masséries
✆ 05 65 31 99 43
mas-pommeraie.com

Ouvert d'avril à fin sept. Chambre double 77-114€. Résa min 3 nuits en saison. En 2025 pas de table d'hôtes. Piscine.

Ferme typique du XVIIIe siècle entièrement restaurée. Maison de famille depuis 5 générations, elle fut un gîte rural dès 1966. Les cinq chambres d'hôtes de charme sont équipées de salles de bains privées avec vue sur la piscine et le jardin, constituant une halte reposante non loin du chemin de Saint-Jacques-de-Compostelle. L'environnement naturel et sauvage offre la possibilité de balades. Des tables de pique-nique sont disponibles pour les résidents. Une belle adresse lotoise située à proximité de nombreux sites touristiques.

MAISON MILADIOU €€

Avenue de l'Europe
✆ 05 65 31 43 73

Toute l'année, mardi au dimanche 9h-23h. Plat atypique 18 € env. Accès PMR. Animations, spectacles le soir, terrasse.

Ludovic Delaherche a ouvert La Maison Miladiou fin 2022 pour partager sa passion et sa générosité : c'est réussi ! Les plats préparés avec des produits frais s'en ressentent, du burger maison fumé au pudding fait par ses soins avec les chocolatines du boulanger, en passant par ses plats du jour comme un mijoté de dinde aux épices savoureux. Végétariens, vous êtes bienvenus avec la tarte à l'ail ou un plat spécialement conçu pour vous si vous prévenez à l'avance. Concerts, projections de matchs, théâtre... La Maison Miladiou, c'est aussi un lieu bien animé.

DOMAINE DOLS

435, rue de la Croix
✆ 05 65 31 26 86
https://domaine-dols.com/

Du lundi au samedi 14h-18h sur rdv. Juillet/août/sept. sans rdv. Dégustation gratuite des vins. Livraison possible.

Propriété viticole la plus orientale de la vallée du Lot, au confluent du Lot et du Célé, établie depuis plus de 140 ans sur ces terres, la propriété appartient à Vincent Dols, ingénieur agricole et œnologue. Vincent perpétue la tradition familiale en proposant des vins issus de 12 cépages cultivés sur 18 ha : 1 cuvée Tradition (60 % merlot, 20 % cabernet franc et 20 % malbec), 1 cru Sémenole blanc (60 % chardonnay et 40 % sauvignon blanc) et 1 blanc doux 100 % chenin idéal pour accompagner le foie gras et en apéritif. À découvrir !

LES JARDINS DU MAS DE GREIL

Causse de Vers
✆ 06 72 96 04 41

Boutique et visite à la ferme. Vente de tisanes, fleurs fraîches, aromates, safran et légumes. Marchés gourmands du Lot.

Bienvenue dans une ferme née de la passion de Marie et Hervé pour les plantes et un retour à la simplicité de la terre. Dans ce jardin extraordinaire, les fleurs sont comestibles (et délicieuses), on les déguste fraîches bien sûr mais aussi séchées en tisane où elles sont associées parfois à des aromates cultivés sur place et des plantes issues de la cueillette sauvage. Une safranière et une parcelle maraîchère complètent l'offre. À découvrir lors des marchés gourmands tout l'été.

MUSÉE ET BISCUITERIE DELFOUR

Domaine du Mas-de-Saboth ✆ 05 65 31 43 33
biscuiteriedelfour.fr

Lundi au vendredi 9h-12h30/14h-17h. Musée fermé d'octobre à avril. Groupe : musée + dégustation gratuite.

Quand gourmandise rythme avec petit musée, la biscuiterie avec ses 35 recettes anciennes vous découvrez l'histoire et le goût des croquants aux amandes, gâteaux aux noix (AOP Périgord), bouchées aux châtaignes, etc. Sans colorant, avec une farine lotoise et des noix du Périgord AOP, la famille Delfour nous offre une qualité d'antan. Sans oublier la Maryleine, produit phare de la maison avec son goût unique dont le secret de la recette familiale se transmet de génération en génération.

SAINT-PIERRE-LAFEUILLE

Saint-Pierre-Lafeuille est la porte d'entrée nord du Pays de Cahors. Le bourg, situé sur une crête, offre une belle vue sur la vallée du Lot, le causse et la Bouriane. Témoin de cet emplacement stratégique, le château fort de Roussillon du XIIIe siècle, classé Monument historique en 1929, désormais privé, peut se louer pour des événements ou pour profiter des chambres d'hôtes. Ravagé par les assauts de l'Histoire, il a connu une réhabilitation depuis 1958, date de rachat du site par la famille Mailhol. Saint-Pierre-Lafeuille sous sa forme actuelle est très récente puisqu'elle a été créée le 12 janvier 1951, en se séparant de Maxou, commune voisine.

LA BERGERIE*** €€

320, avenue de Saint-Pierre, route de Brive
✆ 09 74 56 10 94
www.labergerie-lot.com
Restaurant : 12h15-13h30 et 19h15-20h30 7j/7 en été. Chambre double à partir de 85 €. Midi menu complet 28 €, soir 46 €.

Chaque chambre, confortable et bien équipée, possède une terrasse avec une vue magnifique sur la vallée, de quoi se réveiller de bonne humeur avec le chant des oiseaux. Le grand parc avec piscine ouvre sur le paysage caussenard à l'arrière de l'établissement. Par sa localisation, la Bergerie est un lieu idéal pour allier calme et tourisme. Le restaurant fait partie des Bonnes Tables du Lot. Les produits de saison inspirent le chef Maryan Rak pour des recettes raffinées : pintadeau farci aux cèpes, agneau caramélisé ou cœur de filet de bœuf flambé au poivre.

CAMPING QUERCY VACANCES**** €€

Mas de Lacombe ✆ 05 65 36 87 15
www.quercy-vacances.com
Ouverture camping en avril, bar-restaurant, piscine en juin. Emplacements 16/26 €, locatifs 409 à 949 €/sem. Mini-ferme.

Le Camping Quercy Vacances se prête à la quiétude. Avec ses équipements et une équipe qui se met en quatre pour vous faire plaisir, il est l'endroit idéal où se poser quelques jours et profiter pleinement de vos vacances. Pour ceux qui préfèrent les activités physiques, un panel d'infrastructures et d'animations est disponible. À la découverte de trésors lotois ou pour vous ressourcer sur place, vous aurez le choix pour satisfaire vos envies ! Idéal pour les familles et les enfants.

LES GRAVES*** €€

1459, avenue Saint-Pierre
✆ 05 65 36 83 12
www.camping-lesgraves.com
Ouvert du 29 mars au 16 novembre. Emplacement à partir de 15 €/nuit. Locatifs à partir de 224 €/semaine. Piscine.

Les Graves propose plusieurs types d'hébergements : des séjours en mobil-homes, en chalet, en chambres d'hôtes ou simplement en camping-caravaning. Quel que soit votre choix, vous profiterez d'un accueil de qualité et d'un site très agréable. Christian propose également un snack en saison pour les petites faims et vous fera découvrir des produits du terroir : foie gras, confit de canard, melon du Quercy, vins de Cahors rouges et rosés... sans oublier les noix récoltées sur la propriété. Possibilité d'organiser des séjours à thème (VTT, randos pédestres...).

CHÂTEAU DE ROUSSILLON €€€

✆ 07 78 18 80 63
www.chateau-de-roussillon.com
Toute l'année. Fêtes, mariages ou chambres d'hôtes. 150 €/nuit ou 250 € les 2 nuits. Cuisine, laverie. Animaux acceptés.

Construit aux XIIIe et XVe siècles, c'est un château privé qui peut se louer dans son intégralité pour des réceptions inoubliables dans un cadre prestigieux ou en chambres d'hôtes. Leur confort est bien pensé, elles sont même équipées d'une cuisine privée ou ont accès à une cuisine commune et une laverie. Le château est entièrement restauré et meublé avec goût, composé de pièces circulaires éclairées par des embrasures profondes, distribuées sur 4 niveaux, avec un ameublement ancien de charme. Vue sur les remparts qui dominent la vallée. À vous la vie de château !

BISCUITERIE DE SAINT PIERRE

1598, Avenue de Saint Pierre Lafeuille
✆ 06 32 64 87 59
https://biscuiterie-saintpierre.fr/
Ouvert du lundi au samedi de 8h à 19h. Boutique. Salon de thé. Espace muséographie. Ateliers, anniversaires d'enfants.

Bienvenue dans l'univers délicieux de la Maison Delfour ! Depuis 5 générations, cette famille développe pour notre plaisir 35 recettes de biscuits savoureux. Louis et sa femme Estelle proposent de vous régaler dans leur boutique. Le produit phare est le gâteau aux noix, fabriqué dans la plus pure tradition des Delfour, dans un atelier sur place. Le salon de thé vous invite à la dégustation et un espace dédié vous enseignera l'art de la biscuiterie et l'histoire de la famille.

CONSERVERIE SUDREAU

Lieu dit des Graves
✆ 05 65 36 84 38
https://sudreau.fr/
Toute l'année, lundi au vendredi, 8h30-17h (16h le vendredi). Accès PMR. Accueil groupes. Dégustation sur rendez-vous.

La maison Sudreau est bien connue pour sa boutique à Cahors, mais elle est aussi présente dans le village de Saint-Pierre-Lafeuille, lieu de production. Une boutique y est installée où vous retrouverez tous les produits Sudreau (confits, foies gras, produits truffés, cassoulets, terrines, pâtés, anchauds de porc, magrets et autres délices...). Pour compléter l'offre déjà bien alléchante, vous trouverez une sélection d'apéritifs et vins de Cahors et des confiseries à base de noix de la maison Desgourmets de Puy-l'Évêque et de la Maison de la noix de Rocamadour.

MAS LEVIGNÉ

186, Routes des Mas - Brouxelles
MAXOU
✆ 06 08 32 21 74
maslevigne.com

Vins issus de l'agriculture biologique (labels AB et Demeter). Dégustation sur rdv. Petit vignoble.

Le Mas Levigné est presque confidentiel, un des secrets du Lot. Pour le trouver, il vous faudra emprunter des petites routes et sortir des sentiers battus. Les premières vendanges, issues des parcelles plantées en 1997, se déroulent en 2000. Un petit domaine de 3 hectares géré par Patrick Brouelles, certifié bio en 2017, le Mas Levigné c'est un rouge, le Soleil Noir, 100 % Merlot et un blanc, le Clotine, Chardonnay/Sauvignon. N'hésitez pas à appeler pour une dégustation au domaine, un accueil avec le sourire et une belle passion du vin.

HÔTEL-RESTAURANT LE VINOIS €€

Mas de la Croix - **CAILLAC** ✆ 05 65 30 53 60
www.levinois.com

Ouvert toute l'année. Fermé le mercredi et dimanche soir. Menus 25 € à 45 €. Hôtel, piscine, loft, traiteur. Accès PMR.

Sélectionné par les Bonnes Tables du Lot, Le Vinois offre une carte qui vit au fil des saisons avec des recettes généreuses, pleines de fraîcheur et d'authenticité. Le chef Thomas Joanny marie les saveurs lotoises à celles de ses nombreux voyages : les tournedos de bœuf aux cèpes de Corrèze et pommes dauphine au panko en sont un bel exemple. Le Vinois est un hôtel calme et charmant à la décoration personnalisée avec une touche de modernité dans un environnement douillet et décontracté.

MERCUÈS ★

Mercuès s'est forgé un nom à travers l'histoire de son château construit, détruit et reconstruit entre le XIIIe et le XVIIIe siècle. Les bâtiments les plus anciens remontent au Moyen Âge et l'on attribue sa construction aux évêques de Cahors. Avec ses atouts défensifs, le château a joué un grand rôle dans les guerres de religion. À la Renaissance, il est aménagé pour accueillir les évêques de Cahors. Dans les années 1940, il est transformé en résidence hôtelière par son propriétaire de l'époque, Georges Héreil, grand nom de la construction aéronautique. À sa mort, ce sera Georges Vigouroux, négociant-viticulteur, qui dessinera son destin.

CHÂTEAU DE MERCUÈS - LE BISTROT €€€

Route du Château
✆ 05 65 20 00 01
www.chateaudemercues.com

Le bistrot ouvert uniquement le midi. Menu en 3 temps à 50 €. Chef Clément Coste. L'été, cours intérieur ou parvis.

Le Château de Mercuès ouvre sa cour intérieure, le parvis ou sa salle intérieure pour savourer un déjeuner comme nul autre pareil. Le Bistrot de Mercuès est le restaurant bistronomique tenu par le chef Clément Coste de main de maître. Il sublime des produits locaux en circuit court et travaille en parfaite relation de confiance avec les producteurs. Il sait sublimer ce qu'ils lui livrent. Le fromage vient de la Maison Marty à Cahors, et les desserts sont une ode sucrée.

PIZZ ET PATISS €

364, Grand Rue
✆ 07 89 49 83 40
www.pizzetpatiss.com

Du mardi au vendredi midi/soir + samedi soir. Pizzas 7,50/18,50 € et pâtisseries artisanales. Vente à emporter.

Amoureux fou de la cuisine italienne et des petites douceurs sucrées, vous voici au paradis ! Même si votre chemin ne vous mène pas à Mercuès, ça vaut le coup de faire un détour. Belle déclinaison de pizzas confectionnées à base de produits frais et petite sélection de salades : des plats généreux et gourmands. Tout est fait maison : bien sûr la pâte à pizza, mais aussi le coulis de tomate, le saumon gravlax, le magret séché… et ça change tout ! Comme du côté des pâtisseries, où les gâteaux sont délicieux. À consommer sur place ou à emporter.

CHÂTEAU DE MERCUÈS - RESTAURANT GASTRONOMIQUE €€€

route du château ✆ 05 65 20 00 01
www.chateaudemercues.com

Du 30 mars au 1er décembre + février (truffes). Avril, jeudi au samedi soir, puis mardi au samedi soir. Menus 150-270 €.

Le restaurant gastronomique du Château de Mercuès - une étoile au guide Michelin - est une cuisine d'exception, des saveurs du Quercy sublimées autour de la truffe noire, du safran, de l'agneau et du malbec de Cahors. Le chef Clément Costes sélectionne des produits rares et offre une cuisine subtile, audacieuse et savoureuse. Osez la « Table du Chef », un dîner au cœur même de la brigade en cuisine pour seulement 5 couverts : une expérience exceptionnelle !

CHÂTEAU LAGREZETTE

Domaine Lagrezette - **CAILLAC**
✆ 05 65 20 07 42
www.chateau-lagrezette.com
6j/7 toute l'année 10h-17h/18h, 7j/7 l'été. Visite et atelier sur résa 10-49 €. Séjour au Moulin ou à la Maison Malbec.

Le château du XVIe siècle monte la garde sur le vignoble de plus de 80 ha et offre des séjours au Moulin ou à la Maison Malbec dans un domaine viticole d'exception. Plusieurs boutiques sur la propriété, à Cahors et à Padirac. Alain-Dominique Perrin, son propriétaire, est un passionné. La vinification est faite selon des méthodes traditionnelles associées à une technologie de pointe. Vieillissement en barriques de chêne dans les caves souterraines. De nombreuses médailles pour les vins de garde, parmi les meilleurs de l'appellation. Visite du chai sur rdv.

CHÂTEAU LES BOUYSSES

1149, rue du lac de Courtil ✆ 05 65 20 08 77
www.chateaulesbouysses.fr
Ouvert du lundi au jeudi 9h/12h-14h/18h, vendredi 9h/12h, sur rendez-vous le samedi. Location événements. Hébergements.

Le domaine se répartit sur 24 ha de vignes et 24 ha de noiseraie dont la plantation a démarré en 1973. Le vin Château Les Bouysses est considéré comme le vin «étalon» du Cahors et sert de modèle à la viticulture locale. Un passage obligé donc pour tout amoureux du nectar de l'appellation. Possibilités de location de salle pour différentes festivités : mariage, anniversaire, séminaires, etc. Le château Les Bouysses offre en complément une formule gîte, décomposée en 4 chambres dans une aile du château et 7 chambres réparties sur 2 maisons dans le domaine.

DOUELLE

Douelle a été le plus grand centre de batellerie du Lot. Village situé au centre du vignoble de Cahors, c'est là que s'effectuait l'embarquement du vin. Il tire donc son nom de son commerce de douves (lamelles de métal) – les douelles – de tonneaux. Son histoire est fortement liée à la rivière Lot. Jusqu'au XVe siècle, Douelle était rattaché au village voisin de Caillac. Au XVIIIe siècle, la commune fournissait des hommes pour la marine. Au XIXe siècle, Douelle est peuplée de mariniers, vignerons, tonneliers, charpentiers… jusqu'à ce que le tourisme fluvial vienne prendre le relais à la fin du XXe siècle, liant à jamais la commune à la rivière.

LES MARINIERS €

17, rue des Mariniers
✆ 05 65 20 02 06
www.lamarine-douelle.com
Ouvert du 1er avril au 31 octobre. Formule du jour dès 11,50 €. Menus 15 à 26 €. Tapas. Terrasse. Chambres d'hôtes.

Le restaurant Les Mariniers porte bien son nom puisque le poisson est souvent proposé à la carte, que ce soit en gratin de cabillaud ou dans le burger saumon et son pain à l'encre de seiche. Mais Jean-Louis Malique, le chef, n'en oublie pas moins les classiques avec du paleron de veau confit, des tatins de cabécou ou l'indémodable confit de canard. Le service est efficace et sans chichis, chaleureux, avec le saladier de frites à partager au milieu de la table. La terrasse est agréable. Vous pourrez rester dormir dans une chambre d'hôtes si le cœur vous en dit.

AUBERGE DU VIEUX DOUELLE, CHEZ MALIQUE €€

19, rue des Tonneliers ✆ 05 65 20 02 03
www.chezmalique.com
Ouvert toute l'année. Menus 24,50 €-44,50 €. Menu enfant 11 €. Jardin. Terrasse. Vente à emporter. Chambre 50 €/nuit.

Envie de douceur de vivre ? Située au bord du Lot à deux pas de Cahors, l'auberge familiale du vieux Douelle connue sous le nom de Chez Malique est un passage obligé tant pour son bien manger que pour son bien vivre. Le cadre est absolument superbe tant intérieur qu'extérieur, la cuisine traditionnelle quercynoise savoureuse et copieuse, et l'ambiance bon enfant. Nous vous recommandons tout particulièrement le fameux « pastis » en dessert, spécialité pâtissière lotoise. Réservez de préférence par Internet : rançon de la gloire, les patrons sont parfois débordés.

DOMAINE LE PASSELYS

699, rue de la Prade
✆ 05 65 20 05 76
www.passelys.com
Ouvert tous les jours 9h-12h et 14h-19h. Hors saison, visite et dégustation AOC Cahors Bio sur rdv. Livraison possible.

La 9e génération prendra bientôt la tête du domaine avec Fabien et Vincent, les enfants de Thierry et Marie-Hélène. Héritiers d'une longue tradition, la famille Baudel travaille un vignoble de 7 hectares dont les vendanges sont manuelles. Vous pourrez déguster les cuvées Tradition - 75 % malbec et 25 % merlot, Prestige (2005) - 100 % malbec, rosé (cabernet sauvignon), blanc sec et blanc moelleux. Le domaine a obtenu le label bio en août 2021 et utilise des cépages résistants, comme le Prior, qui ne nécessitent aucun traitement, pour les 2 cuvées Colibri.

LE BOAT

1180, Le Moulinat
✆ 05 65 20 08 79

Avril à novembre 7j/7 9h-12h30 et 14h-17h. De 100 à 400 €/nuit, à partir de 6 nuits selon saison et bateau sans permis.

Un séjour fluvial ? Louez un bateau pour 2 à 12 personnes. Depuis la base de location de Douelle, naviguez vers l'ouest en direction de Luzech, le dernier village gaulois qui résista à Jules César. Vers l'est, vous pourrez amarrer votre bateau sans permis au pied du château de Mercuès, de la cité historique de Cahors ou encore du village de Larnagol avant de retourner vers la base en croisant les falaises de Bouzies et Saint-Cirq-Lapopie. Une initiation rapide sur place suffit à faire de vous un capitaine. Parking fermé pour votre voiture pendant la navigation.

NAUTINÉA

Le Payras
✆ 05 65 21 07 86
https://nautinea.fr/

Juillet-août 7j/7 9h30-19h30. Avril à oct. mer/sam/dim et jours fériés. Canoë-kayak, paddle 22 € (3h), VTC-AE, baignade.

A Douelle, la base nautique Nautinéa propose de vous initier au canoë-kayak ou au paddle, louer des vélos à assistance électrique ou faire une descente sur la rivière Lot de 11,5 km jusqu'à la base nautique de Caïx. Le retour peut se faire en navette ou en louant des vélos à assistance électrique à la base de Caïx pour revenir à votre point de départ par la Voie Verte : les 2 bases sont liées pour que vous puissiez bénéficier des meilleurs plans sportifs et nautiques. De quoi passer une superbe journée en profitant de la rivière et de ses nombreuses activités !

PARNAC

Situé dans la boucle de la rivière Lot et à seulement 18 km de Cahors, le village de Parnac doit sa reconnaissance au commerce du vin dont il est encore aujourd'hui un haut lieu. En effet, il abrite la coopérative Vinovalie Cave des Côtes d'Olt, mais aussi de nombreux domaines indépendants. Parnac est non seulement une étape incontournable pour déguster le fameux Malbec, mais aussi pour les amoureux de la nature qui pourront parcourir les sentiers de randonnée qui l'environnent ou la voie verte très appréciée des cyclistes. L'église Saint-Saturnin du XVIIe siècle, avec son retable, et l'église de Cels du XIVe siècle valent le coup d'œil.

DOMAINE DELMAS €€

609, Rue des Condamines
✆ 05 65 30 73 84
www.domaines-delmas.fr

Chambre double à partir de 85 €/nuit, familiale 120 €. Vins et noix. Vignoble labellisé Haute Valeur Environnementale.

La demeure du Château Prieuré la Condamine est situé dans une bâtisse datant en partie du XIVe siècle. Les chambres d'hôtes et le gite bénéficient du chai, du parc et de la rivière. Au 2e étage d'une magnifique maison vigneronne, elles sont personnalisées par le nom d'un cépage de la région - auxerrois, ségalin, tannat, merlot. Le château produit des noix, mais surtout trois cuvées d'AOC Cahors : le château de Parnac, la closerie de Régagnac et l'Olympe de Gouges 100 % malbec. La gamme rouge est complétée par un rosé malbec et du ratafia.

RESTAURANT LES JARDINS €€€

1533, route du Port de l'Angle
✆ 05 65 23 58 24
restaurant-lesjardins.fr

Ouvert toute l'année vendredi et samedi midi et soir, dimanche, lundi et mardi midi. Menus 35-80 €. Jardin. Terrasse.

Le restaurant gastronomique Les Jardins propose une cuisine de voyages et d'émotions. Les assiettes vous ouvrent à chaque plat un éveil des sens avec des produits locaux rehaussés d'épices qui invitent à l'ailleurs. En cuisine, Marius imagine des recettes toujours plus savoureuses, avec, parfois, quelques plats originaux que l'on ne trouve pas partout : poulpe et pigeon peuvent apparaître au menu. En salle, c'est Astrid qui officie en tant que sommelière. Elle partage sa connaissance du vin pour proposer des accords parfaits avec les plats. Un ravissement !

CHÂTEAU ARMANDIÈRE

Port de l'angle
✆ 05 65 36 75 97

Du lundi au vendredi de 9h à 12h et de 14h à 19h. Week-end et jours fériés sur rdv.

Le château Armandière est une propriété familiale depuis 4 générations et son vignoble en terrasse propose de nombreuses cuvées AOC prestigieuses et maintes fois récompensées, ainsi qu'un coup de cœur pour son savoureux apéritif nommé : « la Muse ». Derrière le château, c'est un nom : celui de Bernard Bouyssou, fils et petit-fils de viticulteurs. Détail de charme, le château dispose d'un embarcadère privé et vous pourrez y accoster au fil d'une balade sur le Lot. La péniche *Ô Phil du Lot* qui arrive de la base de Caïx y fait des haltes régulières.

CHÂTEAU LA CAMINADE

✆ 05 65 30 73 05

www.chateaulacaminade.fr

Ouvert toute l'année du lundi au vendredi 8h-12h/14h-18h + samedi sur rendez-vous. Label Haute Valeur Environnementale.

Vignoble familial depuis 4 générations, le Château la Caminade est une des productions les plus emblématiques du vin de Cahors. C'est au lendemain de l'officialisation de l'AOC Cahors, en 1973, que Marcel et son fils Léonce commercialisent leur production répartie sur les 35 ha du domaine. Abritée derrière les collines, la vigne, plantée sur d'anciennes terrasses d'alluvions, a trouvé là son terroir de prédilection. Dans la fraîcheur de leurs chais, vous pourrez déguster 4 cuvées aux arômes si caractéristiques et puissants des grands Cahors.

CHÂTEAU SAINT-DIDIER

Château Saint-Didier

✆ 05 65 30 78 13

vignobles-saintdidier-parnac.com

Visite et dégustation du lundi au jeudi sur rendez-vous.

La famille Rigal veille aux destinées du château Saint-Didier Parnac depuis plus de 300 ans, puisque c'est en 1640 qu'un certain Monsieur Rigal donna le premier coup de pioche dans ce domaine du coeur de la vallée du Lot. Les 65 hectares idéalement situés donnent au vin une personnalité unique. C'est dans la magnifique cave voûtée datant de 1755 que le vin vieillit en barriques neuves. Le Château Saint Didier Parnac vinifie et élève une cuvée haut de gamme, l'Apogée (80% malbec, 15% merlot et 5% tannat), vieillie 12 mois en fut de chêne.

CHÂTEAU SAINT-SERNIN

Les Landes ✆ 05 65 20 13 26

chateau-st-sernin.com

Lundi au vendredi 9h-12h/14h-19h (Basse saison 18h). Week-end sur rendez-vous. Dégustation + visite gratuite. Accès PMR.

C'est une exploitation familiale où la culture du vin est rythmée par une approche artistique et festive très personnelle imaginée par Anne et son mari, Jean-Michel – aux origines polynésiennes qui ont donné le nom de la cuvée 100% Malbec Le Mana, signifiant «puissance de l'esprit». L'année est ponctuée de rencontres autour d'un agenda de festivités et d'ateliers, notamment des apéros concerts tous les vendredis d'été. Côté vin – la colonne vertébrale du domaine – Jean-Michel donne naissance à des rouges, des rosés, des blancs, mais aussi des bulles et du jus !

VINOVALIE, CAVE DES CÔTES D'OLT

✆ 05 65 30 57 80

vinovalie.com

Ouvert du lundi au samedi 9h-12h30/14h-18h30. Visite sur rdv de la cave + visite du chai + dégustation : 10 €/pers.

Depuis 1947, la Cave des Côtes d'Olt produit des vins de haute expression, riches et harmonieux, élaborés principalement à partir du cépage Malbec, complété par les cépages Merlot et Tannat. Cette tradition mariée à une solide connaissance de la vinification des meilleurs terroirs et d'une rigoureuse sélection parcellaire contribuent aux nombreuses récompenses reçues chaque année. La seule coopérative de l'appellation regroupe 70 vignerons et propose des événements toute l'année.

LUZECH ★

C'est une presqu'île qui se détache de l'un des méandres de la rivière Lot. Ici, les hommes font la ville de Luzech depuis le Moyen Âge. On remarquera un donjon du XIIe siècle, seul témoin de la prise de la ville par Richard Cœur de Lion en 1188, la chapelle des Pénitents bleus du XIIe siècle, devenue siège des Montagnards sous la Révolution, la chapelle Notre-Dame-de-l'Isle du XVIe siècle, vénérée par les gabarriers, mais également les ruelles et les enseignes des échoppes. Luzech propose plusieurs lieux de visites intéressants dont le musée de la Planète des Moulins, le Musée Armand Viré et l'Ichnospace qui présente des traces de dinosaures.

LE DONJON DE LUZECH

Monument en projet de réhabilitation pour devenir un lieu culturel et touristique via la Fondation du patrimoine.

Le donjon carré, typique de l'architecture du Midi, se distingue des tours rondes, plus courantes dans les fortifications royales françaises. Construit au XIIe siècle, il est le seul vestige de la prise de la ville par Richard Cœur de Lion en 1188 et témoigne de l'occupation des évêques de Cahors, co-seigneurs de Luzech au début du XIIIe siècle. Appelé la tour de Luzech, ce monument fait l'objet d'une restauration et d'une préservation sous l'égide de la Fondation du patrimoine, avec la perspective d'y organiser bientôt des expositions et événements.

MUSÉE ARMAND VIRÉ ESPACE AMMONITES / ARCHÉOLOGIQUE ★

Rue de la Ville

✆ 05 65 30 58 47

Ouvert toute l'année du mardi au vendredi 10h-12h/14h-18h, le samedi 10h-12h. Adulte 3-5 €.

Ce musée résulte des fouilles archéologiques menées sur un site découvert à la fin du XIXe siècle, offrant une vision détaillée des habitats préhistoriques. Grâce à ses collections de silex, céramiques, pointes de flèches, monnaies et une réplique de la célèbre colonne de Trajan, il retrace l'occupation humaine du Paléolithique à l'époque gallo-romaine. Le terrain de fouilles, situé à proximité, peut être atteint par un sentier menant au donjon, accessible via le GR36.

MUSÉE ICHNOSPACE

Rue de la Ville

✆ 05 65 30 58 47

Ouvert toute l'année du mardi au vendredi 10h-12h/14h-18h, le samedi 10h-12h. Uniquement sur rendez-vous. Adulte 3-5 €.

Le musée, situé au-dessus de la médiathèque, rassemble toutes les traces et empreintes de dinosaures ainsi que d'autres espèces découvertes sur le site archéologique de Crayssac. Grâce à des documents, vidéos, planches explicatives et moulages, il permet de mieux comprendre l'origine de ces créatures du passé. L'Ichnospace est le premier musée européen consacré aux traces et empreintes fossiles. À ne pas manquer également, la salle des ammonites des Causses Jurassiques Supérieurs du Quercy, qui retrace leur évolution sur 10 millions d'années.

MUSÉE LA PLANÈTE DES MOULINS

144, Quai Emile Gironde ✆ 05 65 31 22 59

museelaplanetedesmoulins.fr

Fermé en janvier. 7j/7 sur rdv. Juillet-août lundi au vendredi 10h-12h/15h-18h, week-end sur rdv. Adulte 7 €.

Cette collection de maquettes animées, mises en mouvement par l'eau et le vent, illustre le génie humain dans l'art d'apprivoiser les énergies naturelles. À l'échelle mondiale, cette exposition est un véritable enchantement ! Alliant rigueur, imagination et poésie, elle suscite la curiosité de découvrir cette aventure humaine, de ses origines à nos jours. Un large choix de matériel expérimental, accompagné de documents pédagogiques, vous invite à explorer les secrets des moulins.

LES BERGES DE CAÏX €

✆ 05 65 21 07 86

D'avril à fin septembre. Emplacement libre 7 €/nuit, camping-car 15 €/nuit. Activités, plage, restaurant pour tous.

Située aux abords du château de Caïx et du Lot, la base nautique de Caïx vous invite à profiter de ses nombreuses installations, comprenant un camping, un restaurant et une variété d'activités de loisirs (baignade, location de canoë-kayak, paddle, bateau à moteur sans permis, etc.). Le camping Les Berges de Caïx, idéalement équipé pour des moments conviviaux, propose un terrain de pétanque, des tables de ping-pong, un terrain de volley-ball et des jeux pour enfants, le tout dans un cadre idyllique. Ouvert toute l'année pour les camping-caristes.

Luzech.

QUAI N°5 €

Quai Henri Pelissié
✆ 05 65 23 50 07
Ouvert du 31 mars à fin octobre. Jeudi et vendredi 8h-16h + samedi matin. Été jusqu'à 18h, mardi et mercredi en plus.

Dans ce petit restaurant charmant tenu par Sonia, le menu unique est fait maison avec des produits frais et beaucoup de passion. Lasagnes, tartes, quiches, saucisse de canard, crumble de cabillaud, parmentier de boudin, puis flan coco caramel en dessert : on est sûr de se régaler. La déco est très jolie, et le service attentionné, avec le sourire. L'été, la grande terrasse au bord de la rivière où l'on s'amuse à voir passer les bateaux est une invitation à la détente et à la gourmandise : profitez-en pour prendre une glace sous les parasols colorés !

CHÂTEAU DE CAÏX

✆ 05 65 20 13 22
chateau-de-cayx.com
Boutique du lundi au samedi 10h-12h30/14h-18h. Visite guidée parc et musées mercredi et samedi 15h juillet/août 10 €.

Le château de Caïx, appartenant à la famille royale du Danemark, raconte son histoire depuis le XVe siècle, niché dans les méandres du Lot. Son vignoble, cultivé sur 24 hectares, bénéficie d'un emplacement exceptionnel. La boutique du château offre l'opportunité de déguster ses vins. Vous pourrez également explorer le parc, ainsi que les deux musées du château : l'un consacré à l'art premier, l'autre à l'art asiatique. Ces collections, appartenant au Prince Henrik, incluent des jades asiatiques, des statues et masques africains, ainsi que des œuvres inuites.

LE RESTAURANT DE CAÏX €€

Base de Caïx
✆ 05 65 21 07 86
https://base-caix.fr/
Ouvert d'avril à octobre. Vendredi-dimanche soir, jours fériés et ponts. Accès snack. Vacances été 7j/7. Animations.

Au sein de la base nautique de Caïx, entre le camping et la plage, le restaurant est ouvert à tous. C'est un lieu magique tout au bord de la rivière où il est bon de s'installer sous les lampions pour écouter un concert en dégustant des plats traditionnels aux produits frais : agneau confit, truite farcie ou le classique burger de Caïx et ses frites maison. Ou pour simplement siroter un cocktail, une bière ou un verre de vin en grignotant fromage et charcuterie. Des options végétariennes sont proposées. C'est le spot idéal pour passer de bonnes soirées !

CHÂTEAU DU PLAT FAISANT

Les Roques
SAINT-VINCENT-RIVE-D'OLT
✆ 05 65 30 76 38
Ouvert lundi au samedi sur rdv de 9h-12h et 14h-19h. Initiation et dégustation. Accueil séminaire. Livraison possible.

Entre Douelle et Luzech, Serge Bessières, qui représente la troisième génération de vignerons de la famille, et Caroline commercialisent le vin du domaine, dont les vignes ont plus de 40 ans d'âge. A goûter, la cuvée de l'ancêtre haut de gamme, 100 % malbec, qui mêle ses senteurs de violettes, de mûres et de cassis à un délicat arôme d'épices, ou encore la cuvée des générations, élevée dix-huit mois en barriques. A noter aussi la cuvée des générations aux arômes complexes de cassis, de poivre, de cuir et de vanille, le Château du Plat Faisant et le Petit Rosé.

ATELIER-GALERIE LA TERRE TOURNE

Lieu-dit Saint-Marc
✆ 06 08 55 51 06
www.norbertbotella.com
Ouvert du mardi au samedi. Accès PMR. Stage céramique 300 €/semaine et cours mer-samedi de 18h à 20h 20 €/h, 2h mini.

Norbert Botella, céramiste, a ouvert un atelier-galerie à la sortie de Luzech où il présente son travail, mais aussi celui de ses amis artistes. La galerie est grande, lumineuse et permet de découvrir l'art de la céramique sous de nombreuses formes, grâce aux talents très diversifiés des artistes exposés. Elle est attenante à l'atelier où Norbert Botella partage sa passion avec des stagiaires qui souhaitent s'initier à cette pratique. Pourquoi pas vous ?

CHÂTEAU LES CROISILLE

✆ 05 65 30 53 88
lescroisille.com
Lundi au vendredi 9h-12h/14h-18h + samedi 9h-12h et après-midi sur rendez-vous. Certifié Demeter. Accès PMR.

Le Château les Croisille est né d'un terroir abandonné aux genévriers, d'une vieille bâtisse en ruine et de la passion d'une famille qui lui a donné son nom, faisant revivre les chais abandonnés de la propriété en 1984. Passé en bio en 2010, le domaine dépasse les 20 ha bien enracinés sur le magnifique terroir de Fages ainsi que sur les deuxièmes et troisièmes terrasses de Luzech. La famille Croisille reçoit les visiteurs au caveau pour vous parler de la passion qui l'anime et vous faire déguster la gamme des vins du domaine. Parmi les meilleurs vins du Sud-Ouest.

COMBEL-LA-SERRE

Lieu-dit Cournou - **SAINT-VINCENT-RIVE-D'OLT**
✆ 05 65 21 04 09
combel-la-serre.com

Domaine bio label AB. Ouvert du lundi au vendredi 10h-12h/14h-18h (l'été, 19h + samedi). De préférence sur rdv.

Domaine familial depuis 1901, voici certainement un des vins de Cahors les plus prometteurs de sa génération. Dans la famille Ilbert, il y a l'arrière grand-père, le fondateur, puis le grand-père, le père (que l'on rencontre encore dans les vignes) et Julien, le fils et sa femme Sophie. Tous les deux ont repris le flambeau d'un terroir qu'ils défendent et qu'ils valorisent. Avec 23 hectares sur les plateaux calcaires, Combel-la-Serre ce sont aujourd'hui 5 vins en AOP Cahors et 3 en IGP Côtes du Lot (une rouge, un rosé et un vin blanc). Le domaine a le label bio.

DOMAINE DU PRINCE

Cournou
SAINT-VINCENT-RIVE-D'OLT
✆ 05 65 20 14 09
domaineduprince.fr

Ouvert du lundi au samedi de 8h à 19h. Accès PMR.

Un accueil d'une grande simplicité qui sent bon l'authentique, le bon sens et le savoir-faire du vigneron pur cep. Jacques Jouve, relayé depuis par son fils Didier et son petit-fils Léon, dont la famille produit du vin de Cahors dans la même propriété depuis plus de 3 siècles, aurait pu être lou prince, cet ancêtre qui livra du vin au roi de France. De retour, les villageois l'auraient surnommé ainsi : lou prince, celui qui a vu le roi. Le Domaine du Prince est vieilli en fûts de chêne. La cuvée traditionnelle est d'un excellent rapport qualité-prix.

DOMAINE LE BOUT DU LIEU

Le Bout du Lieu
SAINT-VINCENT-RIVE-D'OLT
✆ 05 65 30 70 80
domainebdl.com

Ouvert tous les jours de 10h à 19h. Sur rendez-vous uniquement. Dégustation.

Dans ce lieu prédestiné, car ce saint Vincent est le patron des vignerons, 17 ha au bord des méandres du Lot, le cépage de malbec s'épanouit pour donner des vins noirs puissants et élégants, une garantie obtenue par un rendement maîtrisé. Quatre crus malbec : domaine le Bout du Lieu aux senteurs de violette, médaillé d'Or au Concours général agricole 2017, l'Orbe Noir aux arômes de fruits noirs, l'Empyrée boisée et épicée, un 100 % malbec issu de vignes de 30 ans et enfin le rosé des nanas, aux fragrances de fleurs blanches et d'abricot.

LES CANALOUS

672, Route de Caïx
✆ 03 85 53 76 74

Base nautique à Luzech, départ bateaux habitables, croisières w-e, mini-semaine. 2 à 12 personnes, tarif à la carte.

Les Canalous disposent d'une base de location de bateaux sans permis sur le Lot aval, au niveau de Luzech. Le temps d'un week-end, de quelques jours ou d'une semaine, partez à la conquête de la rivière Lot comme si vous étiez propriétaire d'un bateau. Vous rêvez de grand large ? De navigation en famille ou entre amis ? Vous pourrez choisir votre type de bateau et votre formule. Une façon originale de découvrir la vallée du Lot de Luzech jusqu'à Saint-Cirq-Lapopie. D'autres bases existent en Charente et en Aquitaine. Vente de bateaux.

LABASTIDE-DU-VERT

Ne vous contentez pas de traverser Labastide-du-Vert, prenez le temps de vous y arrêter pour découvrir le village où le peintre Henri Martin a choisi de passer les 20 dernières années de sa vie. Il ne s'y est pas trompé, car les paysages y sont fabuleux de couleurs et de lumières. Le domaine de Marquayrol, celui du peintre, est accroché en hauteur d'une colline : grimpez à pied les jolies petites ruelles pour aller le découvrir, et vous émerveiller de la vue depuis son atelier, vue qu'il a peinte de nombreuses fois. En passant près de l'école, vous verrez des traces de peinture sur le bord de la fenêtre : il s'en servait parfois comme d'une palette !

LES JARDINS DU PEINTRE HENRI MARTIN

500, route du Mas Nève
https://jardinshenrimartin.com/

1er week-end juin, le w-e de mi-juillet à fin août, journées du patrimoine. Entrée 3-6 €, tarif groupe. Gratuit -12ans.

Les jardins de la dernière demeure du peintre Henri Martin à Labastide du Vert (30 min de Cahors) sont ouverts au public depuis 2022 grâce à l'Association pour la Renaissance des Jardins Extraordinaires d'Henri Martin. Des animations et spectacles sont également organisés autour du peintre en été. Un espace découverte inspirant pour les amoureux des arts, une ambiance propice au dessin et à l'apaisement. Excellent endroit en complément du musée du peintre à Cahors.

ALBAS ★

Asservie au Moyen Âge et transformée en voie fluviale navigable, la rivière Lot a façonné l'histoire de sa vallée. Entre rivière et vignobles, Albas s'est faite du commerce des vins de Cahors mais aussi de l'emprise des évêques alors tout puissants qui ont choisi cette bourgade comme lieu de résidence. Dès le XIe siècle, le château dressé au sommet de la falaise manifestait le pouvoir du Seigneur Évêque de Cahors. Surnommée Albas la Jolie, elle s'est enrichie depuis l'été 2019 d'un jardin d'inspiration toscane situé sur l'une des terrasses surplombant le Lot, au pied de l'ancien palais épiscopal, un des plus beaux balcons sur la vallée du Lot.

VIllage d'Albas.

LE SOLEIL €€

Rivière-Haute
✆ 05 65 30 91 90
chambredhote-lesoleil.com

Nuitée chambre double à partir de 85 €, petit déjeuner inclus. Barbecue disponible.

L'adage de la maison résume à lui seul l'esprit des lieux : « Venez passer quelques jours chez des amis que vous ne connaissez pas encore ! » Au cœur d'un grand parc, cette maison respire la quiétude et le repos. La piscine couverte est parfaite pour les jours de grand soleil et notez qu'un barbecue est mis à votre disposition afin d'agrémenter votre séjour d'un peu de piment ! Dans l'ancien pigeonnier, le duplex, idéal pour une petite famille (4 à 5 personnes), dispose également d'une terrasse. Une adresse parfaite pour aller à la rencontre du soleil du Quercy.

CHÂTEAU EUGÉNIE

Rivière-Haute
✆ 05 65 30 73 51
chateaueugenie.com

Lundi au samedi 9h30-12h30/14h-19h et dimanche l'été. Visite dès 10 €. Dégustation vieux millésimes 100 €. Certifié HVE.

La famille Couture ouvre ses portes à l'œnotourisme avec plusieurs visites possibles et dégustations de grands vins de Cahors, sa gamme d'IGP Côtes du Lot, son ratafia traditionnel, ainsi que son jus de raisin. L'histoire de leur passion pour la vigne remonte à 1470, avec un ancêtre vigneron au service du seigneur d'Albas. Le domaine d'Eugénie, est un héritage familial d'un savoir-faire exceptionnel et un amour profond pour ce vin au rouge grenat. Lauréat du Septuor des entreprises 2022 dans la catégorie « International ». Dégustation de millésimes possibles.

LES HAUTS D'ALBAS €€

✆ 06 83 80 14 44

leshautsdalbas.fr

450 € les 3 nuits pour 2 personnes en haute saison. 560 €/semaine hors saison. Accueil PMR. Epicerie fine. 2 piscines.

Le Lot dévoile ici toute sa beauté sauvage ! Depuis 2020, Les Hauts d'Albas, dirigés par Thomas Lancelle, proposent dix yourtes, dont une accessible aux personnes à mobilité réduite, toutes portant des noms emblématiques du département (Rocamadour, Padirac, Quercy, etc.), nichées au cœur des bois. Chaque yourte, d'une superficie de 56 m², est entièrement équipée et dispose d'un dôme translucide permettant d'admirer les étoiles. Vous pourrez également profiter d'une terrasse circulaire. La nature environnante, éclatante de couleurs, invite à la sérénité.

LA ROSE ET LE RÉSÉDA €€

50, rue de la Carrière

✆ 07 88 90 13 64

Juillet/août du mardi au dimanche midi et soir. Formule midi 18 €. Terrasse. Animations. Expositions.

Frédéric et Tamaki, originaires de Toulouse, unissent leurs passions pour la gastronomie et la poésie. Leurs assiettes sont de véritables hommages à la cuisine raffinée : les légumes et aromates explosent en couleurs, les parfums envoûtent et les saveurs racontent une véritable poésie culinaire. L'agneau de 7 heures, le gravlax de saumon bio, le tataki de thon, et le meli-mélo d'aubergines au parmesan et pesto sont des délices à découvrir, avant de se laisser charmer par les desserts maison. Le soir, on se régale de planches mixtes, de tapas et de plats mijotés.

VIGNOBLES DIDIER PELVILLAIN

1800 Prom. de Tournepique - Lieu-dit Circofoul - Rive droite ✆ 05 65 20 13 13

vignoblespelvillain.com

Vente et dégustation du lundi au vendredi 9h-12h/14h-17h30. Visites du chai Domaine du Théron à Prayssac sur rdv.

Le premier acte d'achat de vignes retrouvé remonte à 1868. Jeune, Didier Pelvillain rejoint ses parents sur le domaine familial. Toujours en quête d'excellence, aujourd'hui récompensé par la certification Exploitation de Haute Valeur Environnementale, il a impulsé le développement de son vignoble qui compte à présent 52 ha, répartis sur les 3 terroirs de l'appellation Cahors : Château du Port et Château de Cénac à Albas et Domaine du Théron à Prayssac.

CASTELFRANC

Castelfranc est une ancienne bastide du XIIIe siècle de l'évêque de Cahors. L'église Notre-Dame très remaniée (XIVe siècle), et sa belle façade ouest, est surmontée d'un mur-clocher fortifié. Plusieurs circuits pédestres permettent de découvrir de magnifiques dolmens et un calvaire qui présente une vue imprenable sur la vallée. Au cœur du village, le jardin des sens offre une pause romantique. Les berges du Lot sont facilement accessibles pour la pêche, les pique-niques ou la baignade surveillée pendant l'été. Il est même possible de louer un canoë. Bon à savoir : le village de Castelfranc abrite deux brocantes. Un village où il fait bon flâner.

LA BASE NAUTIQUE

Accès libre. Plage surveillée en juillet et août. Location de canoë, kayak, paddle...

À Castelfranc, les rives du Lot offrent un cadre idéal pour se détendre : baignade (plage surveillée en juillet et août), pique-nique (des tables sont installées en été), pêche, ou location de canoë, kayak et paddle. Le long du chemin de halage, cet endroit est prisé des randonneurs à pied, à vélo ou à cheval. La vue est splendide, notamment lorsque les parapentistes s'élancent des collines, créant un véritable spectacle. Le ruisseau du Vert se jette dans le Lot, et il est possible de le traverser par un gué. Un véritable coin de paradis !

LE JARDIN DES SENS

Rue des jardiniers

✆ 05 65 36 22 93

Toujours ouvert. Visite libre et gratuite.

Au cœur de Castelfranc, derrière la halle, un charmant jardin vous invite à une pause romantique. En entrant, d'un côté se dévoile un jardin fleuri, de l'autre un potager inspiré du Moyen Âge. Le regard se porte sur les maisons aux pierres dorées, tandis que le ruisseau du Vert diffuse une mélodie apaisante. Ce lieu est parfait pour s'installer sur un banc, et savourer l'instant. Le Jardin des Sens, géré par l'association Art et Tradition, organise régulièrement des événements tels que des rencontres littéraires, des chasses aux œufs de Pâques et des expositions.

© MARIE L.

Le jardin des sens.

LE 7 DES TONNELIERS €€

7, rue des tonneliers
✆ 06 06 68 86 0813
Ouvert toute l'année. Chambre double 68-90 €/nuit. Terrasse. Jardin.

Au cœur de Castelfranc, Lionel vous accueille dans un cadre empreint de charme, où vous pourrez profiter d'une cour intérieure, d'un jardin fleuri et d'une terrasse. Les chambres spacieuses, dotées de salle de douche et WC privatifs, garantissent un séjour confortable. À quelques pas, la plage sur les rives du Lot et la voie verte vous attendent. Lionel met à votre disposition des vélos ou un garage pour les vôtres. Ancienne maison d'un peintre, elle conserve son authenticité, ornée de nombreux objets d'art et d'une décoration so british pleine de charme.

LE RESTAURANT DU PONT €€

3, avenue du pont de fer ✆ 05 65 21 80 92
www.lerestaurantdupont.fr/
Ouvert du mardi au samedi midi et soir et dimanche midi. 7j/7 l'été. Carte 20-30 €.

Le restaurant du Pont offre une cuisine familiale et savoureuse, avec une touche du nord de la France apportée par Christine et Frédéric, qui y ont importé leur délicieuse carbonnade. Le chef, inspiré par les produits de saison, renouvelle sa carte chaque jour. Après une baignade à la plage toute proche, cet endroit est parfait pour savourer un verre ou une coupe de glace. Avec ses deux terrasses et sa salle à manger, le lieu est idéal pour passer un bon moment, en dégustant des plats comme la souris d'agneau confite ou les ravioles aux cèpes et truffes.

LA VIGNE HAUTE €€

1, avenue des Tonneliers
✆ 05 65 53 08 45
lavignehaute.net
Mars à octobre. Tous les jours sauf mercredi. Menu à 30 € max. Terrasse ombragée. Viande cuite sur braise. Accès PMR.

Situé sur la place centrale, le restaurant La Vigne Haute est réputé pour la qualité de ses viandes grillées. Aiguillettes de canard, magrets, entrecôtes, frites et salade sont soigneusement préparés, offrant des saveurs exquises qui fondent en bouche grâce à une cuisson parfaite. La cour intérieure, idéale pour savourer son repas, ajoute au charme de l'endroit. Les desserts, vins et le menu du jour sont également de très bonne qualité. Le menu propose trois choix d'entrées, de plats (viande braisée, poisson ou plat cuisiné) et de desserts.

ANGLARS-JUILLAC

La famille Massaut construit au XVIe siècle un château, réplique de son grand frère, le château de Cousserans situé sur la commune de Bélaye. Ce n'est qu'en 1853 que la commune d'Anglars-Juillac est dessinée, formée d'un morceau d'Albas et d'un morceau de Belaye. C'est ici, au milieu des vignes, que le spectacle vivant s'épanouit dans la Vallée du Lot, à la Scène d'Anglars qui accueille artistes en résidence et spectacles tout public : théâtre, danse, musique, marionnettes, cirque s'y jouent régulièrement. Anglars-Juillac participe au rayonnement culturel en milieu rural, une belle prouesse. Il est agréable de s'y balader à vélo au milieu des vignes.

HOSTELLERIE CLAU DEL LOUP €€

Métairie haute ✆ 05 65 36 76 20
claudelloup.com

Ouvert toute l'année. Chambre double 100-130 €. Menus à partir de 30 €. Restaurant accès PMR. Animaux acceptés.

Cette maison de maître du XIXe siècle, nichée au cœur des vignes, allie élégance, luxe et simplicité. Cinq chambres de charme, chacune personnalisée et baignée de lumière, créent un cadre idéal pour la détente, avec des teintes chaleureuses et pastel. La piscine, aux eaux d'un bleu apaisant, s'harmonise parfaitement avec l'élégance du lieu. Le parc, soigneusement entretenu, ajoute au charme de l'ensemble. Le restaurant met en valeur une cuisine généreuse et créative.

LA BICYCLETTE PRAYSSACOISE

9, avenue du Colonel Pardes
✆ 05 65 35 14 55
https://labicycletteprayssacoise.com

Mardi au samedi 9h-12h30/14h30-18h (19h juin et septembre). Été 7j/7 9h-19h. Location VAE à partir de 36 €/jour.

Les balades à vélo sont un excellent moyen de découvrir la vallée du Lot, avec des chemins à travers les vignobles, sur la voie verte ou le long de la rivière. Le lieu vous propose à la fois la vente et la location de vélos, incluant des tandems, des vélos à assistance électrique, ainsi que des remorques ou porte-bébés. Si vous avez déjà votre propre vélo, Thierry et Béatrice se chargent de son entretien et de sa réparation, tout en reprenant aussi les vieux vélos.

PRAYSSAC

Prayssac, cité sous l'emprise de l'évêque de Cahors, passe de main au XIIe siècle lorsque l'évêque la céda au seigneur de Cessac, afin de régler ses dettes. Dominé par les châteaux de Calvayrac et du Théron (XVe siècle), Prayssac subit les ravages de la croisade des Albigeois. De nos jours, c'est une des villes de la vallée les plus dynamiques. Son marché hebdomadaire du vendredi matin a été élu « Plus beau marché de Midi-Pyrénées » en 2019. Le patrimoine mégalithique de la commune est assez important : pour le découvrir vous pouvez emprunter le chemin des dolmens et y admirer le « fauteuil de César », le dolmen de la Bertrandoune ou encore de Quetty.

LES BOIS DE PRAYSSAC €€

Route Soeur Marguerite Meynen
✆ 05 65 35 65 22
village-vacances-lesboisdeprayssac.fr

D'avril à mi-octobre. Nuitée 60-140 €. Accueil des groupes.

Sur 7 ha de chênes et de pins, avec une superbe vue sur la vallée du Lot, Virginie et Christophe vous accueillent dans un petit hameau de maisonnettes et de chalets. 3 tentes Lodge équipées et 2 mobil-homes s'ajoutent aux gîtes et chalets. Sur place, de nombreuses activités sont proposées avec notamment la piscine magnifiquement exposée au sommet du parc. Les Bois de Prayssac est le premier village vacances de plein air du Lot à obtenir le label Tourisme et Handicap : locatifs et piscine avec fauteuil hydraulique font notamment partie des équipements PMR.

POTERIE DE LA MAISON ROSE

1420, Niaudon
✆ 06 85 42 01 56
www.poteriedelamaisonrose.com

Ouvert toute l'année. Du mercredi au dimanche de 10h à 19h. Boutique.

Manon vous accueille dans son petit paradis de la poterie avec un plaisir affiché et se fera une joie de vous faire une découvrir son univers. Dans cet endroit hors norme, vous découvrirez son atelier, dans lequel elle ne manquera pas de vous faire une démonstration de tournage, si vous en manifestez le désir ! A l'arrière, dans sa boutique, tasses, plats, ustensiles, épis de faîtage et objets de décoration vous attendent. Vous dénicherez à tous les coups un trésor...

LE PUKEKO €

18, boulevard de la Paix
✆ 06 37 86 38 65
www.lepukeko.com

Ouvert du mercredi au samedi midi et soir. En été, du mardi au samedi, le midi et le soir. Formule du midi à 15 €.

C'est toujours un plaisir de venir au Pukeko : le cadre est agréable, dans cette petite salle cosy décorée avec goût ou sur la terrasse au cœur du village, mais surtout, les burgers sont toujours aussi bons. La cheffe propose de nombreuses déclinaisons (avec un œuf, du cheddar, du lard, sauce chili, ou de l'avocat) et de bonnes frites maison. Les desserts aussi sont faits maison et terminent le repas sur une délicieuse touche sucrée dont il serait dommage de se passer : craquerez-vous pour le pavlova ou le brownie ? Le tout dans une ambiance musicale sympathique.

LE BAHIA €€

50, Boulevard Aristide Briand
✆ 05 65 22 47 12
Du lundi au vendredi 8h30-15h + vendredi soir. Menu à 19 €. Tapas à 7 €. Soirée salsa le troisième samedi du mois.

Au Bahia, Luis a su mélanger le Lot à ses racines catalanes, et propose des plats aussi beaux que bons. Le cadre est élégant, le service est efficace et discret. En entrée, le choix va du boudin aux pommes caramélisées au parmentier de canard, en passant par les tortillas. La suite est tout aussi gourmande avec du magret ou du confit de canard, de la daurade, accompagnés de pommes sarladaises, de frites maison ou de légumes. La touche sucrée de la fin se fera entre le tiramisu ou la crème catalane. Les tapas font aussi de l'oeil : accras, samoussas, nems...

RESTAURANT LE 14 - LES CATOUNES €€

14, place d'Istrie
✆ 05 65 22 43 43
Ouvert toute l'année sauf 1 sem. en fév. Ouvert uniquement le midi 8h30-18h30. Menu entrée-plat-dessert 21 €, plat 15 €.

Concept original et très sympathique pour cette boutique-resto, où vous pouvez également acheter des vêtements et des objets déco. Sur la carte, des plats élaborés avec goût. Dans de copieuses assiettes, des produits de qualité, très bien cuisinés, alliés à des saveurs délicates et parfumées. Ponctuellement, un chef gastronomique est invité pour des repas à emporter. L'hiver, il y a la grande cheminée, et, l'été, la terrasse qui accueille de nombreux événements : défilés, concerts...

MAISON DESGOURMETS

15, rue de la Masse
✆ 09 64 42 07 84
https://desgourmets.fr/
Maison principale à Prayssac, lundi au vendredi 9h30-12h30, 14h30-18h. Points de vente Cahors, Puy-L'Évêque, Rocamadour.

© DESGOURMETS

La Maison Desgourmets est avant tout une histoire de famille, de tradition, de savoir-faire et d'amour de la pâtisserie, de spécialités aux noix du Quercy et du Périgord. « Quand on aime, on ne compte pas », ici, le père vous conte l'histoire pendant que la mère et le fils vous régalent. Des tartes douces et sucrées révèlent la nature d'un fruit riche en nutriments, excellent pour la santé. Tartes ou moelleux, un coin de gourmandise à découvrir, ainsi que des préparations pour pain d'épice à faire à la maison. La noix, un trésor caché réellement mis en valeur.

LA TABLE DU MARCHÉ €€

3, boulevard de la Paix
✆ 05 65 35 58 48
De fév. à déc. du mardi au dimanche midi/soir. Formule du midi 15-18 €. Menu 35 €. Matchs, Bandas. Terrasse. Accès PMR.

Cuisine du sud-ouest généreuse et élaborée avec des produits locaux, viande à race et poissons frais livré quotidiennement. La carte change tous les 2 mois et l'ardoise est alléchante : escargots façon Bocuse, tête de veau sauce gribiche, souris d'agneau confite et, la saison venue, la mique. La cuisine retrouve aussi parfois des accents du Sud-Est : farcis niçois, pot au feu de la mer et sa rouille maison, pissaladière... Reste désormais à choisir votre table sur la jolie terrasse sous le châtaignier, la salle en pierres et briquettes ou sur la terrasse-balcon !

TERRE GOURMANDE €€

25, avenue Maréchal-Bessières
✆ 05 65 21 82 69
www.terregourmande.fr
Du lundi au samedi 8h-19h + dimanche matin. Formule midi 15,50 €. Le soir : 29 €. Produits du terroir.

Un concept à la fois simple et astucieux : un restaurant niché au cœur d'une épicerie de terroir. Le chef y concocte des plats sains et savoureux, préparés exclusivement avec les produits de la boutique et une carte qui suit le rythme des saisons. Côté épicerie, une sélection soignée vous attend : fruits, légumes, viandes, poissons, conserves artisanales, vins, biscuits, chocolats, thés et cafés, tous issus de filières locales. La traçabilité est transparente, et le rayon frais est exclusivement approvisionné par des producteurs régionaux engagés dans la qualité.

LA VÉNUS €€

28, rue des Philips
✆ 05 65 22 47 10
lavenus-restaurant.com

Ouvert toute l'année, fermé mardi et mercredi. Été ouvert 7j/7. Menu du jour en semaine 13,80 €. Menu 27-30€. Terrasse.

Au restaurant La Vénus, la cuisine traditionnelle du Lot est à l'honneur : le chef Nans Dassy propose cuisse de canard confite, magret de canard, salade de Rocamadour chaud au miel, risotto aux éclats de «diamant noir», les truffes de la région. Les pièces de bœuf grillées accompagnées de vraies frites maison, ou du poisson selon arrivage, sont aussi à la carte. Les belles saveurs sont aux rendez-vous, dans un cadre agréable, particulièrement la jolie terrasse arborée, et avec un service chaleureux. En plus, les prix sont abordables... Pourquoi se priver ?

BOULANGERIE-CAFÉ CHEZ LAJO

5, boulevard de la paix
✆ 05 65 36 90 94

Ouvert tous les jours 7h15-19h et sam/dim le matin. Fermé le lundi. Boulangerie-pâtisserie, petit déjeuner. Terrasse.

Cette boulangerie artisanale et familiale depuis 1986 s'est transformée en un lieu de vie où tous les Prayssacois et les autres se retrouvent, au cœur du village. La terrasse ombragée et la vaste salle offrent de beaux espaces pour prendre une boisson chaude ou froide, accompagnée d'une pâtisserie, c'est bien aussi, ou lire le journal avec un petit espresso. Le vendredi matin, durant le marché, le lieu est bondé ! Et l'été, quelques concerts peuvent figurer au programme...

CASA TILIO

28, boulevard de la Paix
✆ 09 78 80 66 24
casatilio.fr

Du mardi au vendredi 9h30-19h30 et le samedi 9h30-13h30.

L'épicerie fine de David et Marine dévoile des produits italiens, mais aussi un service traiteur avec des produits frais, locaux et bio. En rayon : boissons, bocaux de petits poivrons farcis ou d'artichauts marinés, de sauces succulentes... Le café peut aussi vous être servi. Profitez de la petite terrasse pour manger de la pissaladière, du pain brioché au camembert de bufala avec rostillo et pesto de tomate, et finir par un tiramisu ou un baba au limoncello. L'hiver, plateaux de fromage et charcuterie, et l'été, véritables glaces italiennes !

CHÂTEAU CAMP DEL SALTRE

Camp del Saltre
✆ 05 65 22 42 40
https://chateaucampdelsaltre.com/fr/

Ouvert du lundi au vendredi 8h-12h/13h30-17h et le samedi 9h-12h. Visite, nuitée au château de 50 à 300 €.

Le vignoble du Camp del Saltre, littéralement « le champ du tailleur de vignes », est une petite exploitation familiale qui s'étend sur 20 ha de vignes au cœur de l'appellation Cahors. Dominique et Gérard Delbru y travaillent 3 cuvées : le Château Camp del Saltre, souple, rond en bouche, la Chevalier de Malcoste, vieillie un 1 en fûts, légèrement vanillée, et la Révélation, vieillie 18 mois en fûts neufs et composée à 100 % d'auxerrois, aux arômes de fruits noirs. Visite des chais, dégustation et vente de produits locaux. À découvrir en toute convivialité.

CHÂTEAU LA COUSTARELLE

1137, route de Gamot
✆ 05 65 22 40 10
https://lacoustarelle.fr

Ouvert du lundi au vendredi 8h-12h/14h-18h et le samedi sur rdv. Visite guidée sur rdv. Accueil en anglais possible.

Vous pourrez ici découvrir de très belles cuvées dans une superbe salle de dégustation, face au charmant village de Belaye, sur la rive droite du Lot. Cette propriété de 53 hectares, qui appartient depuis 1870 à la famille Cassot, aujourd'hui représentée par Caroline et Nadine, possède des vignes plantées sur un terrain de 30 hectares à 80 % silico-argileux et à 20 % argilo-calcaire, offrant des vins d'une étonnante typicité : tanniques sans excès, amples et persistants à la bouche, en IGP Côtes du Lot et AOC Cahors, et recommandés par les plus grands œnologues.

CHÂTEAU LES GRAUZILS

Gamot
✆ 05 65 30 62 44

Ouvert du lundi au vendredi de 9h à 12h et de 14h à 19h. Sur rendez-vous pour les groupes. Visite et dégustation.

Ce vignoble familial s'étend pour la majeure partie sur la commune de Prayssac. Fidèle au célèbre malbec qui donne sa si jolie robe pourpre, Philippe Pontié poursuit l'œuvre familiale. Ses 20 hectares en enherbement permanent sont le résultat d'une histoire d'amour, dans la continuité des générations qui s'y sont succédé depuis 1880. Le souci d'une qualité constante, le respect de la tradition et de l'environnement ont permis au château des Grauzils et plus particulièrement à la cuvée Essentiel (élevée en fûts de chêne) d'obtenir un vin complexe et concentré.

CLOS DE GAMOT

✆ 09 62 62 35 85
famille-jouffreau.com
Visite sur rendez-vous. Atelier des vieux millésimes.

La famille Jouffreau entretient un vignoble de 25 hectares. C'est l'une des âmes de l'appellation Cahors, dont l'histoire est retracée par 30 fresques murales dans les caves souterraines. Le malbec est le cépage roi. Vinifié traditionnellement après avoir été vendangé à la main pour les vieilles vignes, son élevage en foudre de bois de chêne permet d'offrir des vins élégants, aux tanins équilibrés, enrobés et de longue garde, dont la collection de millésimes de la propriété témoigne. Un maître mot pour qualifier ce vignoble : la tradition depuis 1610.

BELAYE

Il faut grimper pour arriver jusqu'à Belaye, mais la récompense est grande : une vue spectaculaire sur la vallée du Lot. La table d'orientation vous permettra d'identifier les petits villages du panorama. Le soir, le soleil fait son show depuis la terrasse du café. Le bourg vaut aussi largement le coup d'œil : l'époque médiévale est présente dans l'architecture, notamment par les vestiges du château de l'évêque, inscrit au titre des Monuments historiques, ou encore l'ancien presbytère et l'église Saint-Agnan. Avec seulement 200 habitants, Belaye n'en est pas moins dynamique : de nombreux événements sont organisés tout au long de l'année.

QUERCY SAVEURS CHAI MARCO

Route de Puy-l'Evêque
✆ 05 65 24 96 19
Du mardi au samedi 10h-12h30/15h-19h. 1 dimanche de l'été et dimanche de Noël, ouvert de 10h à 12h. Livraison possible.

Franchir la porte de Marco, c'est accéder au meilleur du terroir du Quercy avec des conseils avisés. Sélection d'une centaine de vins de Cahors à prix propriété représentant 33 domaines viticoles. Apéritifs locaux : Fénelon, Ratafia, Quercy des îles et eau de noix, ainsi qu'une sélection de produits régionaux à base de produits locaux, notamment le canard. L'épicerie fine comporte des produits dérivés de cette noix et de cette truffe tant prisées. Joli voyage dans l'univers gourmand !

LE COUVENT

place du Mercadiel
✆ 07 86 53 73 75
www.lecouventbarpanoramabelaye.fr
Ouvert jeudi à dimanche, 16h-00h, et dimanche matin, 10h-12h. Soirées animées, expositions. Tapas.

Voici un lieu qui rassemble tout ce qui se fait de mieux pour faire une pause de qualité : des tapas avec des produits locaux du terroir, une vue imprenable sur la basse vallée du Lot avec des couchers de soleil à tomber, des concerts qui mettent l'ambiance tous les jeudis soirs, un service efficace, des jeux pour petits et grands, et bien sûr les meilleurs vins de l'appellation cahors. D'autres événements sont régulièrement organisés tout au long de l'année, du tournoi de fléchettes aux expositions, en passant par la soirée raclette en hiver, ou du karaoké.

VIGNOBLES DIDIER PELVILLAIN - DOMAINE DU THÉRON

Le Théron Haut ✆ 05 65 20 13 13
www.vignoblespelvillain.com
Visite commentée de la cave et du chai suivie d'une dégustation de vins sur rdv. Plus d'infos sur le site internet.

En 2013, Didier Pelvillain originaire d'Albas, décide de développer son vignoble au Domaine du Théron à Prayssac. 12 ha de vignes plantés sur les coteaux, entourent le chai, sur un terroir unique du vignoble de Cahors. Composé de sols peu argileux, de sables fauves, ocres et de pierres ferrugineuses, ce terroir apporte l'expression d'une très belle minéralité dans les vins. Le domaine est situé sur un site panoramique unique et allie accueil spacieux et chai des plus modernes.

LA FERME DE L'ORIGAN

1581, route de Monville
✆ 06 77 73 61 57
www.bio46.fr
A la ferme jeudi 17h-19h, marché de Cahors mercredi matin et Prayssac le vendredi. Paniers légumes + Fournil de Marie.

Il faut grimper pour arriver à la ferme de l'Origan de Belaye. Mais cela vaut le détour ! Vous trouverez des produits biologiques variés et de belle qualité : colis de viande, œufs et légumes, fruits, ainsi que du pain du Fournil de Marie. Maïlys et Jean-Baptiste Mouly respectent la nature, les saisons, les animaux, et proposent à leurs clients le meilleur de ce que la Vallée du Lot peut produire. Ils sont aussi présents sur les marchés de Cahors et Prayssac. Leur accueil et leur passion sont chaleureux : n'hésitez pas à aller à leur rencontre !

GREZELS

C'est un joli village situé au cœur du vignoble de la vallée du Lot, encerclé par les collines et bordé par la rivière Lot. Le village est dominé par le château de la Coste, forteresse du XIIIe siècle, carrée d'allure, offrant une jolie vue sur le vignoble et la vallée du Lot. L'histoire de Grézels est fortement entrelacée à celle de ce château. Fortement endommagé pendant la guerre de Cent Ans, il a d'abord été restauré au XIVe siècle, pillé pendant les guerres de Religions, transformé au XVIIe siècle et enfin vendu comme bien national après la Révolution. En 1960 il trouve enfin acquéreurs et ses nouveaux propriétaires le restaurèrent.

FLORESSAS

Floressas, au nom si poétique, fut la patrie d'un poète occitan du nom de Paul Froment (1875-1898). Sa maxime était « Plus qu'un roi, le laboureur a le droit de se dresser ». Il a laissé deux recueils : A travers champs et Fleurs de printemps. L'histoire de ce petit village en hauteur nous ramène au temps des chevaliers et des seigneurs. De ce passé médiéval subsistent deux châteaux : le château de Floressas (XIVe siècle) légèrement en retrait du bourg et le château de Chambert dont les vignobles étaient déjà mentionnés au XIIIe siècle. Aujourd'hui Floressas s'inscrit dans une stratégie d'œnotourisme notamment autour des vignobles Laur et Chambert.

LA GUINGUETTE €€

640, route de Lapoujades
✆ 05 65 30 86 91
la-guinguette-grezels.fr
Basse saison lundi au vendredi midi + week-end sur demande. Eté fermé dimanche soir + lundi soir. Menus 17-28 €. Jardin.

Imaginez-vous au bord du Lot, dans un écrin de nature, loin de toute agitation et du bruit. Ici, le temps s'arrête, vous laissant alors tout le loisir de profiter. La Guinguette offre un moment de simplicité. Le cadre se prête à se laisser aller. Les jeux pour enfants sont fortement appréciés par les familles. Les assiettes ne sont pas prétentieuses : salade quercynoise, pizzas, confit de canard, faux-filet, poisson du marché... On aime ce côté comme à la maison avec de la générosité et de la fraîcheur. Une adresse à retenir.

LE CLOS BARRAT*** €€

205, Chemin de Causseran - **SÉRIGNAC**
✆ 06 47 50 09 78
www.leclosbarrat.fr
Camping Naturiste. Avril à ocotbre. Forfait emplacement 26-35 €/nuit. Locatif à partir de 500 €. Jeux, piscine, sauna.

Dans un état d'esprit bienveillant et convivial, Emmanuelle et Nicolas vous accueillent au domaine du Clos Barrat, camping naturiste sur les collines de la Vallée du Lot. Vous pourrez séjourner avec votre tente ou votre caravane sur un emplacement ou choisir un mobil-home cosy avec terrasse. Au milieu du camping, profitez de la piscine et des transats, ou des nombreuses activités (ping-pong, yoga, trampoline, volley-ball, badminton, pétanque, sauna, tennis...). Le soir venu, les repas communs et les soirées barbecue sont des moments chaleureux à partager.

DOMAINE LA BERANGERAIE

Cournou
✆ 05 65 31 94 59
www.berangeraie.fr
Du lundi au vendredi de 8h à 12h et 14h à 17h30 sur rdv de préférence. Week-end sur rdv uniquement, boutique en ligne.

50 ans d'expérience, une histoire de famille sur 3 générations. 36 ha en vignoble d'agriculture raisonnée, 2 gîtes, un élevage de vaches Salers, des crus AOC Cahors aux titres recherchés. L'envie de préserver la nature est bien réelle, des vendanges à la main, une vinification naturelle avec le minimum d'interventions possibles, certifié HVE et TERRA VITIS, le domaine propose des vins blancs et rosés en IGP Côtes du Lot. Ils ont de belles actions en faveur de la sauvegarde des abeilles : prés en jachères fleuries, tontes tardives et protections des orchidées.

AU BOUT DE LA RUE €

Le bourg - **SÉRIGNAC**
✆ 05 65 30 88 57
Fermé lundi. Formule midi 16,90 € mardi au vendredi. Le soir et dim. midi 25 €. Dès avril, ouvert également samedi soir.

Au bout de la rue située sur les hauteurs de Sérignac, un restaurant de village, convivial, animé, avec une épicerie multiservice. Les plats sont faits avec l'amour de la cuisine traditionnelle, et en bonne quantité : la formule du midi est copieuse avec un buffet où vous réalisez vous-même les sauces qui vous plaisent. Le week-end, le restaurant propose deux entrées, deux plats et deux desserts. L'ambiance est chaleureuse, avec des animations régulièrement proposées. N'hésitez pas à découvrir ce petit restaurant de village. De belles surprises et du réconfort.

HOLODECK KITCHEN & RESTAURANT €€€

Les Hauts Coteaux ✆ 05 65 23 89 08
https://chambert.com/

Balade gastronomique dès 80 €, enfant 20 €. Réservation indispensable. Menus et vins d'excellences pour gourmets.

L'Holodeck propose une évasion culinaire et gustative éthique et singulière. Le chef Baptiste Moura crée avec talent des balades gastronomiques dans le respect des saveurs sincères et délicates. L'environnement du Château, aux vues imprenables sur le vignoble, inspire la table, élégante et raffinée. Les vins sont soigneusement choisis par Lin Liu, diplômée du prestigieux Master of Wine, élite mondiale du conseil en vin, spécialiste de l'appellation Cahors. Un lieu d'exception.

CHÂTEAU DE CHAMBERT

Les Hauts Coteaux
✆ 05 65 31 95 75

Boutique du château, bar à vin l'été, lun.-vend. 10h-17h ou 19h selon saison. L'été 7j/7. Ateliers 2h30 75/125€. Café.

Depuis la boutique du Château de Chambert, offrez-vous une véritable expérience sensorielle, olfactive, gustative et visuelle, avec des ateliers œnologiques «Vigneron d'un jour» et «Art de la dégustation». L'endroit est idéal pour prendre un café et enrichir votre cave de vins riches et élégants en AOC Cahors, les déguster et visiter les chais, le vignoble à pied ou à vélo. La terrasse surplombe les vignes et les trois collines du domaine pour une pause œnologique ou une journée prestige avec le restaurant Holodeck et le bar à vin L'Everest juste à côté.

CHÂTEAU LAUR

Le Bourg
✆ 05 65 31 95 61
https://vignobles-laur.fr

Ouvert du lundi au vendredi de 8h30 à 12h et de 14h à 17h. Ouvert le week-end sur rdv. Pique-nique dans les vignes 15 €.

Le Château Laur, c'est 6 générations de passion pour le Malbec. Ancré au bord du causse avec une vue sur la vallée, le Domaine en conversion bio se répartit entre terroirs de calcaires kimméridgiens, gris rouges et argiles sidérolitiques. Ils sont mis en valeur au travers de leurs diverses cuvées en AOP Cahors et IGP côtes du Lot. Le Malbec y est décliné en rouge, rosé et en blanc. Le seul et unique blanc Malbec IGP en Côtes du Lot. Selon la saison, un pique-nique est proposé avec visite commentée des parcelles, ou déjeuner dans la salle de dégustation avec vue.

CHÂTEAU PAILLAS

✆ 05 65 36 58 28
paillas.com

Ouvert du lundi au vendredi de 9h30 à 12h et de 14h à 17h30. Visite en saison le samedi, sur rendez-vous.

Le vignoble s'étendant sur 27 ha bien exposé au sud sur la troisième terrasse de la vallée du Lot. Il produit un vin 90 % malbec d'une grande régularité et d'une qualité qui en font l'un des plus beaux noms de l'appellation. Le chai de vinification est un parfait mélange de rationnel et d'esthétique, qui refuse le chêne pour préserver ce goût si particulier. Aujourd'hui c'est au tour de la 3e génération, avec la fratrie Nathalie et Robert Lescombes, de faire fructifier le domaine familial créé en 1978. Une valeur sûre et un accueil «vigneron», gage d'authenticité.

PUY-L'EVÊQUE ★★

Puy-L'évêque est une cité médiévale à redécouvrir. Depuis l'époque florissante des commerces de vins par la navigation vers Bordeaux, elle a conservé plusieurs bâtiments intéressants classés aux Monuments historiques et bénéficie d'une zone de protection du patrimoine architectural, urbain et paysager. Une revalorisation des espaces a permis de créer des cheminements depuis des parkings idéalement situés dans la ville basse. Sillonner depuis les anciennes cales des gabarres au bord du Lot vers la ville haute : au hasard des rues ou par les jardins de la promenade Marguerite Bessières jusqu'à un magnifique point de vue sur l'ensemble de la vallée.

OFFICE DE TOURISME DE PUY-L'EVÊQUE - VINOLTIS

2, place du Rampeau ✆ 05 65 21 37 63
cahorsvalleedulot.com/

Juillet-août : 9h30-18h30. Dim./fériés : 10h-18h. Hors saison horaires réduits. Espace de dégustation de vins de Cahors.

Ouvert au printemps 2020, l'espace Vinoltis, abrite l'office de tourisme et un espace scénographie autour du vignoble de Cahors. Au premier étage, le public peut visiter la grande salle d'interprétation où se trouvera – entre autres – une vidéo sur des témoignages de vignerons. Dans la partie inférieure, vous pouvez déguster en toute autonomie les cuvées de Cahors à l'intérieur ou sur la grande terrasse avec vue sur un jardin paysagé. Dégustations avec les vignerons organisées en été.

LA TRUFFIÈRE*** €

3, rue des Scafignous
05 65 21 34 54
www.hotel-restaurant-latruffiere.com

Nuitée à partir de 55 €. Restaurant 7/7 d'avril à septembre (sinon fermé les mardi/mercredi/jeudi soirs). Menus 21-28 €.

Le village de Puy-l'Évêque est un joyau. Terminer la balade avec une pause gourmande à La Truffière enchantera votre journée. Alors pourquoi ne pas y passer la nuit et profiter de la douceur de la soirée sur place ? Cet hôtel-restaurant*** est un gage de bon goût et de convivialité. Dans les assiettes, le chef propose une cuisine du terroir, authentique et fait maison, avec un menu du jour en fonction du marché. Côté hôtel, les 10 chambres de l'établissement sont spacieuses, calmes et agréables. À choisir pour la qualité des prestations et le cadre idyllique.

HÔTEL-RESTAURANT HENRY** €€

23, rue Docteur-Rouma
05 65 21 32 24
hotel-restaurant-henry.fr

Ouvert toute l'année. Nuitée 48/58 €. Soirée étape 70 €. Restaurant menus 13,90/27 €. Jardin. Bar. Accès PMR.

Situé dans le bas du village médiéval de Puy-l'Évêque, l'hôtel compte 16 chambres agréables et confortables, dont la moitié donne sur la rue, tandis que l'autre donne sur le jardin avec terrasses individuelles. Côté restauration, c'est dans une salle spacieuse ou sur une terrasse ombragée par un magnifique tilleul centenaire et une pergola de vigne vierge que vous découvrirez la cuisine du chef, traditionnelle, quercynoise... et copieuse ! L'équipe de l'hôtel vous garantit un accueil chaleureux et convivial depuis 6 générations.

VILLAGE CAMPING LES VIGNES €

05 65 35 80 39
www.camping-lesvignes.fr

Locatifs 4/6 pers. en gîtes ou lodges à partir de 240 €/sem. Emplacement dès 20 €/nuit. Piscine. Accès plage. Spa.

Situé au bord du Lot, ce village vacances offre une vue splendide sur la rivière et dispose d'une plage. Son vaste terrain verdoyant et impeccablement entretenu accueille des gîtes, des cabanes-lodges, ainsi que des emplacements pour les campeurs. Les plages des berges sont facilement accessibles grâce à un petit escalier. Pour agrémenter votre séjour, des soirées musicales, des concours de pétanque et un espace bien-être privé viennent enrichir les activités proposées.

LA MAISON D'IRÈNE €€

PEYREGROS - **SOTURAC** 06 77 15 52 51
www.gite-peyregros.com

Gîte de France 3 épis. Gîte 6 personnes 518-1100 €/semaine. Table d'hôtes pour les cavaliers et pèlerins. Piscine.

Tout proche du Lot-et-Garonne et pas loin de la Dordogne, dans la nature préservée de la basse Vallée du Lot, la Maison d'Irène est composée de 3 belles chambres, une salle d'eau, un salon et une cuisine équipée. La décoration est simple et charmante, dans un esprit campagne et cosy. Le jardin clos, les deux terrasses et la piscine avec ses transats sont très agréables pour se détendre aux beaux jours. De nombreux chemins de randonnées sont facilement accessibles. Les cavaliers et pèlerins pourront bénéficier de la table d'hôte.

DOMAINE DE LAVAUR €€

SOTURAC
05 65 36 56 30
domainedelavaur.fr

1 gîte 5-7 personnes avec 3 chambres, de 350 à 700 € par semaine selon la saison. Boutique et dégustation.

Au cœur du Domaine viticole de Lavaur de 15 ha, le calme et la nature nous accueillent pour un séjour relaxant. À proximité de la rivière Lot, le gîte est composé de trois chambres, d'un séjour, d'un coin cuisine, d'une salle de bains avec wc indépendants et d'un jardin avec jeux. Le domaine propose des visites et dégustations de leurs cuvées bénéficiant d'une mise en bouteille tardive. Cela permet au domaine de proposer des vins de caractères ronds et soyeux. Les balades dans les vignes et les villages alentour donneront un souffle de nature à votre séjour.

VILLAGE VACANCES L'ÉVASION €€

D28, Martignac 05 65 30 80 09
lotevasion.com

Ouvert de fin avril à début sept. Emplacement de 33-40 €/nuit. Locatifs à partir de 280 €/semaine. Multisport.

Sur les hauteurs de Puy-l'Evêque, dans un cadre ombragé où se mêlent chênes et pins, le domaine de l'Évasion s'étend sur 8 hectares. Il dispose d'un espace aquatique chauffé de 250 m², avec plage et bain balnéo. Des soirées musicales, des concours et des tournois divers animent cet endroit familial, propice à la détente, à la fête et à la nature. Le restaurant propose une cuisine régionale dans un cadre idyllique, avec des animateurs sympathiques et un accueil toujours chaleureux.

LES DODUS €

11 bis, rue Marcouly
✆ 05 65 22 91 82
https://www.lesdodus.com/
Ouvert du mercredi au dimanche le midi, jeudi au samedi le soir. Menu midi 19 € en semaine. Végétarien possible.

Les Dodus en ville, un nom qui ouvre l'appétit et la curiosité, une carte « joufflue, courte et efficace » comme aime à le préciser le patron sur sa vitrine. Ce petit restaurant est bien agencé dans une ancienne boutique aux jolies boiseries vertes. Il est situé dans la partie haute de la cité sur la rue Marcouly. Une cuisine de produits frais et locaux, ici les Dodus vous régalent dans une ambiance chaleureuse et conviviale : poissons, volailles, ravioles, terrines. Vous avez envie de vous y asseoir et de prendre votre temps en famille ou entre amis.

PETIT BISCUIT ET GOURMANDISE €

15, rue des Capucins
✆ 06 85 58 24 67
Du jeudi au dimanche 10h30-18h30. Brunch tous les dimanches 24 €. Déjeuner à la carte. Dessert 4,50 € la part.

Installez-vous dans la jolie salle, petite, cosy et charmante. Une sélection de thés bio est présentée et deux plats au choix à l'ardoise dont un végétarien : plutôt tagliatelles à la truite fumée ou crumble de légumes de saison ? En dessert, pas facile de choisir parmi les magnifiques gâteaux et les délicieuses pâtisseries. Le dimanche, c'est brunch ! L'été, la terrasse est agréable et donne une vue sur les toits du village. Pensez à réserver, il y a peu de places et beaucoup de fans.

LA GUINGUETTE DE COPEYRE €

✆ 06 14 94 63 89
www.copeyre.com
Ouvert mai à septembre, mardi au dim. midi et soir. Plateau charcuterie fromage 15/20 €. Juste à côté de la Gabare Jeny.

Située sur les bords de la rivière, à l'embarcadère, La Guinguette de Copeyre vous accueille de mai à septembre dans un cadre de détente absolue. Snack et plats de brasserie (burger, croque-monsieur, plateau charcuterie…) et repas dansant de temps en temps, dans un esprit Guinguette estivale. Savourez un moment en famille ou entre amis, après une belle balade sur l'eau ou une randonnée dans les vignobles et le centre-ville. Profitez des animations, des boissons et des glaces tout au long de la journée, pour un moment de détente estivale.

BELLEVUE CENTRE YOGA

10, place de la truffière
✆ 06 76 65 87 24
Vue panoramique depuis la salle de yoga. Ouvert lundi/samedi 9h30 à 11h et 18h à 19h30. 20 €/séance, 75 € les 3 séances.

Le nouveau centre de Yoga Bellevue porte bien son nom. Il domine la ville haute et offre une vue incroyable et panoramique sur le Lot et la vallée. Un espace d'accueil cosy, une salle très lumineuse et de très belles baies vitrées vous invitent à contacter vos sens. Une séance pour soi de détente et de bien-être entre deux randonnées, ici le temps s'arrête entre ciel et terre. Il est possible de prendre les leçons en anglais, idéale pour une pause connectée à soi et à son corps. Programme et inscription par téléphone. A noter dans son carnet bien-être.

Puy-l'Évêque, au bord du Lot.

CHÂTEAU DU CÈDRE

VIRE-SUR-LOT ✆ 05 65 36 53 87
chateauducedre.com
Du lundi au samedi 9h-12h/14h-18h. Certifié Agriculture Biologique. Dégustation gratuite. Visite sur rendez-vous : 15 €.

Vinification et élevage en foudres et fûts de chêne. Ces vins se distinguent par leur buvabilité jeunes et leurs grands potentiels de garde. Converti en bio depuis longtemps, le domaine expérimente depuis 2014 des vins sans sulfites. Deux de leurs cuvées sont déclinées en version traditionnelle ou sans sulfite. Chacun se fera une opinion selon son palais. Unanimement reconnus par la profession, les vins du Cèdre sont régulièrement récompensés par la presse internationale. Un vin rare et une excellente entrée en matière pour découvrir ou redécouvrir le Cahors.

CHÂTEAU FAMAEY

Les Inqanels
✆ 05 65 30 59 42
chateaufamaey.com
Lundi-vendredi 9h-12h/14h-17h30. En été lundi-samedi 10h-18h. Visite du Chai sur rdv. 2 gîtes dès 395 €/semaine.

Le château Famaey est un domaine de 40 ha travaillé traditionnellement dans le respect de la nature en limitant le plus possible l'utilisation d'additifs. Les maîtres des lieux sont belges, Luc et son fils Maarten cultivent des parcelles utilisées pour produire des vins en IGP Côtes du Lot et des productions AOP Cahors. Les meilleures parcelles du vignoble sont récoltées manuellement, faisant des vendanges une célébration annuelle traditionnelle. Des gîtes avec piscine sont tenus par Maarten et son épouse Chrystelle, au milieu des vignes.

CHÂTEAU GAUTOUL

Lieu-dit Meaux
✆ 05 65 30 84 17
Lundi au vendredi 9h-12h/14h-17h sur rdv. Conversion bio. Visite et dégustation 7 €. Chambre d'hôtes 150 €/nuit.

Sur les hauteurs de Puy-L'Evêque, le château Gautoul respire la quiétude et le raffinement. La bâtisse, une chartreuse du XVIIe siècle, se prête à tous les rêves : venez profiter des chambres d'hôtes spacieuses et tout confort, d'un petit déjeuner concocté par un chef avec des produits bio, et de la piscine avec pool house. Le vignoble s'étend sur 19 ha, plein sud, où chaque grappe de raisin donne le meilleur d'elle-même. Le domaine est en conversion bio et s'appuie sur des cépages phares de l'appellation Cahors. La visite des chais est un moment rare.

CHÂTEAU LAMARTINE

Château Lamartine - **SOTURAC**
✆ 05 65 36 54 14
Avr-oct lundi au samedi 9h-12h/14h-18h30. Nov-mars lundi au vendredi 9h-12h/14h-18h. Week-ends et jours fériés sur rdv.

Issu d'un très fameux domaine de l'époque gallo-romaine, le Château Lamartine est de ceux qui ont écrit l'histoire du grand Cahors à travers les âges. Lise et Benjamin Gayraud, 4e génération, cultivent le domaine où œuvraient déjà leurs ancêtres. Ils ont su conserver l'héritage familiale tout en innovant et en faisant évoluer leurs vins. Cuvée phare de la fratrie, Tendem se décline en blanc (alliance de Chardonnay, Viognier et Chenin) et en rouge (100% Malbec). Ils poursuivent les cuvées signatures du domaine : Château Lamartine, Cuvée Particulière et Expression.

CHÂTEAU LES HAUTS D'AGLAN

Rey-Auriat - **SOTURAC**
✆ 05 65 36 52 02
Du lundi au vendredi de 9h à 12h et de 14h à 17h. Sur rdv le week-end. Livraison possible. Accessible PMR.

Le Château Les Hauts d'Aglan a déjà vu 4 générations de vignerons se succéder sur ce vignoble de 14 ha. Il est situé sur des terrasses argilo-calcaires exposées au sud. Fruit d'un terroir exceptionnel et d'un cépage rare, le malbec, le vin de cette petite propriété et emblème de l'AOC Cahors est une référence parmi les vins de cette région. La famille Rey-Auriat produit chaque année 3 cuvées en assemblage ainsi qu'un 100 % malbec. Agriculture biologique depuis 2008.

CHÂTEAU PINERAIE

✆ 05 65 30 82 07
chateaupineraie.com
Ouvert du lundi au vendredi 9h-12h/14h-18h. Certification Terra Vitis. Conversion bio.

Depuis 1638, la famille Burc cultive ce terroir idéal. Le vignoble s'étend sur 45 hectares soignés amoureusement ; pratique de la culture raisonnée, la majeure partie de la récolte est triée à la main pour ces 4 cuvées AOC Cahors : le château-pineraie (85% malbec, 15% merlot), la Pierre Sèche (85% Malbec, 15% Merlot, non vieilli en fût de chêne), l'authentique (100% malbec, élevé dix-huit mois en fûts neufs) et le rosé. Le vin s'épanouit dans un splendide chai où les 5e et 6e générations continues, vous feront partager leur passion.

CLOS D'AUDHUY

LACAPELLE-CABANAC

✆ 06 84 62 05 27

closdaudhuy.fr/

Visite et dégustation sur rendez-vous. Livraison possible (boutique en ligne).

Benoît fait partie de la nouvelle génération de vignerons qui insufflent un vent de fraîcheur aux vins de Cahors. Avec sa cuvée emblématique, Les Polissons, en hommage à ses enfants, il revisite le malbec en deux versions et lui apporte davantage de légèreté. Ce vin, facile à apprécier, offre une palette gustative surprenante. Par la suite, il a également créé un blanc Sauvignon en IGP Côtes du Lot et une cuvée Queue de Pressoir en Vin de France. Formé en œnologie, Benoît reprend une partie du domaine familial en 2014, exploitant 15 hectares de vignes.

CLOS LA COUTALE

VIRE-SUR-LOT

✆ 05 65 36 51 47

closlacoutale.com

Ouvert du lundi au vendredi de 9h à 12h et de 14h à 18h. Visite et dégustation sur rendez-vous.

Depuis 6 générations, le Clos La Coutale est une affaire familiale. Il s'étend sur 60 hectares situés sur les contreforts de la vallée du Lot. Les rendements maîtrisés donnent un vin de haute qualité et d'une grande régularité. Traditionnellement le raisin est égrappé et comme l'exige un bon vin de garde, la fermentation est conduite à 28° avec une cuvaison longue de 15 à 18 jours. Le Clos La Coutale soyeux et expansif, se maintient tous les ans au plus haut niveau. Un grand domaine classique mené par Philippe Bemède avec une qualité constante. Une référence.

CLOS TRIGUEDINA

Les Poujols - VIRE-SUR-LOT

✆ 05 65 21 30 81

jlbaldes.com

Ouvert du lundi au samedi 9h-12h/14h-18h. Visite et dégustation sur rendez-vous dès 5 €. Offres sur mesure possibles.

Le Clos Triguedina, berceau de la famille Baldès, est entouré de 73 hectares de vignes. Les premières parcelles ont été plantées ici en 1830 par Étienne, 7 générations avant Juliette Baldès qui a pris la suite de ses parents Jean-Luc et Sabine. Vigneronne dans l'âme depuis son plus jeune âge, Juliette offre au Clos un bel avenir. La gamme de vins produite ici est étonnante de générosité. Les cuvées allient subtilement la tradition du Cahors avec la modernité. Bel espace muséographique ludique et pavillon de dégustation très agréable. La Référence du Cahors !

DOMAINE DE LA PAGANIE

La Paganie

✆ 06 32 60 62 70

www.domainelapaganie.com

Visite sur rdv. Balades en 2CV 1h30/30 €, 3h/90 €, croisière dégustation en bateau 60 €/pers. Dégustation au domaine.

En 1912, l'arrière grand-père de Clément Henry plante les premières vignes. Les générations qui se sont succédé à la tête du vignoble ont perpétué les traditions. Les 6 ha de vignes sont composées exclusivement de cépage Malbec et profitent du terroir argilo-calcaire des premières terrasses du Lot. La récolte des vignes non désherbées est effectuée à la main, et le vieillissement en fûts de chêne. Pour une vraie partie de campagne, Clément propose des balades en 2CV dans le village suivies d'une dégustation. Le Lot comme on l'aime !

DOMAINE DES GRAVALOUS

PESCADOIRES

✆ 05 65 22 40 46

domainedesgravalous.fr

Ouvert du lundi au vendredi 9h-12h/14h-18h. Visite sur rdv (horaires caveau avec dégustation). Livraison possible.

Le domaine des Gravalous s'étend sur 24 ha entre Puy-l'Evêque et Prayssac. Vigneron indépendant, Hervé Fabbro propose deux gammes distinctes de vins, avec d'un côté les Côtes du Lot en blanc, rosé ou rouge et de l'autre côté les AOC avec trois cuvées : cuvée tradition plus typée, cuvée réserve élevée pendant douze mois en fûts de chêne, plus intense, et une cuvée prestige issue de vieilles vignes situées sur les troisièmes terrasses de l'appellation, aux arômes plus complexes. Egalement le ratafia, apéritif traditionnel et un jus de raisin naturel.

DOMAINE DU PEYRIÉ

Peyrié - SOTURAC

✆ 05 65 21 18 86

www.vigneron-domainedepeyrie.fr

Ouvert du lundi au samedi 9h-12h/14h-19h (18h en hiver). Livraison possible. Accessible PMR.

Christian Gilis vous invite à venir découvrir les différentes cuvées issues de ses 15 hectares situés aux portes de l'appellation Cahors. Peyrié - qui vient du mot occitan « pierrier » signifiant « lieu où le sol est couvert de pierres » - est exploité par la famille depuis 1920. Christian entretient son vignoble avec soin en perpétuant les gestes d'antan. Le domaine du Peyrié a reçu de nombreuses récompenses, gage de qualité constante pour ce domaine à découvrir, lors d'une dégustation, seul ou à plusieurs. Accueil toujours agréable et conseils pertinents.

PORCELAINE DU LOT VIREBENT

Rue de l'Usine ✆ 05 65 36 46 31
virebent.com

Ouvert du lundi au samedi de 10h à 12h et 14h à 18h (19h le samedi). Tous les jours en été jusqu'à 19h.

Depuis 1924, cette manufacture de porcelaine incarne l'artisanat français. Située dans le village de Puy-l'Evêque, l'entreprise est une véritable institution, employant 11 ouvriers dans un atelier de 2 500 m². Son succès est tel que certaines de ses pièces font partie de l'exposition permanente du musée des Arts décoratifs de Paris. Sa clientèle s'étend à travers le monde. La porcelaine Virebent suscite la curiosité et invite à la découverte avec sa boutique et son petit musée.

SAINT-MARTIN-LE-REDON

Aux confins du Lot et du Lot-et-Garonne Saint-Martin-le-Redon est un charmant petit village médiéval construit à proximité d'une source d'eau minérale nommée Saint-Martial. Le village est situé dans la vallée de la Thèze, il semble avoir été occupé depuis le paléolithique. Les terres sont riches et y expliquent l'implantation de l'Homme. A l'époque gallo-romaine, une voie traverse le village pour le relier à Duravel. Au Moyen Âge, la voie romaine devient le chemin des Auvergnats. De nos jours, c'est un sentier de randonnée. Venez découvrir la curieuse tour gothique de Mescalpres dans les bois, l'église romane, les tours du château de Guiral.

GABARE JENY-COPEYRE

La Promenade du Héron
✆ 05 65 20 03 25
www.gabare-copeyre.com

Mai à septembre de 9h à 18h. Balade gabarre 12 €/1h/adulte, 9 €/enfant (gratuit -4 ans). Paddle 12 €/h, canoë 8 €/h.

Découvrez la Vallée du Lot en respectant l'environnement. Avec les gabares Jeny 100 % électriques, vous observerez la faune et la flore autour de Puy l'Evêque sans bruit, en vous laissant bercer au fil de l'eau. Détente garantie ! La gabare est un bateau traditionnel des rivières pour le transport de marchandises dont l'exploitation remonte au XIXe siècle. Aujourd'hui, la gabare est axée slow tourisme. Activités possibles sur la base : Canoë, kayak, paddle, bateau à pédales, bateau électrique sans permis, vélo électrique. Restauration sur place, snack et boissons.

LE LOUP BLANC €€

Plaça dels telhs ✆ 06 72 46 69 64
https://www.leloupblancrestaurant.fr/

Ouvert du mercredi soir au dimanche soir. Menu 35/57 €, midi 27 €. Chambre d'hôtes 75 €/nuit. Accès PMR.

Voici une adresse gastronomique connue comme «le loup blanc». La cuisine est raffinée et surprenante. Les produits du Lot sont accordés avec des épices ou des spécialités venues d'Asie. Un beau mariage ! Les assiettes sont d'abord très jolies et pleines de couleurs, avant d'être succulentes et pleines de saveurs. C'est que le chef a été à bonne école : le Quercynois Pascal de Ventura a fait ses armes notamment au Centenaire aux Eyzies-de-Tayac. Pour prolonger le plaisir, les chambres d'hôtes vous promettent une détente au charme typiquement bourian.

PISCINE DE PUY-L'ÉVÊQUE

Promenade de Héron
✆ 05 65 30 84 33
ccvlv.fr/bouger-se-divertir/piscine

De mi-février à début décembre. Adulte 4 €, enfant 2,90 €. Vestiaire gardé. Cabines, sanitaires, douches. Activités.

L'équipe de 4 maîtres-nageurs de la Piscine Communautaire accueille petits et grands dans un environnement ayant reçu le label Tourisme & Handicap. Diverses activités sont programmées telles que l'aqua-bike et l'aqua-tonic. Des leçons de natation (individuelles ou collectives) sont données pour tous les âges et un forfait brevet de natation est proposé. Les bébés nageurs reçoivent les tout-petits de 4 mois à 3 ans et le jardin aquatique les 4/6 ans. À chacun son programme pour un moment ludique. Une piscine avec de bons services.

LE MOULIN DE GUIRAL

Moulin de Guiral
✆ 05 65 36 53 26
www.moulindeguiral.fr

De mars à octobre. Prêt de canne, paiement au poids. Vente de truite. Pas besoin de carte.

La ferme piscicole de Laurent est un petit paradis pour les pêcheurs. Sa passion il la transmet volontiers. Aux confins du Lot, le Moulin de Guiral c'est à la fois un lieu de production (Truites arc-en-ciel et Farios, etc.), un spot de pêche privé et un lieu de détente entre amis ou en famille, avec une buvette et la possibilité de pique-niquer. Vous n'avez pas de canne à pêche ? Pas de problème : vous pourrez louer une canne, et tout le matériel dont vous avez besoin. Laurent vend également la truite au kilo ou en produits transformés : il n'y a pas plus frais !

MONTCABRIER

Située dans la vallée de la Thèze, cette bastide a été fondée à la fin du XIIIe siècle par le sénéchal du Périgord et du Quercy. Montcabrier s'organise autour d'une place à couverts et de ses maisons du XVIe siècle avec échauguettes et fenêtres Renaissance. L'église Saint-Louis, datée du XIIIe siècle a été construite dans le village en lieu et place d'une chapelle romane en l'honneur de la canonisation de Louis IX. Vous pourrez admirer dans les extérieurs de l'édifice une statue du saint sculptée par un artiste local dans un chêne centenaire de la commune. La ville présente aussi des vestiges des remparts, d'une porte fortifiée et une tour d'angle.

DURAVEL

Duravel est l'une des plus anciennes localités du Quercy, située en bordure du pays des Cadourques, au carrefour de l'Agenais et du Périgord. Le bourg se niche dans les plis des collines boisées qui séparent la rivière Lot de son affluent, la Thèze. Partout aux alentours, les activités humaines ont laissé les traces d'un lointain passé. Au Moyen Âge, la « ville murée » de Durivelleris se pressa autour de l'église romane Saint-Hilarion. La fondation du prieuré par l'abbaye de Moissac en 1055 transforma l'architecture de l'église. Des reliques dites de « trois frères du désert » : Hilarion, Poémon et Agathon, reposent dans un sarcophage derrière l'autel.

DOMAINE RÉSIDENTIEL DE MAZIERES €

Lieu dit Mazieres
✆ 05 65 31 76 19
domaine-mazieres.com

Location en gestion libre 28-37 €/nuit/pers. Juillet et août, 2 nuits minimum. Idéal groupe 24/26 couchages. Restaurant.

Si vous souhaitez des vacances de groupe tout-en-un dans un cadre boisé et proche des animaux, c'est au Domaine de Mazières que vous devez poser vos valises avec vos enfants. Les chambres et appartements sont clairs, confortables et simples pour un retour à l'essentiel. Ici, vous serez au contact de la nature, vous pourrez faire du sport (football, ping-pong, basketball, badminton…), de belles randonnées ou simplement vous détendre et profiter des lieux.

CAMPING DÉJÀ-VU €€

Ferme Val En Theze Lagrave
✆ 05 65 36 03 57
https://campingdejavu.fr/fr/

Ouvert d'avril au septembre. Emplacement 20 € à 36,50 €/nuit. Piscine, multisport. Animaux acceptés. Bar, rivière.

A la frontière avec la Dordogne, le camping Déjà-Vu est un lieu idéal pour se ressourcer en famille : de petite taille, il propose de jolis emplacements et des tentes safari confortables. Des terrains de football, de volleyball, de pétanque, une piscine, un bar et un petit parc animalier offre de belles activités au cœur du camping. Un accès direct à la rivière de la Thèze pour se baigner ou pêcher est aussi un atout majeur. Pour vos repas, un restaurant-snack propose des burgers et des pizzas. Aux alentours, profitez de randonnées à pied, à vélo ou à cheval.

D'FAMILY & CO €€

218, Boulevard Auguste Joubert
✆ 05 65 35 29 43
https://www.dfamilyandco.fr/

Mardi au samedi 8h-21h + dimanche 9h-21h. Formule 23,50 €. Bar, billard, diffusion matchs, karaoké 1 fois par mois.

Bar-restaurant au cœur du village, le D'Family & Co est le lieu de rendez-vous des locaux pour manger une bavette à l'échalote ou un burger, jouer au billard, boire un verre ou regarder un match sur le grand écran. L'ambiance est chaleureuse, le service efficace. Dans l'assiette, des plats traditionnels, mais aussi des recettes originales qui changent du quotidien : entrecôte de cochon et profiteroles de patate douce, magret de canard camembert chaud, brochettes de thon… Des animations sont régulièrement organisées : Halloween, karaokés, Saint Patrick…

CHÂTEAU LA GINESTE

Chemin de La Gineste
✆ 05 65 30 37 00
chateaulagineste.fr

Ouvert tous les jours sur rdv. Label biologique. Accueil Vigneron Lot.

Bâti et restauré sur l'ancien emplacement d'un relais de chasse ayant appartenu à Richard Coeur de Lion : voilà une belle entrée en matière historique. Conduite en agriculture biologique depuis 2010 et sa certification ECOCERT, la production est d'une qualité constante lui assurant de nombreux prix dans la profession. Ses vins d'une grande complexité aromatique raviront les amateurs les plus pointilleux. À la tête du château, Ghislaine et Gérard sont passionnés d'œnologie. Un domaine qui mérite une attention toute particulière.

LE CLOS D'UN JOUR

✆ 05 65 36 56 01
www.leclosdunjour.fr

Visite et dégustation tous les jours sur rendez-vous. Vin biologique.

Dans le chai restauré de leurs mains, Véronique et Stéphane Azémar, commercialisent trois cuvées d'un vin, fruit d'un équilibre entre le sol, la plante, le climat et l'environnement, et vendangent à la main sur leurs 7 ha à 90 % malbec, cépage emblématique de l'AOC Cahors. Ici, les vins se bonifient en cuves, en jarres de céramique et en fût de chêne et sont aptes à la garde. Soucieux de la qualité et de l'environnement, le domaine est en agriculture biologique depuis plus de vingt ans et l'équipe utilise des méthodes traditionnelles pour la préservation des sols.

CLOS DU CHÊNE

Route de la Gineste
✆ 05 65 36 50 09
www.clos-du-chene.fr

En été : 7j/7 de 9h à 19h. Du 1er octobre au 1er avril : du lundi au samedi de 9h à 18h, le dimanche sur rendez-vous.

Depuis 5 générations, la propriété vous propose des cuvées en AOC Cahors. Aujourd'hui, la famille propose le Clos du Chêne, Mr Malbec, et le Péché du Clos. Coup de cœur pour Mr Malbec qui traduit l'expression du cépage historique, le malbec noir. Très bon rapport qualité-prix pour ce nectar issu d'une vigne de 35 ans d'âge, éclaircie et effeuillée manuellement : une couleur profonde et des tanins charnus à découvrir ! La dégustation en rouge et blanc se termine par l'apéritif du vigneron, élaboré à base de jus de raisin et d'eau de vie « le ratafia du clos ».

MAUROUX

Aux confins de l'Agenais et du Quercy, le village de Mauroux est situé sur un plateau calcaire. On peut encore voir les ruines du château ayant appartenu aux barons d'Orgueil au XIIe siècle. Au nord-ouest de Mauroux, se trouvent les ruines de la ville médiévale d'Orgueil, aujourd'hui envahie par la végétation. L'église Notre-Dame date du XIVe siècle, elle est magnifiquement bien conservée. La tour-clocher, flanquée d'une abside remarquable couverte de lauzes, domine la campagne environnante. Pour les amateurs d'architecture, sachez que l'église comprend trois formes de voûtes : en ogives, en berceau plein cintre et en cul-de-four.

LE CLOS BOUYSSAC*** €

1900, route de la Source Bleue
✆ 05 65 36 52 21
leclosbouyssac.eu

Ouvert de mi-mai au 1er octobre. Emplacement 2 personnes à partir de 46 €/nuit. Locatifs à partir de 330 €/semaine.

Camping familial avec 85 emplacements, bien ombragés, situé en bordure du Lot, avec une très jolie plage et un accès direct du camping, pour la baignade, la pêche ou le canoë, le camping assurant la location pour des vacances «so quiet». Gîtes, emplacements ou bungalows, à vous de choisir... De nombreux services sont également disponibles sur place - alimentation, snack, bar, salle de télé -, et des loisirs : boulodrome, volley, salle de ping-pong, aire de jeux pour enfants rénovée, bibliothèque, informations touristiques, presse, animations culturelles.

LES CHALETS DU SOLEIL €€

1880, Route de Fontalbe
✆ 06 73 79 77 95
https://www.chaletsdusoleil.fr/

Basse saison 3 nuits minimum, haute saison 7 nuits minimum. Chalet 4 pers. 69-149 €/nuit. Piscine. Bistrot. Sports.

Dans ce joli village de vacances, les chalets, particulièrement charmants, sont très confortables avec tout l'équipement nécessaire pour passer de bonnes vacances et décompresser : cuisine (réfrigérateur, lave-vaisselle, cafetière, etc.), salon, terrasse, barbecue… Rien ne manque. Une belle piscine vous attend pour « farnienter » ou vous amuser, ainsi qu'un court de tennis, un terrain de volley-ball ou un autre de pétanque, et du tennis de table. Sur les hauteurs, vous serez environnés de nature vallonnée. Attention, vous allez en prendre plein la vue !

CHÂTEAU LATUC

Château Latuc
✆ 05 65 36 58 63
www.latuc.com

Ouvert du lundi au samedi de 9h à 12h et de 14h à 18h. Ouvert le dimanche sur rendez-vous. Livraison possible.

Si vous êtes amateur de bon vin, Geneviève et Jean-François Meyan vous proposent de venir faire une halte au château Latuc. Vous y serez très agréablement reçu. Les cuvées château-latuc et château-latuc-prestige, élevé 12 mois en fûts de chêne, sélection des meilleures parcelles - sont à goûter absolument. Des vins souples et fruités comme on les aime. Et pour ceux qui voudraient visiter l'église de Cabanac, dont on dit qu'elle fut construite par les Anglais durant la guerre de Cent Ans, c'est ici que vous trouverez la clef !

MONTCUQ-EN-QUERCY-BLANC ★★

La ville de Montcuq est passée à la postérité grâce à Pierre Bonte et Daniel Prévost dans un célèbre sketch composé pour l'émission « Le Petit rapporteur » dans les années 1970. Depuis, Montcuq (prononcez bien la dernière lettre !) se targue de cette renommée et a baptisé une de ses rues du nom de l'émission qui l'a rendue célèbre. Cette petite ville nichée sur une colline du Quercy Blanc, sur le chemin de Saint-Jacques-de-Compostelle, présente de nombreux atouts, dont un joli patrimoine bâti et une très belle vue. Ici, on prend le temps de partager un moment autour d'une partie de pétanque ou en visitant les ateliers-galeries des artistes locaux.

LA TOUR DE MONTCUQ

✆ 05 65 31 80 05
www.tourisme-lot.com
Été 7j/7 de 10h30 à 19h. Horaires selon saison : voir site Internet. Gratuit -12 ans. 12-17 ans : 2,50 €. Adulte : 5 €.

Érigée aux XIIe et XIIIe siècles, la tour de Montcuq est un imposant donjon rectangulaire de 12 mètres sur 8,50 mètres, doté d'un escalier en vis. Ce joyau de l'architecture médiévale, classé Monument historique depuis 1904, confère à Montcuq son emblématique silhouette. Lors de votre visite, vous pourrez explorer ses quatre salles ornées de voûtes, mais aussi trois expositions : une permanente sur le village au Moyen Âge, une au patrimoine lotois, et une autre à Nino Ferrer. Au sommet, la terrasse du cinquième étage dévoile une vue sur le village et ses environs.

L'ATELIER GALERIE

2, rue du Petit Rapporteur ✆ 06 88 13 88 96
https://www.sculpteur-hugo.fr/
Ouvert toute l'année. Dimanche de 10h à 13h et du mardi au samedi de 10h à 12h et 16h à 18h. Entrée libre et sur rdv.

Le peintre Pierre d'Huparlac et le sculpteur Hugo ont investi cet Atelier en ouvrant cet espace commun où exposer leurs œuvres. Les deux univers forment un tout, comme une parenthèse d'émotions artistiques dans la ville. Pierre d'Huparlac, « tombé en abstraction », comme il l'explique lui-même, peint à l'huile et à l'acrylique des toiles généreuses qui explorent la matière, la perméabilité du monde et sondent nos émotions. Hugo, sculpteur inspiré, travaille différents supports et trouve sa respiration dans l'état primitif du monde humain et animal. À découvrir.

OFFICE DE TOURISME MONTCUQ EN QUERCY BLANC

3, rue du Faubourg Saint-Privat
✆ 05 65 22 94 04
www.tourisme-cahors.fr
Hiver lundi au vendredi 9h-12h30. Été lundi au samedi 9h30-12h30/14h-18h. Dimanche/fériés 9h30-13h. Vacances scolaires.

L'office de tourisme met à disposition du public un petit guide pour une visite de la ville en toute autonomie. Le guide de visite : *Sentiers Romans en Quercy Blanc* propose des éléments-clés pour faciliter la lecture des églises et chapelles d'origine romane. Des circuits de randonnée pédestre et de VTT permettent de découvrir les alentours. Un incontournable pour planifier ses vacances ou partir à la découverte de la région hors des sentiers battus.

© JEAN-PAUL BOUNINE - STOCK.ADOBE.COM

Montcuq-en-Quercy-Blanc.

QUERCYCLES

3, Rue du Petit Rapporteur ✆ 06 28 25 17 60
https://www.quercycles-montcuq.fr/
7j/7 pendant vacances scolaires. Lundi au dimanche 9h-12h hors vacances. 15 €/1h, 28 €/4h, 38 €/jour, 175 €/semaine.

Au cœur de Montcuq, la petite boutique de Philippe, inaugurée en 2021, est devenue une adresse incontournable pour les passionnés de vélos à assistance électrique. Sous le nom de Quercycles, l'enseigne propose la location, la vente en tant que revendeur agréé de la marque Starway, ainsi qu'un service complet d'entretien et de réparation. Philippe, animé par un véritable souci de qualité, partage ses conseils précieux pour vous aider à tracer le meilleur itinéraire. Avec lui, c'est tout le charme et l'hospitalité chaleureuse de Dunkerque qui s'invitent à Montcuq.

AIRE CAMPING-CAR PARK MONTCUQ EN QUERCY BLANC €

9, avenue de Saint-Jean ✆ 01 83 64 69 21
www.campingcarpark.com
Toute l'année. Sanitaires et eau de mai à septembre. 22 emplacements. Animaux acceptés en laisse. À partir de 12,68 €.

Cette aire, agréable et bien aménagée s'inscrit dans le réseau Camping-car Park, accessible toute l'année, 24h/24. Située à 800m du plan d'eau Saint-Sernin (pavillon Bleu et pêche Famille) au pied du village de Montcuq et à quelques centaines de mètres des services. C'est aussi un point de départ de nombreuses balades. Un espace tente, au fond du park reste accessible pour les marcheurs de Saint Jacques de Compostelle. En accès libre à condition de venir à pied.

LE PERCHOIR DU QUERCY €€

746, Chemin des Boulbènes
✆ 06 38 41 12 36
www.leperchoirduquercy.fr/
Ouvert toute l'année. Gîte en bois de 1 à 8 pers. BS : 185 €/nuit. HS : jusqu'à 385 €/nuit (2 nuits min). Bain nordique.

Face à la cité de Montcuq, avec une vue spectaculaire sur les collines verdoyantes du Quercy Blanc, ce gîte insolite est tourné vers la nature et le bien-être. Bien pensé, ce magnifique chalet en bois vous offre l'évasion et la quiétude d'un Quercy sauvage et authentique. Il est composé de 3 chambres, avec un hamac géant tendu au-dessus du living qui invite adultes et enfants à la détente. Depuis la terrasse, le contraste entre les cigales du Sud et la possibilité de prendre un bain nordique ou de profiter d'un massage est profondément relaxant. Un vrai havre de paix.

MAISON FORTE €€€

119, Chemin de La Combe du Moulin
✆ 05 81 70 46 97
maisonfortequercy.com/
Chambre 165 €/nuit, appartement pour 1 à 3 pers 185-220 €/nuit, petit déjeuner inclus. Petits animaux acceptés avec sup.

Il est des adresses qui se racontent par la pierre. Des lieux empreints d'histoires, comme un souffle qui vient vous cueillir, quelques vers de poésie gravés dans des matériaux. Maison Forte fait partie de ces invitations au voyage. Céline a ouvert cette maison d'hôtes en 2017 et assure depuis le même accueil souriant et plein d'énergie. La maison, en haut de la vallée du Tartuguié, est construite de ces pierres typiques du Quercy Blanc avec une chambre et un appartement romanesque : La Pierre de Feu et Les Clayettes situés dans l'aile ancienne de la maison.

CAFÉ BROC

14, rue du faubourg Saint-Privat
✆ 06 83 03 78 57
Ouvert mercredi au samedi 9h-12h30, 13h30-17h30, dimanche 9h-12h30.

Totalement atypique. Les objets anciens vous envahissent de beaux souvenirs et d'émotions de famille. Vous êtes à la maison : une table en bois, des fauteuils chaleureux et même un espace de coworking pour se poser ou travailler. Vous mélangez votre histoire à celle du village, voisins et commerçants recommandent d'y venir et participent avec bonne humeur à régaler les clients. Les pâtisseries sont faites maison ou par les pâtissiers du marché de Montcuq, jus de fruit locaux, thés et cafés à des prix très doux. Idéal pour vous reconnecter à votre histoire de vie.

LE 6 VINO ET TAPAS

6, allée des platanes
✆ 05 65 53 88 12
Lundi au mardi 10h-15h, mercredi au samedi 10h-14h/17h-23h, dimanche 10h-16h. Formule entrée/plat/dessert dès 17,50 €.

En plein centre, Le 6 Vino & Tapas invite au voyage avec ses tapas et pintxos à l'espagnol (patatas bravas, champignons à l'ail, croquettes de fromage ou jambon, tortillas...), des currys thaï de légumes ou de poulet, et tous les jeudis, des soirées épicées avec des plats indiens. C'est aussi l'endroit pour manger des viandes et poissons cuits aux pierres chaudes. Le service est efficace, l'accueil chaleureux, et le lieu fort charmant. La terrasse notamment invite à profiter des soirées entre amis. Végétariens, vous trouverez facilement votre bonheur.

CAFÉ DU CENTRE €

6, place de la République ✆ 05 65 31 84 64
www.cafeducentremontcuq.fr

Lundi au vendredi midi/soir + samedi et dimanche midi. 7j/7 midi/soir en juillet et août. Formule 15 €. Menu enfant 8 €.

Au cœur vibrant du centre-bourg, le Café du Centre porte bien son nom en incarnant l'âme animée de la place centrale de Montcuq. Niché dans les belles pierres blanches typiques du Quercy Blanc, il invite les passants à profiter de sa généreuse terrasse, parfaite pour savourer l'atmosphère unique de cette cité tout en découvrant la suggestion du jour. Lorsque les températures baissent, c'est dans une ambiance chaleureuse que les Montcuquois se retrouvent à l'intérieur. Le vendredi, les soirées fish and chips ravissent toujours les habitués comme les nouveaux venus.

TRATTORIA DELIA €

2, rue de la Promenade
✆ 05 65 31 51 88
deliamontcuq.fr

Boutique ouverte toute l'année 7j/7. Restaurant du mardi au samedi, entrée/plat/dessert environ 25 €, le soir sur résa.

Un bout d'Italie s'est installé sur la promenade de Montcuq : Délia est une trattoria et épicerie fine aux produits italiens et siciliens délicieux. Les pâtes fraîches vous transportent directement à Rome ! Panettone, biscuits, bonbons et autres gourmandises sucrées, mais aussi salées, des sauces, des antipasti en bocaux, des huiles, des boissons, du fromage, de la charcuterie et des légumes locaux et bio ! Tout pour préparer chez soi un repas italien digne de ce nom. Et si vous préférez vous faire servir, installez-vous dans le fond de l'épicerie et savourez !

LE CAFÉ DE FRANCE €€

5-7, place de la République
✆ 05 65 22 52 07
www.cafedefrance-montcuq.com

Ouvert toute l'année, 7j/7 le midi ; vendredi et samedi le soir. Menus à partir de 18 €. Menu enfant 9,50 €.

Perchée sur la place centrale du village depuis le XVIIe siècle, cette brasserie séduit par sa vaste terrasse ombragée sous un majestueux marronnier, idéale pour profiter des beaux jours. Quand le temps se fait maussade, c'est avec une simplicité réconfortante que l'on se réfugie dans la salle du restaurant, où un poêle à bois diffuse une chaleur accueillante. Au Café de France, la générosité s'exprime aussi bien dans les assiettes que dans l'attention portée au service. On s'y sent comme chez de bons amis grâce à son authenticité et à sa convivialité.

L'OUSTAL DU LAC €€

579, Chemin de Saint Sernin Chemin de la plage
✆ 07 63 44 34 06

Mai/juin/septembre du jeudi soir au mardi. Juillet-août 7j/7 midi/soir. Menu 26 €. Accès PMR. Terrasse, bord du lac.

L'Oustal du Lac vous accueille tout l'été, offrant une vue imprenable sur le lac de Saint-Sernin à Montcuq. Le restaurant est ouvert tous les jours, midi et soir, et propose également une agréable terrasse où vous pourrez vous rafraîchir ou déguster une glace après une baignade. Stéphanie et Geoffrey, les nouveaux propriétaires, mettent un point d'honneur à offrir une cuisine traditionnelle faite maison, élaborée à partir de produits frais et locaux. Pendant la saison estivale, lorsque le lac dévoile tout son charme, il est fortement conseillé de réserver.

L'ATELIER DU DRAGON

8, rue de la promenade
✆ 06 67 65 01 62
https://rafaelerohn.fr/

HS/décembre : mardi au sam 10h30-18h. BS : mercredi 14h-18h, jeudi au samedi 10h30-18h. Toute l'année dimanche 10h-13h.

Après Lauzerte, Rafaële a ouvert à Montcuq une seconde boutique d'artisanat d'art, idéalement placée sur la promenade du village : elle y présente son travail sur tissus imprimés à la main et de fleurs séchées, mais aussi celui d'autres artisans. Bijoux, céramiques, meubles, travail du cuir, gravures... On craque pour les boucles d'oreilles créées à partir de diapositives ! Rafaële invite régulièrement de nouveaux créateurs. Miels et tisanes sont également proposés. Le cadre charmant de la boutique ajoute au plaisir de s'offrir le travail d'un artiste.

BISCUITERIE DU QUERCY

✆ 05 65 31 83 71
biscuiterieduquercy.com/

Ouvert du lundi au vendredi de 8h à 12h et de 14h à 18h.

Fondée en 1967, cette biscuiterie familiale n'a jamais changé de mains, bien que son nom ait évolué. Autrefois appelée Biscuiterie Les Saules, elle est devenue la Biscuiterie du Quercy en 2010. Fidèle à son engagement pour des produits de qualité, elle propose une gamme sans colorants ni conservateurs. Parmi ses spécialités figurent les célèbres gaufres roulées, appelées Curbelets en occitan, les cigares chocolatés et les meringues nappées. La biscuiterie met également en avant une sélection bio, élaborée à partir d'ingrédients issus de l'agriculture biologique.

BRASSERIE ARTISANALE DE MONTCUQ - LA RAPIETTE

✆ 06 71 91 85 99
www.bieredemontcuq.com

Brasserie ouverte sur rdv du lundi au vendredi 9h-12h et 14h-17h. 2,50 €/bouteille 33 cl et 28 € le carton de 12.

Stéphane Vettoretti a lancé cette brasserie artisanale à Montcuq en 2015, sa petite Rapiette - nom du petit lézard endémique que l'on retrouve sur le logo - s'est faite une jolie place dans le paysage brassicole local. Au début de l'aventure : deux bières, une blonde et une rousse, puis rapidement une brune vient compléter l'offre, puis une Lager, bière de fermentation basse, et enfin une bière blanche, légèrement acidulée. À découvrir sur place ou dans des points de vente sur Cahors.

VINS ET SAVEURS

20, avenue de la promenade
✆ 05 65 35 57 15

Du mardi au samedi de 9h à 20h30, dimanche de 9h à 15h. Restauration sur place. Terrasse.

Épicerie fine et cave à vin bien achalandées : préparations aux saveurs du Lot, sels à la truffe d'été, confitures de prunes, rhums au safran, pâtés de canards, vins du Quercy et de Cahors, chocolats fourrés, mignonnettes de vieilles prunes, à des prix très abordables. Jérôme travaille avec les producteurs lotois depuis plus de 20 ans, il fait vivre son territoire été comme hiver. Une très jolie terrasse ombragée, une boutique rénovée, un espace dégustation de vin pour les fins connaisseurs et une petite salle de restauration accueillent les fins gourmands.

ELO DESIGNS

13, rue du Faubourg Saint-Privat
✆ 06 45 86 30 93
elo-art.com

Galerie d'art-souvenir ouverte l'été 10h-12h30 et 15h-17h30, dimanche 10h-12h30. Horaires variables hors saison.

Jeune talent. Enfant du pays, elle fait revivre l'ancienne librairie familiale et y pose sa galerie d'art et son atelier d'artiste. Graphiste designer, du Graffiti-Pop-Art aux tableaux souvenirs des villages marquants du Lot, Eloïse Bacou nous accueille avec beaucoup de gentillesse et nous fait découvrir tout en douceur son univers graphique. Vous serez surpris par ses représentations des villages de Montcuq ou de Lauzerte qu'elle affectionne particulièrement. Souvenir idéal de votre passage à Montcuq ou pour un cadeau de famille, créé par une artiste locale.

PLAN D'EAU SAINT-SERNIN

✆ 05 65 31 80 05

Baignade surveillée en juillet et août 7j/7 de 12h à 18h. 7 €/véhicule. Restauration. Hors saison : promenade, pêche.

Lorsque le soleil du Quercy brille intensément et que la chaleur devient écrasante, rien de tel que la fraîcheur de l'eau pour se détendre. À Montcuq, une plage s'offre à vous avec une zone de baignade surveillée durant l'été. Ce plan d'eau de 4,5 hectares est un véritable atout pour les estivants. Tout est pensé pour profiter pleinement du lieu : sable blanc, chalet-restaurant, aire de pique-nique avec barbecues en libre accès, et aire de jeux pour les plus jeunes. Au programme : baignade, pêche, ou encore canoë (avec votre propre matériel).

LIBRAIRIE LIVRES BOOKS & COMPANY

11, Rue de Montmartre
✆ 05 65 24 35 77
www.livresbooksandcompany.com

Mardi au samedi 10h-12h30/14h-19h ; dimanche 10h-14h. Salon de thé bio, pâtisseries maison. Concerts, lectures.

Prenez le temps de savourer un livre, un thé, une planche gourmande ou une tartine. Installez-vous dans le jardin pour grignoter en toute tranquillité, ou réchauffez-vous près du poêle lorsque les températures se rafraîchissent. Ici, plus de 3 000 livres en français et en anglais côtoient une sélection de thés et cafés bio, des jus de fruits, des gâteaux maison, et des encas salés. Régulièrement, l'endroit s'anime avec des concerts, en intérieur ou en plein air.

BARGUELONNE-EN-QUERCY

Barguelonne-en-Quercy est une commune nouvelle née en 2019 de la fusion des communes de Bagat-en-Quercy, Saint-Daunès et Saint-Pantaléon. Elle tire son nom d'un ruisseau, la Barguelonnette ou Petite Barguelonne, sous affluent de la Garonne, qui arrose deux départements voisins, le Lot et le Tarn-et-Garonne. Terrain de craie et d'argile blanche, la commune est caractéristique des paysages du Quercy Blanc. Les trois villages qui la constituent ont tous en commun de jolies églises et un patrimoine bâti de pierres blanches. L'église de Saint-Pantaléon date du XIIe siècle et celle de Saint-Daunès présente une peinture de Marguerite-Zéolide Lecran.

LA FERME QU'ES AQUÒ ?

114, Chemin des Prats ✆ 06 85 32 83 72
fermequesaquo.fr

Boutique lundi au samedi sur appel, animations le matin sur réservation. Tarifs de 7 à 250 € selon activités et public.

Delphine a développé un joli concept autour de la ferme familiale et participe à l'éducation agri-éco-tourisme auprès d'un public varié désireux de manger sain en découvrant les productions et les produits agricoles. Elle propose des animations auprès d'enfants, de familles, de personnes âgées et de personnes handicapées afin de découvrir ou redécouvrir le plaisir de la terre, des vergers et du potager. Ateliers pédagogiques dont 180m² sont accessibles aux personnes à mobilité réduite, sur 4000m² de jardin et 12 ha de terres. La ferme vend en boutique et en ligne.

CAMPING DES ARCADES*** €

Le Moulin de Saint-Martial ✆ 06 60 98 80 39
https://www.des-arcades.com/fr/

Ouvert du 5 juillet au 30 août. Emplacement dès 28 €/nuit. Mobil-home de 260 à 630 €/sem/5 pers. Piscine chauffée.

A quelques kilomètres de Cahors, dans une campagne apaisante au cœur d'un parc de 11 ha, le camping est installé au bord de la rivière La Petite Barguelonne. Vous profiterez des atouts d'un camping 3 étoiles avec services, piscine chauffée, jeux et toboggans pour les enfants. En arrivant, vous ne manquerez pas d'admirer le magnifique Moulin de Saint-Martial, une très belle demeure en pierre blanche du Quercy avec un moulin à eau du XIIIe siècle. Tous les emplacements sont au minimum de 100 m². Le camping est également équipé de lodges et cottages, avec accès PMR.

AUBERGE DE LA TOUR** €€

133, Grand'Rue - **SAUZET**
✆ 05 65 36 90 05
www.aubergedelatour.com

Hôtel de charme. Toute l'année. 8 chambres. Chambre double 70-90 €/nuit. Gratuit -8 ans. 1/2 pension possible.

Installé dans l'ancien château de Sauzet, l'établissement a été créé en 1934. Les chambres de caractère ont gardé le cachet de la pierre en association avec une décoration contemporaine ; celles-ci ont été refaites récemment. L'extérieur est aussi très charmant, on profite de la piscine et du jardin pour farnienter. Le restaurant, réservé aux clients de l'hôtel, propose une authentique cuisine quercynoise de qualité : escalope de foie gras poêlée, magret de canard grillé, cassoulet de l'auberge (fait maison), pastis quercynois. Un lieu magique où séjourner.

FERME DU TESSOU

Route de la gentillade - **TRESPOUX-RASSIELS**
✆ 06 13 80 46 02
tessou.fr

Visite de la ferme toute l'année sur rdv 6,50 €/pers. Scolaires, groupe à partir de 10 pers. Achat sur place/livraison.

Perdue dans les Causses près de Cahors, la Ferme du Tessou (membre de l'Association Nationale de Sauvegarde du Porc Gascon) est un havre de paix où Eric Caillard élève entre 90 et 100 porcs noirs gascons. Conçue pour une intégration optimale et un impact minimal sur l'environnement, la ferme répond aux exigences d'une agriculture biologique, raisonnée, et à la volonté très forte de respecter le bien-être animal. Les cochons sont élevés pendant 15 à 18 mois, en plein intégral. Le résultat est dans l'assiette avec une viande de très haute qualité !

MAS DEL PÉRIÉ

Le Bourg - **TRESPOUX-RASSIELS** ✆ 05 65 30 18 07
www.masdelperie.com

Ouvert du lundi au vendredi de 9h30 à 11h45 et de 14h30 à 18h, le samedi sur rdv. Dégustation de vins de 5 à 35 €.

Le Mas Del Périé est situé sur les plus hauts coteaux de Cahors à la jonction des terroirs des coteaux du Quercy et ceux de Cahors. Cette petite exploitation familiale produit quatre vins de Cahors issus de parcelles âgées de 40 ans et travaillées dans le plus grand respect de l'environnement : travail du sol mécanique, biodynamisme et agriculture biologique pour cet encépagement : le malbec (côt). Sur 27 hectares, Fabien Jouves produit une belle gamme de vins dont chacune des cuvées affirmant son caractère propre, porte le nom de la parcelle dont elle provient.

LENDOU-EN-QUERCY

La commune nouvelle Lendou-en-Quercy est née en 2018 de la fusion des communes de Lascabanes, de Saint-Cyprien et de Saint-Laurent-Lolmie. Elle tire son nom du Lendou, affluent gauche de la Barguelonnette. Dans un décor typique du Quercy Blanc, le patrimoine architectural de la commune nouvelle est celui de son histoire. Lors de vos promenades, admirez l'église Saint-Laurent de Lolmie de 1863, le château de Marcillac à Saint-Cyprien, datant des XIIe et XIIIe siècles, le château de Lolmie et en contrebas de la route à Lascabanes, une source dite miraculeuse. Enfin, Nino Ferrer, grand amoureux du Quercy Blanc vécut à Saint-Cyprien et y est mort en 1998.

L'ÉTAPE BLEUE €€

Durand ✆ 05 65 35 34 77

www.gite-etape-bleue.com

Accueil pèlerins 16 €/nuit. Repas 16 €. Petit déjeuner 6 €. Demi-pension 38 €. Chambre d'hôtes + petit déjeuner 59 €.

À 800 mètres du chemin (retour direct sur le sentier), les pèlerins sur la voie de Saint-Jacques-de-Compostelle apprécieront de faire une pause à l'Étape Bleue, gérée par Marie-Claude et Jean-Michel, anciens pèlerins eux-mêmes. L'accueil y est chaleureux, avec des conseils avisés et quatre chambres confortables (avec douche et WC) pouvant accueillir jusqu'à 10 personnes. Les hôtes proposent également des soins de pieds et des massages pour un moment de détente bien mérité. Un autre atout de l'Étape Bleue : sa cuisine, préparée à partir de produits locaux et bio.

CASTELNAU-MONTRATIER-SAINTE-ALAUZIE ★

Vieilles bâtisses aux façades marquées par le temps, fontaines ruisselantes et lavoirs rappelant le dur labeur des anciens... Castelnau-Montratier est ancrée dans son temps, le passé côtoie le présent à travers un patrimoine unique. En entrant dans la ville, vous ne pourrez pas manquer les 3 moulins à vent, témoins d'une région agricole depuis la nuit des temps. Admirez aussi ses caselles (cabanes en pierre sèche), ou encore ses églises romanes. 6 voies romaines passaient par là. La ville fut rasée par la guerre puis reconstruite par le seigneur de Ratier en 1250. Le château, lui, date du XIIIe siècle : il a un temps rempli la fonction d'hôpital.

PORTE-DU-QUERCY

Porte-du-Quercy est une commune nouvelle qui a vu le jour en 2019, elle rassemble les communes de Fargues, Le Boulvé, Saint-Matré et Saux. Cette commune élargie est située dans le Quercy Blanc et propose de nombreux sentiers de randonnée. Vous aurez le loisir de parcourir un paysage typique, caractérisé par des reliefs doux, une roche calcaire à couleur claire et des prairies verdoyantes. La viticulture est ici très présente et permet une économie liée au commerce du vin et à l'œnotourisme. Par ailleurs, les cultures maraîchères et les vergers se sont également imposés au cours du XIXe siècle permettant une diversification des cultures.

L'ART DANS LA RUE

Office du tourisme Association Le Bel Utile

✆ 05 65 22 28 55

www.cahorsvalleedulot.com

1er juillet au 30 septembre, exposition permanente d'artistes à ciel ouvert dans les rues. Gratuit toute l'année.

L'art dans la rue : une idée originale fait vibrer les murs de la bastide. Sous les arcades, dans les rues, bien cachées ou mises en avant, artistes, peintres, sculpteurs, photographes et enfants exposent leurs œuvres avec des techniques de papiers collés début juillet et les retirent l'année suivante. Galeries, boutiques, commerçants, associations d'artistes, école municipale, mairie et office du tourisme s'associent à l'événement et offrent à tous, d'une manière ludique, un accès à l'Art et au patrimoine des espaces publics de la bastide. Original. À découvrir.

OLIVERAIE DU QUERCY BLANC

415, Chemins des Oliviers ✆ 06 74 92 46 46

www.oliveraieduquercyblanc.com

Découverte et dégustation. Accueil 7j/7 sur rendez-vous uniquement. Label AB certifié Ecocert. Livraison possible.

Sur des coteaux argilo-calcaires, plus de 1000 oliviers ont été plantés par Carole et Philippe, passionnés, minutieux et compétents. Ils font vivre une huile d'olive Made in Lot, sans additif ni conservateur. Les olives sont cueillies à la main en octobre et sont pressées le jour même à froid. Les connaisseurs et amateurs d'huiles d'olive feront la différence, des goûts subtils, intenses ou à l'ancienne, également présents sur les tables et dans les boutiques de producteurs du Lot.

GÎTE TAILLEFER €€

1706, route de Quercy

✆ 06 73 81 59 74

Ouvert toute l'année. Chambre double indépendante de 60 à 70 €. Gite 4/5 pers. de 480 à 630 € la semaine. Piscine.

Amoureux de la nature et des paysages, le Gîte Taillefer vous offre une vue imprenable sur la vallée et les vignes. Un site magnifique, des maisons en pierre, des arbres, un calme profond et ressourçant. Un accueil chaleureux et bienveillant pour un séjour dans les contreforts du Quercy blanc vallonné. Vous pourrez également profiter des ambiances festives, puisque à Taillefer, des concerts sont régulièrement organisés en pleine campagne pour le plus grand plaisir de tous. Renseignez-vous sur le programme et choisissez les dates qui vous conviennent.

LE PATIO DES ARTS

9b, rue Etienne la Cavalerie ✆ 06 32 16 55 05

Ouvert toute l'année, l'été du mardi au vendredi de 15h à 18h, et l'hiver vendredi et samedi 15h-18h et dimanche matin.

Depuis plus de 30 ans, des artistes, des amateurs et des professionnels se retrouvent autour des collections privées mises en lumière chaque mois à la Maison Jacobs de la médiathèque et depuis janvier 2025, la galerie ouvre un second lieu en réhabilitant un ancien établissement de santé au cœur du village de Castelnau-Montratier. Dans un esprit de rénovation du patrimoine et d'ouverture de l'Art au public, le Patio des Arts voit le jour grâce aux différents partenariats publics et privés et surtout grâce aux bénévoles de l'association des Amis de la Maison Jacob. Ce nouveau lieu accueille en toute convivialité et gentillesse tous les publics.

Matières, textures et structures techniques s'échangent entre expositions permanentes et temporaires, ateliers d'artistes, stages d'initiation et de découverte à réserver pendant vos vacances : fusain, aquarelle, calligraphie, photographie ou subtils mélanges pour le plaisir de tous.

Amoureux des arts et curieux, venez plus particulièrement les dimanches pour les visites et profitez des programmations et des vernissages tout en découvrant le village, le marché dominical, le rassemblement des vieilles voitures chaque 2ème dimanche du mois, ou encore sur les pierres des maisons du village des œuvres éphémères accrochées en partenariats avec les boutiques d'artistes du village et les écoles.

Les enfants dessinent et s'illustrent également lors des expos ; l'Art s'ouvre sur l'avenir et offre à Castelnau-Montratier des curiosités estivales rurales de très belles qualités.

LE BARDOUQUET €

19, place Léon-Gambetta

✆ 05 65 21 28 14

De septembre à avril 7h30-19h, fermé le samedi. L'été midi/soir (jusqu'à minuit), fermé samedi. Formule 15 €. Terrasse.

Au cœur du village, sous les arcades de la place Gambetta, le Bardouquet est le café, glacier et brasserie incontournable de la ville. En été, sa terrasse devient un lieu prisé pour se détendre et profiter du charme de la ville. Chaque mercredi en saison, des concerts animent la place, et la terrasse se transforme en gradins privilégiés pour apprécier le spectacle. Le menu du jour, inscrit sur l'ardoise, varie tout au long de l'année en fonction des saisons. La cuisine du Sud-Ouest y est également mise à l'honneur. Pensez à réserver pendant les beaux jours !

LE 17 €€

17, place Léon Gambetta

✆ 05 65 22 95 52

Mardi-samedi : 7h30-1h en été avec concerts, et dimanche midi. Entrées/plats : 12-26 €. Grande terrasse.

Le 17, restaurant lotois, aura 10 ans en 2025, une année festive pour une brasserie conviviale sur la place du village de Castelnau-Montratier. L'été, la grande terrasse s'agrandit encore et occupe la rue. Lieu incontournable du dimanche midi pendant le marché pour se retrouver et s'intégrer à la vie du village. Assiette de foie gras mi-cuit, salade de cœur de canard, basse côte grillée, andouillette artisanale, tête de veau croustillante, des assiettes et des plats faits maison changent au gré des productions des fermes du Lot et de Dordogne.

LA GRANGE DU LEVAT €€

Lieu-dit Le Levat

✆ 05 65 21 98 15

www.lagrangedulevat.fr

Vendredi et samedi midi/soir et dimanche au jeudi midi. Menus 15,50-28,50 €. Menu enfant 12 €. Terrasse. A emporter.

Samuel et Nathan, respectivement chef cuisinier et pâtissier, créent leurs recettes à partir de produits frais, locaux, de saison et inspirés de la tradition : croustillant de Rocamadour façon tartiflette, pavé de bœuf sauce au poivre, parmentier d'agneau à l'ail et au thym, millefeuille de foie gras, sans oublier les desserts maison du jour. La grande maison qui abrite le restaurant, typique des causses du Quercy Blanc, offre un cadre charmant pour accueillir les gourmets. Une adresse incontournable pour les amoureux de cuisine authentique.

LE CHAT PERCHÉ

36, place Gambetta

✆ 06 27 21 15 46

Hiver ouvert jeudi, vendredi et dimanche. Été du lundi au dimanche. Mercredi 18h-23h pour les glaces à emporter.

Besoin d'une pause, d'un coin lecture, d'écriture ou de papotage avec un thé, une pâtisserie maison et une ambiance chaleureuse ? Caroline vous accueille dans son salon coloré et floral. Passionnée de thé, elle vous fait découvrir son univers et vous guide dans vos envies. Vous voulez profiter des marchés dominicaux ou des marchés des producteurs du mercredi soir ? Le Chat Perché propose un bar à glace et des desserts pour compléter votre menu producteur. Terrasse avec vue sur les arcades et salon avec vue sur la vallée. Une vraie pause gourmande et réconfortante.

LE FOURNIL DES ARTISTES

18, rue Georges Clémenceau ✆ 07 70 17 03 91
musicarpege.fr

Concept store d'artistes locaux : ouvert du vendredi au dimanche de 10h à 12h. Plus d'horaires l'été.

Boutique Pop-up store atypique aux créations 100% lotoises, des talents polymorphes inspirants et inspirés de la nature et de la vie quercynoise. Une ambiance pleine de gentillesse, des œuvres faites main, changeantes et émouvantes, à la fois décoratives et utiles. Vous repartirez, c'est certain avec un petit bout d'émotion du Lot. « Des artistes d'ici » vous accueillent et vous racontent, à travers leurs objets, le territoire Castelnaudais. Un Fournil aux recettes de senteurs, de talents, de souvenirs et de créativité, une jolie petite boutique à découvrir.

LABASTIDE-MARNHAC

Labastide-Marnhac est l'une de ses plus anciennes bastides de la région, fondée par le seigneur de Lard. Située sur le GR 65, la via Podiensis du pèlerinage de Saint-Jacques-de-Compostelle du Puy-en-Velay à Saint-Jean-Pied-de-Port, la commune possède un magnifique château cité au XIIIe siècle, ainsi qu'un dolmen – le dolmen de Peyrelevade – qui aurait été édifié aux environs de l'an 2000 av. J.-C. On peut également admirer trois églises, celle de Labastide-Marnhac et les deux églises annexes de St-Rémy et de Salgues. La commune est également riche d'un petit patrimoine rural : fontaine, lavoir, moulin de la Courounelle (1772), travail à ferrer de Poudans...

SAINT-PAUL-FLAUGNAC

La commune nouvelle de Saint-Paul-Flaugnac est née en 2016 du regroupement des deux communes de Flaugnac et Saint-Paul-de-Loubressac. Les villages de Flaugnac et Saint-Paul-de-Loubressac sont situés à l'extrémité d'un promontoire, dominant la vallée de la Lupte. Labouffie, nom initial de Saint-Paul, fut au XIIIe siècle un bastion des Templiers de la commanderie de Cahors. Des vignes plantées sur la commune font partie de l'aire d'appellation des Coteaux du Quercy. Enfin, des chemins de randonnée balisés permettent aux visiteurs de découvrir les paysages alentour. Vous pourrez admirer le Dolmen de la Lécune, au lieu-dit Les Trois Pierres.

CHÂTEAU DE LABASTIDE-MARNHAC

✆ 05 65 21 02 29
www.labastide-marnhac.fr

Accès libre à la cour toute l'année. Possibilité de louer des salles. Visite lors d'évènement organisé par la mairie.

A 10 km au sud de Cahors, le château date du début du XIVe siècle, édifié sur des ruines du XIIe siècle. Une vue magnifique jusqu'aux Pyrénées, un rôle historique dans la région et de multiples rénovations font de ce château un très joli site à découvrir. La mairie propose des locations de salles dans le bâtiment principal, pour des séminaires, formations et réceptions privées. Un petit musée des écoles d'antan et une bibliothèque sont également accessibles à l'intérieur de l'enceinte.

AU CHARME DU LEVAT** €

Lieu-dit le Levat
✆ 05 65 21 93 16
www.hotelaucharmedulevat.fr

Ouvert toute l'année. Chambre à partir de 49 €/nuit. Possible de privatiser 9 chambres. Chambre PMR. Animaux 5 €.

Cajolé dans un petit hôtel calme et agréable, disposant d'un joli parc idéal pour la détente aux beaux jours, vous aurez ici l'opportunité de trouver un refuge de qualité lors de votre périple en terres lotoises. Cet établissement jouit d'un cadre de verdure et de quiétude. Avec ses 8 chambres seulement, Au Charme du Levat assure un accueil familial, convivial et de qualité. Chaque chambre est équipée de façon à vous assurer tout le confort dont vous aurez besoin. Pour les enfants, des aménagements sont prévus pour assurer les besoins de distractions.

GÎTE ÉTHIC SIMPLE ET CHIC*** €€

route de L'Hospitalet ✆ 07 57 41 98 26
www.giteethicsimpleetchic.com

D'avril à octobre. Label Zéro déchet. 4 logements avec piscine salée chauffée de juin à octobre. Terrain, kit pétanque.

Noélie vous accueille dans de jolis gîtes où l'écologie est une valeur importante (récupération d'eau de pluie, produits bio ou écolabel, tri sélectif...). Vous pourrez louer une maison pour 6 personnes, un studio ou une tiny house, et sur un autre terrain, un deuxième studio. Chaque lieu a sa piscine d'eau salée et son boulodrome. Promis, votre séjour sera confortable et détendu : plancha, transat, jeux de société, boîte à livre, cheminée insert pour l'hiver, grand espace boisé...

LALBENQUE ★

Chaque année, le village de Lalbenque est sous le feu des projecteurs pour son célèbre marché aux truffes. Pour vivre et comprendre le village à 100 %, tâchez d'y passer en juillet pour l'omelette géante aux truffes ou le premier mardi de décembre, à 14h, pour le lancement de la saison. Les paniers truffés sont à retrouver tous les mardis d'hiver, une particularité locale très appréciée. Le village ne se limite pourtant pas à cet or noir, puisque l'église gothique Saint-Quirin notamment, de la fin du XVe siècle, fait partie du patrimoine culturel riche de Lalbenque, avec également une magnifique tour-pigeonnier à lanterneau qu'il faut observer.

MARCHÉ AUX TRUFFES ET FÊTE DE LA TRUFFE

rue du marché aux truffes
✆ 05 65 31 50 08

En décembre. Animations. Ventes spéciales particuliers/en gros de 13h30 à 14h30. Marché mardi 11h-17h.

L'agenda de la Saison de la truffe démarre début décembre par le «Ban de la truffe» et se clôture en mars par la grande soirée de «la truffe en bodega». Lalbenque est Capitale de la truffe, appelée aussi le Diamant noir ou Tuber Mélanosporum. Tous les mardis : marchés, ventes et gastronomie dans des menus d'exceptions. En décembre : Fête de la truffe avec dégustations, démonstrations de cavage avec des chiens truffiers et balades commentées. Ateliers culinaires à 10h pour les enfants.

FERME DE VANADAL

Les Grèzes - **ESCAMPS** ✆ 06 59 37 34 21
fermedevanadal.fr

Ferme et distillerie ouverte toute l'année sur rdv. Boutique. Gîte. Visite guidée, animations. Septuor de l'Innovation.

Benjamin et Servane cultivent 7 plantes en bio et distillent à la ferme. Un savoir-faire partagé lors des visites à la ferme. En boutique, vous trouverez huiles essentielles, hydrolats, tisanes, huiles, gels douche, shampooings, ainsi qu'une boisson, DIZ, 100% naturelle et bio. Accueil en gîte jusqu'à six personnes dans une charmante maison Quercynoise du XIXe siècle, où vous pourrez prendre vos repas sous la véranda avec vue sur la prairie. Environnement ressourçant, entouré de chevaux, de poules et d'une nature toute puissante. Un séjour ludique et très nature.

L'ERMITAGE €

1080, chemin de Mercadier ✆ 06 43 71 35 03
danielpasquier.fr/index.html

La nuitée seule 55 €. Les deux nuitées 100 €. A partir de trois nuitées 45 € la nuitée. La semaine 315 €.

Venez vous détendre au cœur des causses truffiers, dans l'une des 3 « caselles », des maisons de bergers construites par Daniel. Ces jolies maisonnettes rondes en pierres sèches, fraîches en été et chaudes en hiver, sont équipées et bénéficient d'une petite cour privative à l'ombre des chênes. Une adresse pleine de charme que savent apprécier les amoureux des hébergements insolites, les pèlerins de Compostelle et les amoureux tout court, en quête de paix, sérénité, calme et tranquillité. Vous pourrez y découvrir les 7 ouvrages de votre hôte, également écrivain.

LES SENTEURS DU QUERCY

490, Chemin du Mas de Fraysse - **ESCAMPS**
✆ 06 61 02 72 34
www.senteursduquercy.com

Collection de plantes, ouverte sur rdv du mercredi au vendredi 10h-12h/14h-18h, achat en ligne à récupérer sur place.

La pépinière d'Escamps est un véritable festival de senteurs. D'avril à juin, les couleurs varient et les formes offertes par dame Nature se révèlent magiques. À noter la fleuraison des iris en mai, où vous pourrez observer l'une des collections les plus vastes de France. L'équipe sur place est passionnée et passionnante. N'hésitez pas à poser des questions que vous soyez novices ou passionnés curieux. Outre la pépinière qui propose la vente d'espèces en tout genre, les amateurs trouveront sur le catalogue en ligne des espèces plus rares !

GITE LA BORIE DU MOULIN**** €€

1807, Chemin de Loubejac ✆ 05 65 53 69 45
www.laboriedumoulin.com

Ouvert toute l'année. A partir de 440 €/semaine (410 € à partir de la 2e semaine). Accès PMR 4 handicaps. Piscine.

Classé 4 étoiles, ce gîte de 55 m² est composé d'une chambre avec un lit double, d'un salon / salle à manger avec un canapé convertible et un home cinéma, d'une cuisine et d'une salle de bain. Tout le gîte a été aménagé pour les personnes ayant un handicap. En plein cœur du Parc Naturel Régional des Causses du Quercy, il jouit d'une vue sur les confins du Quercy Blanc. De la terrasse, c'est la nature qui explose. La piscine ouverte de juin à septembre se marie au cadre verdoyant.

Marché aux truffes et fête de la truffe.

GÎTES DU MAS DE SEMBELOU €€

Le bourg - **CREMPS**
✆ 05 65 24 33 12
www.gites-cremps.com

Gîtes de France 3 épis. Toute l'année. 4 gîtes 250-700 €/semaine. Piscine commune (sauf le gite La Forge). Accès PMR.

Marie José et Alain vous accueillent dans leurs gîtes au charme d'antan : pierres apparentes, cantou... L'un d'eux, situé dans le village et accessible aux personnes à mobilité réduite, est une ancienne forge du XVIIIe siècle qui a gardé son travail à ferrer les bœufs. Les 3 autres gîtes sont dans le hameau tout proche et bénéficient du même charme dépaysant et chaleureux, ainsi que d'une piscine commune. Tous ont une décoration traditionnelle qui révèle l'authenticité des lieux et crée une ambiance cocooning idéale pour des vacances détendues.

LES GLYCINES €€

Mas de Batié
CREMPS
✆ 05 65 31 60 98

Gîtes de France 3 épis. Chambre à partir de 95 € petit déjeuner inclus. Repas à la truffe : 45 € par personne.

Voici le lieu idéal pour les familles avec un bébé ou les jeunes couples. La chambre, aménagée dans ce qui fut la grange, est particulièrement spacieuse et confortable. Elle est équipée d'un lit double et d'un lit en 90 et dispose d'une salle d'eau et de WC indépendants. Nul besoin d'aller loin pour se restaurer, la table d'hôte remplit merveilleusement sa fonction et vous permettra de savourer les produits frais de la région dont la truffe et le safran de la propriété. La propriété de 3 hectares est composée de chênes, jardin fleuri, piscine...

LA TISSANDIÈRE*** €€

10, rue des Tisserands ✆ 05 65 21 15 54
la-tissandiere-hotel.mydirectstay.com

Toute l'année. Chambre double 84-104 €/nuit. Soirée étape solo/duo 105/150 €. Petit déj. express/buffet 8/12 €.

Emplacement idéal au cœur de Lalbenque, la Tissandière est un hôtel de charme et de caractère, dans une ancienne bâtisse en pierres à deux pas de la rue du Marché aux truffes. Les six belles chambres sont confortables et élégantes, entre meubles anciens et décoration moderne. L'établissement vous accueille et vous fait découvrir l'esprit des Causses. Des chemins balisés partent à quelques mètres de l'hôtel et vous permettent de découvrir les randonnées du sud du Parc naturel régional des Causses du Quercy, la première Cazelle de Nouel est juste à 3 km à pied.

AUX BIENVENUS €

2, rue du Presbystère
FONTANES
✆ 05 65 36 86 37

Lundi 8h-14h. Mardi/mercredi/jeudi 8h-19h. Vendredi 8h-22h. Dimanche 8h-12h30. Bar, épicerie, jeux. Menus 15,50-18,50 €.

Aux Bienvenus dans le petit bourg de Fontanes, c'est le concept du «multi-services» villageois. C'est tout à la fois le petit resto sympa (44 couverts en salle, 50 en terrasse ombragée), une cuisine traditionnelle maison goûteuse, élaborée principalement avec des produits frais et locaux, une ambiance familiale, un bar à thèmes avec des soirées salsa, grillades à la plancha et buffet, paellas, concerts, une épicerie (avec des produits locaux et régionaux).. Une halte très sympathique, une ambiance chaleureuse et une terrasse très agréable aux beaux jours.

LE BISTRONOME €€

89, rue du Marché-aux-Truffes
✆ 05 65 31 64 31

Du mercredi au samedi matin et midi ; vendredi et samedi toute la journée. Plat 12/17 €. Terrasse. Animations.

Le Bistronome à Lalbenque, au cœur du village célèbre pour son marché aux truffes, est un bar, un resto, un bar à vins, où l'on boit, rit, mange et où l'on danse aussi… Vous pourrez y déguster « sur le pouce » et à toute heure des plateaux de fromages et autres planches de cochonnailles, ou bien des plats et menus traditionnels. Une bonne ambiance, des patrons sympas, des concerts et des soirées de qualité. La terrasse-plage en été fait fureur auprès des enfants et des plus grands. Un lieu qui respire la bonne humeur et la joie de vivre.

AU GOÛT DUJOUR €€

26, rue du Marché aux truffes ✆ 06 08 70 51 05
https://au-gout-dujour.fr/wp/

Formules de 20 à 38 € selon le jour, midi ou soir. Menu de saison. Chef Denis Dujour. Réservation. Terrasse. Accès PMR.

Cette table en terre lalbenquoise s'inspire de son or noir : dès la saison, la truffe est déclinée, même en glace ! Le chef Denis Dujour propose une cuisine typique de la gastronomie française aux produits frais et locaux. Il montre une connaissance parfaite des cuissons et des assaisonnements, jusque dans les desserts, comme sa compote de rhubarbe sur un riz au lait justement dosé en sucre. Les légumes sont soigneusement choisis au marché et affolent les assiettes goûteuses. Accueil attentionné et cadre cosy. En été, la terrasse est agréable. Aucune fausse note !

TABLE VIGNERONNE DU CHÂTEAU DE HAUTE-SERRE €€€

CIEURAC
✆ 05 65 20 80 20
www.hauteserre.fr

Fermeture hivernale décembre/mars. Menus 70/120 €. Atelier Truffe & Mabec 55/190 €/pers. Panier pique-nique dimanche.

Au sud de Cahors, le Château de Haute-Serre et sa table Vigneronne d'excellence. Un lieu baigné de soleil, une étape gastronomique, dans l'art de vivre le Malbec. Dans un décor de chai en pierre, Chef cuisinier et Chef pâtissier vous ouvrent une table d'exception, entre cuisine de terroir et modernité des compositions. La gastronomie se décline en atelier, en veillée vigneronne ou encore en Bodéga-Brasero au cœur des vignes l'été. Une des plus belles adresses du Lot.

ATELIER MÉLI-MÉLO THÉ CAFÉ

138 C, Chemin de Jarlan
✆ 06 89 05 62 47
melimelothecafe.com/

Ouvert le lundi et du mercredi au samedi de 10h à 13h et de 15h à 18h ; le dimanche de 10h à 13h.

Belle rencontre avec Corinne, professionnelle du Café et du Thé dans sa boutique dédiée à cet univers. Elle sélectionne pour vous les meilleurs crus et torréfie elle-même le café. Un tour du monde de saveurs et d'intensités ! Vous y trouverez également des petites douceurs sucrées, une belle sélection de poivres, des théières et machines à café… Magnifique boutique, un conseil personnalisé et attentionné, des produits haut de gamme, un savoir-faire. Une véritable adresse futée.

BRASSERIE ARTISANALE RATZ

725, avenue Saint-Exupéry
FONTANES
✆ 05 65 53 05 63
www.biereratz.fr

Du lundi au samedi de 9h à 18h, en été 19h. Visites sur réservation du lundi au vendredi à 11h et 15h, le samedi à 15h.

Christophe Ratz s'est fait la main en Belgique et en Angleterre avant d'ouvrir sa propre brasserie en 2001, à Fontanes, à quelques encablures de Cahors. Alliance de pur malt, de houblon aromatique, de levure et d'eau lotoise, ses bières sont naturelles et non pasteurisées. En un peu plus de quinze ans, Christophe Ratz a mis au point une quinzaine de recettes, déclinées en plusieurs gammes : tradition, spéciale, bio, R de Ratz, auxquelles il faut rajouter les bières saisonnières.

CHÂTEAU DE HAUTE-SERRE

Château de Haute-Serre
CIEURAC
✆ 05 65 20 80 20

Ateliers, dégustation, balades dans le vignoble de 10 à 30 € selon les prestations. Sur réservation. Fermé en hiver.

Propriété Viticole au cœur de l'appellation Cahors sur les plateaux Kimméridgiens, Bertrand Gabriel Vigouroux 4e de sa génération, consacré meilleur vigneron Malbec du monde par le célèbre média The DrinksBusiness, confirme son expertise pour ce cépage. Au château de Haute-Serre, de nombreuses activités sont proposées pour une immersion authentique et fascinante : visite du vignoble et des chais ponctuée par une dégustation, ateliers de dégustation, parcours d'orientation, des balades en trottinette dans les vignes, pique-nique, veillée et soirée.

FERME DE TANDOUNET

571, Tandounet

✆ 06 75 54 39 75

Boutique à la ferme : prendre rdv par téléphone, horaires très flexibles. Label Bienvenue à la ferme.

Chez Anne-Marie, on élève les canards à l'ancienne, en petite production, dans le respect des animaux, des saisons et des méthodes ancestrales. Les volatiles ont de grands parcours sur lesquels ils peuvent courir, se dépenser, vivre au grand air ! En hiver, vous trouverez à la ferme de Tandounet des canards entiers désossés au foie gras, des magrets de canard au foie gras, du foie gras mi-cuit... Tout au long de l'année, dans la boutique de la ferme, l'éleveuse propose du foie gras, du pâté au foie truffé, des fritons, des gésiers...

MARCHÉ AUX TRUFFES ET FÊTE DE LA TRUFFE

rue du marché aux truffes

✆ 05 65 31 50 08

En décembre. Animations. Ventes spéciales particuliers/en gros de 13h30 à 14h30. Marché mardi 11h-17h.

L'agenda de la Saison de la truffe démarre début décembre par le «Ban de la truffe» et se clôture en mars par la grande soirée de «la truffe en bodega». Lalbenque est Capitale de la truffe, appelée aussi le Diamant noir ou Tuber Mélanosporum. Tous les mardis : marchés, ventes et gastronomie dans des menus d'exceptions. En décembre : Fête de la truffe avec dégustations, démonstrations de cavage avec des chiens truffiers et balades commentées. Ateliers culinaires à 10h pour les enfants.

AUJOLS

Le petit village d'Aujols ne manque pas de charme et ses atouts patrimoniaux ne sont pas négligeables avec son église du XIXe siècle, ses remparts du XIIIe et bien entendu son lac entouré de vingt lavoirs « papillon ». Situé au centre de la commune, ce petit lac est une curiosité à voir. On peut imaginer face à la poésie des lieux le quotidien des lavandières de l'époque, agenouillées devant les lavoirs pour frotter et battre le linge. En 1870 le lac fut agrandi. En période estivale on peut apercevoir au fond du lac les vestiges des premiers lavoirs ensevelis. On cessa évidemment progressivement de laver le linge au lac à partir des années 1950.

BELFORT-DU-QUERCY

Ancienne bastide du XIIIe siècle, Belfort-du-Quercy a été fondée par la famille de Penne autour d'un château et de deux tours de guet. Détruite au fil des siècles, la petite bastide médiévale a longtemps été laissée à l'abandon. Un deuxième village, plus moderne, prend alors vie sur un plateau du Quercy blanc. Admirée pour ses vieilles bâtisses en pierres blanches, Belfort-du-Quercy renferme comme un secret quelques trésors. A voir, la chapelle Saint-Jean-des-Arcades (datant du XVe siècle) et le four à pain traditionnel de Loubéjac entièrement restauré. Bien d'autres petites pépites sont à découvrir lors de promenade dans le bourg et les environs.

VAYLATS

C'est un petit village du causse dont les terres furent cultivées dès le IIe siècle av. J.-C. et qui avant la conquête romaine était occupé par un oppidum. Si la seigneurie de Vaylats est attestée au XIIIe siècle, le village actuel ne fut édifié qu'à partir de 1470 autour d'un château entièrement détruit pendant la Révolution. Son emplacement servit au XIXe siècle à la construction du couvent des Filles de Jésus aujourd'hui administré par l'association Jean Liausu. Sur la butte de Vaylats ou « Pech de la Pauze », point culminant de la commune, on trouvera un panneau présentant les particularités géologiques du territoire.

PHOSPHATIERES DU CLOUP D'AURAL

1546, route des Phosphatières - **BACH**

✆ 05 65 20 06 72

www.phosphatieres.com

Ouvert à partir du 5 avril. Horaires sur le site. Gratuit -5 ans. Adulte 13 €. Enfant 7/12 €. Tarifs réduits handicap.

Anciennes mines de la fin du XIXe siècle, les phosphatières du Cloup d'Aural offrent un magnifique regard sur la vie minière de cette époque. Leur exploitation a permis la découverte de fossiles vieux de plus de trente millions d'années. Dans ces exploitations à ciel ouvert et les nouveaux parcours pédagogiques récemment aménagés, les visiteurs vont découvrir une végétation aux allures de régions tropicales, entre lumière et monde souterrain. Chemin de randonnée de 9,2 km.

COUVENT DE VAYLATS €

100, rue du couvent
✆ 05 65 31 63 51
https://couventdevaylats.fr/
Toute l'année. Gîte 168 €/2 pers./week-end et chambres 58,50 € ou pour pèlerins 39,75 € avec 1/2 pension.

Cette bâtisse a été érigée en 1820 à la fondation de la Congrégation des Filles de Jésus. Architecture remarquable avec de belles pierres, tourelles, cloître et cour intérieure. L'atmosphère est basée sur l'hospitalité, l'accueil et l'entraide intergénérationnelle. L'Hostellerie comprend 15 chambres neuves ainsi que 15 logements équipés avec sanitaire privatif, un gîte et des dortoirs pèlerins. Un restaurant familial, des salles de réunion et des salons alliant authenticité et modernité sont également à votre disposition. À découvrir pour une pause sérénité.

LES GÎTES DU MAS D'ASPECH €€

Lieu-dit Le Mas d'Aspech - **BELMONT-SAINTE-FOI**
✆ 06 89 94 48 76
www.location-gite-quercy.com
3 gîtes 2 à 4 places à partir de 480 €/sem. Repas 30 €. Piscine privative/gîte. Animaux acceptés. Nombreuses options.

Les gîtes ont su conserver toute la saveur et l'âme quercynoise au cœur du Parc Naturel des Causses du Quercy. Deux maisons de caractère et un pigeonnier vous sont proposés lors de vos séjours lotois le temps d'un week-end, d'une semaine ou plus. Loin de la fièvre urbaine, le Mas d'Aspech mise sur la proximité avec le calme et la quiétude de la nature, ici souveraine. Depuis 2016, chaque gîte est désormais équipé de sa piscine privative... Bon séjour !

AUBERGE DU MAS D'ASPECH €€

Lieu-dit Le Mas d'Aspech - **BELMONT-SAINTE-FOI**
✆ 05 65 31 04 59
www.aubergedumasdaspech.com
Toute l'année. Été jeudi au mardi midi/soir, sauf dimanche soir. Menus 16-32 € avec 5 plats. Menu truffes 42 € sur résa.

En cuisine, on officie dans la plus pure tradition de la restauration traditionnelle. À la carte, les spécialités quercynoises rivalisent de saveurs et de raffinement : soupe campagnarde cuite au feu de bois, poule au pot, foie gras poêlé aux câpres, tête de veau, chou farci, confit de canard, civet de lièvre et autres gourmandises du terroir. La cuisine du chef satisfait à bien des égards les papilles des palais les plus avertis. De décembre à mars, il peut même vous concocter un menu «tout truffe», de l'apéritif jusqu'au dessert.

AUBERGE LOU BOURDIÉ €€

Le Bourg - **BACH** ✆ 05 65 31 77 46
loubourdie.fr
Ouvert toute l'année du lundi au vendredi et dimanche midi. Menus 24-36 €. Menu Truffes 45-65 €.

La cheffe Julie Alliet de cette Auberge traditionnelle du Sud-Ouest a hérité des recettes d'antan d'une cuisine française qui réconforte et exauce l'enfance par des plats gourmands. Les assiettes sont savoureuses et extrêmement généreuses. A toute saison, la tradition veut à Lou Bourdié de débuter le repas par la soupe ! Croyez nous, ce sera sûrement la meilleure que vous pourrez déguster de toute votre vie ! Viennent ensuite : entrée au choix, plat principal au choix, fromage et dessert. En hiver menu truffe. Adresse mythique référencée aux Bonnes Tables du Lot.

MAS DE RAOUNEL

✆ 05 65 24 73 54
Vente à la ferme lundi au vendredi 8h30-12h30/17h-18h30 + samedi 8h30-12h. Gîte 4 personnes 350-400 €/semaine. Piscine.

La famille Gouraud élève un troupeau de 250 chèvres à la sortie de Vaylats. Le père et le fils produisent des AOP Rocamadour fermiers parfumés, onctueux et crémeux à souhait ! On peut l'acheter en vente directe (la meilleure façon de se rendre compte du travail effectué sur place) ou passer commande par téléphone. On retrouve également les produits du Mas de Raounel sur le marché de Lalbenque le samedi matin et dans quelques boutiques locales. Dormez à la ferme dans le gîte avec 2 chambres, salon, cuisine et salle d'eau, et profitez de la piscine !

LIMOGNE-EN-QUERCY

Limogne-en-Qercy est un petit bourg très dynamique qui centralise commerces, services et vie populaire. Il faut venir le dimanche matin assister au marché hebdomadaire, s'asseoir à la terrasse du café et humer les parfums qui flottent dans l'air. On peut alors saisir ce qui fait de ce village tout son charme. Dans la Maison du Pays de Limogne, au centre du village, on trouve l'office de tourisme, une salle d'exposition et un musée d'Art et de Traditions populaires. Agrémentant les alentours du village, de nombreux dolmens, pigeonniers, gariottes et un beau lavoir biface couvert avec abreuvoir se dressent pour éveiller la curiosité du touriste.

MUSEE D'ARTS ET TRADITIONS POPULAIRES

55, Maison du Pays de Limogne
✆ 05 65 24 34 28

Toute l'année. Mêmes horaires que l'office de tourisme. Visite groupes : résa au 05 65 31 48 78.

Découvrez le quotidien d'autrefois à travers des scènes authentiques : du champ à la table, chaque étape du travail paysan prend vie. Du semis à la moisson, en passant par le battage du blé et la fabrication du pain, chaque geste raconte une histoire. Entrez dans la pièce principale, véritable cœur de la maison, avec sa cheminée entourée d'ustensiles, sa grande table rustique dotée d'un large tiroir, et le berceau d'enfant. Un véritable voyage dans le temps !

REFUGE PECTEN MAXIMUS €

9QWM+C8,

Cabane non gardée. Accès libre. 4 pers. max. Ni eau, ni électricité, ni sanitaires. Feux et cueillettes interdits.

Encore une remarquable œuvre d'art-refuge créée dans le cadre de « Fenêtres sur le paysage » menée par « Derrière le Hublot » ! Conçue par l'artiste Sara de Gouy, cette insolite cabane recouverte de quelque 8 000 coquilles Saint-Jacques ressemble à une coque de navire renversée. Entourée de chênes pubescents et de collines calcaires parcourues de nombreux sentiers, elle offre une belle halte de repos aux visiteurs ou pèlerins en marche vers Saint-Jacques de Compostelle. Équipée de 4 couchages rudimentaires, elle est idéale pour une nuit simple, au calme. Un retour aux sources.

SENTIER BOTANIQUE DE CANTAGREL

Départ à la maison des associations.

Info à l'office de tourisme. Suivre les panneaux depuis la Maison des associations. 2 km (env. 1h), accessible à tous.

À deux pas du centre-ville, au pied de la Maison des associations sur la route de Villefranche, suivez le parcours balisé. Ce sentier de 2 kilomètres serpente entre murets de pierres sèches et champs clôturés de barrières en bois, offrant une immersion authentique dans le paysage du Causse du Quercy. Les sols perméables abritent près d'une centaine de plantes adaptées à la sécheresse, révélant une biodiversité étonnante. Une promenade empreinte de poésie et de sérénité.

CAMPING LE BEL AIR** €€

311, rue de la Piscine ✆ 06 20 07 40 87
www.campinglebelair-limogne.com

Emplacement 18-21 €/nuit. Mobil-homes (2 à 4 places) à partir de 300 €/semaine. Piscine municipale gratuite.

Ce camping, niché au cœur du parc naturel des Causses du Quercy, propose 50 emplacements, 7 mobil-homes et, grande nouveauté pour 2024, des pods en location. L'ambiance y est paisible et bucolique, avec un agréable ombrage et des prestations de qualité. Vous y trouverez un accès Wi-Fi gratuit, une piscine, une aire de jeux pour enfants, une épicerie de dépannage, un snack, ainsi que la possibilité de commander du pain et des viennoiseries. L'accueil chaleureux et l'emplacement idéal en font un point de départ parfait pour des balades et visites touristiques.

TRUFFES PASSION

151, chemin du Jouncas ✆ 06 21 52 77 70
www.truffespassion.fr

Vendredi à 10h30 (réservation), A la recherche de la truffe (1h30) 8 €, 2h30 au marché aux truffes décembre à mars 12 €.

Marie-France Ourcival est une vraie spécialiste de la truffe. Passionnante et terriblement sympathique, elle entraîne les visiteurs dans l'univers de ce luxueux champignon, propose des matinées sur les marchés aux truffes de la région, des semaines de découverte du Quercy sous le signe du plus précieux des condiments. La visite classique du vendredi a lieu dans son verger truffier où elle fait une démonstration de cavage avec sa chienne qu'elle a dressée à cet usage. Sur réservation, Marie-France propose une dégustation et peut vous héberger dans ses gîtes.

L'AUBERGE DE LA GRANGE DU CROS €€

Le Cros - **SAILLAC**
✆ 05 65 24 77 13

Ouvert de mi-février à mi-décembre sur réservation. Menu à 27 €. CB non acceptée. Accueil des groupes. Jardin. Terrasse.

L'auberge de la Grange du Cros allie harmonieusement la pierre et le bois, créant un cadre authentique en parfaite adéquation avec sa cuisine traditionnelle. Rebecca vous régalera avec ses plats familiaux, tandis que Thierry, avec son sourire chaleureux, évoque l'esprit des aubergistes d'antan. Parmi les délices proposés, vous retrouverez la terrine de lapin aux noisettes, la poule vallée d'Auge, et un savoureux plateau de fromages. Le menu, renouvelé chaque semaine, est excellent.

L'ESPRIT DU CAUSSE €€

Le Bourg - **CONCOTS** ✆ 05 65 22 37 66
lesprit-du-causse.com
Mardi au vendredi et dimanche sur réservation. Menus 36-41 €. Formule midi 17,50 €. Chambres d'hôtes 90 €/nuit avec spa.

Avec son parquet ancien, ses poutres imposantes et sa grande cheminée, l'Esprit du Causse incarne parfaitement son nom, en poursuivant une tradition d'accueil et de gastronomie qui remonte à plus de deux siècles. Le chef Romain Bouëtard y propose une cuisine bistronomique raffinée, renommée pour sa finesse. La carte des vins met en avant des vignerons bio ou en reconversion, tandis que l'accueil chaleureux de Marlène, l'épouse de Romain, ajoute à l'authenticité du lieu. C'est une adresse incontournable du Lot, qui se distingue par son bon rapport qualité-prix.

RESTAURANT LE JARDIN €€

14, Rue de Cenevières ✆ 09 81 69 52 74
D'avril à novembre, mercredi au samedi midi/soir, dimanche midi, mardi midi/soir en été. Menus 23,50-38 €. Accès PMR.

Le midi, le chef et propriétaire mise sur la fraîcheur en proposant une sélection de deux entrées et deux plats au choix, accompagnés de fromage et/ou d'un dessert. La qualité des produits est incontestable, et Philippe, aux fourneaux, les sublime avec un savoir-faire remarquable. Les légumes de saison occupent une place centrale dans ses créations. Chaque assiette est une véritable œuvre d'art, aussi plaisante pour les yeux que pour le palais. En été, le restaurant ouvre sa terrasse offrant une vue imprenable sur le village de Limogne-en-Quercy.

LA TABLE DE CHARROU €€

Mas de Charrou
✆ 05 65 24 81 63
https://www.latabledecharrou.com/
Du jeudi au dimanche midi/soir, lundi midi, lundi soir et mardi soir en été. Formule 18,90 €. Accès PMR. Terrasse.

Lucie et Charles se fournissent en viande entière et font la découpe eux-mêmes, ce qui permet de proposer des parties souvent rares dans les assiettes. Ici, tout est fait maison. Les aficionados de l'agneau du Quercy le trouveront grillé au feu de bois le dimanche midi. À la carte, le foie gras, l'épaule d'agneau confite, le steak de bœuf ou les croquettes de tête de veau sauce gribiche font des heureux, tout comme la pavlova ou la tarte aux myrtilles en dessert. Les frites sont cuites à la graisse de bœuf, et les légumes sont toujours frais, locaux et de saison.

BOUCHERIE ESCROZAILLES

Place Jean Louis Belvezet
✆ 05 65 24 31 18
www.boucherie-escrozailles.com
Ouvert du mardi au samedi 8h30-12h30/15h-19h ; le dimanche 8h30-12h30. Ouvert le lundi en été.

Marie-Claude et Philippe Escrozailles se sont taillé au fil des ans une réputation d'excellence. Il n'est qu'à voir la fréquentation de la boutique de Limogne le mardi, jour des confits de porc. Tradition oblige, la boucherie achète ses bêtes sur pied dans la région. L'étal de charcuterie propose ses inévitables fritons de porc et de canard, pâtés, rillettes, saucisses sèches et saucissons... Au rayon traiteur chaque jour à son plat à la demande. L'établissement propose également un large choix de conserves, fromages, vins et autres produits locaux.

LES FINS GOURMETS

Grand'Place
✆ 05 65 24 31 65
www.les-fins-gourmets.com
Du mardi au samedi 9h-12h30/15h-19h, dimanche 9h-12h30, lundi en juillet/août. Livraison possible. Coffrets-cadeaux.

Quatre agriculteurs passionnés se sont associés pour préserver le savoir-faire transmis par leurs parents et grands-parents dans l'art du gavage de canards et de la fabrication de produits artisanaux. Le gavage est réalisé exclusivement au maïs, et tous les produits sont naturels. Vous pourrez découvrir leurs créations dans leur boutique principale à Limogne-en-Quercy, ainsi que dans deux autres points de vente à Cajarc et Villefranche-de-Rouergue. Une sélection raffinée de produits du terroir, préparés dans le respect de la tradition, ravira vos papilles.

CENTRE ÉQUESTRE PONEY CLUB DE LIMOGNE

Mas de Bassoul
✆ 05 65 31 67 91
www.fraysse-equitation-lot.ffe.com
Différents cours du mardi au samedi. Ouvert de 9h à 18h.

Didier, moniteur diplômé d'État et accompagnateur de tourisme équestre, partage sa passion des chevaux et vous invite à la découvrir. Que vous soyez débutant ou cavalier expérimenté, chevaux et poneys vous attendent pour des séances adaptées à tous les niveaux. Vous pourrez apprendre, vous perfectionner, voire vous préparer à la compétition. Des stages sur mesure sont également proposés pour les cavaliers avancés. Les balades équestres vous permettront de découvrir les paysages du Lot.

LUGAGNAC ★

Bienvenue dans le village de Louis Malle. Le cinéaste naquit dans un vieux manoir en 1966 et le restaura. Ce manoir, Le Coual, servit notamment de décor au tournage de son œuvre très personnelle *Black Moon*. En se promenant dans le petit bourg, on est saisi par le charme des pierres qui semblent raconter bien des histoires. La caractéristique majeure du village se situe dans les entrées des maisons. En effet, toutes les propriétés – de petites maisons quercinoises typiques – possèdent un portail avec un linteau (de pierre pour la plupart) qui donne une harmonie particulière au village. Lugagnac possède en outre un très joli petit patrimoine.

BEAUREGARD

Beauregard est une bastide située dans le Parc naturel régional des Causses du Quercy. Le premier nom de Beauregard était Bel Regard, remplacé par *Beauregard*, qui désigne une belle vue ou un beau manoir. Sa création remonte au Moyen Âge aux alentours du XIIIe siècle. On retrouve les caractéristiques d'une bastide avec des rues rectilignes et la Place de la Halle au centre même du village. Celle-ci date du XVe siècle et présente une solide charpente couverte de lauze. Près du centre-bourg, le château de Marsa, malheureusement privé, est un très bel édifice remanié au fil des siècles, sa tour carrée date vraisemblablement du XIIIe siècle.

VARAIRE

Ne laissez pas Varaire sur votre chemin ! Ce petit village recèle tout ce que l'on aime. Autrefois, la commune était traversée en son sud par la voie romaine reliant Caylus à Cahors. Ce très vieux chemin était appelé le « Cami Gasco ». La croix de Pétronille que l'on trouve au bord de la voie romaine marque l'emplacement d'un hôpital connu sous le nom de Saint-Jacques-de-Peyronèse qui accueillait les pèlerins au Moyen-Age. L'hospitalité a forgé l'identité du village qui possédait deux auberges au XVIe siècle. Aujourd'hui, le village a encore un hôtel-restaurant qui accueille les pèlerins de Compostelle. Une petite épicerie anime le bourg.

PRIEURÉ N.D. DE LARAMIÈRE ✞

Place de l'église
LARAMIÈRE
✆ 06 16 62 59 29
Visites juillet à septembre et expos temporaires pendant les vacances scolaires de 15h à 18h. A partir de 5 €/entrée.

Sur une commanderie du XIe siècle, le Prieuré de Laramière s'ouvre au public avec des expositions temporaires et permanentes. Des salles rénovées accueillent chaque année des thématiques sur le patrimoine, des collections au gré des envies de deux passionnés propriétaires et amoureux des lieux. À Noël, venez également découvrir le Noël Magique, avec plus de 200 crèches collectées durant une vie entière sur 5 continents, présentées dans la grande salle romano-gothique du Prieuré.

LES MARRONNIERS €€

Le Bourg
✆ 05 65 31 53 85
Ouvert toute l'année. Menus 16-28 €. Gîte d'étape 20 €/nuit ou 45 € en demi-pension d'avril à novembre. Accès PMR.

Sur le chemin de Saint-Jacques-de-Compostelle, sur ce causse de Limogne où pousse le « diamant noir », dégustez omelette aux truffes, poule farcie, lapin, pintade, agneau et canard fermiers et légumes du potager ou pommes de terre au safran. Sans oublier la salade de noix, les cabecous, le pastis et autres clafoutis aux prunes de la Saint-Jean. L'été, l'assiette garnie est bien « garnie » (magret, foie gras). Le gîte réserve le meilleur accueil aux randonneurs à pied, à cheval ou en vélo. Il se situe à la croisée des GR®65, GR®36 et GR®46.

PAYS BOURIAN

La Bouriane, tel un conte de fées, nous charme par ses vallons, ses ruisseaux et ses forêts de châtaigniers, de son regard, elle embrasse le Périgord et la Dordogne. C'est autour de la ville médiévale de Gourdon que de petits villages s'égrainent au fil des chemins. Il fait bon vivre dans ce coin du Lot qui reste l'un des plus authentiques. Par sa ruralité sincère, la Bouriane offre des espaces naturels sensibles et préservés. Randonnées pédestres, circuits en vélo ou à cheval, vous trouverez en Pays Bourian des itinéraires variés et pleins de jolies surprises. Nous vous conseillons de faire des détours, de vous laisser conquérir par ces petits villages… comme celui des Arques, vitrine du travail de l'artiste Zadkine, ou encore Lavercandière, Salviac ou plus au sud avec Catus et son lac Vert, aménagé pour la baignade, la pêche et la détente, idéal en famille dans un espace de loisirs et d'animations variées.

Pays Bourian
5 KM
Groléjac
MILHAC
Payrac
Alvignac les Eaux
Cénac
Domme
Saint-Cybranet
Saint-Martial-de-Nabirat
Daglan
GOURDON
LE VIGAN
Saint-Pompont
LÉOBARD
GINOUILLAC
DORDOGNE
SÉNIERGUES
SALVIAC
MONTFAUCON
SAINT-GERMAIN-DU-BEL-AIR
COEUR DE CAUSSE
CAZALS
LAVERCANTIÈRE
Labastide-Murat
Villefranche-du-Périgord
GINDOU
SOULOMÈS
P.N.R. des Causses du Quercy
LES ARQUES
Sauveterre-la-Lémance
Frayssinet-le-Gélat
USSEL
UZECH
Montgesty
NADILLAC
LAUZÈS
GOUJOUNAC
CATUS
SAINT-MARTIN-LE-REDON
Calamane

PAGES

CAZALS

Cazals est un village champêtre, à l'histoire pastorale et viticole. L'architecture est concentrée autour d'un castrum, trace d'un peuple rural qui a su se fortifier pour contrôler les voies antiques entre Cahors et le Périgord. Une tour seigneuriale, le presbytère la Caminade, la chapelle castrale, et des maisons fortes ainsi que les traces de la bastide de Montloza (fondée en 1319). La ville s'organise autour de la place Saint-Martin, et développe des maisons plus humbles aux grands jardins carrés qui donneront le nom de Cazals. Hugues Salel, valet de chambre de François Ier, grand poète de la cour de la Renaissance, est né à Cazals en 1504.

FRITERIE PATATE €

Place Hugues Salel
✆ 07 48 13 00 13

Ouvert toute l'année, à toute heure. Bar resto pour tous. Petits prix, plat et dessert fait maison. Plat + café 14€.

On a aimé... trouver un lieu pour manger, perdu au milieu de nulle part, en plein hiver, à presque 14h, et se régaler d'un plat composé et adapté à des contraintes alimentaires et tout ça avec bonne humeur. Une assiette avec de vrais morceaux de poulet, une jolie salade et une copieuse ration de frites. Ici, pas de chichi, pas de prétention, mais un repas simple, copieux et frais dans une ambiance de bar au fond des bois. Les deux jeunes restaurateurs sont vraiment à l'écoute de votre fringale. Le café était excellent. A suivre de près dans leur développement.

MUSÉE MONTOLZA MECANIC ART

Le bourg
✆ 05 65 22 89 00
www.montolza.com

Horaires et jours d'ouverture particuliers, consulter le site internet. Adulte : 5 €. Gratuit -12 ans.

Le Musée de Mécanic Art Montolza expose plus de 100 œuvres (bandes dessinées, journaux, lithographies, photographies, tableaux, timbres, cartes postales, dessins, broderies) liées à cet art né au XIXe siècle qui retrace la naissance et l'évolution de la civilisation industrielle. Fondé par Patrick André Laubie, le musée met en lumière 101 œuvres emblématiques qui ont marqué l'histoire de l'Humanité. De l'invention du vélocipède à l'alunissage d'Apollo 11. Fascinant.

LE CAZDALS €

1830, rue de la République
✆ 05 65 53 04 82

Ouvert du mardi au samedi 17h30-20h30, dimanche 7h30-13h30. Pizzas de 9 à 14,50 €, sur place/à emporter.

Le Cazdals est un bistrot de village sympathique, avec un stationnement sur la grande place à proximité. Une belle carte de pizzas et un top 5 réalisé début janvier avec en podium La Reine, en second La 4 fromages, La végétarienne en 3ème position, suivie de La Piquante et de La Cazdals. A vous de venir tester sur place ou à emporter. Le restaurant propose d'autres plats à la carte ainsi que des animations pendant l'année avec des concerts et des soirées DJ. Le dimanche, vous pouvez réserver vos pizzas et profiter du marché de village.

OFFICE DU TOURISME CAZALS-SALVIAC

18, Place Hugues Salel
✆ 05 65 22 88 88
www.tourisme-cazals-salviac.com

Ouvert toute l'année en semaine. Horaires variables en fonction des deux bureaux d'informations à Cazals et à Salviac.

Le Pays de Cazals-Salviac est plein de surprises et de secrets, au cœur de la Bouriane, entre Cahors et Sarlat, entre les vallées du Lot et de la Dordogne. C'est un territoire majeur préservant des zones naturelles sensibles, idéal pour les amoureux de randonnées et de calme. L'office de tourisme met à votre disposition une mine d'informations afin de profiter au mieux de votre séjour. Un territoire attachant et préservé pour se reconnecter à la nature et à sa santé.

AUBERGE DE LA PLACE €€

1, place du Foirail ✆ 05 65 37 02 63

Hiver mardi au dimanche midi + samedi soir. Eté mardi au samedi midi/soir + dimanche midi. Menus 15-38 €. Terrasse.

Au cœur de Cazals, ce petit restaurant de village rassemble locaux et touristes dans une ambiance chaleureuse avec une équipe sympa. Viande, poisson ou plats végétariens, les assiettes sont copieuses. Produits frais et recettes traditionnelles typiques du Quercy et faites maison, il ne sera pas facile de choisir entre le pavé de bœuf sauce poivre vert et son gratin dauphinois maison, le foie gras maison, les incontournables confit de canard et magret, le filet de julienne, les salades gourmandes ou l'omelette aux cèpes ou celle au cabécou.

LE VENT D'AUTAN

Place Hugues Salel
✆ 09 81 91 29 26
Ouverte du mardi au samedi de 9h30 à 13h et de 15h à 18h30 et le dimanche 9h à 12h30.

Cette librairie indépendante généraliste est une place incontournable de la culture littéraire à Cazals. Un choix en accord avec les grandes éditions mais aussi une proposition littéraire engagée d'ouvrages de qualité : roman, BD, polars, ouvrages d'art et de sciences humaines, livres pour enfants et adolescents. Le petit plus : la terrasse salon de thé pour profiter des lectures et des rencontres organisées pour partager ses recommandations auprès des visiteurs. L'enseigne Librairie en fer forgé sur la façade en pierre est une invitation à ne pas rater.

LES MINIS PATTES

✆ 07 60 84 87 99
https://lesminispattes.fr/
D'avril à octobre, week-end et vacances scolaires. Ferme pédagogique 5 €. Gratuit -2 ans. Accès PMR en saison sèche.

Elodie aime les animaux et ça se voit ! Elle a installé sa ferme pédagogique à Cazals et permet à tous de venir rencontrer les animaux qu'elle a sauvés : cochons, vaches, ânes, poules, cochons d'Inde, lapins, moutons, chèvres, poneys, dindons, canards. Vous visitez sa ferme en autonomie, accédez à des parcs où les animaux se laissent câliner, et Elodie est disponible pour répondre à vos questions. Elle organise régulièrement des ateliers et des animations pour les groupes qui peuvent bénéficier d'une visite guidée tout en nourrissant et caressant les animaux.

RANDO LA FONTAINE

Lieu dit Les frappes - **MONTCLÉRA**
✆ 06 77 70 26 65
www.randolafontaine.com
Séjours rando équestres thématiques de 50/100 € la nuit à 270/588 € la semaine avec hébergement en tipi ou yourte.

Geneviève vous accueille dans sa ferme équestre pour vous reconnecter à la nature en partant en randonnée à cheval : 1 heure ou 2, une journée, ou un séjour, vous pourrez profiter de ce lieu caché dans la Bouriane, et partir sur les chemins, dormir dans un tipi ou une yourte, rejoindre Rocamadour ou découvrir les alentours de la ferme. Votre hôte propose des repas sains aux produits frais et locaux, souvent bio. Surtout, vous créerez un lien avec un cheval, une confiance, une complicité. Promis, vous repartirez ressourcé de votre séjour à la ferme La Fontaine.

FRAYSSINET-LE-GÉLAT

Frayssinet-le-Gélat est situé entre Fumel, dans le Lot-et-Garonne, et Gourdon. Une invitation à la détente au bord du ruisseau de la Thèze et de son plan d'eau du Moulin Bas où les pêcheurs aiment passer le temps. Un espace reposant et familial pour pique-niquer, se baigner ou profiter d'une glace à la guinguette du plan d'eau. Ici, la douceur de vivre contraste avec l'histoire qui se rappelle à nous par un monument érigé à la gloire des résistants fusillés en mai 1944 sous la barbarie nazie. L'église Sainte-Radegonde affiche un porche traversant une tour ronde, une abside romane et des reliques de saint Loup. Une pause avant d'entrer dans Cazals.

LE PLAN D'Ô €

Bord du plan d'eau
✆ 05 65 36 60 81
Ouvert mi-juin à mi-septembre 7j/7 de 11h à minuit. Snack, bar, restaurant : 7,50-20 €. Accueil des groupes. Animations.

Au bord du plan d'eau, d'où le nom de ce bar-restaurant sympathique, il est agréable de profiter de la quiétude du lieu en buvant un soda ou une bière, ou en dégustant des plats simples, mais bien préparés : entrecôte-frites, magret grillé, omelette aux cèpes, salade de gésiers et cabécou... Les producteurs locaux ou leur propre jardin fournissent des produits frais. L'été, des animations sont proposées avec la diffusion de matchs de football ou de rugby et des soirées bandas. Un bon rapport qualité-prix, l'ambiance chaleureuse « à la bonne franquette » en prime.

CHEZ TATOU €

le bourg
✆ 05 65 24 79 38
Ouvert toute l'année du jeudi au lundi 8h30-23h. Formule midi 13,50 €. Brunch dimanche : huîtres et vin blanc de saison.

Au cœur d'un village de Bouriane, Chez Tatou est devenu le rendez-vous incontournable : bar à vins et à bières, petite brasserie, dans une ambiance de pub où toutes les générations se retrouvent pour partager un verre, une planche mixte généreuse, ou déguster un bon burger ou une entrecôte au déjeuner. Les produits sont de qualité (confit IGP, Viande Bovine Française), et les desserts faits maison : craquerez-vous pour le tiramisu ou la mousse au chocolat ? L'équipe est souriante et efficace. Le samedi, vous pouvez compter sur les sportifs pour mettre de l'ambiance.

AUX DÉLICES DE LA SERPT €€

Lieu-dit la Serpt ✆ 05 65 36 66 15

Ouvert toute l'année mardi, vendredi + samedi soir + dimanche midi. Menus 18/30 €. Menu enfant 10 €. Jardin. Terrasse.

Dans un tout petit village à la confluence du Lot, du Lot-et-Garonne et de la Dordogne, Marie-France et Didier ont ressuscité cette ferme d'où émerge un magnifique pigeonnier. Vous dégusterez ici des recettes à base de canard. Chou farci au foie gras, poule au pot, tourin, mique levée et veau fermier y sont servis. Une excellente ferme-auberge traditionnelle, une cuisine de terroir concoctée avec les produits frais de la ferme, copieux et au très bon rapport qualité-prix, sans oublier l'accueil chaleureux. Pensez à réserver... succès oblige.

MUSÉE OSSIP ZADKINE ★★

✆ 05 65 22 83 37

Fermé en janvier et les jours fériés. Ouvert tous les jours sauf le lundi. Gratuit jusqu'à 12 ans. Adulte : 3 €.

Au début des années 1930, accompagnée de sa femme, Ossip Zakine trouve aux Arques un site idéal de créations. Aujourd'hui, dans son musée, son église ou dans ses ruelles, le petit village peut se vanter d'héberger les œuvres de l'un des plus grands sculpteurs du XXe siècle, reconnu maître de la sculpture cubiste. Un musée qui se prolonge aujourd'hui dans le village : la *Pietà* et le *Grand Christ* ont naturellement trouvé place dans l'église et des œuvres en bronze sont exposées en plein air, dont *La Grande Prisonnière*, récemment prêtée par le musée Zadkine à Paris.

LES ARQUES ★

Le village des Arques trouve son origine dans un prieuré-doyenné dépendant de l'abbaye de Marcilhac entre 1182 et 1193. Après les assauts de la guerre de Cent Ans, des constructions viendront transformer le village en place forte jusqu'au milieu du XVIe siècle. Ce sont alors les guerres de Religion divisant le monde chrétien qui détruiront en partie le village. Les Arques a lié son histoire à celle d'un artiste majeur du XXe siècle, le sculpteur Zadkine. Tombé amoureux de la Bouriane, il s'installa dans sa maison-atelier des Arques en 1934. Cette maison est aujourd'hui un musée dans lequel vous pourrez contempler nombre de ses œuvres.

LA RÉCRÉATION €€

70, RUE DE LA VIALOTTE ✆ 05 65 22 88 08

www.la-recreation-restaurant.com

Ouvert de la Saint-Valentin à la Toussaint. Menu 48 € à 57 €. Jardin. Terrasse. Cours de cuisine. Traiteur sur demande.

Ludovic Soupirot et son chef Rémy Soulignac vous accueillent sous la glycine centenaire ou sous le préau de l'ancienne école pour un moment inoubliable. Au menu, des plats raffinés tels que des ravioles de homard sauce corail, des croustillants de Saint-Jacques aux cheveux d'ange, du suprême de caille désossée au foie gras, ou encore un biscuit au chocolat accompagné de sa sauce à la poire. Référencée dans les Bonnes Tables du Lot, la cuisine allie des inspirations quercynoises et celles du monde entier. Le restaurateur propose également une gamme traiteur.

LE MARAIS DE LA VALLÉE DE LA MASSE ★

Ouvert toute l'année, en accès libre.

Le parcours, long de 5 à 6 kilomètres, vous mène au cœur des marais, un site classé espace naturel sensible. Munis d'un livret disponible à l'office de tourisme de Cazals-Salviac, vous pourrez explorer la richesse paysagère, patrimoniale et écologique du lieu, grâce aux bornes informatives. Cette magnifique promenade vous invite à découvrir une faune et une flore rares, ainsi que quelques trésors du patrimoine, tels que le moulin de la Masse et la chapelle Saint-André.

GINDOU

Gindou est un petit village pittoresque de demeures quercynoises. Résolument tourné vers l'avenir et le cinéma, Gindou accueille l'un des festivals du cinéma les plus anciens de France, qui a traditionnellement lieu en août avec la projection de films en plein air, dont certains en avant-première. Ce lieu dédié au cinéma en pleine campagne est une spécificité unique en Europe avec un amphithéâtre de verdure de plus de 700 places et une salle contemporaine, l'Arsénic, à l'architecture de bois et de verre surplombant de magnifiques maisons de pierre. L'église romane du bourg et celle de Maussac sont à voir lors de randonnées autour du village.

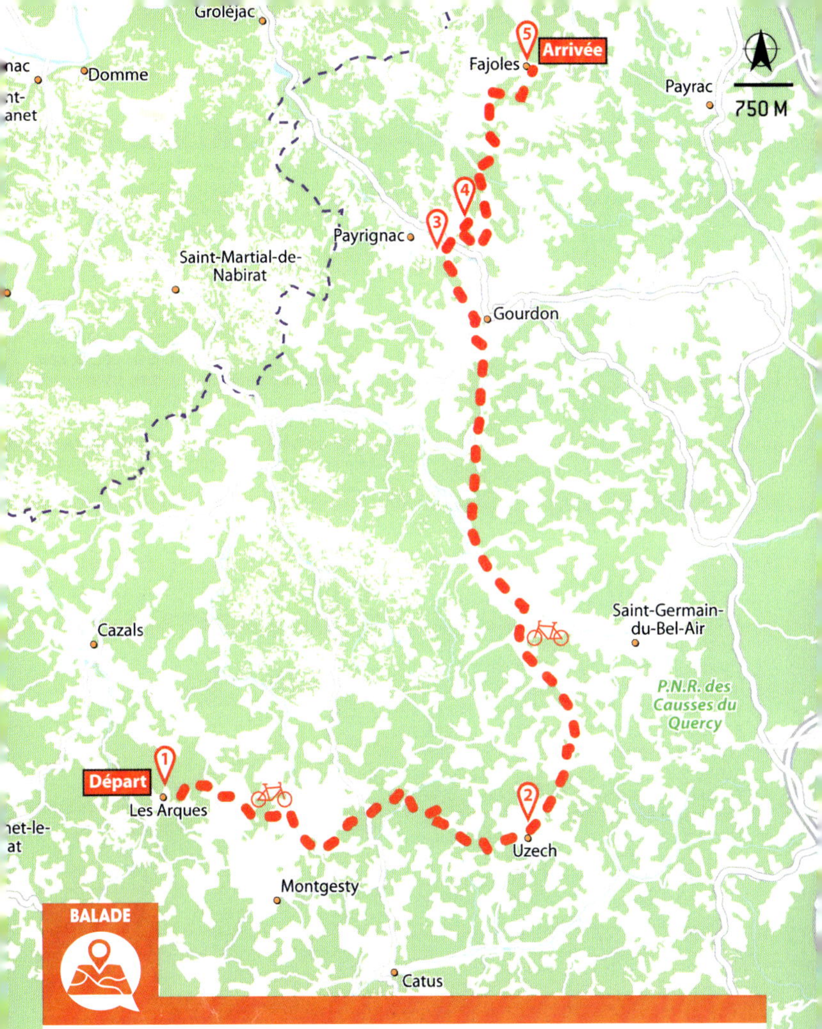

BALADE

CONQUÉRIR LA BOURIANE !

En 1 jour, découvrez la Bouriane à travers 5 sites de visites incontournables. Cet itinéraire de 50 km peut être suivi en vélo électrique ! Pour en louer un, contactez les Vélos Verts du Lot. (1) Départ des Arques pour découvrir les œuvres du musée de Zadkine. Une partie est visible en extérieur et dans l'église. Le reste de la collection se trouve à l'intérieur dans l'ancienne maison-atelier de l'artiste (Entrée 3 €). (2) Puis passage par le village des potiers du Lot, l'Oulerie de Uzech, qui rassemble une communauté de potiers. Vous pourrez y programmer un atelier poterie (30 €/ pers. / h) (3) Après l'effort, le réconfort ! Pique-niquez au bord du Lac de Gourdon, Ecoute-s'il-pleut. Profitez pour découvrir la cité médiévale de Gourdon. Très beau patrimoine bâti. (4) Puis pédalez jusqu'aux Grottes de Cougnac. Ces grottes se caractérisent par une prodigieuse végétation minérale entourant de remarquables peintures préhistoriques; avec celles de Pech Merle à Cabrerets, ce sont les seules grottes présentant des œuvres pariétales dans le Lot. (Entrée 9 €). (5) La dernière visite est à faire absolument : la Maison du Piage à Fajoles. Espace muséal où on trouve le résultat des recherches menées par les archéologues sur le site. (Entrée 4 €). Vivez l'expérience de la Préhistoire.

VUE SUR GINDOU €€

Route de Rigal, Rigal Haut
✆ 06 71 16 95 23
https://www.vuesurgindou.com/
Ouvert du 26 mars à mi-décembre 7j/7. Formule 35 €, enfant 18 €. Plat du jour midi : 15 €. Terrasse. Accès PMR.

Au cœur des secrets de la Bouriane, la route sinueuse, une sensation de se perdre, puis à l'arrivée, une émotion de pouvoir savourer l'accueil et le lieu. Un cadre privilégié, une grande terrasse, une belle demeure, une magnifique salle aménagée dans une ancienne grange, pour des plats inspirés de la tradition lotoise, fusionnés aux touches thaï. Une bistronomie revisitée permettant les burgers et les pizzas autant que la Mique, le petit salé ou le canard confit. Petite particularité, les pâtes fraîches sont faites maison. Belle table à retenir et à partager !

LAVERCANTIÈRE

Ce village, fortifié au XVe siècle, est un excellent point de départ pour des randonnées avec de jolies vues depuis son magnifique château remanié au XVIIe siècle. L'histoire de Lavercantière, formée autour du prieuré, révèle dès le XIIe siècle un repaire du lignage seigneurial local, vassal des Gourdon. Sa morphologie médiévale nous permet de voir un village en anneau propice à la déambulation, formé de belles maisons à pans de bois et encorbellement ou un linteau en accolade daté de 1681. Aux alentours, les églises Saint-Quirin et Saint-Martin du Moyen Âge, des sentiers naturels, l'église romane de Rampoux avec son clocher carré à tourelles d'angle.

GOUJOUNAC ★

Entre la rivière de la Masse et celle de la Thèze, vous pénétrez ici dans la patrie du cycliste Laurent Roux et du peintre spécialisé en trompe-l'œil Jean-Pierre Verneuil que vous retrouverez bien naturellement chez les particuliers, dans les restaurants et les chais de toute la vallée. Goujounac a également donné son nom à une variété de châtaigne endémique : le marron de Goujounac, utilisé principalement en conserverie. Ce petit village est bâti avec cette pierre dorée typique de la région, et offre au bourg son mordoré. Admirez le tympan sculpté de l'église du XIIe siècle où figure le Christ en majesté entre les symboles des évangélistes.

CAMPING DES 46 RAINETTES €€

170, route des Grillés
✆ 06 50 57 29 90
www.camping46rainettes.com
Ouvert de mi-mai à mi-sept. Emplacement 2 pers dès 16€. Tentes lodges équipées, mobil-homes de 30 à 58 €/nuit. Piscine.

Idéalement situé sur l'axe Bergerac-Cahors, à 10 km de Puy-L'évêque et à l'embranchement du Lot, du Lot-et-Garonne et de la Dordogne. Le Camping des 46 Rainettes de Fabrice et Céline est au cœur de la richesse forestière des pinèdes du Sud-Ouest. Les possibilités d'activités nature sont nombreuses en Pays Bourian, le camping est proche de beaux petits villages lotois et d'un accès facile aux grands sites touristiques du Périgord noir, des grottes de Lascaux ou du gouffre de Padirac tout en étant assuré d'un cadre naturel et d'une belle sérénité en pleine campagne.

CIRCUITS DES LANDES DU FRAU-DEGAGNAZES ★

D25
✆ 05 65 41 53 21
Ouvert toute l'année. Accès libre. Informations des tracés en Office du Tourisme. Espace naturelle sensible.

Les circuits, très faciles, du Frau (2,5 km) et du Dégagnazès (3,5 km) se situent dans un espace naturel sensible, dont les sentiers aménagés bénéficient d'un entretien régulier au cœur de la forêt et parfois sur les lisières. Ici, on se ressource, on respire l'air pur, on ressent pleinement la nature, et surtout, on la respecte ! Encore un des coins secrets de la Bouriane mis en valeur et accessible au public. En effet, les enfants pourront suivre le marquage d'une petite mascotte, repérable sur les bornes du sentier.

Pour les amoureux d'histoire, le point de vue, au milieu du parcours, est remarquable. Si vous regardez le ciel, vous repenserez au parachutage des alliés qui sont venus ici en aide aux maquisards pendant la guerre, de 1943 à 1944. Le musée de la résistance du Lot a permis de l'identifier précisément et une plaque commémorative a été posée sur le site.

Bizarrement, cette forêt tire son nom du latin *fraus*, signifiant « la tromperie ». Déjà, en 1200, les moines de Dégagnazès défrichaient les sols pour chasser les brigands de leurs repaires. Peu à peu les paysages de landes et de bruyères ont été utilisés dans la construction de toitures de loges (des abris de berger) vous pourrez en découvrir une reconstitution sur le parcours. D'autres surprises vous attendent : les géants du Frau, les ruines de la maison de la Toun (une vieille dame y vivait avec ses animaux en ermite jusqu'en 1919), un étang et des informations sur l'environnement local, la faune et la flore.

SALVIAC

Une jolie surprise de la Bouriane, entre Fumel et Gourdon, sur les rives du ruisseau de Luziers. Quatre aigles pour le blason des Armoiries de Salviac, venus du courage des frères Vieil-Castel qui combattirent « comme quatre » dans les premières croisades. D'une simple halte composée de chaumières sur les routes romaines, le village va prendre noblesse et bourgeoisie, puis développera des moulins et des tanneries florissantes. Influence gothique et romane, ancien couvent des templiers, chapelle d'Olm, une belle composition de ruelles, lanières et venelles, fossés et dispositif de défense du château, des corps de logis et des jardins vous invitent à la flânerie.

MUSÉE AGRICOLE ET DE L'AUTOMOBILE

Lieu-dit Pépy ✆ 06 81 09 98 05
www.musee-agricole-salviac.com

Ouvert tous les jours de 9h à 19h. Adulte : 10 € (en visite libre). Enfant (de 5 à 12 ans) : 6 €. Visite passion 15 €.

Sur plus de 6 000 m², Benoît a réuni plusieurs centaines d'outils agricoles, allant des instruments les plus simples aux tracteurs, ainsi que des voitures, motos anciennes et de magnifiques miniatures. Cinq visites sont proposées, dont une visite théâtrale en costumes d'époque pour replonger dans les métiers d'antan : un véritable enchantement qui ravit tant les petits que les grands. Vous y découvrirez des pièces exceptionnelles, dont certaines d'une rareté remarquable !

CHÂTEAU DE LANTIS

DÉGAGNAC
✆ 05 65 41 11 47
chateau-de-lantis.fr/

Toute l'année. Visite guidée (1h). Adulte 10 €, jeune 5 €, gratuit -7 ans. Français et anglais.

M. et Mme Barbier-Damiette vous accueillent au château de Lantis datant des XVe et XVIIe siècles. Son histoire passionnante vous sera contée par la propriétaire, et vous pourrez admirer le travail incroyable de restauration. Ses jardins, sa porte Renaissance parfaitement conservée malgré les aléas de l'Histoire et du temps, ainsi que son dallage en étoile sont autant de pépites pour les yeux. Le château a obtenu le prix de Sauvegarde des Vieilles Maisons Françaises et le Label Patrimoine. Des événements et spectacles sont organisés toute l'année.

CHEZ LES FILLES €€

9, rue Haute
✆ 05 65 41 50 13

Ouvert du lundi au samedi 8h-14h, l'été ajoutez les soirs du mercredi au samedi. Menus 17 €/25 €. Menu enfant : 12,50 €.

Chez les filles est un petit restaurant de village avec une belle terrasse au pied de l'église. Les assiettes sont généreuses, l'accueil attentionné, et la déco soignée. À la carte, on retrouve des classiques bien maîtrisés comme le burger des filles, disponible aussi en version végétarienne, des gambas, une pièce du boucher selon l'arrivage, un camembert rôti, de la côte de cochon de la Maison Dussol, et la découverte de recettes de cuisses de grenouille à la persillade, ou des empanadas colombiennes. De quoi passer un bon moment.

GALERIE TEEPEE

38, rue Haute
✆ 06 73 68 86 21

Galerie ouverte lundi, mardi, jeudi et vendredi de 10h à 12h et de 14h à 18h. Mercredi, samedi et dimanche sur rdv.

Pierre-François Massardier met en lumière des artistes dans une très jolie galerie d'art au cœur du village de Salviac. Il propose des œuvres détaillées et originales : peintures, sculptures et photographies qui tiennent la promesse des compositions, des couleurs et des structures dans des univers variés, parfois psychédéliques ou magiques. Stages, ateliers, projections, performances, concerts, actions inter-associatives, et autres événements culturels. Les artistes locaux ont la part belle, et le planning des expositions est bien rempli.

MAISON MARTEGOUTE

Route de Cazals
✆ 05 65 32 00 79
https://martegoute.com/

Ouvert du lundi au vendredi 9h-12h15 et 14h-18h ; le samedi 9h-12h15. Livraison possible, boutique en ligne.

Bien connus des gourmets du Sud-Ouest, les foies gras de Philippe et Isabelle Martegoute sont une référence de qualité. Les canards sont gavés sur place et transformés aussitôt, assurant fraîcheur et qualité des produits. La boutique dispose d'un rayon frais : magrets, foies gras frais, aiguillettes, et bien sûr, comme toute bonne épicerie qui se respecte, de nombreux produits du terroir trouvent leur place sur les étals avec des vins de Cahors, le gâteau aux noix, la confiture de châtaignes, etc. Conseils, qualité et excellent accueil au rendez-vous.

GOURDON ★★★

Gourdon est la capitale de la Bouriane, dont les premières traces humaines remontent à la Préhistoire. Le Moyen Âge a marqué l'apogée de la puissance seigneuriale et artisanale de la ville. Perchés sur une butte, les vestiges de l'ancien castrum ont donné vie à une cité médiévale, dédale de ruelles circulaires : la maison du Sénéchal, les jardins zigzag, le point de vue tout en haut de la butte vous offre à découvrir l'histoire locale et les paysages magnifiques sur l'écrin de verdure qui entoure la ville. Elle attire pour sa qualité de vie, promenades, cafés, animations culturelles et traditions sont ici fortement ancrées et se partagent en famille.

JARDINS ZIG-ZAG DE LA BUTTE

La ville de Gourdon a remis à l'honneur des espaces presque oubliés. Des bénévoles locaux et des touristes participent à l'entretien de ces curieux jardins Zig-Zag. Vous y accédez de plusieurs manières, soit en vous perdant dans les dédales de la cité médiévale tel un jeu de piste, soit en vous dirigeant vers la Maison Sénéchal qui vous donnera accès, librement, aux jardins de la Butte. On a aimé l'idée en tout premier lieu de faire revivre par des aménagements d'espaces verts des coins de cité qui sont désormais cultivés et présentent tout un patrimoine de plantes et d'arbustes de la médecine médiévale.

On apprend avec curiosité les bienfaits des plantes et herbes utilisées en pharmacie auprès des monastères. *L'herbularius* est le jardin des simples, très important au Moyen-âge, il est constitué de plantes aromatiques médicinales mais aussi culinaires, véritables remèdes à l'époque et peut-être même encore aujourd'hui. Cherchez ensuite le jardin des Ruches, où la cire et le miel ont pris une grande valeur grâce à la fabrication des hydromels, ou découvrez à quoi servent les « mouches à miel ». Poursuivez vos zig-zags de la butte vers le jardin médiéval Capitulaire de Villis, qui rappelle les 94 plantes à cultiver dans les jardins royaux. Savez-vous ce que signifie l'*Hortus* ? Un peu plus loin, vous y trouverez la réserve aux légumes. Tout un Zig-Zag, ouvert et gratuit, à faire en famille pour comprendre notre relation aux jardins du médiéval jusqu'à aujourd'hui.

PAYS BOURIAN

ALPAGAS DU QUERCY

1607, route du Pesquié - **FRAYSSINET**
✆ 06 70 71 43 96
www.alpagasduquercy.com

Visite élevage, atelier juin-sept. à 10h et 17h, oct.-mai à 15h. Adulte 7,50 €. Enfant 5 €. Présent au marché à Cahors.

Sur le plateau de Frayssinet, entre le Pays Bourian et les Causses du Quercy, c'est ici que vivent des Alpagas, de drôles d'animaux au lainage précieux. Dans cette ferme atypique, vous pourrez participer au nourrissage, approcher un alpaga ou encore, dans l'atelier, assister à une démonstration de filage au rouet. Bienvenue dans un monde d'une infinie douceur, celle de cette laine fine et légère qui apporte tant de chaleur ! Visite ludique pour tout connaître de l'élevage et de ces animaux, mais également de l'art de filer la laine.

MAISON DU PIAGE

Le Bourg - **FAJOLES** ✆ 05 65 32 67 36
www.maisondupiage.fr

Juillet/août mer-dim 10h-12h/14h-18h. Vacances scolaires week-end + mercredi. Gratuit -7 ans. Entrée 4 €. Atelier 5 €.

Le Pays Bourian abrite un site archéologique unique, fouillé depuis 1958, qui est mondialement reconnu pour avoir démontré la coexistence de l'homme de Néandertal et de l'homme de Cro-Magnon. Ce gisement témoigne des occupations des chasseurs-cueilleurs paléolithiques. La visite vous invite à une balade immersive à la découverte de la vie des derniers Néandertaliens et des premiers Homo sapiens. Des ateliers pédagogiques sont également proposés aux enfants, abordant des thématiques variées telles que les bijoux, la musique, et bien d'autres.

MAISON DU SÉNÉCHAL

17, Rue du Majou
✆ 06 43 50 41 59
http://lamaisondusenechal.fr

Haute saison du mercredi au dimanche 10h30-12h30/15h-18h. Libre contribution. Groupe hors saison sur résa.

Datant du XVe siècle, la Maison du Sénéchal est le centre d'interprétation de l'architecture et du patrimoine de Gourdon. On y découvre l'histoire illustrée de la ville, ainsi qu'une maquette du château, une fresque historique, des objets et des supports numériques pour découvrir les archives de la ville. Une vidéo sous-titrée raconte l'histoire du poète gourdonnais Pierre Pélissier, inventeur de la langue des signes. Une partie d'une peinture murale de la fin du XVe siècle montre des éléments rares pour ce type d'œuvre. Une visite enrichissante.

CAMPING LES RIVES DU CEOU••• €€

Pont de Rhodes
SAINT-CHAMARAND
✆ 07 82 15 10 40
www.camping-lesrivesduceou.com
D'avril à octobre. Emplacement à partir de 21 €. Snack pizza épicerie ouvert à l'année pour tous. Piscine.

Ce petit camping familial, ombragé et situé au bord de la rivière Céou, dispose de 50 emplacements, dont 18 en location (mobil-homes, tentes Bengali, Safari et Coco Sweet). Arrivés en 2022, Valérie et Jérôme ont insufflé à ce camping champêtre leur énergie souriante et conviviale ! Jérôme, boulanger de profession, y propose ses délicieuses pizzas ainsi qu'un service de restauration-snack, ouvert toute l'année, tout comme la petite épicerie, installée à l'entrée du camping.

MOULIN DES DONNES••• €

Le Moulin des Donnes - **CONCORÈS**
✆ 05 65 31 03 90
www.camping-moulindesdonnes.com
Ouvert toute l'année. Emplacement à partir de 20 €/nuit. Locatifs de 135 € à 569 €/semaine. Jeux, piscine, pêche.

Le camping, aménagé autour de l'ancien moulin et au sein d'un ensemble de fermes et de maisons restaurées, s'anime au rythme de la rivière Céou qui coule à ses pieds. Dans l'un des corps de ferme, vous trouverez un bar avec des jeux, un billard, un baby-foot, ainsi qu'un espace de vente de produits locaux. Les emplacements sont spacieux et ombragés, et les activités proposées sont variées. Cet endroit est idéal pour un séjour familial, offrant un authentique esprit campeur, tout en étant à quelques pas des principaux sites touristiques du Quercy et du Périgord.

CAMPING DOMAINE LE QUERCY•••• €€

Ecoute S'il Pleut
✆ 05 65 41 06 19
www.domainequercy.com
Ouvert de juin à mi-septembre. Locatifs à partir de 119 €/semaine. Piscine.

Ce camping quatre étoiles, premier du genre à revendiquer le label « Camping Paradis » dans le Lot, est un véritable écrin de fraîcheur. Avec ses piscines, toboggans aquatiques et infrastructures sportives, il offre un cadre idéal pour des vacances relaxantes. Niché sur 5 hectares de collines boisées et bordé par l'eau, il garantit un séjour paisible. Ses parcelles spacieuses et ombragées sont parfaites pour la détente, et un lac à proximité, en dehors du camping, invite à la pêche.

GROTTES DE COUGNAC ★

✆ 05 65 41 47 54
www.grottesdecougnac.com
Horaires variables selon les saisons, consulter le site internet. Adulte : 11 €. Restauration. Aire de pique-nique.

Pendant plus d'une heure, vous aurez l'occasion d'admirer des milliers de concrétions (stalactites et stalagmites) ainsi que des peintures rupestres datant de 30 000 ans. La première grotte dévoile une végétation minérale exceptionnelle, formant l'un des plus magnifiques plafonds de France. Dans l'autre grotte, vous découvrirez les plus anciennes peintures figuratives animalières accessibles au public, représentant de grands cervidés, des mammouths, ainsi que des figures humaines, parfois fléchées ou blessées, offrant un spectacle fascinant et émouvant.

© F. JACH

© GROTTES COUGNAC

Gourdon.

HÔTEL-RESTAURANT LA PROMENADE €€

48, boulevard Galiot-de-Genouillac
✆ 05 65 37 11 41
https://www.lapromenadegourdon.com/

Ouvert toute l'année. Chambre double 80/95 €. Petit déjeuner 9 €. 1/2 pension 25 €/p./j. Chambre PMR. Animaux acceptés.

Labellisé « Hôtel cosy », La Promenade a dix chambres aux ambiances différentes, confortables et élégantes. L'accueil est chaleureux. Le restaurant est réservé aux clients de l'hôtel et propose une cuisine réconfortante, familiale et généreuse. Le bar est ouvert à tous et offre une ambiance sympathique toute l'année. La terrasse sous la glycine s'ouvre sur le centre-ville et une salle de billard est à disposition. Le plus : terrasse privative pour certaines chambres.

LA MÉTAIRIE DES SONGES €€

1711, voie route de flagel
✆ 09 61 29 75 84
www.lametairie-gourdon.com

Ouvert de fin avril à fin octobre. Chambre double à partir de 90 €/nuit. Table d'hôtes 41 €/personne.

Comment résister au charme de cette imposante bâtisse en pierres blondes, située au sommet d'une petite vallée et entourée de verdure ? Clare et Mark vous accueillent dans leur chambre d'hôtes, qui séduit non seulement par la beauté du lieu, mais aussi par la qualité de la table et son excellent rapport qualité-prix. Les quatre chambres, baptisées Monet, Cézanne, Degas et Van Gogh, sont décorées avec soin. Si vous êtes friands des espaces mansardés, les deux dernières chambres vous combleront. L'accueil est chaleureux et attentionné, et la cuisine, exquise.

MOULIN DES FUMADES €€

Le Moulin des Fumades
PAYRIGNAC
✆ 05 65 41 04 70

Ouvert toute l'année. 3 chambres d'hôtes. Atelier et boutique. Visite 3 € juillet/août. Piscine. Accès PMR en RDC.

Patricia vous accueille dans sa propriété de charme. Une très belle demeure au cœur d'un parc fleuri superbe. Les 3 chambres, toutes uniques et situées dans une annexe de la maison, apportent tout le confort nécessaire. Les petits déjeuners sont copieux avec des produits régionaux et frais... Sur le domaine de 3 hectares, un moulin à huile de noix a été rénové et se visite en haute saison. Pendant la saison des noix, le moulin reprend son activité et vous pouvez repartir avec de l'huile issue de vos noix. Un petit paradis à découvrir.

L'HOSTELLERIE DE LA BOURIANE*** €€€

Place du Foirail ✆ 05 65 41 16 37
www.hotellabouriane.fr

Ouvert toute l'année. Chambre double à partir de 105 €/nuit. Petit déjeuner 17 €. Menus 35-69 €. Menu enfant 19 €.

Cette ancienne maison quercynoise, ouverte depuis 1898 et toujours dirigée par la famille Lacam, offre une terrasse couverte et un salon de détente. Un ascenseur mène aux chambres, rénovées, paisibles et parfaitement équipées. Le restaurant, dirigé avec expertise par madame, est très apprécié. Il propose une cuisine traditionnelle, préparée à partir de produits frais et accompagnée de grands crus. La cave à vins, qui propose pas moins de 557 références, est un véritable atout.

LA DOLCE VITA €€

69, boulevard Galliot-de-Genouillac
✆ 09 70 35 77 70
www.la-dolce-vita-46.fr
Ouvert du mardi au samedi + dimanche soir. Formule plat + dessert : 12 €. Menu du jour : 9 €. Pizzas au feu de bois.

La Dolce Vita, c'est le petit resto sympa et sans prétention où l'on se rend pour passer un bon moment entre amis : les pizzas cuites au feu de bois y sont fameuses et réputées. Le concept de la fifty fifty plaît beaucoup : vous pouvez vous régaler avec deux moitiés de pizzas différentes. Le lambrusco blanc est divin et le reste de la carte est varié. Nous vous conseillons la cassolette poisson/fruits de mer/reblochon, le tout élaboré avec des produits frais et de qualité. Une déco chaleureuse et une ambiance très sympa à la bonne franquette.

DELICATESSENS €€

route de Saint Chamarand
✆ 05 65 32 70 56
www.delicatessens.fr
Maître Restaurateur. Toute l'année. En été du mardi au samedi midi et soir. Menus 43-65 €. Formule midi 26 €. Accès PMR.

Dans un décor à la fois soigné et moderne, ce restaurant reflète parfaitement l'art culinaire de Justine et Benoît Mouly. Leur menu, à la fois coloré et parfumé, propose une sélection raffinée de quatre choix dans chaque catégorie : entrées, plats et desserts. Delicatessens est une véritable explosion de saveurs et de surprises. Un service traiteur permet de prolonger l'expérience lors de vos événements spéciaux. Le salon de thé et l'épicerie viennent compléter cette offre gourmande, offrant de multiples occasions de se régaler. Privatisation possible.

LOT'ANTIQUE €€

29, rue du Majou
✆ 06 51 43 95 69
lotantique.fr
Du jeudi au dimanche : 19h00. Vendredi au dimanche : 12h15. Réservation impérative. Terrasse. À emporter.

Lot'Antique est l'adresse secrète que les connaisseurs s'échangent discrètement. Patrick Beker, membre de l'Alliance des cuisiniers et ancien collaborateur du Préfet du Lot, y propose une cuisine de qualité où tout est frais, local, principalement bio et préparé avec passion. Il est conseillé de réserver, car les places sont limitées pour garantir l'excellence. Ne manquez pas le Lot'Antique burger, une véritable explosion de saveurs : rocamadour gratiné, haché de canard mariné au miel. Un mélange de créativité et de raffinement pour notre plus grand plaisir.

AU PETIT BOUCHON €€

31, boulevard Cabanès
✆ 05 65 41 13 26
lepetitbouchon-restaurant-gourdon.fr
Du mardi au samedi midi et soir + 7j/7 l'été. Formule midi 16 €. Menus 26-30 €. Concerts. Terrasse.

Isabelle vous invite à découvrir une cuisine traditionnelle dans un cadre charmant, alliant terrasse ensoleillée et salle avec pierres apparentes et mezzanine. Les spécialités de la maison incluent de généreuses salades et de savoureuses grillades. La salade royale et l'assiette mix grill sauront combler les appétits les plus gourmands. Avec un accueil chaleureux et une cuisine sans prétention, le menu propose également de délicieux burgers. Située sur le tour de ville, cette adresse est une valeur sûre pour un repas agréable.

UNE FERME EN VILLE THOCAVEN

38, boulevard Mainiol
✆ 05 65 37 16 08
www.foies-gras-thocaven.com
Ouvert du lundi au samedi. Voir horaires sur le site Internet. Fermé 2 semaines en janvier et juin. Livraison en France.

© UNE FERME EN VILLE

Depuis 1983, Thocaven est la référence en produits du terroir quercynois ! Les canards, élevés en liberté et nourris dans la plus pure tradition, donnent naissance à une large gamme de produits : foie gras, magret, tournedos au foie gras, saucisses de canard, ainsi que des figues, pruneaux et abricots fourrés au foie gras. Vous y trouverez également des apéritifs, des vins locaux et des conserves artisanales, telles que le cassoulet, le civet de canard ou encore les cous farcis.

PAYS BOURIAN

LE BOIS DES ELFES

Route de Sarlat
✆ 06 17 33 21 80
www.lebois-deselfes.fr
Ouvert d'avril à fin octobre de 9h30-20h tous les jours. Hiver : 13h30 à 18h30. Famille et groupe. Loisirs et baignade.

© LE BOIS DES ELFES

Amateurs des bois et des elfes, vous trouverez ici un beau parc d'aventure pour vous amuser, petits comme grands. Plusieurs activités sont proposées : courses d'orientation, accrobranche ou location de vélos électriques. Pour les téméraires, partez à l'aventure sur la tyrolienne et ouvrez alors l'œil pour trouver les balises et ne vous laissez pas impressionner par les obstacles ! De beaux moments en famille ou pour des occasions spéciales (anniversaire, scolaire, mariage, séminaires, team building), le tout mêlant loisirs, nature et esprit d'équipe.

LE POT OCCITAN €€

39, boulevard Mainiol
✆ 05 65 41 11 81
Ouvert toute l'année. Eté 7j/7 midi et soir. Menu différent hebdo. Formule du midi 16,50 € à 22 €. Terrasse et soirées.

Mobilier et chaises en bois, ambiance chaleureuse, banquettes en cuir cosy… C'est le décor du Pot Occitan, adresse incontournable. Côté papilles, on n'est pas déçu ! Dans cette brasserie aux airs de bistro, les suggestions de Fred et Baudile, le duo de chefs, viande ou poisson, font aussi saliver : chou farci, côte de bœuf Charolais et frites maison, merlu entier pour 2 personnes et ses légumes de saison… Les desserts sont faits maison et sont à la hauteur de nos attentes. L'accueil et le service d'une équipe familiale vous feront passer un excellent moment.

RESTAURANT MOURGUES €€

20, rue de la Mique - **PEYRILLES**
✆ 05 65 31 01 05
www.restaurantmourgues.fr
Sur commande Mique 25,80 €. Mercredi jeudi et dimanche midi. Plat du jour 17,50 €. Hiver uniquement le midi. Accès PMR.

Ici, la cuisine d'antan rime avec convivialité : dégustez la mique à l'ancienne, pain brioché cuit dans le bouillon de soupe au chou servi avec le petit-salé. En dessert, pâtisseries maison comme la tarte au citron ou la mousse aux noix. Les habitués vous le confirmeront, c'est très bon. L'accueil des maîtres des lieux, Véronique et Jean-Claude Babet, est un plus que l'on apprécie. Pour celles et ceux qui souhaitent découvrir la fameuse mique levée de la maison, il est impératif de commander à l'avance. Le restaurant est ouvert toute l'année, pensez à réserver.

RESTAURANT-PIZZERIA LA NOTTE €€

30, rue du Corps Franc Pommies
✆ 05 65 41 27 70
Ouvert d'avril à octobre 7j/7 midi et soir. Pizzas 11-16 €. Grande terrasse. Vente à emporter. Convient au végétarien.

Une carte bistro, pizzas, salades, pâtes mais également des entrées, des viandes et des desserts : le choix est là. La carte est revisitée 3 à 4 fois par saison, ce qui ne laisse pas le temps de se lasser ! Le chef utilise des produits frais et locaux. Les pizzas à la pâte croustillante sont délicieuses. L'adresse est à retenir pour profiter du calme avec une très belle vue depuis la terrasse. L'authenticité du lieu, service rapide et sympathique.

COFFEE SHOP LA FABRIQUE

Place de la Libération
✆ 05 65 32 03 98
Ouvert du lundi au samedi. Terrasse. Concerts, expos, jeux, espace de travail, scène ouverte artistique. Café philo.

Ce coffee shop est une adresse incontournable du Gourdonnais. À la tête du café, Nora et Cédric impulsent une énergie folle pour créer un lieu de rencontre, de convivialité et de détente. Ici, on se retrouve autour d'un café ou d'un thé, comme on se donnerait rendez-vous dans son salon. Concerts et soirées rythment régulièrement le coffee shop, au fil des saisons. Ambiance garantie. Profitez des jeux de société et de la bibliothèque, d'un espace de travail cosy, d'une friperie qui complète l'activité du lieu. À découvrir d'urgence.

SYRIUS'S HOUSE

Rte de Cahors
✆ 05 81 58 05 06
Ouvert mardi au samedi 17h-1h. Bar à bières, concerts, soirée à thème. Estaminet le midi : 3 plats 19 €, 2 plats 15 €.

Ouvert en mai 2019, le Syrius's House propose plus de 850 références au catalogue : avec 10 tirages pression, ce bar à bières sait renouveler sa carte pour tous les goûts, toutes les envies. Et même selon les saisons : en hiver, le choix se porte sur une bière noire, tandis que l'été se prête à la bière au génépi. Des adeptes viennent de partout pour goûter des bières hors du commun. Sur la terrasse de 80m² ou dans la vaste salle, il est possible de les accompagner d'une planche de charcuterie et fromages. Des concerts et animations sont souvent organisés.

LO VINOTIER

23, boulevard du Docteur-Cabanes
✆ 05 65 37 74 86
www.lovinotier.com
Ouvert du mardi au samedi 9h30-12h et 15h30-19h. Pour les Fêtes la cave est ouverte 7j/7. Accessible PMR.

Florent, le propriétaire, est un guide passionné pour vous aider à choisir le vin parfait. Lo Vinotier, « le vendeur de vin » en patois, offre une sélection de vins locaux ainsi que des crus d'autres régions. Le magasin abrite également une cave dédiée à la bière, au whisky et au rhum, et a récemment ajouté un bar à vin pour des soirées conviviales. Vous y trouverez des idées cadeaux et une gamme d'épicerie fine italienne. C'est l'endroit idéal pour organiser une soirée ou découvrir de nouveaux vins lors des dégustations du samedi, animées par un vigneron.

VELOROUTE ENTRE SAINT-CIRQ-MADELON ET GOURDON

24, Rue du Majou
✆ 05 65 27 52 50
www.tourisme-gourdon.com
Tarif : gratuit. Distance : 8 km. Difficulté : facile.

Bien que cette Véloroute commence à Saint-Cirq-Madelon, elle se termine précisément au plan d'eau d'Ecoute s'il Pleut, à l'entrée de Gourdon. Il ne s'agit donc pas d'un itinéraire reliant les deux centres-villages. Cependant, si vous cherchez une sortie à vélo agréable, cette promenade en Bouriane saura vous satisfaire. Son parcours, principalement sur de petites routes sûres, offre une expérience plaisante, au point que l'on pourrait presque la comparer à une Voie verte.

LÉOBARD

Léobard, situé entre Salviac et Gourdon, domine par le nord la vallée du Céou, un affluent de la Dordogne. Sur la rive opposée, rendez-vous à l'Abbaye-Nouvelle, le trésor de Léobard. Abbaye-fille de l'abbaye d'Aubazine en Corrèze, elle a été fondée au XIIIe siècle par des moines cisterciens. Dévastée par les siècles, les guerres et les méfaits du temps, l'ancienne abbatiale est encore magnifiquement imposante. Des circuits cavaliers et VTT sont accessibles autour et vous proposent des perspectives architecturales intéressantes sur l'abbaye. Un endroit plein d'authenticité et de charme médiéval au milieu de la campagne typique de la Bouriane.

LE VIGAN

Accolée à la ville de Gourdon, la commune du Vigan a développé une visite en parcours sonore où les voix de 12 femmes viganaises vous accompagnent à travers l'histoire et le patrimoine. Reconnue pour la première fois entre 898 et 902 lors de la visite de l'évêque de Cahors, Le Vigan est alors une petite cité construite autour d'un monastère dédié à la Vierge. En 1309, la collégiale se transforme en abbaye, et témoigne par son imposante bâtisse de la richesse passée. L'étang de la Courtade fait le bonheur des pêcheurs : truites arc-en-ciel, fario, ablettes, black-bass... Découvrez les randonnées vers le Pech de Dreuilles ou le chemin de Ponchy.

MANOIR LA BARRIÈRE €€

La Barrière
✆ 05 65 41 40 34
www.manoirlabarriere.com/
Ouvert toute l'année. Nuitée à partir de 75-165 €. Piscines. Sauna. Parc.

Ce magnifique manoir du XVIe siècle, alliant charme des pierres anciennes et poutres apparentes, dispose de deux chambres et de trois suites élégamment décorées. Leur fraîcheur offre un véritable refuge pendant les chaudes journées d'été. Dans le parc, à l'ombre d'arbres centenaires, vous pourrez vous détendre au bord d'une grande piscine, écouter le murmure d'un ruisseau et observer un étang poissonneux. Une piscine intérieure chauffée et un sauna sont également à votre disposition, tout comme une bibliothèque pour les moments de calme.

MILHAC

Milhac était à l'origine situé sur un itinéraire bis entre Gourdon et la vallée de la Dordogne, évitant aux marchands de rencontrer les mauvais génies qui peuplaient alors le marécage de la Germaine ou Marcillande. Entre histoire et légende, Milhac nous raconte en creux un récit médiéval encore prégnant. Il suffit pour cela de lever les yeux vers le château construit au bord d'une grande falaise, remanié à travers les siècles suite aux assauts et incendies qui en modifièrent constamment les lignes architecturales jusqu'au XXe siècle. Milhac est un village fortifié, résolument tourné vers le Périgord et Sarlat. À découvrir au fin fond de la Bouriane.

LE RÊVE*** €€

A 5 km du Vigan.
✆ 05 65 41 25 20
www.campinglereve.com
D'avril à septembre. Emplacement à partir de 19 €/nuit. Tente, cabane, chalet, lodge. Piscine. Accès PMR.

Le Lot, avec sa nature préservée, offre un cadre idyllique pour ce camping, situé au cœur de la campagne gourdonnaise. Il porte bien son nom : le rêve ! De nombreux services sont à votre disposition pour rendre votre séjour encore plus agréable. Parfaitement situé, il est proche de tous les commerces essentiels pour un confort optimal. Petits et grands pourront profiter des plaisirs de l'eau grâce à ses deux piscines : une grande pour les adultes et une petite pour les enfants. Pour les petites faims, le restaurant du camping est l'endroit idéal.

FERME-AUBERGE CHÂTEAU VIEUX €€

✆ 05 65 41 02 11
www.aubergealafermeduchateauvieux.com/
Ouvert toute l'année. Fermé lundi. Chambre double 73-83 €/nuit petit déjeuner inclus. Menu du jour 16,50 €. Formule 28 €.

Maison authentique, chambres et table d'hôtes rustiques dans un style périgourdin. Repas gastronomique ou menu du jour, les produits sont frais et viennent de la ferme ou de celles des voisins : agneau, canard, poule, poulet... Vous pourrez participer aux activités de la ferme, ramasser vos légumes ou encore apprendre à cuisiner les recettes ancestrales. Cet établissement est situé aux portes du Lot et de la Dordogne, un atout majeur pour partir à la découverte des deux départements.

PÉCHÉ MIGNON €

46, place des anciens combattants
✆ 05 65 32 64 88
Ouvert du mardi au samedi le soir ; du mercredi au dimanche le midi. Menu entrée-plat ou plat-dessert : 15,50 €.

Si vous êtes un amateur de gourmandise, ce charmant restaurant saura satisfaire vos envies. Dans une salle élégante aux pierres apparentes et poutres visibles, avec une décoration soignée, une terrasse ombragée et fleurie, et un accueil chaleureux, l'expérience est déjà un plaisir. En été, vous savourerez des classiques comme l'entrecôte, la salade de chèvre chaud, le magret et le foie gras. L'hiver, place aux recettes japonaises, parfois fusionnées avec des plats traditionnels, comme les nems au canard. La carte est régulièrement mise à jour.

LES GÎTES QUERMAURELLE €€

La Maurelle ✆ 05 65 41 40 54
A l'année 2 gîtes 4 et 6 pers. 2 piscines, 1 chambre d'hôtes avec jacuzzi et sauna. A partir de 470 à 990€/semaine.

Sur plus de 2,5 ha, les gîtes Quermaurelle, tous bâtis dans la plus pure des traditions du Périgord, se déclinent en maisons de caractère aux noms évocateurs : la Bergerie (2 chambres) ou la Maison de la Vallée (3 chambres). Construits en pierre de Sarlat, les gîtes sont indépendants et bénéficient d'une piscine privative chacun et d'une terrasse aménagée : tout est prêt pour la détente. Une chambre d'hôte avec accès illimité au spa est également disponible, avec la même qualité d'accueil familial très chaleureux. Une adresse de charme à découvrir absolument.

CATUS

Une légende rapporte qu'un chat terrorisait le pays. Le seigneur promit sa fille en mariage à celui qui rapporterait l'animal mort. Un jeune homme beau et courageux releva le défi, épousa la fille et c'est ainsi que le nom de Catus vient nommer le bourg. Village d'eau, Catus est un bourg médiéval dans lequel vous sillonnerez, dans des ruelles d'époque, découvrant aux détours de celles-ci de belles demeures remontant aux années 1500. Riche d'une abbaye construite à la fin du Xe siècle par un seigneur auvergnat et à laquelle on accède par l'église romane Saint-Astier, Catus vous ravira également par la présence de son Lac Vert, propice à la baignade.

AUBERGE DU BOTANISTE €

Bois du Claux - **BOISSIÈRES**
✆ 05 65 23 21 16
aubergelebotaniste.fr

Hôtel ouvert toute l'année, Restaurant-bar mercredi au samedi. Concert vendredi soir. Chambre double 79-89 €/nuit.

Dans un cadre de verdure, faites une pause à l'Auberge du Botaniste à Boissières à 15 km de Cahors. A l'intérieur, la nature s'invite à votre table et dans la chambre avec une déco jungle et une omniprésence sympathique de gorilles ! Dans l'assiette, toute la générosité d'une mama qui aime concocter de bons petits plats. La soupe en hiver est en particulier divine ! En soirée, l'auberge se mue pour adopter un esprit bar avec concert le vendredi, pour des planches charcuterie/fromages à partager. Une belle adresse prometteuse !

OBSERVATOIRE D'ASTRONOMIE DE GIGOUZAC

Les Crozes - **GIGOUZAC** ✆ 06 87 83 25 52
www.astrosurf.com/clubgigouzac

Coupole de 3 m de diamètre avec un télescope Newton de 310 mm. Contacter l'association pour accéder à l'observatoire.

Depuis plus de 35 ans, le Club d'Astronomie de Gigouzac transmet sa passion pour l'astronomie aux petits comme aux grands, qu'ils soient novices ou passionnés. Tous les quinze jours, des réunions sont organisées le vendredi soir pour observer les étoiles et les planètes. Et quel spectacle ! Nébuleuses et galaxies se révèlent dans toute leur splendeur, et les membres du club se feront un plaisir de vous les expliquer. Le club organise aussi des événements en extérieur.

LE GINDREAU €€€

SAINT-MÉDARD
✆ 05 65 36 22 27
www.legindreau.com

Ouvert toute l'année. Fermé le lundi et mardi. 1 étoile Michelin. Menus 88-170 €. 4 chambres d'hôtes. Accès PMR.

Le chef Pascal Barbet, originaire de Figeac, redécouvre avec bonheur son terroir, qu'il considère comme inscrit dans son ADN. Sensible et attentif à ses fournisseurs, il propose une cuisine magnifiée, empreinte d'une authenticité saisissante, guidée par le rythme des saisons. Maître dans l'art de sublimer les saveurs, il fait vibrer les goûts et les parfums de son enfance. Son talent, allié à une technique irréprochable, s'exprime avec une passion contagieuse pour le beau et le bon. En saison, la truffe noire occupe une place de choix dans ses créations.

LE MAS DE TRESSE €€€

Le Bourg - **SAINT-MÉDARD** ✆ 05 65 23 20 07
www.masdetresse.fr

Gîte de France 3 épis. Ouvert toute l'année. A partir de 350 €/semaine. Piscine. 3 gîtes. Piscine, barbecue, ping-pong.

Le Mas de Tresse, dirigé par M. Bienvenu, porte véritablement bien son nom ! Il a repris cette ancienne propriété viticole datant de 1850, nichée au cœur d'un écrin de verdure. À l'abri du pittoresque village de Saint-Médard, la propriété s'étend sur 1,7 ha de chênes, offrant ainsi calme et sérénité. La bâtisse conserve son charme rustique tout en offrant le confort moderne, comme en témoigne la magnifique piscine. Les pêcheurs trouveront la rivière le Vert à seulement 200 mètres, et les randonneurs pourront explorer les 14 itinéraires thématiques aux alentours.

GHISLAINE BORIE

Siffray ✆ 05 65 22 77 81
www.ghislaine-borie.com

Accueil paysan 2 étoiles. 2 gîtes 4 et 6 pers. Hors saison 300 €/sem, juillet/août 520-560 €/semaine. Vente en direct.

Sur la route de Sarlat, impossible de manquer cette ferme où les canards animent joyeusement le paysage. Ghislaine et son mari y accueillent les visiteurs dans deux maisons de charme labellisées Accueil Paysan, avec une classification 2 étoiles. Dans leur petite boutique, vous découvrirez le canard décliné sous toutes ses formes, ainsi que du poulet élevé en plein air et de la viande de bœuf et de veau de race Salers. Ici, l'agriculture durable est une priorité, avec une alimentation sans OGM et des recettes préparées selon des méthodes traditionnelles.

LE LAC VERT

Près de la Font
✆ 05 65 20 86 40
Ouvert toute l'année. Jeux. Canoë. Snack. Pêche. Baignade surveillée de 13h à 19h en juillet-août. Accès gratuit.

Ce plan d'eau, très prisé, propose une multitude d'activités : baignade libre ou surveillée, vastes espaces ombragés, canoë, VTT, aire de jeux, structures gonflables, randonnées, terrains de tennis, beach-volley et terrains multisports en libre accès. Le Lac Vert, alimenté par la rivière du même nom, s'étend sur 7 hectares et offre un cadre naturel idéal pour les familles et les amateurs de détente. Situé à seulement 20 minutes de Cahors, il constitue une escapade parfaite pour les chaudes journées d'été. Les pêcheurs profiteront des installations prévues.

L'OULERIE

Las Nofios
✆ 06 14 70 96 91
www.poterie-uzech-artisanat.com
Ouvert du mercredi au dimanche de 14h à 18h et en été de 10h à 12h et de 14h à 18h. Stages de poterie enfant et adulte.

Trois ateliers de potiers et un espace d'exposition dédié aux poteries anciennes témoignent de la longue tradition du village. Aujourd'hui, des créations contemporaines, à la fois utilitaires et décoratives, perpétuent ce savoir-faire ancestral et côtoient les pièces les plus anciennes dans l'oulerie. L'oule, un récipient en terre cuite, avait trois fonctions : conserver les aliments confits, servir à la chasse au pigeon et protéger les toits avec l'épi de faîtage. Chaque année, le quatrième dimanche d'août, une grande foire de la poterie est organisée à Uzech.

UZECH

Vous trouverez deux dénominations pour ce village : Uzech ou Uzech-les-Oules. L'histoire de cette commune est liée au travail de l'argile par les potiers depuis le XVe siècle. La toponymie même des Oules viendrait donc de l'occitan *ola* qui désigne un pot de terre cuite. Les derniers potiers du village disparaissent peu à peu alors que l'activité économique d'Uzech tenait à cet artisanat. Fin du XXe siècle, les artisans réapparaissent avec une nouvelle communauté d'artistes prêts à partager leur savoir-faire et les ateliers renaissent. Des animations autour de la poterie, ateliers, stages et foire ont redonné une deuxième vie à ce village de potiers.

COEUR-DE-CAUSSE

Cœur-de-Causse est une commune nouvelle née en 2016 du regroupement de cinq communes : Beaumat, Fontanes-du-Causse, Labastide-Murat, Saint-Sauveur-la-Vallée et Vaillac. On retiendra Labastide-Murat, une bastide aquitaine fondée en 1290 pour le compte d'Édouard Ier, roi d'Angleterre. Ses origines nous ramènent quelques décennies plus tôt, en 1238, lors de la construction sur la route de Cahors à Paris d'une habitation de campagne fortifiée destinée à accueillir les pèlerins de Saint-Jacques-de-Compostelle et Rocamadour. Son histoire a été marquée par un de ses enfants, le maréchal d'Empire et roi de Naples, Joachim Murat (1767-1815).

LE SENTIER DES POTIERS

Visite libre. Départ devant la mairie.

À Uzech, le sentier des potiers, une balade en boucle de 4,5 km, est un parcours apprécié des habitants. Il permet de découvrir les hameaux environnants, la beauté de la campagne lotoise, ainsi que les sites emblématiques de l'histoire du village. L'Oulerie et ses expositions de poteries sont incontournables, tout comme l'ancienne voie ferrée et la fontaine. Les sentiers, qui traversent un sous-bois de chênes, longent le ruisseau du Pic et passent sur un petit pont, offrent une véritable immersion dans la nature qui éveille les sens.

CHÂTEAU DE VAILLAC

Château de Vaillac
https://www.chateaudevaillac.com/
Ouvert juillet/août/septembre à la visite. Adultes 7 €, 10-18 ans 4 €, gratuit PMR et -10 ans. Visite guidée. Concerts.

C'est dans la petite vallée du Foulon que se niche le village de Vaillac, surplombé par son magnifique château. Édifice remarquable qui fut construit à partir de 1450 et demeure un exemple emblématique de l'architecture d'après la guerre de Cent ans en Quercy. Bijou d'architecture féodale, l'ensemble comprend également d'impressionnantes écuries du XVIe siècle. Le château appartient depuis le début des années 1700 à la famille d'Antin de Vaillac, encore propriétaire aujourd'hui, qui propose des visites en haute saison avec des événements.

PARC NATUREL RÉGIONAL DES CAUSSES DU QUERCY ★★

11, rue Traversière ✆ 05 65 24 20 50
www.parc-causses-du-quercy.fr
Accès libre. Balade pleine nature, chemins de randonnée, petit patrimoine, parcours ludique, œuvres d'art.

Le Parc naturel régional des Causses du Quercy couvre environ 176 000 hectares entre Figeac et Cahors. Là se succèdent grottes et gouffres, paysages sculptés par les rivières du Lot et du Célé, architecture rurale typique ainsi qu'une faune et une flore riches en espèces rares. 1 000 km de sentiers balisés, 270 km de chemins de grande randonnée. La nuit venue, le spectacle continue pour les amateurs d'astronomie dans l'un des ciels les plus préservés de France.

HÔTEL-RESTAURANT LA GARISSADE** €€

20, place de la Mairie ✆ 05 65 21 18 80
www.garissade.com
Chambre 78-148 €. Petit déjeuner 11 €. Menu 38-44 €. Menu enfant -12 ans 18 €. Paddock chevaux. Accès PMR.

La Garissade est une élégante demeure datant du XIIIe siècle, idéalement située au cœur du Lot et du parc naturel régional des Causses du Quercy. Cet hôtel constitue un excellent point de départ pour explorer les trésors de Rocamadour, Cahors, Saint-Cirq-Lapopie, Figeac et bien d'autres encore. Les chambres, décorées avec goût et simplicité, offrent un cadre chaleureux. Vous pourrez également savourer les spécialités du terroir dans le restaurant, avec des produits frais et locaux.

FERME DE LARCHER €€

Larcher
✆ 05 65 31 10 39
www.fermedelarcher.com
Ouvert de Pâques à la Toussaint : week-ends en mai, juin, septembre, et 7j/7 en été. Vente de conserves toute l'année.

Patrick, Cécile et leur fille Emmanuelle perpétuent la tradition familiale de la production de canards, un savoir-faire transmis sur quatre générations. Ils proposent leurs produits fermiers, tels que le foie gras, les fritons de canard et le pâté quercynois, ainsi qu'une table en saison. Dans cette adresse où le canard règne en maître (accompagné d'un excellent agneau), la qualité constante est le fil conducteur. En saison, la ferme ouvre sa table et sert ses délicieuses spécialités. Pensez à réserver à l'avance, car l'adresse est très prisée.

GINOUILLAC

Il semblerait qu'en 627 un monastère existait à Ginouillac. Personne ne peut attester de son emplacement exact. Trois saints y auraient pris l'habit religieux : saint Cyprien, saint Aman et saint Sones. Dans l'église Saint-Etienne de Ginouillac se trouve une Vierge de piété polychrome en pierre du XVIe siècle. Le village en lui-même est assez typique de cette région du Lot. L'autre curiosité de la commune est un dolmen de type coudé très peu courant dans le département. Nommé le dolmen des Cloups, il est très apprécié des amateurs et reste pour tous une construction très impressionnante. Le château de Ginouillac est privé mais joli à regarder.

GÎTES DE LA BOHÊME €€

Lieu-dit Pouzalgues
✆ 06 82 45 24 81
www.gitesdelaboheme.com
Toute l'année. De 70 à 110 € la nuit en yourte, roulotte ou chalet. Ferme équestre. Animaux 10 €/séjour. Piscine salée.

Entre Sarlat et Rocamadour, en plein cœur du Parc Naturel Régional des Causses du Quercy, les Gites de la Bohême vous accueillent pour un séjour qui restera gravé dans l'album souvenir. La maîtresse des lieux, Marie, cavalière de dressage et de spectacle, propose à la location roulottes, chalets ou yourte, entourés par les chevaux et leurs prairies, avec un accès à la piscine dans un cadre de verdure superbe. A noter, la possibilité de venir en vacances avec votre cheval pour découvrir la région et ses trésors. Superbe, pour les amateurs de pleine nature.

MONTFAUCON

Montfaucon constitue le centre géographique du département. Ce n'est pas une commune très importante, néanmoins, lors de la construction de l'autoroute, un site préhistorique du Néolithique final fut découvert au lieu-dit Les Bouriates situé à 750 mètres à l'est du bourg de Montfaucon. Une construction rectangulaire fut mise au jour. La datation au carbone 14 d'un fragment de poteau calciné a indiqué la plage 2853-2499 av. J.-C. Sa position en hauteur était en effet un choix stratégique d'habitat protégé pour l'homme. La ville fut fondée au Moyen Age et prit la forme d'une bastide. Aujourd'hui Montfaucon est connue pour son centre de rééducation.

CHEZ JEANNE - UN ZESTE DE GOURMANDISE €

6, rue Saint Barthélémy ✆ 05 65 21 73 55
https://chez-jeanne.jimdosite.com/
Lundi/mardi/jeudi/vendredi/samedi midi + soir en haute saison. Menu 16-22 €. Offre pèlerin menu à emporter. Accès PMR.

Chez Jeanne, un zeste de gourmandise, c'est un restaurant, mais aussi un café et salon de thé. Tout est préparé avec soin et talent, les pâtisseries sont un vrai régal. Quand vous venez Chez Jeanne, vous entrez dans une petite bâtisse de village qui a gardé tout son charme d'antan. Le menu à l'ardoise change tous les jours et propose de bons petits plats à base de produits frais, locaux et de saison. Les pèlerins bénéficient d'offres particulières pour se régaler durant leur périple.

CAMPAGNAC DU CAUSSE €€

Lieu-dit Campagnac ✆ 05 65 21 92 65
Ouvert mai à décembre. Restaurant cabaret transformiste-burlesque. Été ouvert 7j/7. Repas-spectacle 55 €. Accès PMR.

Au rendez-vous du bon temps, de la poésie et du rythme qui s'assouplit, nous vous recommandons de vous arrêter dans cette belle ferme quercynoise. À la belle saison, les terrasses se prêtent à la dégustation à l'ombre des arbres, sur un transat ou dans les herbes folles. Quand les jours deviennent plus frileux, c'est la chaleur de la pierre qui prend le relais et vous réconforte autour d'un feu de cheminée. La poésie se lit aussi dans les assiettes qui dessinent avec génie des alliances gustatives remarquables. Mais ne dévoilons pas tous les secrets...

LA FERME D'ESPARNOL

Esparnol
✆ 05 65 21 18 32
https://www.esparnol.fr
Auberge ouverte de mai à septembre sur réservation. Addition 20-30 €.

Située dans le Parc naturel régional des Causses du Quercy, la Ferme d'Esparnol abrite un élevage de porcs noirs de Gascogne. Angélique propose des produits typiques du terroir aussi bien dans sa boutique qu'à l'auberge ouverte uniquement de mai à septembre et sur réservation : faites-vous plaisir avec le foie gras, les manchons et les cuisses de canard, les magrets... Angélique tient à respecter les traditions avec des recettes naturelles et savoureuses. La visite de la ferme permet de découvrir son beau savoir-faire et d'apprécier un lieu vraiment authentique.

SENIERGUES

La paroisse de Séniergues est née au début du XIIe siècle. Vers 1291, le roi Édouard Ier d'Angleterre décida d'y établir une bastide. Le Moyen Âge sera mouvementé pour la commune : on vend, donne, échange les terres. Mariages et guerres façonnent l'histoire des grandes familles qui feront de Séniergues une terre plutôt riche. Après la Révolution, la commune est rattachée à celle de Montfaucon et il faudra attendre 1932 pour que chacune reprenne son indépendance. Pendant la Seconde Guerre mondiale, Noël Poujade, le maire de Séniergues, premier depuis son indépendance, organisa la résistance dans ce secteur. Il fut fusillé en 44 par les Allemands.

USSEL

Ussel est une petite bourgade située près de la source du Vert, entre Causses et Bouriane. On y produit ici un fromage renommé, le Bleu des Causses, un fromage persillé cousin du Roquefort. La nature explose de toute part et offre un terrain de jeu pour les adeptes de randonnées que ce soit à pied ou à vélo. Ussel est connu pour son théâtre de verdure, en pleine nature, où de nombreux spectacles y sont organisés en période estivale. Une association fait vivre le lieu : l'association Amphithéâtre d'Ussel. Dans les ruelles du centre-bourg, vous pourrez admirer une architecture très typique du Lot. Comme dans beaucoup de villages, l'église est à voir.

UN CANARD SOUS L'OLIVIER €

Lieu-dit Pouzat
✆ 05 65 23 64 89
Ouvert toute l'année, du mercredi au dimanche midi. Menu soir 36 €. Formule midi 28 €. Terrasse, piscine et pool party.

Située sur l'ancienne N20, Ussel voit sa halte culinaire faire peau neuve. La bâtisse blanche attire l'œil avec son enseigne intrigante : un canard sous l'olivier, qui plus est, gardée par un ami canin. La carte varie suivant l'heure du repas. Le midi : 2 formules, façonnées par la cuisine du jour, sont proposées. Quant à ceux qui choisiraient de faire une pause en soirée, ils profiteront d'un éclairage chaleureux et d'un menu copieux. Côté vin, le choix est généreux et met en avant les vignobles locaux. Une adresse agréable sur le trajet des découvertes lotoises.

ORGANISER SON SÉJOUR

Quel mode de transport privilégier pour venir dans le Lot ? Comment dessiner son itinéraire et choisir le logement pour ses vacances ? Quels sont les médias qui couvrent l'actualité locale ? Autant de questions que vous pourrez vous poser au moment de préparer votre séjour dans le Lot. Ce département est encore très rural et les infrastructures pour vous déplacer resteront centrées autour de la voiture c'est certain, toutefois vous trouverez de nouvelles lignes de Bus régional qui desservent les principales villes du Lot, ou encore le train du Nord au Sud, de même à Cahors le bus est gratuit. Si le slow tourisme prend ici tout son sens, vous pouvez tester les magnifiques chemins de randonnées pédestres et VTT dont notamment deux variants du chemin de Saint-Jacques-de-Compostelle. C'est un département très touristique, il est très facile de trouver un hébergement et des activités propices à un retour à l'authenticité et à la nature.

S'Y RENDRE

Situé sur l'axe Toulouse-Paris, le Lot est desservi par l'autoroute A20 et par la ligne SNCF Paris-Toulouse. Par l'A20, le Lot est à 5h de Paris, Porte de l'Occitanie, Toulouse est accessible en 1h. Deux sorties 57 et 58 permettent l'accès à Cahors 25 minutes après. En train, les gares de Cahors, Souillac et Gourdon sont bien desservies. Vous pouvez également arriver par voie aérienne via l'aérodrome de Cahors pour les passionnés ou en passant par les aéroports de Toulouse-Blagnac, Brive-Vallée de la Dordogne ou Rodez Aveyron. Une fois arrivé, louez une voiture, ou prenez un bus ou un TER selon votre destination finale. Les transports en commun se sont développés ces dernières années et l'offre de service s'améliore sans toutefois remplacer totalement la voiture. Pour commencer l'aventure, vous pouvez aussi venir en vélo, à pied, à cheval, par les rivières en canoë, Gabare ou bateau de croisière sur le Lot... aventure garantie.

GARE SNCF DE CAHORS

66, place Jouinot Gambetta
CAHORS
✆ 3635

Guichet : lundi au vendredi 08h/17h + samedi 08h30/13h30. Parking payant. Borne billet de transport, point café-presse.

Principale gare du département, elle est desservie chaque jour par des trains du réseau Intercités (ligne Paris - Cahors - Toulouse - Cerbère) ; des trains du réseau Intercités de nuit (ligne Paris - Toulouse) et des trains du réseau TER Occitanie (ligne Toulouse-Matabiau - Brive-la-Gaillarde), elle est le point de départ des cars régionaux LIO pour desservir tout le Lot. En gare : une salle d'attente, des bornes de retrait pour les billets TER et Intercités ainsi qu'un guichet. Un service presse, café, petit déjeuner, snack est situé dans la halle.

LIO TRAIN SNCF OCCITANIE

66, Place Jouinot
CAHORS
https://www.lio-occitanie.fr/

Guichet Cahors : lun./vend. 8h-17h, sam. 8h30-13h30. Lalbenque, Cahors, Dédagnac, Gourdon, Souillac, Gignac desservies.

Des tarifs incroyables pour découvrir la région : AvantagiO' futé, tribu et même week-end à 1€. Venir en train dans le LOT présente des avantages supplémentaires : grâce à vos billets LIO-train-SNCF, vous bénéficiez de réductions lors de vos visites guidées dans la Vallée du Lot sur Cahors, Puy-L'évêque et Saint-Cirq-Lapopie. Conservez vos billets de transport et présentez-les aux offices de tourisme lors des réservations de visites guidées, vous pourrez obtenir jusqu'à 2€ de réduction par personne pour les adultes et la gratuité pour les petits de 3 à 8 ans.

AÉROPORT BRIVE-VALLÉE DE LA DORDOGNE

NESPOULS
✆ 05 55 22 40 00
www.aeroport-brive-vallee-dordogne.fr

Ouvert lundi-ven. 6h-21h30, samedi 10h-13h30, dimanche 13h30-21h30. Guichet 9h30-18h, sam. matin et dim. après-midi.

Inauguré en juin 2010, l'aéroport Brive-Vallée de la Dordogne est l'un des plus récents aéroports de France. Il a été édifié pour désenclaver le nord du Lot, le Périgord et la Corrèze. Cet aéroport régional dessert, en vols réguliers, Paris, Londres et Porto. C'est aussi une porte ouverte vers l'étranger, Bruxelles, Londres, Porto, Kerry, Séville, et quelques destinations en France : Nice, Paris, Ajaccio. Plusieurs parkings à disposition, 1re demi-heure gratuite.

AÉROPORT DE TOULOUSE-BLAGNAC

✆ 08 25 38 00 00
www.toulouse.aeroport.fr

Point info ouvert tous les jours de 6h à 22h, rez-de-chaussée au Hall C.

L'aéroport Toulouse-Blagnac est facilement accessible en voiture (nombreux parkings), en taxi et en bus Navette. La ligne de Tram est momentanément interrompue pour travaux. La Navette Tisséo relie la Gare Toulouse-Matabiau à l'Aéroport (en 25-30 minutes connection avec le métro Ligne A ou B), mais prévoyez large car elle est souvent ralentie par les bouchons aux heures de pointe (parfois jusqu'à 20 minutes de plus). Paiement à bord avec votre carte bancaire.

SE LOGER

Le Lot est un territoire touristique, chaleureux et accueillant, idéal en famille pour se ressourcer ou en amoureux. Le parc hôtelier propose de nombreuses formules adaptées aux envies : séjours en pension complète ou juste des nuitées, avec des thématiques variées et même avec vos animaux, pour la plupart dans des écrins de verdure et du très beau patrimoine. Cahors, Figeac ou Souillac disposent d'hôtels en complétant l'hébergement en chambres d'hôtes et en gîtes qui s'est bien développé même dans les petits villages, alors profitez-en. L'hôtellerie de plein air est présente dans la vallée de la Dordogne, en Bouriane et dans la vallée du Lot. Vous trouverez également des hébergements atypiques avec des cabanes dans les arbres, lodges et tentes aménagées mêlant nature et confort. Le Luxe est patrimonial dans le Lot : châteaux, demeures de maîtres, domaines viticoles sont accompagnés de l'excellence de la gastronomie quercynoise.

COUCHSURFING €€

www.couchsurfing.com

Adhésion : 15 € environ (ou 2,75 € par mois).

Couchsurfing est le service d'hébergement gratuit en ligne regroupant le plus d'adhérents. Il suffit de s'inscrire pour accéder aux profils des locaux ou faire sa demande d'hébergement pour quelques jours, voire quelques semaines. En échange, vous pouvez par exemple inviter votre hôte à manger, lui offrir un cadeau ou bien l'accueillir chez vous. Le site Internet met en place des systèmes de contrôle : notation des membres, numéro de passeport exigé à l'inscription, etc. Les participants ont accès à des hébergements volontaires dans plus de 200 pays.

CAMPING FRANCE

www.campingfrance.com/

Camping France est la garantie du meilleur tarif auprès de plus de 300 campings de 2 à 5 étoiles en basse saison dans 28 pays d'Europe (et le Maroc). Quelle que soit la destination, ce réseau vous permet d'économiser de 10 à 60 % sur les tarifs des campings. Le prix comprend un emplacement standard avec votre camping-car, tente ou caravane pour 2 personnes, avec électricité, douche chaude et un chien (si le camping l'accepte). Une façon de voyager au moindre prix en mode slow tourisme, au plus près de la nature dans des campings de qualité.

GÎTES DE FRANCE LOT €€

182, Quai Cavaignac - **CAHORS** ✆ 05 33 09 27 37

www.gites-de-france-lot.fr

Réservation de meublés de tourisme, accueil et info par tél du lundi au vendredi 8h30–20h, sam. 9h–18h, dim. 10h–16h.

Gîtes de France Lot vous propose une large gamme d'hébergements gîtes, chambres d'hôtes, insolites, etc., réservables en ligne 24h/24 et 7j/7, toutes durées de séjour. Location sèche, formule tout compris, en couple, en famille ou en groupe… il y en a pour tous les goûts. Profitez également de leurs séjours à thème : pêche, insolite, bien-être, cheval, randonnées, œnotourisme… Pour réserver vos vacances, rendez-vous sur le site Internet, ou contactez leur centrale de réservation qui vous conseillera avec plaisir et vous apportera les renseignements nécessaires.

BIENVENUE À LA FERME 46 €€

430, avenue Jean Jaurès - **CAHORS**

✆ 05 65 23 22 20

https://bienvenue-a-la-ferme.com/lot

Ouvert toute l'année, vacances à la ferme, informations et réservation en ligne. Nombreux choix de séjours dans le Lot.

Bienvenue à la ferme est un réseau imaginé par les Chambres d'Agriculture. La marque rassemble une communauté d'agriculteurs qui allient productions et accueil touristique dans leurs fermes. Créé en 1988, ce réseau national se décline par département. Dans le Lot, les fermes proposent des hébergements touristiques : gîtes, aire de camping, chambres d'hôtes, des séjours pédagogiques ou à thèmes, des services de restauration et de dégustation, des animations, ateliers et différentes boutiques de producteurs pour découvrir pleinement les terroirs.

SE DÉPLACER

Pour se déplacer dans le Lot, il est toujours plus facile de compter sur ses propres moyens en utilisant son véhicule ou en privilégiant le slow tourisme et sillonner à pied, en vélo ou à cheval les nombreux chemins du département. Néanmoins, il est toujours possible d'utiliser les transports en commun... il faudra simplement bien planifier ses trajets et s'armer de patience ! Le bus n'est pas inexistant dans le département, il reste cependant encore sous-exploiter, et demeure presque exclusivement réservé aux scolaires. Rien ne vous empêche cependant, pour les voyages en groupe, de faire appel à des sociétés privées ! Enfin, il reste le co-voiturage. Depuis l'explosion du partage des trajets, de nombreuses aires de covoiturage ont éclos un peu partout. De façon alternative, la mobilité dans le Lot c'est aussi la navigation fluviale sur les rivières Lot et Dordogne. Il existe plusieurs sociétés de location de bateaux de plaisance.

BABOU MARINE

Port Saint-Mary - **CAHORS** ✆ 05 65 30 08 99
www.baboumarine.fr

Loc. pénichettes et bateaux de 2 à 12 pers. Semaine : de 998€ à 4725€. Forfait week-end ou plus. Parcours : 74 à 150km.

Babou Marine est le spécialiste bateaux à Cahors depuis l'ouverture à la navigation de la rivière Lot en 1990. Les services sont multiples : achat et location, avec bienveillance lors des initiations et des assistances que vous soyez plaisanciers initiés ou débutants. Les bateaux habitables sans permis vous ouvrent des navigations magnifiques, parfois sauvages et parfois techniques, différentes des sensations sur les canaux. Babou Marine guide vos premiers tours de barre, vos premiers passages d'écluses, et vous transmet toutes les ficelles de la navigation.

LIO OCCITANIE

107, Quai Cavaignac
CAHORS

12 lignes de Car LIO, numéros 880 à 891 pour voyager dans tout le département du Lot, tarifs : 2€/billet et 15€ les 10.

La région Occitanie met à disposition les cars LIO, confortables et pratiques. 12 lignes existent dans le LOT pour se rendre à Cahors, Castelnau-Montratier, Lalbenque, Montcuq-en-Quercy-Blanc, Limogne-en-Quercy, Figeac, Lacapelle-Marival, Latronquière, Assier, Biars-sur-Cère, Saint-Céré, Saint-Denis-près-Martel, Souillac, Monsempron-Libos, Vire-sur-Lot et Luzech. Les conducteurs sont des résidents locaux, ils connaissent très bien leurs trajets et parfois vous découvrez avec eux des idées de séjours ou des animations locales. Laissez-vous conduire et profitez.

RÉSEAU EVIDENCE

568, Route de Flaujac-Poujols - **CAHORS**
✆ 05 32 09 54 87
https://www.bus-evidence.fr/

Réseau bus du Grand-Cahors, 4 lignes, 2 navettes, 7 lignes à la demande, libre et gratuit. Accès PMR. Appli disponible.

Le Grand Cahors met à disposition, de tous, un réseau de bus sur Cahors et le Grand Cahors, gratuit et accessible facilement dans le centre et sur les parkings relais autour de la ville. Un avantage incroyable que de pouvoir circuler librement en ayant stationné sa voiture en point relais ou depuis la gare ! Une appli vous permet d'accéder aux horaires facilement ainsi qu'aux lignes à la demande. Les bus sont petits et pratiques pour circuler en centre-ville, et sont plus grands sur les lignes Cahors, Pradines et Arcambal. À utiliser sans modération.

CITIZ CAHORS

CAHORS
✆ 05 31 61 63 09
www.citiz.fr

Autopartage 24h/24, 7j/7, pour 1h, 1 jour ou plus.

La Communauté d'agglomération du Grand Cahors et la ville de Cahors mettent à disposition six véhicules en autopartage sur quatre stations dans le centre-ville de Cahors. Petites citadines pratiques et rapidement accessibles depuis un smartphone en téléchargeant l'application. Informations et réservations sont disponibles sur le site pour un transport pratique et responsable. Frais d'inscription de 40 €, frais réduits pour les étudiants et demandeurs d'emploi. Assurance incluse avec une franchise. Idéal pour un déplacement improvisé ou programmé à distance.

EUROPCAR

512, avenue Jean-Jaurès
CAHORS
✆ 05 65 22 35 55
Ouvert tous les jours du lundi au vendredi toute la journée et le samedi le matin, réservation en ligne ou en agence.

Europcar propose plusieurs formules : de la location de voiture à l'heure, à la journée, de courte durée, à la semaine, au mois ou de longue durée. Selon vos besoins, Europcar déploie son catalogue : voitures citadines, automatiques, écologiques, voitures de luxe ainsi que mini-vans et camions. L'enseigne assure aux clients des véhicules récents, une assistance routière 24h/24 et un service rapide. Une enseigne sûre pour vous assurer une location sereine. Pendant les vacances scolaires ou les week-ends, pensez à réserver à l'avance en ligne ou à l'agence.

RENT A CAR

Chemin des moissons
CAHORS
✆ 05 65 21 33 15
Ouvert toute l'année du lundi au vendredi, de 8h/12h, 14h/18h. Deux agences Cahors et Gramat. Dès 71€/jour pour 100kms.

Une agence à Cahors et une à Gramat pour un service de location de véhicules à la journée ou plus en fonction des besoins : citadine, confort ou affaire, les véhicules sont adaptés à vos déplacements en famille ou en voyages d'affaires. Vous obtiendrez facilement des renseignements par téléphone ou à l'agence. Le gérant vous conseille de réserver à l'avance les voitures surtout en période de vacances scolaires et pour les week-ends. La plateforme en ligne vous informe également sur les modèles et les prix, mais rien de mieux qu'un appel téléphonique.

LA BICYCLETTE PRAYSSACOISE

9, avenue du Colonel Pardes - **PRAYSSAC**
✆ 05 65 35 14 55
https://labicycletteprayssacoise.com
Mardi au samedi 9h-12h30/14h30-18h (19h juin et septembre). Été 7j/7 9h-19h. Location VAE à partir de 36 €/jour.

Les balades à vélo sont un excellent moyen de découvrir la vallée du Lot, avec des chemins à travers les vignobles, sur la voie verte ou le long de la rivière. Le lieu vous propose à la fois la vente et la location de vélos, incluant des tandems, des vélos à assistance électrique, ainsi que des remorques ou porte-bébés. Si vous avez déjà votre propre vélo, Thierry et Béatrice se chargent de son entretien et de sa réparation, tout en reprenant aussi les vieux vélos.

GT LOC. VÉLO ÉLECTRIQUE

rue Saint-Roch
GRAMAT
✆ 06 74 71 96 89
20 €/demi-journée, 35 €/journée, 180 €/sem. Livraison dans un rayon de 15 min autour de Gramat.

Quoi de mieux que le vélo électrique pour arpenter une région vallonnée ? Dès votre arrivée, laissez tomber votre voiture pour la mobilité douce et enfourchez un vélo qui vous sera livré directement sur votre lieu de séjour. La location se fait à la carte de la demi-journée à la semaine. Une assistance dépannage est prévue dans le contrat en cas de problème technique. Un kit de réparation, un panier, un casque, un cadenas et les bons conseils des loueurs vous seront fournis avec le vélo. Laissez-vous porter par ce nouveau mode de transport adapté à tous !

QUERCYCLES

3, Rue du Petit Rapporteur
MONTCUQ-EN-QUERCY-BLANC ✆ 06 28 25 17 60
https://www.quercycles-montcuq.fr/
7j/7 pendant vacances scolaires. Lundi au dimanche 9h-12h hors vacances. 15 €/1h, 28 €/4h, 38 €/jour, 175 €/semaine.

Au cœur de Montcuq, la petite boutique de Philippe, inaugurée en 2021, est devenue une adresse incontournable pour les passionnés de vélos à assistance électrique. Sous le nom de Quercycles, l'enseigne propose la location, la vente en tant que revendeur agréé de la marque Starway, ainsi qu'un service complet d'entretien et de réparation. Philippe, animé par un véritable souci de qualité, partage ses conseils précieux pour vous aider à tracer le meilleur itinéraire. Avec lui, c'est tout le charme et l'hospitalité chaleureuse de Dunkerque qui s'invitent à Montcuq.

V-LOT

355, rue pièce grande Parc d'activités Cahors Sud
FONTANES ✆ 07 50 59 21 57
v-lot.fr/
Ouvert toute l'année, trois sites de location. Location journée, semaine ou plus sur réservation obligatoire.

V-Lot propose des locations à l'année et des conseils super sympas pour des randonnées sur le département. Cette année, V-Lot propose un départ spécifique du Château de Saint-Sernin, l'occasion de combiner sport et dégustation, en découvrant les domaines viticoles et les superbes paysages de vignobles. Une agence est également ouverte l'été à côté du Pont Valentré à Cahors, idéal pour les visites en centre-ville et les bords du Lot. Possibilité de livraison des vélos sur votre lieu de vacances ou retrait en magasin à Fontanes sur l'agence principale.

S'INFORMER

Le Lot est une terre qui aime l'information et qui chérit ses médias. Ils sont très nombreux au regard de la densité de population du département. La presse écrite, longtemps dominée par le quotidien régional *La Dépêche du Midi*, est particulièrement riche avec deux hebdomadaires *La Vie Quercynoise* et *Le Petit Journal*. Ces trois titres fonctionnent très bien jusque dans les campagnes grâce à un réseau de correspondants de presse dynamiques et proches des habitants. D'autres titres papiers proposent des actualités bimensuelles *Dire Lot Magazine* ou encore *Le Lot en Action*. Vous trouverez également les magazines communaux et intercommunaux le *Grand Cahors Mag* ou le *Mag* de Figeac ou encore le *Journal Toulousain* qui consacre une rubrique au Lot. Sur le web : Medialot ou ActusLot font référence pour des infos sur la vie locale et les événements. Côté radio, le Lot a sa propre fréquence : Antenne d'Oc, et également Présence Lot et Totem.

ANTENNE D'OC

© 05 65 53 68 07
www.antenne-d-oc.fr
Fréquences : 88.1 à Cahors-Figeac / 89.0 à Cahors Ouest-Saint Céré / 100.3 à Souillac / 105.3 à Gourdon. Sur internet.

Antenne d'Oc est une radio locale associative qui émet depuis 1993. Vous pouvez capter les ondes d'Antenne d'Oc au 88.1 MHz à Cahors et Figeac, au 93.7 MHz à Prayssac et au 105.3 MHz à Gourdon. Antenne d'Oc est une radio associative, sans publicité, très prisée par les Lotois et les jeunes. Elle diffuse des informations de proximité, des émissions culturelles sur le Lot, de la musicothérapie éclectique et hors des sentiers battus. C'est une fréquence qui œuvre à ce que la langue se perpétue grâce à de nombreuses émissions en langue d'oc. Une incontournable !

SUD RADIO

104, avenue du Président-Kennedy
- **PARIS** (16e)
© 08 26 30 03 00
www.sudradio.fr

Née dans les années 1960 en Andorre, la station Sud Radio n'a cessé de se développer. Allongeant ses ondes tout d'abord dans le Sud-Ouest, elle a conquis l'Île-de-France et ses environs en 2011. Sud Radio propose un programme de débats et de libre expression. Elle est diffusée en FM sur 31 départements et Monaco, ainsi qu'en DAB+ dans ces mêmes régions et à proximité des grandes villes. Enfin, même si elle émet dorénavant exclusivement depuis Paris, elle reste fidèle à l'Ovalie en faisant la part belle aux retransmissions de matchs de rugby.

LA DÉPÊCHE DU MIDI

© 05 61 05 45 00
www.ladepeche.fr
Quotidien papier ou web. Toute l'actualité au quotidien.

C'est évidemment le quotidien incontournable de cette région, et cela dure depuis plus de cent ans. Plus qu'un journal, c'est une institution, une habitude, un rituel dans certains cafés. En dehors des informations nationales et régionales, plusieurs pages sont entièrement consacrées au département que vous visitez : spectacles, faits divers, politique, petites infos ou grands événements. Indispensable pour savoir ce qui se passe au quotidien. Le site Internet reprend également quelques articles locaux quotidiennement mis à jour avec vidéos en ligne.

INDEX

Figeac.

EDITION

Directeurs de collection et auteurs : Dominique AUZIAS et Jean-Paul LABOURDETTE
Responsable d'édition : Julien FAYDI
Auteurs : Sandrine BINARD, Marie LEROY, Sophie AYMARD, Frédéric FILALI, Isabelle BOFFELLI, Meagan COUSY, Nadège RENE, Thibaut SOUPERBIE, Denis VANDEWALLE,, Jean-Paul LABOURDETTE, Dominique AUZIAS et alter
Directeur Editorial : Stéphan SZEREMETA
Rédaction France : Briséis TEMPLE-BOYER, Désirée DEBANT, Emilie SAINT-PASTOU, Nicolas WODARCZAK
Rédaction Monde : Laure CHATAIGNON, Morgane VESLIN, Pierre-Yves SOUCHET, Henri FRUNEAU

FABRICATION

Maquette et Montage : Romain AUDREN, Julie BORDES, Delphine PAGANO
Iconographie et Cartographie : Anne DIOT, Julien DOUCET

WEB ET NUMERIQUE

Directeur Web : Louis GENEAU DE LAMARLIERE
Technical Project Manager : Hervé MARION
Développeurs : Adeline CAUX, Bastien MOINET, Alexis HAUMAITRE
Intégrateur Web : Mickael LATTES, Antoine DION
Webdesigner : Caroline LAFFAITEUR
Responsable Communication Digital WEB : Alice BARBIER
Community Traffic Manager : Shirley NDEMA-KINGUE, Liman DIEW, Océane NOE et Maëlys ANDRADE
Content Manager : Aliénor de PERIER assistée de Maureen EVRARD

DIRECTION COMMERCIALE

Directeur commercial : Guillaume VORBURGER
Responsable Régies locales : Michel GRANSEIGNE
Responsable commercial Régies et Formateur : Kévin FLAVIGNY
Coordinatrice des Régies locale et nationale : Manon GUERIN
Responsables Développement régie inter : Jean-Marc FARAGUET et Guillaume LABOUREUR et Camille ESMIEU
Coordinatrice de la Régie internationale : Leila ANTRI-BOUZAR
Chefs de Publicité Régie nationale : Perrine DE CARNE MARCEIN, Jonathan TOUTOUX, Elodie DELATOUR

DIFFUSION ET PROMOTION

Directrice des Ventes : Bénédicte MOULET
Responsable des ventes : Jean-Pierre GHEZ assisté de Nelly BRION
Relations Presse-Partenariats : Noémie BOIDANA

ADMINISTRATION

Président : Jean-Paul LABOURDETTE
Directeur général : Louis AUZIAS
Directrice des Ressources Humaines : Dina BOURDEAU assistée de Sandra DOS REIS et Eva BAELEN
Directrice Administrative et Financière : Valérie DECOTTIGNIES
Comptabilité : Guillaume PETIT, Franck LAHADY et Touria ZENASNI
Recouvrement : Fabien BONNAN assisté de Sandra BRIJLALL
Directeur informatique : Michel TAVERNA assisté d'Atik MAHJOUBI

PETIT FUTÉ LOT

LES NOUVELLES EDITIONS DE L'UNIVERSITE
18, rue des Volontaires - 75015 Paris.
✆ 01 53 69 70 00
Internet : www.petitfute.com
SAS au capital de 1 293 680 € - RC PARIS B 309 769 966
Couverture : Pont Valentré, Cahors © GordonBellPhotography - iStockPhoto.com
Impression : IMPRIMERIE CHIRAT - 42540 Saint-Just-la-Pendue
Achevé d'imprimer : mai 2025
Dépôt légal : 15/06/2025
ISBN : 9782305122632

Pour nous contacter par email, indiquez le nom de famille en minuscule suivi de @petitfute.com
Pour le courrier des lecteurs : info@petitfute.com

FABRIQUÉ EN FRANCE

Q

R

S

T

U

V